GESTÃO DO RELACIONAMENTO E CUSTOMER EXPERIENCE

O GEN | Grupo Editorial Nacional – maior plataforma editorial brasileira no segmento científico, técnico e profissional – publica conteúdos nas áreas de ciências sociais aplicadas, exatas, humanas, jurídicas e da saúde, além de prover serviços direcionados à educação continuada e à preparação para concursos.

As editoras que integram o GEN, das mais respeitadas no mercado editorial, construíram catálogos inigualáveis, com obras decisivas para a formação acadêmica e o aperfeiçoamento de várias gerações de profissionais e estudantes, tendo se tornado sinônimo de qualidade e seriedade.

A missão do GEN e dos núcleos de conteúdo que o compõem é prover a melhor informação científica e distribuí-la de maneira flexível e conveniente, a preços justos, gerando benefícios e servindo a autores, docentes, livreiros, funcionários, colaboradores e acionistas.

Nosso comportamento ético incondicional e nossa responsabilidade social e ambiental são reforçados pela natureza educacional de nossa atividade e dão sustentabilidade ao crescimento contínuo e à rentabilidade do grupo.

ROBERTO MADRUGA

BEST SELLER

2ª edição

GESTÃO DO RELACIONAMENTO E CUSTOMER EXPERIENCE

A REVOLUÇÃO NA EXPERIÊNCIA DO CLIENTE

▶ inclui vídeos

- *Framework* de implantação de CX
- *Customer Success*
- *Customer Journey Mapping*
- Cultura CX e IFCX
- Marketing de Relacionamento e CRM
- Programas de Lealdade
- *Omnichannel* e tecnologias CX
- *Customer Insights*

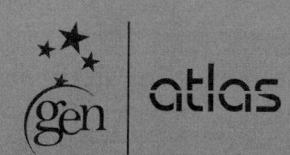

CONQUIST

gen | atlas

- O autor deste livro e a editora empenharam seus melhores esforços para assegurar que as informações e os procedimentos apresentados no texto estejam em acordo com os padrões aceitos à época da publicação, *e todos os dados foram atualizados pelo autor até a data de fechamento do livro.* Entretanto, tendo em conta a evolução das ciências, as atualizações legislativas, as mudanças regulamentares governamentais e o constante fluxo de novas informações sobre os temas que constam do livro, recomendamos enfaticamente que os leitores consultem sempre outras fontes fidedignas, de modo a se certificarem de que as informações contidas no texto estão corretas e de que não houve alterações nas recomendações ou na legislação regulamentadora.

- Data do fechamento do livro: 23/07/2021

- O autor e a editora se empenharam para citar adequadamente e dar o devido crédito a todos os detentores de direitos autorais de qualquer material utilizado neste livro, dispondo-se a possíveis acertos posteriores caso, inadvertida e involuntariamente, a identificação de algum deles tenha sido omitida.

- **Atendimento ao cliente: (11) 5080-0751 | faleconosco@grupogen.com.br**

- Direitos exclusivos para a língua portuguesa
  Copyright © 2021, 2022 (2ª impressão) by
  Editora Atlas Ltda.
  Uma editora integrante do GEN | Grupo Editorial Nacional

- Travessa do Ouvidor, 11
  Rio de Janeiro – RJ – 20040-040
  www.grupogen.com.br

- Reservados todos os direitos. É proibida a duplicação ou reprodução deste volume, no todo ou em parte, em quaisquer formas ou por quaisquer meios (eletrônico, mecânico, gravação, fotocópia, distribuição pela Internet ou outros), sem permissão, por escrito, da Editora Atlas Ltda.

- Capa: Manu | OFÁ Design

- Editoração Eletrônica: LBA Design

- Ficha catalográfica

CIP-BRASIL. CATALOGAÇÃO NA PUBLICAÇÃO
SINDICATO NACIONAL DOS EDITORES DE LIVROS, RJ

M157g
2. ed.

Madruga, Roberto

Gestão do relacionamento e customer experience: a revolução na experiência do cliente / Roberto Madruga. – 2. ed. [2a Reimp.] - Barueri [SP] : Atlas, 2022.

Inclui bibliografia e índice
ISBN 978-65-597-7006-9

1. Marketing de relacionamento. 2. Clientes – Contatos. I. Título.

21-70923

CDD-658.812

CDU-658.89

Leandra Felix da Cruz Candido – Bibliotecária – CRB-7/6135

Dedicatória e agradecimentos

Dedico este livro a todos os meus alunos e Clientes de projetos de consultoria, pesquisa e educação corporativa. Vocês são a minha razão de estudar e praticar novas competências, escrever e trabalhar com prazer, dedicação e amor.

Agradeço às instituições de ensino FGV, PUC, UFRJ, IBMEC e HSM por me proporcionarem a oportunidade de ensinar e ajudar a transformar vidas.

Agradeço aos colaboradores e consultores da ConQuist consultoria pelas trocas de ideias, dedicação e trabalho em time que resultou na implantação de mais de 1.500 projetos bem-sucedidos.

Dedico o livro também à minha esposa e minha família, que iluminam minha vida.

Roberto Madruga

Apresentação

A gestão da experiência dos Clientes, seja *on-line* ou *off-line*, foi profundamente modificada por diversas metodologias, como *Customer Experience (CX)*, *Customer Success (CS)*, *Omnichannel*, *Customer Journey Mapping* e o *Modelo Emocional de Relacionamento com Clientes (MERC)*.

Soma-se a essas incríveis mudanças o efeito da pandemia, que afetou empresas e clientes numa escala nunca antes vista pela humanidade. A acelerada revolução dos consumidores, que utilizam cada vez menos o telefone para adquirir produtos ou receber serviços, preferindo se comunicar por apps, *instant messengers*, redes sociais, *chats*, *chatbots* e *e-mail*, vem levando empresas em todo mundo a repensarem seus negócios e a se transformarem em *Customer Experience & Customer Success Organizations*.

Estamos vivendo uma era sem precedentes, na qual a união entre a Gestão do Relacionamento com Clientes e o *Customer Experience* está modificando o trabalho de milhões de pessoas ao redor do mundo, dos mais variados níveis da organização, desde CEOs até o time operacional, impondo-lhes o imperativo de adquirir novas competências, metodologias e ferramentas de trabalho.

Empresas e carreiras estão em transição para esse novo modelo, buscando incessantemente informações confiáveis para compreender, implantar e operar tais mudanças. Este livro é uma resposta a tais necessidades, e com esse propósito foi cuidadosamente construído.

Customer Experience, ou CX como chamamos em nosso meio, não é uma mecânica, tampouco uma filosofia. *Customer Experience* é, acima de tudo, uma estratégia empresarial com a finalidade de dirigir inteligência, pessoas, tecnologia, processos, comunicação e investimentos para planejamento e otimização da jornada dos Clientes que irá proporcionar a eles experiências tão gratificantes que os tornarão capazes de sensibilizar-se para continuarem "ligados" racional e emocionalmente à empresa fornecedora. Esse é o princípio de toda e qualquer iniciativa de lealdade na atualidade.

Por isso, no livro procurei apresentar como realizar o *Customer Journey Mapping*. Mapear a Jornada do Cliente é muito gratificante e vem conquistando cada vez mais adeptos no mundo inteiro. Desde que comecei a utilizar esse método já consegui apoiar muitas empresas, por meio de *workshops*, treinamentos e consultoria, a empreenderem transformações importantes para encantar e fidelizar seus Clientes, além de fazê-las economizar muito dinheiro.

O estopim para o crescimento do *Customer Journey Mapping* foi a necessidade de incentivar as pessoas nas organizações a considerarem que os Clientes não significam apenas números, pois têm emoções. Posso parecer exagerado, mas no dia a dia das empresas as pessoas estão tão ocupadas com suas tarefas que mal conseguem se colocar no lugar do Cliente (empatizar) ao projetarem produtos e serviços, gerando prejuízos enormes para ambas as partes.

Transformar uma empresa, que é mais orientada ao seu produto, para que ela se torne genuinamente uma *Customer Oriented* ou, como também chamamos, *Customer Centric Organization*, é um projeto muito gratificante que se inicia com um profundo diagnóstico para, em seguida, propormos um novo modelo de Experiência do Cliente. Essa é uma ótima estratégia para colocarmos em prática metodologias e ferramentas para elevar experiências e emoções do Cliente durante todos os pontos de contato presenciais ou remotos. Esses temas serão largamente abordados em nosso livro.

Um ponto que mereceu reflexão nesta obra é que a maioria das empresas brasileiras não consegue fazer com que seus vendedores e atendentes ajam proativamente e de forma estruturada para se relacionar com os Clientes, seja presencial ou remotamente. Por isso, um passo muito importante para a empresa se libertar desse danoso paradigma é criar e implantar uma metodologia de vendas e de atendimento a Clientes que tenha as seguintes características: aderência ao *Customer Experience*, fácil assimilação pelas pessoas que trabalham nos canais de relacionamento e que proporcione diferenciação da empresa no mercado. Chamo essa metodologia de EDiRC, que é formada pelos passos: Empatizar, Diagnosticar, Resolver e Conquistar.

Trouxe também para os leitores o Modelo Emocional de Relacionamento com Clientes (MERC), que correlaciona qualitativamente as emoções esboçadas pelos Clientes com o grau de resolutividade e humanização. Quanto maiores esses dois fatores, mais positivas serão as experiências dos Clientes.

Cada vez mais, o consumidor tem liberdade para escolher as marcas que deseja, tamanha a quantidade de opções disponíveis no mercado. A concorrência lança no mercado quantidades enormes de produtos e serviços muito parecidos; contudo, as empresas que conseguem criar diferenciais competitivos ligados à Gestão do Relacionamento com Clientes e *Customer Experience* conseguem sobressair. Um bom exemplo ocorre quando a empresa desenvolve um Programa de Fidelidade, também chamado de Lealdade, que seja inteligente e baseado na experiência do Cliente.

Vamos conhecer neste livro como os Programas de Lealdade se intensificaram nos últimos anos em todo o mundo, impulsionados pela explosão da concorrência e pela necessidade de proporcionar experiências emocionais positivas para os Clientes. Nosso país é um exemplo de ótimos Programas de Lealdade bem implementados.

Apresento para meus leitores diversas metodologias, como o *Framework* que desenvolvi para ideação e implantação de *Customer Experience* e *Customer Success* nas empresas; o Mapa da Persona; o Mapa da Jornada do Cliente com 5 camadas; os 7 passos para implantar e medir o *Net Promoter Score*; como realizar pesquisas de satisfação de Clientes; como medir o *Customer Lifetime Value*; revisão da segmentação de mercado com foco em CX; 40 formas de criar valor para os Clientes; construção da filosofia de Cliente e fornecedor interno. Trouxe adicionalmente para o leitor outra novidade, que é o Índice de Foco no *Customer Experience* (IFCX), podendo analisá-lo nas suas 6 dimensões.

Apresentação

Procurei focar o livro para uma visão mais proativa do relacionamento com Clientes, na qual os compromissos de *Customer Experience* e de tornar a empresa *Omnichannel* podem (e devem) ser auxiliados pela adoção de importantes tecnologias, como os mais modernos CRM de mercado, Internet das Coisas, *Mobile First*, convergência das mídias sociais e Marketing Digital.

Escolher uma metodologia segura, decidir pela marca de CRM mais adequada ao negócio, criar uma equipe de implantação, compreender o escopo e os benefícios do projeto são conhecimentos indispensáveis para quem pretende compreender ou atuar nesse fascinante projeto. Nesse sentido, a obra traz importantes contribuições de como planejar, escolher e implementar o CRM, combinado com o Marketing de Relacionamento, sempre com foco no *Customer Experience*.

Adotar uma abordagem *Omnichannel*, valorizando o Cliente em todos os pontos de contato integrados por meio do fornecimento de informações precisas, atenção e resolutividade no atendimento, pode levar as companhias a um cenário em que seus consumidores retribuam com sucessivas recompras, aumentando as chances de maior fidelidade e, consequentemente, de maior rentabilidade.

Portanto, nos dias de hoje, os modelos de experiência do Cliente, estudos sobre seu comportamento em redes sociais, nas plataformas de compras *on-line*, nas centrais de atendimento e nos demais canais remotos revolucionam a forma de fazer a Gestão do Relacionamento e, verdadeiramente, trazem a necessidade de maior conhecimento do Cliente como imperativo dos negócios. Ao mesmo tempo, os demais canais de contato presenciais, como força de vendas consultiva e lojas, definitivamente terão que se integrar a esse modelo. Esse é um dos focos da obra.

Quanto aos casos de sucesso apresentados neste livro, lembro que as empresas aqui mencionadas são exemplos das melhores práticas identificadas recentemente. Se você pertence a alguma empresa de sucesso nas áreas de interesse desta obra, mas ela não foi citada, tenha certeza de que foi pela simples limitação do número de páginas da obra.

Quanto à estrutura deste livro, ele foi elaborado de modo a apresentar para você uma visão integrada e inter-relacionada sobre o tema. Veja como os capítulos foram formados e sequenciados:

CAPÍTULO 1	Implantando o *Customer Experience* e o *Customer Journey Mapping*
CAPÍTULO 2	Novo Modelo de Relacionamento com foco no *Customer Experience*
CAPÍTULO 3	A revolução dos consumidores, das empresas e da comunicação
CAPÍTULO 4	Marketing de Relacionamento: origens, objetivos e estratégias
CAPÍTULO 5	Como criar, implementar e controlar Programas de Lealdade
CAPÍTULO 6	Metodologia e técnicas para mapear a experiência do Cliente e obter *customer insights*
CAPÍTULO 7	Cultura de Foco no Cliente, o Valor do Cliente e *Lifetime Value*

CAPÍTULO 8 Tendências tecnológicas de *Customer Experience* e Gestão do Relacionamento
CAPÍTULO 9 As etapas e os segredos para implementar o CRM com foco em CX
CAPÍTULO 10 Projetando o CRM com foco em *Customer Experience*

Integram esta obra importantes passagens atualizadas do meu livro *Guia de implementação de marketing de relacionamento e CRM*, publicado pelo GEN | Atlas, que muito me orgulhou por se tornar uma referência no Brasil.

Um pequeno detalhe que preciso mencionar é que, ao longo do livro, você notará que a palavra Cliente sempre aparecerá começando com letra maiúscula, como uma forma de homenageá-lo.

Vamos iniciar o **Capítulo 1**?

Desejo uma ótima leitura e que se traduza em mudanças pessoais e profissionais para você.

Roberto Madruga
roberto.madruga@conquist.com.br

P.S.: envie o seu *feedback* sobre o que achou deste livro. Ficarei feliz em recebê-lo!

Sobre o autor

Roberto Madruga é um dos maiores consultores e educadores da atualidade em *Customer Experience, Customer Success, Customer Journey Mapping, Employee Experience* e Cultura Organizacional.

Autor de livros premiados, que se tornaram referência no mercado, Roberto Madruga é reconhecido por sua multidisciplinaridade, alavancada pela união de sua capacidade de elaboração de métodos estruturados e inovadores com sua grande experiência prática. Madruga é *designer*, bacharel em Administração, mestre em Gestão Empresarial, pós-graduado em Marketing, em Gestão Estratégica e Qualidade, em Educação a Distância, em Gestão de Recursos Humanos e em Pedagogia Empresarial. *Master* em Programação Neurolinguística (PNL) pela International Association of NLP Institutes. *Coach* certificado pela International Association of Coaching Institute (ICI). Doutorando em Engenharia de Produção na linha de Organizações e Inovação.

Madruga é idealizador da primeira e mais importante Certificação em *Customer Experience* e *Customer Success* e do primeiro MBA em *Customer Experience* e *Employee Experience* no Brasil. Fundador e CEO da ConQuist (www.conquist.com.br), empresa que se tornou referência em consultoria e educação corporativa e que atende mais de 300 empresas em mais de 1.500 projetos.

Escreva para o autor. Ele terá o prazer de responder a você:
roberto.madruga@conquist.com.br

Recursos didáticos

Para facilitar o aprendizado, este livro conta com o seguinte recurso:

- vídeos do autor, que podem ser acessados por meio de QR Codes apresentados na abertura de cada capítulo. Para assisti-los, é necessário ter um leitor de QR Code instalado no *smartphone* ou *tablet* e posicionar a câmera sobre o código. Também é possível acessar os vídeos por meio da URL que aparece abaixo do código.

Material Suplementar

Este livro conta com o seguinte material suplementar:

- *Slides* (restrito a docentes cadastrados).

O acesso ao material suplementar é gratuito. Basta que o leitor se cadastre e faça seu *login* em nosso *site* (www.grupogen.com.br), clicando em GEN-IO, no *menu* superior do lado direito.

O acesso ao material suplementar online fica disponível até seis meses após a edição do livro ser retirada do mercado.

Caso haja alguma mudança no sistema ou dificuldade de acesso, entre em contato conosco (gendigital@grupogen.com.br).

genio
GEN | Informação Online

GEN-IO (GEN | Informação Online) é o ambiente virtual de aprendizagem do GEN | Grupo Editorial Nacional

MBA em Customer Experience e Employee Experience

&

Certificação em Customer Experience e Customer Success

CONQUIST

GARANTA SUA VAGA COM **10%** DE DESCONTO! INSIRA O CUPOM!

#GEN10

MBA EM CUSTOMER EXPERIENCE E EMPLOYEE EXPERIENCE

O MBA em Customer Experience e Employee Experience é a primeira pós-graduação no Brasil que une metodologia de implantação e pesquisa visando desenvolver o aluno para novos desafios do mercado de trabalho.

SAIBA MAIS

CERTIFICAÇÃO EM CUSTOMER EXPERIENCE E CUSTOMER SUCCESS

A formação na Experiência e no sucesso do Cliente mais completa do Brasil, idealizada pelo autor do best-seller que você está lendo e pioneiro na implementação da da metodologia CX e CS no país.

SAIBA MAIS

Entre em contato com a gente:
conquist.com.br

A efetivação do desconto na compra, bem como a continuidade de disponibilização do curso, é de inteira responsabilidade do autor.

Para eventuais dúvidas e/ou reclamações, entrar em contato pelo *e-mail*: conquist@conquist.com.br.

Sumário

CAPÍTULO 1. Implantando o *Customer Experience* e o *Customer Journey Mapping* 1
   A transformação da experiência do Cliente 2
   A era do *Customer Experience* – CX... 4
   Customer Experience Management – CXM ou CEM.. 5
   O Cliente na centralidade a partir do *Omnichannel*... 7
   Framework completo para implantação de *Customer Experience* e *Customer Success* ... 9
   25 estratégias de *Customer Experience* 10
   A Jornada do Cliente × a "Batalha" do Cliente... 11
   As origens do *Customer Journey Mapping* 13
      20 princípios para a prática do *Customer Journey Mapping* 15
      Criação do Mapa da Persona, identificando-se seu perfil, valores e hábitos ....
      Modelo para elaboração do Mapa da Jornada (*Customer Journey Mapping*) de 5 camadas.. 17
   Metodologia 7 passos + 6 camadas do *Customer Journey Mapping*........................ 20
   Customer Journey já é o novo funil de vendas e marketing...................................... 27
   Fazendo gestão para implantar o *Customer Experience*... 29
   Vamos refletir e praticar? 30

CAPÍTULO 2. Novo Modelo de Relacionamento com foco no *Customer Experience* 31
   Migração do atendimento para o Modelo de Relacionamento CX 31
   Modelo de Relacionamento CX simplificado 33
   Modelo de Relacionamento CX completo 34
      1. *Customer Journey Mapping* 36
      2. *Omnichannel* facilitando o *Customer Journey* 36
      3. Roteamento do atendimento e regras de acesso 37
      4. Operação do atendimento e gestão de pessoas 37
      5. Comunicação com os canais de relacionamento 38
      6. Metodologia de vendas e de atendimento a Clientes..................................... 38
      7. Mapeamento e otimização de processos e procedimentos.............................. 39
      8. *Analytics*, qualidade e custos.. 40
      9. Tecnologia e integração.. 40
      10. Gestão de demandas provenientes das áreas de negócios 41
      11. Gestão de projetos de relacionamento com Clientes 42
      12. Cultura *Customer Oriented* e governança 42

Modelo Emocional de Relacionamento com Clientes (MERC) 43
A ciência das conexões emocionais com os Clientes 46
O fim da era de satisfação dos Clientes? 47
Modelo de relacionamento *Omnichannel* 49
Macroprocesso de relacionamento com Clientes 50
Customer Lifecycle, o "ciclo de vida" do Cliente 52
Régua de relacionamento por *timeline* 54
Régua de relacionamento por grau de proximidade 56
Vamos refletir e praticar? 57

CAPÍTULO 3. A revolução dos consumidores, das empresas e da comunicação 59
Da fragmentação da mídia ao *Omnichannel* 60
A expansão dos meios de comunicação e das redes sociais 61
As empresas que estão surfando nesse movimento 63
As famílias não são mais as mesmas 64
Crescer não é precarizar a experiência do Cliente 65
Quanto maior a base de Clientes, maior a preocupação 66
A proliferação incontrolável de produtos, serviços e marcas 68
Facilidade para lançar produtos 69
Os Clientes são paradoxais 72
A era da diversidade 73
A balança desequilibrada 74
Administrando o atrito 75
A pulverização dos meios de comunicação 76
O excesso leva à rejeição 77
Vamos refletir e praticar? 78

CAPÍTULO 4. Marketing de Relacionamento: origens, objetivos e estratégias 79
As influências do Marketing de Relacionamento 80
A origem acadêmica do Marketing de Relacionamento 81
As correntes de conhecimento do Marketing de Relacionamento 83
Definições de Marketing de Relacionamento 85
Gestão Integrada do Relacionamento com Clientes (GIRC) 86
A história da Gestão do Relacionamento: do Marketing Direto ao *Customer Experience Management* 88
A proximidade no passado 90
Marketing de Massa e o Marketing de Relacionamento 91
Framework das 7 funções do Marketing de Relacionamento 93

1. Visão e cultura de Foco no Cliente 95
2. Objetivos de Marketing de Relacionamento 96
3. Estratégias de Marketing de Relacionamento 97
4. Ações táticas de Marketing de Relacionamento 99
5. Capacitação e engajamento dos colaboradores 99
6. Benefícios aferidos com o Marketing de Relacionamento 100
Não ao "marketing de aprisionamento" 101
Cuidados especiais para quem pretende praticar com seriedade 102
Vamos refletir e praticar? 104

CAPÍTULO 5. Como criar, implementar e controlar Programas de Lealdade 107
Os resultados do Programa de Lealdade e os instintos humanos 108
"Soneto de Fidelidade": que seja infinito enquanto dure 109
O que é lealdade à empresa 110
A lealdade deve ser conquistada 111
A Nova Escala da Lealdade (NEL) 112
A tríade reconhecimento, recompensa e experiência 113
O poder do reconhecimento e da recompensa 114
Aumentar o relacionamento com Clientes decola a venda 115
Programas de Fidelidade, uma tendência internacional 117
Tendências e prioridades para os Programas de Lealdade 117
Os 14 formatos do Programa de Lealdade 118
   1. Programas de Lealdade B2B 119
   2. Programas de Lealdade B2C 119
   3. Programas de Lealdade Abertos 119
   4. Programas de Lealdade Focados 120
   5. Programas de Lealdade de Coalizão 120
   6. Programas de Lealdade de Pontos 121
   7. Programas de Lealdade *Cashback* 122
   8. Programas de Lealdade de Descontos 122
   9. Programas de Lealdade de Adesão Espontânea 123
   10. Programas de Lealdade de Adesão Automática 123
   11. Programas de Lealdade Pagos 123
   12. Programas de Lealdade Gratuitos 123
   13. Programas de Lealdade de Prazo Indefinido 123
   14. Programas de Lealdade por Tempo Limitado 124
Os 12 mandamentos para um Programa de Lealdade bem-sucedido 124
Clientes e executivos obtêm benefícios com os programas 125
10 perguntas e respostas antes de implantar um Programa de Lealdade 126

Customer Experience e a lealdade andam juntos 128
Preço, qualidade e resolver problemas fidelizam 130
Alguns segredos da lealdade 130
Cuidado com os programas "antifidelidade" 132
Como mediar a eficácia dos Programas de Lealdade 133
Vamos refletir e praticar? 134

CAPÍTULO 6. Metodologia e técnicas para mapear a experiência do Cliente e obter *customer insights* 137

Conhecer genuinamente o Cliente gera resultados 138
Metodologia de Vendas e Atendimento EDiRC permite conhecer o Cliente 138
Categorias de Clientes e as experiências 141
41 técnicas para mapear a experiência do Cliente e obter *customer insights*. 144
O *Net Promoter Score* (NPS) 146
Passo a passo para implantar e medir o NPS 147
    1. Planeje a pesquisa 147
    2. Segmente o público-alvo da pesquisa 148
    3. Calcule corretamente a amostra 148
    4. Elabore o questionário 148
    5. Faça o disparo de forma estratégica 149
    6. Tabule os dados 150
    7. Analise as informações 151
    8. Realize um *workshop* de apresentação e lidere mudanças 151
Customer Effort Score, A revolução no indicador de engajamento e fidelidade 152
    Reduzindo o esforço do Cliente pelo *Customer Effort Score* 153
Mensurando o *Customer Effort Score* 153
Como elaborar pesquisas com Clientes 155
A estruturação de pesquisas quantitativa e qualitativa 156
Construindo a base de conhecimento do Cliente 158
Por onde começar a enriquecer os dados dos Clientes? 159
Repensando a tradicional segmentação de mercado 160
A nova segmentação de Clientes 161
Customização e personalização 163
Conteúdo adaptativo mexe com a emoção dos Clientes 164
A importância da atualização de dados 165
Excesso de escolhas desmotiva 165
"*Call-to-action*" e o uso inteligente das cores em prol da experiência 166
As cores influenciando o User Experience 167
Vamos refletir e praticar? 169

CAPÍTULO 7. Cultura de Foco no Cliente, o Valor do Cliente e *Lifetime Value* 171
    Mudança de cultura + mudança de posicionamento 172
    Do foco na produção ao foco na experiência do Cliente 173
    Tipos de foco empresariais 175
    O Índice de Foco no *Customer Experience* (IFCX) 177
        Instruções para preenchimento 178
    Análises do Índice de Foco no *Customer Experience* (IFCX) 184
    Customer Value 185
    Focar no valor traz benefícios para todos 188
    LTV ou CLV: como calcular o Valor do Cliente 189
    Como construir e aumentar o CLV 192
    8 estratégias para aumentar o CLV 192
        1. Aprendendo com os Clientes 192
        2. Revisando o portfólio de produtos e serviços 193
        3. Identificando o valor estratégico dos Clientes 193
        4. Empresa entendendo Clientes e vice-versa 193
        5. Modificando a cultura da empresa 193
        6. Cumprindo promessas 194
        7. Controlando o CLV 194
        8. Vendendo mais e melhor 194
    O valor, segundo o Cliente 194
    Premissas para o Valor do Cliente 196
    40 VOCs – Valores pela Ótica dos Clientes 198
        20 valores emocionais: 199
        20 valores racionais: 199
    Estratégias empresariais para a criação de valor junto dos Clientes 201
    O Cliente interno cria valor para o Cliente externo 203
    Criar SLA interno é imperativo 205
    Vamos refletir e praticar? 207

CAPÍTULO 8. Tendências tecnológicas de *Customer Experience* e Gestão do Relacionamento 209
    A gestão proativa da experiência e a convergência de tecnologias 209
    A análise emocional dos Clientes em centrais de atendimento 212
    Omnichannel: uma tendência irreversível 214
    Mobile first e o gerenciamento ativo da experiência 216
    O celular substituindo nossa carteira 217
    A Internet das Coisas chegou para ficar 218
    Comando de voz pelos *chatbots* (assistentes pessoais) 221

Redução de custos e de tempo com *chatbots* 222
Siri, Alexa ou Watson? Quem ganha a corrida? 225
Integração dos canais com o CRM 226
Social media selling com CRM 227
Implantar o CRM horizontal ou vertical? 228
Turbinando o CRM para o CXM 228
O que é crítico para os CIOs – Diretores de TI 229
Vamos refletir e praticar? 231

CAPÍTULO 9. As etapas e os segredos para implementar o CRM com foco em CX 233
A evolução do CRM até os dias atuais 234
A história do CRM, da origem ao CXM 236
Governança para implementação do CRM e *Customer Experience* 238
O método das 5 etapas para implementação de CRM com foco em CX 239
    1ª etapa: Planejamento do projeto, diagnóstico e estabelecimento da visão única sobre o relacionamento com Clientes e CX 240
    2ª etapa: Criação das diretrizes norteadoras e descrição dos requisitos funcionais 242
    3ª etapa: Criação das novas regras de negócios e otimização dos processos de relacionamento 244
    4ª etapa: Apoio na aquisição da tecnologia e definição de recursos 245
    5ª etapa: Controle da implementação, *quality assurance* e capacitação do Cliente 247
Modelo DDI: realizando pactos e unificando a visão sobre CRM e CX 248
    Discutir 249
    Descartar 249
    Integrar 250
Os segredos para contratar uma solução tecnológica 250
    RFI – *Request for Information* 251
    RFP – *Request for Proposal* 251
    Alinhamento de proposta 251
    Proposta 251
    Negociação 252
O passo a passo para implantar a tecnologia de CRM 252
    Planejamento da implementação 253
    Descoberta 253
    Design da solução 254
    Construção 254
    Treinamento do usuário final 254

Teste e homologação 254
Produção 255
Como selecionar os melhores fornecedores de tecnologia de CRM 255
Uma escolha difícil: qual o melhor CRM para cada empresa? 255
Vamos refletir e praticar? 257

CAPÍTULO 10. Projetando o CRM com foco em *Customer Experience* 259

15 passos para incremento do *Customer Experience* 260
O tempo necessário para se implementar o CRM e os pontos críticos 261
Empresas e equipes que participam da implementação 263
    Prevenindo-se contra atrasos no projeto 264
Pré-requisitos de plataformas tecnológicas 264
Tipos de aplicação de CRM 265
    Aplicação do CRM por finalidade estratégica 266
    Aplicação do CRM por áreas da organização (horizontais de CRM) 267
Funcionalidades tecnológicas do CRM 269
Funcionalidades analíticas e gestão de campanhas 270
    Analytics 271
    Segmentação inteligente de mercado 271
    Gerenciamento de campanhas 271
    Produtos e serviços customizados 272
Funcionalidades do CRM para a Jornada do Cliente e gestão
da informação 272
    Histórico de contatos 273
    Computer-Telephone Integration (CTI) 273
    Scripts inteligentes 273
    Gerenciamento de mensagens 274
    Interação 274
    Permissão 274
    FAQs, manuais e apresentações 275
Funcionalidades do CRM para aprimoramento da qualidade 275
    Pesquisas em tempo real 275
    Gestão e qualidade de serviços 276
    Recurso de manutenção preventiva 276
    Qualidade de dados 276
Funcionalidades para o gerenciamento da linha de frente 277
    Gerenciamento do perfil de acesso 277
    Colaboração e gestão de parceiros 277
    Designação da pessoa certa 278

Visibilidade e responsabilidade 278
Workflow 278
Reconhecimento e recompensa 279
E-learning 279
20 ameaças para implementação de CRM 279
Vamos refletir e praticar? 286

BIBLIOGRAFIA 287

ÍNDICE ALFABÉTICO 295

CAPÍTULO 1

Implantando o *Customer Experience* e o *Customer Journey Mapping*

> *"O progressivo uso de tecnologias de relacionamento a distância com Clientes e o ato de atender, vender e negociar presencialmente com eles nunca receberam tanto foco das empresas como na atualidade.*
>
> *Definitivamente, satisfazer as suas necessidades deixou de ser o último degrau a se atingir pelas empresas nos seus canais on-line e off-line. Bem-vindos, leitores, à era do Customer Experience e do Customer Success, revolucionando a experiência e o sucesso do Cliente."*

Quanta mudança! Quanto receio do novo! Contudo, quantas oportunidades!

A Domino's, em parceria com a Starship Technologies, desenvolveu um sistema de entregas utilizando pequenos carros-robôs na Alemanha. A iniciativa visa diminuir custos e agilizar o processo de envio para os Clientes.

A entrega robotizada não é um novo capricho das empresas, mas um novo modelo de antecipar as experiências dos Clientes. Já a Amazon criou o serviço *Prime Air*, um sistema de entrega usando drones para levar pacotes com segurança para Clientes em até 30 minutos ao invés dos tradicionais 3 dias (Figura 1.1).

Essas iniciativas vêm criando uma revolução na eficiência geral do sistema de transporte no mundo, contudo, além do ganho de eficiência logística, o que as empresas realmente desejam com essas ações? Que oportunidades estão por trás dessas mudanças?

A resposta é mais que clara: o aumento dos resultados de negócios e ampliação das experiências positivas dos Clientes.

Figura 1.1   O serviço Amazon Prime Air é uma estratégia de *Customer Experience*.

Fonte: Amazon.com. Disponível em: https://www.amazon.com. Acesso em: 16 jan. 2018.

Vejamos outras automações.

Os *chatbots* Alexa, da Amazon, e Siri, da Apple, oferecem conexões com centrais de atendimento de redes de hotéis. Assim, é possível pedir um serviço de quarto utilizando apenas a voz ou o celular.

A IKEA, do ramo de móveis, adotou um sistema sem fio de iluminação totalmente interconectado. Os LEDs contam com *dimmers*, podendo escurecer (e gastar menos luz) enquanto um setor da loja não estiver sendo utilizado e, por outro lado, iluminando adequadamente por onde o Cliente transita, ampliando sua experiência na loja.

Empresas de vários países, inclusive do Brasil, integram a jornada *on-line* e *off-line* do Cliente, proporcionando ofertas proativas customizadas para seus Clientes, e assim aumentam em muito a taxa de aceitação de produtos e serviços.

O progressivo uso de tecnologias de relacionamento a distância com Clientes e o ato de atender, vender e negociar presencialmente com eles nunca receberam tanto foco das empresas como na atualidade. Definitivamente, satisfazer as suas necessidades deixou de ser o último degrau a se atingir pelas empresas nos seus canais *on-line* e *off-line*. Bem-vindos, leitores, à era do *Customer Experience* e do *Customer Success*, revolucionando a experiência e o sucesso do Cliente.

Definitivamente, satisfazer as suas necessidades passou a não ser o último degrau a ser atingido pela Gestão do Relacionamento e pelo CRM tanto pessoal quanto remotamente. Bem-vindos, leitores, à era da união entre a Gestão do Relacionamento com Clientes e o *Customer Experience*.

A transformação da experiência do Cliente

A integração e a elevação das experiências vividas pelos Clientes nos canais presenciais (força de vendas, serviços de campo e atendentes) com os canais remotos (*chatbot*, e-mail, redes sociais, telefone, *mobile* etc.) passaram a ser o principal desafio das áreas de negócios, marketing e operações das empresas. Soma-se a isso a grande revolução dos consumidores, que não mais aceitam experiências negativas durante o contato com os fornecedores, seja este *on-line* ou *off-line*.

Essa nova realidade foi ainda mais realçada com o surgimento da pandemia de Covid-19, em 2020, fazendo com que, repentinamente, bilhões de Clientes ao redor do mundo se tornassem mais exigentes e ao mesmo tempo receosos em gastar suas economias, temendo o futuro. Podemos acrescentar mais um ingrediente nesse caldeirão de mudanças: a repentina necessidade de transformar os negócios "*high touch*" em "*low touch*", ou mesmo em "*no touch*", para evitar a aglomeração de pessoas durante essa fase da humanidade.

A revolução na relação empresa-Cliente também está sendo fortemente afetada pela mudança nos *touch points*. Com o passar dos anos, as centrais de relacionamento deixaram de ser um grande problema nas empresas e se transformaram numa das principais áreas, passando a receber maciços investimentos para se tornarem mais conectadas aos Clientes por meio da absorção de demandas de canais digitais como *e-mail*, *chats* e redes sociais. Além disso, diversos processos vitais, como atendimento e serviços ao Cliente, vendas, *e-commerce*, gestão dos *touch points* e a gestão da jornada dos Clientes estão evoluindo para modelos de *Customer Experience* e *Customer Success*, que são metodologias diferentes, contudo, profundamente complementares. As duas contam com o princípio do *Omnichannel* e com estratégias proativas de relacionamento. A Figura 1.2 reflete essa evolução.

Figura 1.2 Processos vitais da empresa evoluindo para o modelo de *Customer Experience* e o *Customer Success.*

Atendimento e serviços ao Cliente
Força de vendas
E-commerce
Comunicação com o Cliente
Gestão dos *touch points*
Gestão da jornada dos Clientes

Evolução

CX CS

On-line e *off-line*

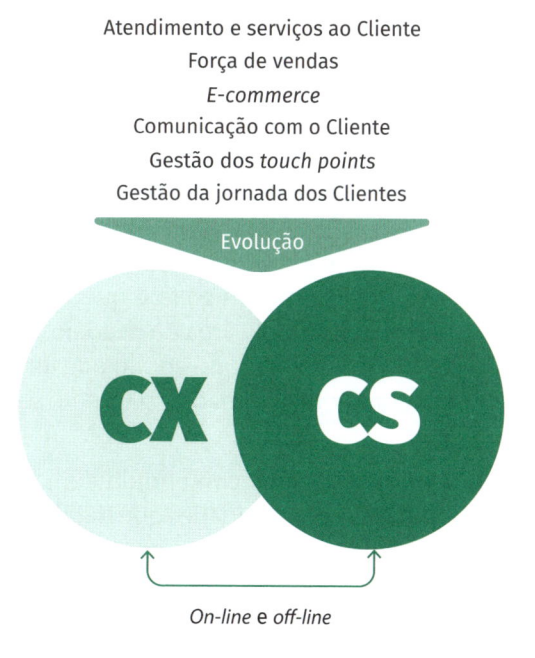

Fonte: Desenvolvida pelo autor.

Na atualidade, um problema recorrente é que várias empresas simplesmente "rebatizaram" suas centrais de atendimento em departamentos de *Customer Success*, contrataram gerentes de sucesso do Cliente, contudo, fizeram poucas mudanças estruturais e de cultura. O mesmo se percebe com as áreas de *Customer Experience*. Naturalmente, isso não ocorreu com todas as empresas, mas é um alerta para que a prática do *Customer Experience* e do *Customer Success* seja cada vez mais profissionalizada.

Devemos ficar paralisados diante dessa realidade? Claro que não. Eu pelo menos não consigo!

Com a finalidade de criar uma formação específica e de contribuir com o mercado, criei a primeira Certificação em *Customer Experience* e *Customer Success* no Brasil focada na ideação e implantação de CX e CS em empresas de todos os portes. Com um método de ensino estruturado e diferenciado, nos últimos anos já formamos centenas de executivos na área. Apontando a câmera do seu *smartphone* para o QR Code da Figura 1.3, você poderá conhecer melhor o programa.

Figura 1.3 Conheça a primeira e mais importante Certificação em *Customer Experience* e *Customer Success* no Brasil por meio do QR Code.

Fonte: https://conquist.com.br/cursos-e-eventos/certificacao-em-customer-experience-e-customer-success/. Acesso em: 07 abr. 2021.

A era do *Customer Experience* – CX

Quando uma organização se diz focada verdadeiramente no Cliente ou, como chamamos, *Customer Oriented Organization*, significa que uma das estratégias mais importantes praticadas conjuntamente pela área de negócios e pela área de relacionamento é o *Customer Experience*. Assim, tudo aquilo que for projetado por ambas obrigatoriamente levará em conta que a Jornada do Cliente será respeitada e, mais do que isso, bem-sucedida.

Customer Experience (CX) muitas vezes é confundido com *User Experience* (UX). Este último é formado por uma série de atividades que tratarão de planejar que a experiência do Cliente com o produto, com o *site* ou com *app* seja ágil e produtiva. Já o CX apresenta um escopo bem mais abrangente, pois envolverá a estruturação de todos os canais de relacionamento remotos ou presenciais, medidas para otimizar a experiência dos funcionários e o estabelecimento de foco na Jornada do Cliente. A Figura 1.4 apresenta a relação entre os elementos apresentados.

Figura 1.4 CX possui a propriedade de integrar UX, CXM, CJM e EX.

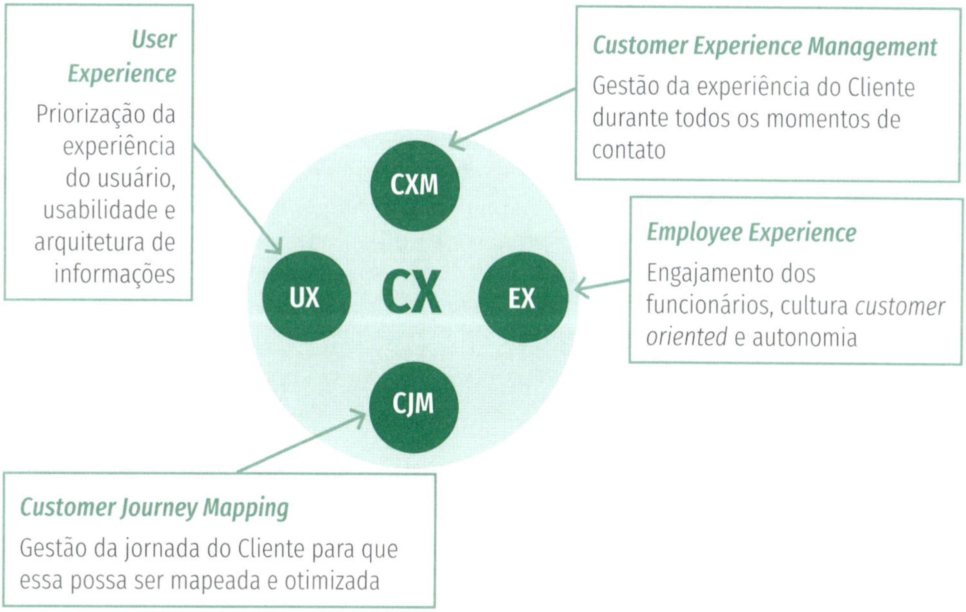

User Experience
Priorização da experiência do usuário, usabilidade e arquitetura de informações

Customer Experience Management
Gestão da experiência do Cliente durante todos os momentos de contato

Employee Experience
Engajamento dos funcionários, cultura *customer oriented* e autonomia

Customer Journey Mapping
Gestão da jornada do Cliente para que essa possa ser mapeada e otimizada

Fonte: Desenvolvida pelo autor.

Portanto, os estudos de *Customer Experience* (CX) podem englobar *User Experience* (UX), *Customer Experience Management* (CXM), o Mapeamento da Jornada do Cliente (CJM) e também os princípios do *Employee Experience* (EX).

Como o próprio nome já prediz, *Employee Experience* é uma importante estratégia corporativa, ainda praticada timidamente no Brasil, que visa tornar a experiência dos funcionários e parceiros da empresa realmente relevante, participativa e decisiva, promovendo assim seu engajamento e satisfação. Não é uma estratégia exclusiva da área de Recursos Humanos, mas um comportamento organizacional cujo patrocínio é feito pela alta diretoria. Em meu livro *Gestão de pessoas: employee experience e cultura organizacional*, apresento esses temas em profundidade.

Customer Experience Management – CXM ou CEM

A forma de gerenciar a experiência do Cliente é vital para o sucesso de toda e qualquer organização que busca o verdadeiro **Foco no Cliente** ou, como mais profundamente chamamos, **Foco "do" Cliente**, que é uma evolução deste.

Uma das estratégias mais importantes para a gestão da experiência é a mudança de uma cultura organizacional focada no produto para uma cultura concentrada em proporcionar experiências positivas para os Clientes, integrando os principais departamentos que influenciam sua jornada, como vendas, operações, marketing, atendimento, RH, faturamento e TI.

CAPÍTULO 1

Minha definição para *Customer Experience Management* é:

> *Customer Experience Management*, abreviado como CEM ou CXM, se inicia com o estabelecimento de gols a serem atingidos quanto à criação de experiências e emoções memoráveis para os Clientes, passa pela definição de estratégias para atingimento desses gols, pela aplicação de técnicas e ferramentas, terminando por monitorar em tempo real e de forma proativa, e de ponta a ponta, todos os passos, emoções e dores ocorridos durante a jornada do Cliente na empresa. O intuito é realçar e intensificar o relacionamento deles com a organização, proporcionando condições para aumento do CTV (Customer Lifetime Value).

Ratcliff, na publicação *What is Customer Experience Management* (CEM) *and why should you be focusing on it?*, define CX como uma experiência única do Cliente com uma companhia ou, ainda, a soma de todas as experiências. É importante observar que *Customer Experience* abrange todos os pontos de contato (conhecimento do produto, compra, assistência técnica e outros) ligados à memória que os consumidores terão desse relacionamento.

Com a finalidade de apoiar essas estratégias, alguns *softwares* surgiram para lidar com CXM, objetivando a aproximação da experiência que é esperada pelo Cliente com o que é de fato entregue pela empresa. Os aplicativos são responsáveis por fornecer uma visão integrada e organizada dos Clientes mediante a análise do *feedback* e coleta de dados dos usuários.

Customer Experience Management pressupõe que, acima dos interesses individuais de cada área, está a priorização das experiências racionais e emocionais positivas dos Clientes, que precisarão ser suportadas por duas importantes estratégias. A primeira é que a empresa deve proporcionar que a jornada feita pelo Cliente durante os pontos de contato com a organização seja ágil, produtiva e fluida, isto é, tecnologia, marketing, operações, logística e demais áreas devem garantir isso.

A segunda estratégia é que a área de qualidade pertencente à Gestão do Relacionamento com Clientes deverá auditar os processos das outras áreas citadas toda vez que estes envolverem a satisfação do Cliente, a fim de garantir que a sua jornada não será negativamente afetada.

Ainda sob a responsabilidade do pessoal que cuida da Gestão do Relacionamento está a viabilização de pessoas, infra, tecnologia e comunicação para que a entrega de experiências pela empresa esteja na mesma sintonia que a esperada pelo Cliente. Apresento essa inter-relação na Figura 1.5.

Figura 1.5 A experiência positiva do Cliente é suportada pela empresa ao proporcionar-lhe uma jornada ágil e fluida e, por outro lado, garantir a gestão profissional do relacionamento com ele.

```
              Experiência racional e
              emocional do Cliente

    Jornada do Cliente  ↔  Gestão do Relacionamento
                              com Clientes
```

Fonte: Desenvolvida pelo autor.

Para o sucesso do *Customer Experience Management* será importante que a empresa abandone a maneira tradicional de enxergar o Cliente apenas como uma "caixa registradora".

O Cliente na centralidade a partir do *Omnichannel*

Os benefícios de centrar a cultura da empresa em um CX bem gerenciado são muitos, como maior conversão de vendas, aumento da qualidade de atendimento, maior retenção de consumidores e aumento do Valor do Cliente. Um benefício concomitante é engajar toda a organização com as emoções vivenciadas pelos Clientes ao longo do relacionamento com ela.

Contudo, arrisco a dizer para os meus leitores que a maior parte das empresas ainda não percebeu que os Clientes possuem emoções, preferindo vê-los como "caixas registradoras" e mapeando apenas suas transações comerciais.

Quando a empresa mergulha verdadeiramente na gestão profissional do *Customer Experience*, mesmo não estando consciente dessa escolha, pode chegar a proporcionar alegria para os seus consumidores – a depender da forma como os trata durante a sua jornada nos canais presenciais e remotos. Um bom exemplo é quando a empresa começa a conhecer seus consumidores integrando os canais de contato em uma visão *Omnichannel*, conforme a Figura 1.6.

Figura 1.6 A integração dos diversos canais de relacionamento no modelo *Omnichannel* provoca experiências emocionais positivas nos Clientes.

Fonte: Desenvolvida pelo autor.

Sei que o tema felicidade é controverso quando tratamos da relação empresa-Cliente, porém, não podemos esquecer que as experiências positivas que sentimos em nossas vidas nos levam ao nosso bem-estar e que as empresas podem contribuir para termos mais experiências glorificantes do que negativas durante nosso consumo e na interface com elas.

Um ponto para nossa reflexão: bens materiais ou experiências, o que vem primeiro?

Os psicólogos Leaf Van Boven e Thomas Gilovich fizeram pesquisas a fundo para entender a questão e chegaram à seguinte conclusão: experiências trazem mais felicidade do que bens materiais. Publicado no *Journal of Personality and Social Psychology*, o estudo desencadeou uma série de outros que só intensificaram ainda mais o debate.

De forma geral, os estudiosos da questão entenderam que existem diferenças significativas entre comprar um bem material e viver uma experiência. Enquanto bens trazem maior arrependimento, vistos como meras compras por impulso, as experiências não podem ser efetivamente comparadas com as de outras pessoas. Além do mais, os itens materiais são facilmente superados por outros mais novos em seus principais quesitos, como TV e celulares.

Portanto, a melhor forma de investir dinheiro é buscar um equilíbrio entre os usos com bens materiais e experiências. Apesar de pessoas mais introvertidas gastarem mais com bens materiais e proativas tenderem a gastar mais com experiências, segundo o estudo, é importante buscar balancear as despesas.

A seguir, apresentarei um dos *frameworks* que criamos para implantar um projeto completo de CX e CS.

Framework CX e CS completo para implantação de *Customer Experience* e *Customer Success*

Há anos trabalho incansavelmente com minha talentosa equipe e com Clientes inovadores para juntos idealizarmos e implantarmos projetos de *Customer Experience* e *Customer Success* em empresas de diversos setores e tamanhos. Esse fato nos rendeu sermos considerados um dos precursores de CX e CS no Brasil.

É uma grande gratidão apresentar ao meu leitor um pouco dessa experiência. Realmente, são projetos complexos, com várias etapas e entregas, nos quais nossa maior alegria se dá à medida que a implantação vai sendo materializada.

Um dos princípios que utilizamos é desenvolver uma metotodologia CX e CS que seja aderente à empresa que contratou o projeto.

No *Framework* CX e CS que apresento a seguir, a primeira camada é composta pelas etapas do projeto, o qual se inicia com um diagnóstico estruturado. Nele aplicamos diversas ferramentas para medição e identificação de *gaps* entre a situação atual da experiência e do sucesso "do Cliente do Cliente" e a situação desejada. Em seguida, adaptamos o *Framework* para tornar o projeto mais "palpável" para as pessoas. Na sequência, ocorre a etapa de planejamento da implantação, especificação dos componentes necessários e o PMO do projeto.

Pessoas, tecnologia e infra estão no centro do *Framework*, pois são integrantes de todos os 6 pilares que dão sustentação ao projeto. São eles:

- » *Customer Journey Mapping*.
- » Cultura e governança CX e CS.
- » Indicadores e produtividade CX e CS.
- » Liderança e educação corporativa CX e CS.
- » Segmentação, produtos e serviços CX e CS.
- » Processos, comunicação e canais CX e CS.

Ao lado direito do *Framework* CX e CS temos os resultados com que o projeto precisa se comprometer, como, por exemplo, obtenção de sucesso dos Clientes, aumento da percepção de valor, criação de emoções positivas neles, aumento dos níveis de satisfação, lealdade e engajamento.

CAPÍTULO 1

Figura 1.7 *Framework* CX e CS para implantação de *Customer Experience* e *Customer Success*.

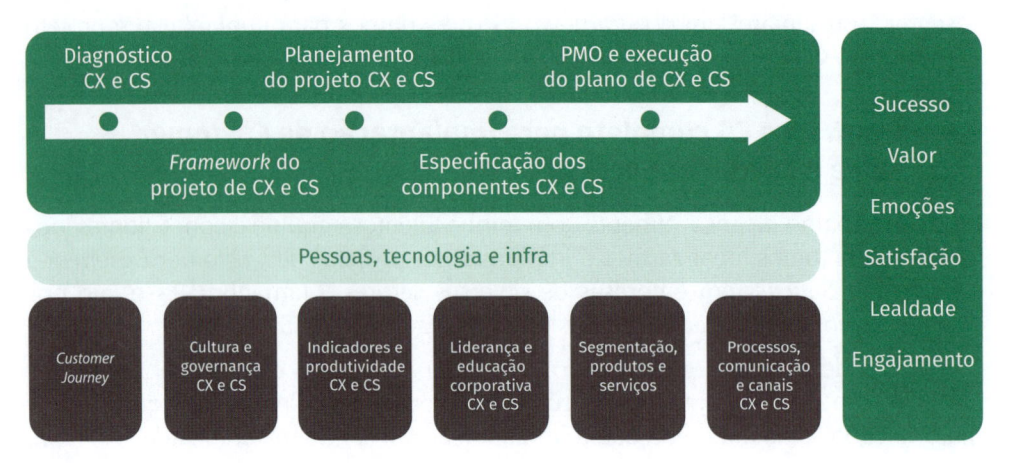

```
Diagnóstico          Planejamento           PMO e execução
CX e CS              do projeto CX e CS     do plano de CX e CS
                                                                      Sucesso
      Framework do           Especificação dos                        Valor
      projeto de CX e CS     componentes CX e CS
                                                                      Emoções
            Pessoas, tecnologia e infra                               Satisfação
                                                                      Lealdade
Customer    Cultura e      Indicadores e   Liderança e   Segmentação,  Processos,
Journey     governança     produtividade   educação      produtos e    comunicação   Engajamento
            CX e CS        CX e CS         corporativa   serviços      e canais
                                           CX e CS                     CX e CS
```

Fonte: Desenvolvida pelo autor.

O *Framework* é um instrumento simples e que possui a função de organizar espacialmente numa única imagem as frentes de trabalho (pilares), as etapas do projeto e os resultados que serão obtidos. Dessa forma, é possível comunicar resumidamente o que é o projeto momentos antes de entrar nas próximas etapas, as quais irão requerer detalhamento da metodologia.

Durante os projetos de CX e CS, precisamos lançar mão de estratégias, isto é, de caminhos, para a empresa chegar aos resultados pretendidos. É o que veremos no tópico a seguir.

25 estratégias de *Customer Experience*

Se o objetivo é reduzir o índice de saída de Clientes (*churn*), aumentar a sua satisfação e engajamento ou superar as vendas, é obrigatório traçar estratégias para chegar lá. Se o objetivo é o "alvo" a ser alcançado, a estratégia é o "como" chegar lá com mais segurança e êxito.

Por isso, sempre recomendo às empresas que reflitam sobre estratégias de *Customer Experience* antes de saírem agindo cegamente.

Estes são exemplos de 25 delas que utilizamos alternadamente em projetos:

1. Mapeamento constante e de ponta a ponta da Jornada do Cliente.
2. *Omnichannel* com integração de todos os canais de contato.
3. *Frontend* único para os atendentes e vendedores.
4. Estudo de tempos e movimentos da produtividade dos canais.
5. Comunicação proativa com o Cliente durante a sua jornada.

6. *Customer analytics* com *insights* em tempo real sobre o seu comportamento.
7. *Predictive* para auxiliar as empresas a reduzir o *churn*.
8. Monitoramento em tempo real da *performance* de produtos e serviços.
9. Monitoramento em tempo real no NPS (*Net Promoter Score*) dos Clientes.
10. Gestão do conteúdo – *content management*.
11. Extração de dados para programas de *Voice of the Customer*.
12. Monitoria de voz e dados da qualidade de atendimento ao Cliente.
13. Monitoria da cobertura e do atendimento prestado pela força de vendas.
14. Implantação de células de *Customer Success*.
15. Personalização durante o relacionamento com Clientes.
16. UX – *User Experience*, estudando-se a melhor usabilidade pelo Cliente.
17. Gestão do Programa de Lealdade – *Loyalty Management*.
18. Cumprimento de *workflow* em prol da excelência do relacionamento.
19. Capacitação e incentivo da linha de frente do relacionamento.
20. Automação do atendimento e implantação de *chatbot*.
21. Modelagem da cultura organizacional focada em CX.
22. Fornecimento de informações em tempo real para áreas de negócios.
23. Revisão da arquitetura de TI e integração de sistemas.
24. Customização e personalização da experiência do Cliente.
25. Treinamento, desenvolvimento e incentivo das pessoas de linha de frente.

Lembro que as estratégias citadas de CX devem ser implementadas de forma cadenciada e a longo prazo. A seleção destas pela empresa deverá estar ligada com o porte da organização, com o grau de maturidade e também com os objetivos de negócios.

Quanto à estratégia nº 1, que é o Mapeamento da Jornada do Cliente, constantemente e de ponta a ponta devemos torná-la gratificante ao invés de frustrante, conforme veremos a seguir.

A Jornada do Cliente × a "Batalha" do Cliente

Ao aplicarmos o método *Customer Journey Mapping* (CJM) como diagnóstico da experiência do Cliente, percebemos que a jornada do consumidor antes, durante e depois, com o seu contato com a organização, é tão carente em algumas empresas que mais parece uma corrida de obstáculos, transformando simples requerimentos dos consumidores em um vaivém que serve somente para aumentar o custo da operação de atendimento e, consequentemente, a quantidade de emoções negativas criadas durante esse percurso.

CAPÍTULO 1

A jornada descrita na Figura 1.8 é uma ilustração na qual um Cliente realiza uma simples reclamação sobre sua fatura, discordando do valor cobrado. Perceba que a Jornada do Cliente mais parece uma "batalha" na qual vários recursos da empresa são acionados para decidir sobre um problema de baixa complexidade, ocasionando perda de tempo para ambas as partes e, naturalmente, de imagem e receita para a empresa.

Figura 1.8 Jornada do Cliente antes da otimização, parecendo uma "batalha" com grandes perdas.

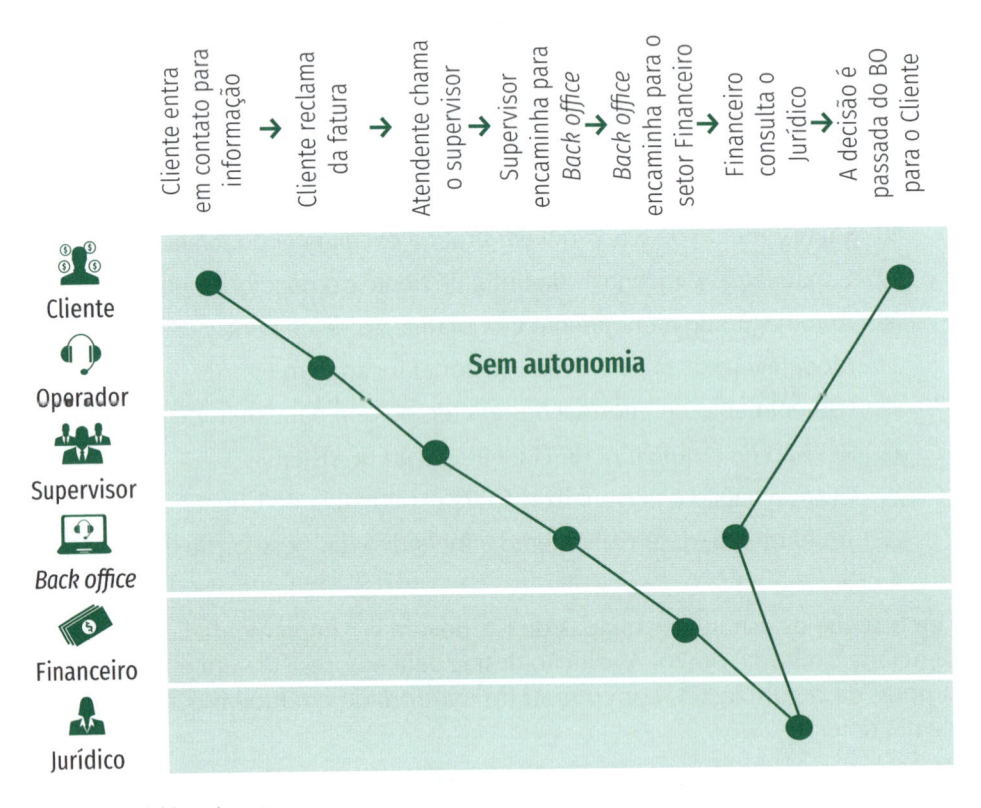

Fonte: Desenvolvida pelo autor.

Ao se aplicarem técnicas de *Customer Journey Mapping*, são identificadas diversas melhorias a serem feitas, entre as quais mudanças no *frontend* dos agentes, a criação de um novo modelo de atendimento, a capacitação em técnicas de atendimento e diversas outras mudanças visando aumentar a segurança e a autonomia do agente durante o relacionamento com os consumidores.

O resultado é a simplificação da Jornada do Cliente apresentada na Figura 1.9.

Figura 1.9 Jornada do Cliente depois da otimização e com autonomia para a ponta, gerando benefícios para todos e redução do tempo desperdiçado

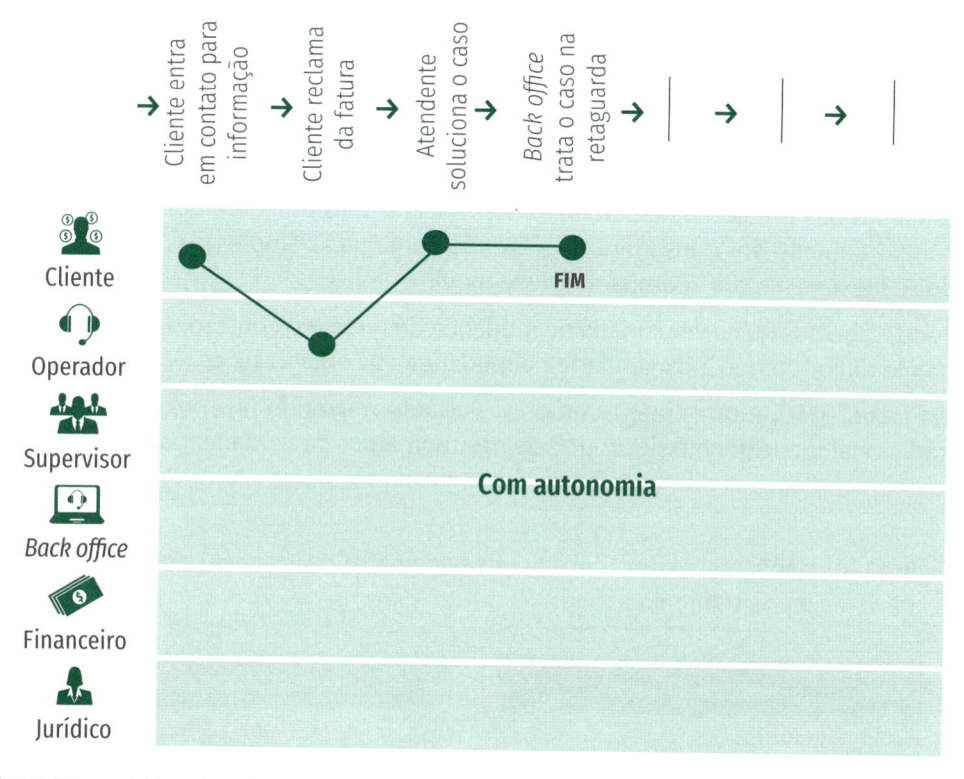

[Figura: Jornada do Cliente com etapas: Cliente entra em contato para informação → Cliente reclama da fatura → Atendente soluciona o caso → Back office trata o caso na retaguarda → FIM. Raias: Cliente, Operador, Supervisor, Back office, Financeiro, Jurídico. Indicação "Com autonomia".]

Fonte: Desenvolvida pelo autor.

O receio da empresa em fornecer autonomia para o atendente geralmente custa mais do que o risco de aumentar o seu poder de negociação, pois diversos departamentos, como o jurídico e o financeiro, tinham que ser acionados para a resolução de um problema simples.

Esse caso pode parecer de fácil resolução, mas não é, pois a cultura da empresa é uma das principais peças que precisam ser modificadas para o sucesso do projeto. Se a cultura organizacional apontar para a crença de que as pessoas da linha de frente não são capazes de decidir com autonomia, então será necessário que o projeto comece por modificar essa realidade.

As origens do *Customer Journey Mapping*

Comprovadamente, mapear a Jornada no Cliente gera benefícios tanto para empresas quanto para Clientes, como compreender quando um usuário se movimenta de um dispositivo para outro, quando ele prefere determinado canal de contato ou mesmo identificar problemas de comunicação entre os departamentos da empresa.

Para tanto, será fundamental mapear os pontos na jornada nos quais o Cliente poderá ter emoções frustrantes, descobrir as preferências dele e identificar lacunas entre os diversos canais de contato.

Além disso, os produtos e serviços digitais aumentaram tremendamente as interações entre os Clientes e empresas, que antigamente se davam prioritariamente em lojas e nas centrais de atendimento.

Na atualidade, os Clientes querem falar, clicar e digitar a qualquer hora, em qualquer lugar, e exigem que a empresa "entregue e integre" as informações em todos os canais de contato. O celular e as redes sociais transformaram completamente o comportamento dos consumidores, fazendo com que as empresas em todo o mundo se mexessem para acompanhar esse movimento.

Todos sabemos que a velocidade de mudança do mercado consumidor é tremendamente maior do que a capacidade de mudança das organizações.

Na Figura 1.10, mostro que as empresas estarão migrando nos próximos anos do tradicional mapeamento dos *touch points* (momentos da verdade) para o *Customer Journey Mapping*. A diferença entre eles é gigante.

Figura 1.10 Mapeamento dos *touch points* (momentos da verdade) × o *Customer Journey Mapping*.

Touch points	Customer Journey Mapping
Ênfase no ciclo de vida do Cliente	Ênfase na jornada total (ponta a ponta) do Cliente
Canal preferencialmente estudado: *contact center*	Fone, *e-mail*, *chat*, redes sociais, *apps* e presencial
Foco na identificação das transações comerciais com o Cliente	Foco em relacionamento e mapeamento de emoções
Visão fragmentada do contato do Cliente	Visão integrada da jornada em todos canais
Percebe como o usuário se comporta com um determinado canal	Percebe como o usuário se movimenta de um dispositivo para outro
O indicador predominante é o índice de satisfação	Indicadores: NPS, *churn*, recompra e engajamento
Identificação de falhas no atendimento de primeiro nível	Identificação de falhas em todos os níveis e de problemas de comunicação internos

Fonte: Desenvolvida pelo autor.

Antes do modelo CJM as empresas se satisfaziam com os altos índices de satisfação dos Clientes, contudo, não compreendiam por que muitos deles simplesmente as abandonavam. Um dos motivos para isso era que as organizações eram focadas em mapear pontualmente os momentos da verdade, isto é, identificar os *touch points*. A ênfase era no *customer lifecycle*, o que não permitia à empresa mapear as emoções dos Clientes durante a sua jornada. Portanto, o *Customer Journey Mapping* é uma evolução das demais formas de mapeamento.

Veremos agora os princípios para praticar o CJM.

20 princípios para a prática do *Customer Journey Mapping*

Considerar que o Cliente faz muito mais do que simples contatos com as empresas, pois vivencia jornadas complexas pelos canais de relacionamento presenciais ou remotos, é a melhor forma de entender suas necessidades e comportamentos e, assim, criar produtos e serviços superiores e personalizados para ele.

Não há mais condições para acreditar na linearidade das demandas do Cliente, que a qualquer momento modifica suas exigências e canais de contato preferidos, conforme a disponibilidade, o tempo ou mesmo a faixa etária.

O importante é que, cada vez mais, as empresas precisarão mapear jornada dos seus mais variados segmentos de Clientes com a finalidade de entendê-los, identificar falhas, desconexões e novas oportunidades de negócios. A Figura 1.11 mostra situações reais quando ministro, em conjunto com meus Clientes, *workshops* de CJM, tanto presencialmente quanto *on-line* e ao vivo. Fazemos sempre importantes descobertas e recomendações de soluções.

Figura 1.11 Alguns dos momentos de *workshops* de *Customer Journey Mapping on-line* e presenciais que conduzimos.

Fonte: Acervo do autor.

CAPÍTULO 1

Aproveito para transmitir a meus leitores os 20 princípios do *Customer Journey Mapping* que criei e aplico, tanto para fazer o mapeamento presencialmente quanto *on-line*. Respeitando-se esses princípios, a possibilidade de êxito no projeto é alta:

1. *Customer Journey Mapping* deve fazer parte do dia a dia da empresa para otimizar processos, regras, produtos e serviços com foco na Jornada do Cliente.
2. A experiência do Cliente é cumulativa, ocorre em múltiplos pontos de contato ao longo do tempo e é cíclica.
3. O Mapeamento da Jornada do Cliente deve incluir momentos antes, durante e depois do contato realizado com a empresa, isto é, de ponta a ponta.
4. A duração da jornada se inicia quando o Cliente toma conhecimento da empresa e vai até o atendimento pós-venda, podendo levar minutos, semanas ou meses, a depender do produto consumido, dos canais e da quantidade de interações com eles.
5. O mapeamento da jornada é mais eficaz quando realizado por profissionais especializados em conjunto com a equipe interna da empresa do que o realizado apenas por uma parte isolada.
6. As pessoas da empresa que conhecem o percurso do Cliente podem contribuir muito para a melhoria de sua jornada, por isso, devem participar.
7. A construção de uma persona central deverá inspirar a construção de toda Jornada do Cliente para humanizar o processo.
8. A empresa deve entender o todo, isto é, observar o percurso do Cliente em todos os canais de contato, sejam estes digitais ou pessoais.
9. Na medida em que a Jornada do Cliente é otimizada, a empresa conquista mais eficiência e o Cliente aumenta suas emoções positivas.
10. A "língua" falada e escrita pelos canais de relacionamento deve se assemelhar ao que o Cliente espera, facilitando enormemente a comunicação entre as partes.
11. A repetição é uma característica da jornada. Se o Cliente for fiel, tenderá a realizar sua jornada indefinidamente, por isso a importância de esta ser produtiva e impactante.
12. O *Customer Journey Mapping* pode ser feito em equipe presencialmente ou *on-line*, contudo, sempre mediado por uma pessoa experiente.
13. Quanto mais canais de contato desestruturados a empresa tiver, disponibilizando-os para o Cliente, mais complexo será o projeto e maior será a tendência de crises no atendimento.
14. Para êxito do projeto, as empresas que são mais conectadas às transações devem mudar o seu paradigma para a compreensão da navegação total do Cliente e, portanto, das relações.

15. Não existe uma única forma de se mapear graficamente a Jornada do Cliente, pois isso dependerá da quantidade de interações, dos pontos de contato e das áreas que fazem interface.
16. O importante no mapeamento é identificar os pontos críticos, as emoções que os Clientes estão sentindo nesses pontos e os impactos disso no negócio.
17. Quando fazemos *workshops* sobre a Jornada do Cliente, devemos sempre esclarecer o que ele pretende atingir e o que deseja após adquirir produtos e serviços.
18. Somente podemos inferir quais emoções o Cliente obteve em sua jornada ao "empatizarmos", isto é, nos colocarmos verdadeiramente no lugar dele.
19. A empatia não é fácil de ser obtida por algumas pessoas, por isso, o *workshop* de CJM deve ser extremamente mobilizador para puxar delas o melhor.
20. Antes de iniciar o Mapeamento da Jornada do Cliente, é preciso escolher uma metodologia testada e segura para, assim, conseguir mobilizar as pessoas para as mudanças necessárias.

A seguir, apresentarei dois métodos em que realizo o Mapeamento da Jornada do Cliente de forma *on-line* ou presencial. O primeiro, com 5 camadas, possui a característica de ser mais ágil. O segundo, com 6 camadas, é para situações em que haja maior tempo disponível das equipes para o mapeamento.

Método de *Customer Journey Mapping* de 5 camadas para mapeamento *on-line* ou presencial

De uma hora para outra, a pandemia me obrigou a rever o mapeamento da jornada, que antes eu somente fazia presencialmente com meus Clientes em todo o Brasil. Como temos que tirar aprendizado das crises, tive que rever o método, transformando-o para ser 100% *on-line*, contudo com o desafio de torná-lo tão eficaz quanto a jornada realizada presencialmente. Depois de idealizar o Método de *Customer Journey Mapping* de 5 camadas, comecei a testá-lo em diversas empresas, trabalhando com centenas de executivos, os quais validaram o modelo e o classificaram como inovador e prático. Sou muito grato a todos vocês!!!

Nas sessões de CJM, o primeiro passo antes de entrar nas 5 camadas é criar o **Mapa da Persona**. Para isso, criei o da Figura 1.12, o qual as equipes editam, escolhem a fotografia mais adequada e discutem qual o perfil, os valores e os hábitos da persona a partir do estímulos de *Voice of Customer*.

Figura 1.12 Criação do Mapa da Persona, identificando-se seu perfil, valores e hábitos.

MAPA DA PERSONA
Sr. Márcio

Dados e hábitos
Idade, estado civil, profissão, com quem mora, hábitos de pagamento, hábitos de organização...

Perfil
Rápido, determinado, calmo, analítico...

Valores pessoais
Honestidade, confiança, amizade...

Fonte: Desenvolvida pelo autor.

Logo após a criação do Mapa da Persona, chegou a hora de as equipes construírem, com a ajuda do *Design Thinking* e por meio do processo *Voice of Customer*, a jornada desse Cliente, elaborando o **Mapa da Jornada com as 5 camadas** nesta ordem:

1. A jornada do Cliente: formando grupos em salas virtuais com até sete participantes, começamos a descrever o passo a passo que o Cliente percorre em sua jornada, dentro do processo estudado. Os passos podem ser inúmeros, contudo, para manter a agilidade do projeto, fazemos inicialmente até sete passos.

2. Com quais atores o Cliente interagiu: para cada passo da jornada, as equipes discutem com quem a persona interagiu e o tipo de interação realizada.

3. Qual a necessidade apresentada: na terceira camada, as equipes discutem qual foi a necessidade real da persona, podendo esta ser dividida em necessidades consciente e inconsciente. A vantagem é que começamos a explorar caminhos até então não percebidos pela empresa fornecedora.

4. O que o Cliente ganhou: durante a sua jornada, o que o Cliente ganhou da empresa ao apresentar sua necessidade? Essa camada discute os ganhos, que podem ser menores do que sua expectativa obtida, causando emoções negativas na próxima camada.

5. Emoção predominante: realmente, esse é o auge do mapeamento da jornada. Nesse ponto, as equipes descobrem quais emoções os Clientes sentiram a partir do que a empresa lhes proporcionou durante a jornada. Podem ser emoções de dor ou de contentamento. Na Figura 1.13, apresento o modelo do mapa que preenchemos em conjunto com as equipes.

Figura 1.13 Modelo utilizado para elaboração do Mapa da Jornada (*Customer Journey Mapping*) de 5 camadas.

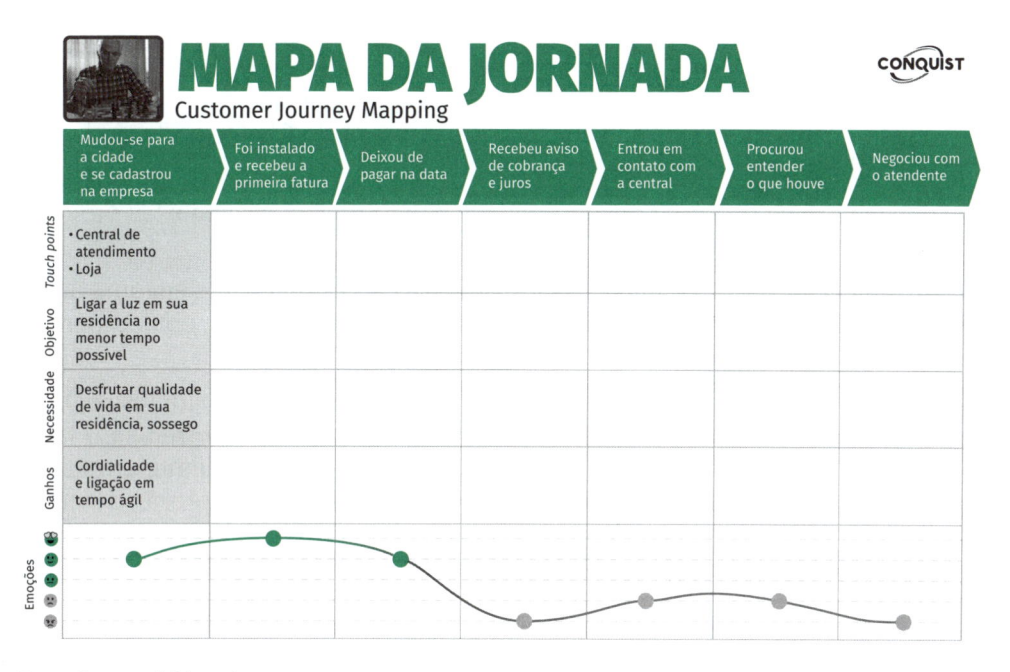

Fonte: Desenvolvida pelo autor.

Baixe o Mapa da Jornada do Cliente e conheça o poderoso método do *Customer Journey Mapping*, implementado por Madruga. Use a ferramenta em seus projetos. Aponte a câmera do seu *smartphone* para este QR Code:

Fonte: https://conquist.com.br/labs/downloads/mapa-da-jornada-do-cliente. Acesso em: 07 abr. 2021.

A seguir, apresentarei a metodologia **7 passos + 6 camadas** do *Customer Journey Mapping* para ser aplicada em situações em que haja mais tempo disponível das equipes.

CAPÍTULO 1

Metodologia 7 passos + 6 camadas do *Customer Journey Mapping*

Quando comecei a praticar essa metodologia no Brasil, não imaginava que um dia ela se tornaria obrigatória para todas as empresas que almejam criar rupturas na antiga forma de se relacionar com os Clientes. No começo, esse tema era desconhecido entre os executivos.

O trabalho de revisão da Jornada do Cliente nas empresas, sejam elas pequenas, médias ou grandes, começa por diagnosticar o que ocorre com o consumidor no transcorrer do tempo desde o momento em que apresenta uma necessidade. Pode ser objetiva para ele ou mesmo subjetiva, isto é, o próprio Cliente pode ainda não tê-la reconhecido.

De posse desse incômodo (uma necessidade não satisfeita), o Cliente vai procurar satisfazê-la selecionando marcas, produtos ou serviços.

Nesse momento, o Cliente inicia sua jornada, não necessariamente em uma única empresa, para tentar satisfazer sua necessidade e, ao mesmo tempo, obter experiências gratificantes, isto é, emocionalmente prazerosas.

Anos atrás, as empresas não se preocupavam com essa jornada, inclusive, desprezavam-na caso o Cliente entrasse em contato com a concorrência. Havia poucas opções de canais de contato e o comportamento do Cliente era quase que linear: necessidade → compra → consumo. Assim as empresas procuravam criar vários momentos de contato, contudo não integrados, controlando basicamente os *touch points* e não a jornada completa do Cliente. Tudo era fragmentado.

Na atualidade, a grande variedade de canais, como redes sociais, *e-commerce*, venda presencial, *chat*, *apps*, *e-mail*, e *chatbots*, os quais os Clientes utilizam, ampliaram a sua experiência com as empresas, obrigando-as a observá-los de forma mais integrada. Assim nasceu o conceito de *Customer Journey Mapping*, como uma alternativa mais completa ao mapeamento apenas dos *touch points*.

Criamos uma maneira de incluir a estratégia de *Customer Journey Mapping* na agenda de prioridade das empresas, realizando *workshops* para diagnóstico e proposição de soluções para elevação da experiência dos consumidores.

Batizei essa metodologia de **7 passos + 6 camadas do *Customer Journey Mapping***, que apresentarei em detalhes a seguir, com a finalidade de apoiar os leitores a colocá-la em prática. Vamos começar pelo primeiro passo.

Figura 1.14 Metodologia 7 passos + 6 camadas para realizar o *Customer Journey Mapping* presencialmente ou *on-line*.

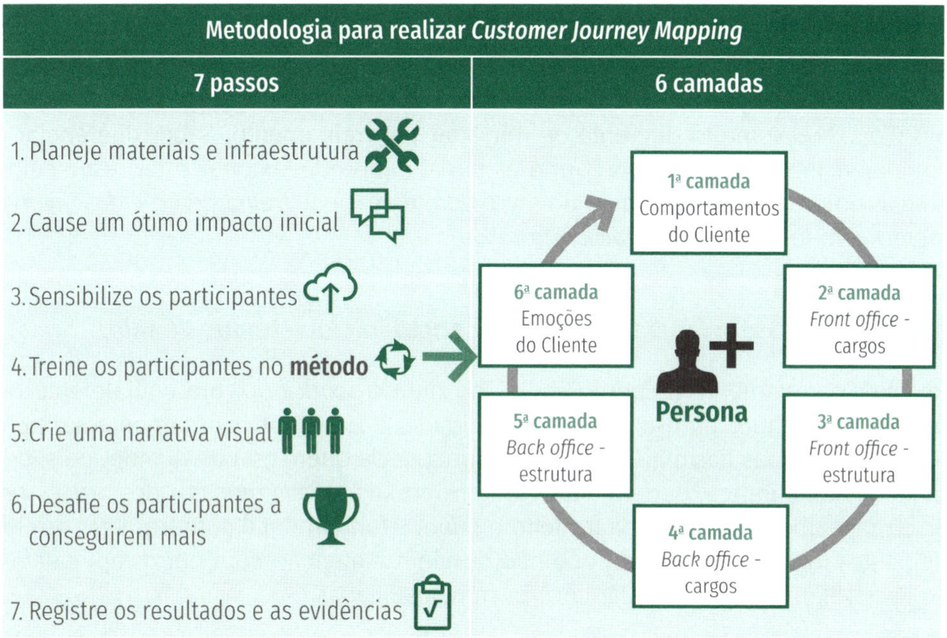

Metodologia para realizar *Customer Journey Mapping*	
7 passos	**6 camadas**
1. Planeje materiais e infraestrutura 2. Cause um ótimo impacto inicial 3. Sensibilize os participantes 4. Treine os participantes no **método** 5. Crie uma narrativa visual 6. Desafie os participantes a conseguirem mais 7. Registre os resultados e as evidências	1ª camada — Comportamentos do Cliente 2ª camada — Front office - cargos 3ª camada — Front office - estrutura 4ª camada — Back office - cargos 5ª camada — Back office - estrutura 6ª camada — Emoções do Cliente Persona

Fonte: Desenvolvida pelo autor.

1º passo: *Planeje adequadamente materiais e infra – tempo 1h.*

O planejamento inicial é o primeiro passo e tem a incumbência de reunir todas as condições para que o *workshop Customer Journey Mapping* seja um sucesso de participação se for conduzido presencialmente ou se for totalmente *on-line*. Lembro que as duas experiências são magníficas e podem trazer resultados surpreendentes para a empresa. Com a pandemia, o mapeamento *on-line* tornou-se obrigatório, contudo, o presencial é de grande impacto.

Os principais itens do planejamento são: definição de data, local, plataforma de videoconferência e carga horária do *workshop*. Além disso, será estratégica a escolha certa dos participantes. Quem são as pessoas que mais influenciam positivamente ou, ao contrário, que são ofensoras da boa experiência dos Clientes? Estas deverão ser convidadas e compor as equipes, que deverão ter, no máximo, seis participantes de perfis e departamentos diferentes. Esse tamanho de grupo funciona tanto no mapeamento presencial quanto no *on-line*.

Para o caso de a condução do *workshop* ser *on-line*, a escolha da plataforma correta faz toda diferença. Tenho utilizado mais o Zoom e o Microsoft Teams.

No caso de o *workshop* ser presencial, é importante providenciar para o encontro *post-its*, *flipcharts*, fitas adesivas, cartolinas, folhas de papel e canetas coloridas. Em relação aos *post-its*, estes devem ser de cinco cores diferentes para proporcionar uma jornada visualmente atraente, pois cada cor deve representar uma camada diferente da jornada.

Sempre aconselho que o mediador prepare um material didático visualmente atraente com, no máximo, cinco *slides* para o encontro, com a finalidade de apresentar a metodologia, e jamais com o objetivo de dar uma aula. Lembremos que mediar um *workshop* é muito diferente de ministrar um treinamento. Saber diferenciar a competência do instrutor conforme a modalidade educacional é tão estratégico para as empresas que publiquei um livro com esse foco: *Treinamento e desenvolvimento com foco em educação corporativa*.

2º passo: *Cause um ótimo impacto inicial – tempo 20 min.*

Receber corretamente os participantes no dia do *workshop*, presencialmente ou *on-line* a depender da escolha da modalidade, e trabalhar para também ser bem recebido são duas das mais importantes funções de quem está mediando, pois, por meio dessa liderança, poderá atuar na transformação das crenças e dos processos. Se o mapeamento da jornada for feito *on-line*, é fundamental comprometer os participantes logo no início para que não desviem a atenção com outros aplicativos. Se possível, todos devem estar com as câmeras ligadas.

Portanto, será importante apresentar os seguintes comportamentos e táticas logo nos primeiros minutos do *workshop*: diga do que se trata. Por exemplo: "O CJM mostra visualmente processos, necessidades, percepções e emoções dos Clientes ao longo de sua interação e relacionamento com a empresa".

Em seguida, apresente o objetivo do *workshop*. Por exemplo: "O objetivo do encontro é o mapeamento da experiência do Cliente em todos os pontos de contato, visando entender seu processo e suas emoções. É um poderoso instrumento diagnóstico que substitui o processo tradicional de *brainstorming* para entender a necessidade do Cliente no nível da emoção".

Na sequência, quem estiver ministrando o *workshop* deverá integrar a equipe. Por isso, procure formar grupos de até sete pessoas. Inicialmente, peça a cada indivíduo que se apresente brevemente e revele suas expectativas com relação ao encontro.

3º passo: *Sensibilize os participantes – tempo 30 min.*

Logo após causar um ótimo impacto inicial, será a vez de sensibilizar os participantes já no início do *workshop*, pois essa é a maneira mais eficaz de obter ampla participação durante o trabalho que se inicia. É importante, nesse momento, engajar as pessoas para que trabalhem ativamente no Mapeamento da Jornada do Cliente e que estejam "destravadas" para gerar soluções inovadoras e "fora da caixa". Será importante fazer um acordo inicial com os participantes para que se concentrem no mapeamento, evitando se distrair com outras atividades e *apps*.

Sugiro os seguintes comportamentos e táticas para quem pretende realizar o terceiro passo da metodologia: explique e exemplifique as diferenças entre **sentimentos**, **estímulos** e **emoções**, pois muitas vezes as pessoas confundem os termos.

Em seguida, apresente exemplos reais de ligações telefônicas ou *e-mails* nos quais os Clientes foram mal atendidos, pois isso servirá de estímulo para melhoria. Lembre-se de não expor o nome dos Clientes ou dos atendentes. Podemos também apresentar vídeos com entrevistas dos Clientes, tomando o cuidado para que o grupo não julgue ou avalie o Cliente. Aqui o método é o *Voice of Customer*, ou seja, nada de críticas, mas, sim, criação de empatia com o Cliente.

Na sequência, pesquise e apresente estatísticas sobre o que a empresa ganha quando mapeia a Jornada do Cliente ou quanto ela está perdendo atualmente com as desconexões durante a jornada.

Outra dica é o mediador apresentar relatos de casos de sucesso nos quais os produtos, serviços e a experiência dos Clientes foram bem-sucedidos após o CJM.

Esses cuidados deverão proporcionar a sensibilização do grupo, aumentando a energia para construir mudanças na Jornada.

4º passo: *Treine os participantes no método – tempo 40 min.*

Em se tratando de um *workshop*, será fundamental que o mediador assuma uma postura de capacitar as pessoas para participarem corretamente durante o mapeamento em conjunto da Jornada do Cliente.

Mesmo que as pessoas já tenham uma ideia do que é CJM, não custa nada apresentar qual será o método utilizado no *workshop*, pois essas serão as pessoas que construirão a jornada.

O consultor terá o papel de mediador. Logo, sugiro os seguintes comportamentos e táticas: o ponto inicial do método é criar uma persona com rosto humano, descrever seu perfil e características, jeito de fazer negócios, necessidades, ambições etc. Essa fotografia poderá ser recortada de alguma revista e fixada, no início da jornada, sobre uma cartolina na parede. Em seguida, apresente as camadas horizontais que serão mapeadas na jornada.

A primeira camada deverá ser feita de maneira ágil, pois trata-se dos *comportamentos* demonstrados pelo Cliente nos momentos antes, durante e após a compra, ou seja, como ele age para atingir seus objetivos. Esse processo lembra o *Moment of Truth* (MOT), contudo, é preciso pensar que o Cliente terá emoções para com a empresa antes e após tais momentos.

A próxima camada, logo abaixo, representa o *front office* e deverá conter dois níveis. Abaixo de cada comportamento do Cliente devem ser citados os cargos das pessoas e os canais com que o Cliente interage, mesmo que não sejam da sua empresa.

CAPÍTULO 1

Na próxima camada deve-se determinar quais são os objetos e ferramentas que amparam o Cliente no *front office*, tais como computadores, sistemas, tipo de ambiente etc.

Logo abaixo temos a camada *back office*, na qual devemos mapear as pessoas, estruturas e objetos com que os Clientes não interagem diretamente, mas que suportam o *front office* cotidianamente.

Essa camada, muitas vezes, passa despercebida pelos consultores, mas preciso avisar que ela é importante e esconde muitas oportunidades para melhorar a experiência do Cliente, pois contém temas estruturantes, como, por exemplo, sistemas legados.

Nessa altura do *workshop*, as pessoas estão muito motivadas, por isso, essa é a hora de fazer a sexta camada, que, em verdade, ficará na parte superior do mapa, que é a **escala emocional do Cliente**. Para cada momento de contato, seja com a empresa, seja com a concorrência, o grupo deverá escolher o *emoticon* mais adequado.

5º passo: *Crie uma narrativa visual – tempo 2h.*

O tempo estipulado de duas horas é para cada situação a ser mapeada e não para todas as situações. Assim, o trabalho não se torna exaustivo.

Trata-se de uma recomendação da mais importante monta, pois, assim que o mediador terminar a capacitação do grupo, será a hora de "colocar a mão na graxa" e iniciar o mapeamento da Jornada do Cliente.

Este quinto passo da metodologia será o momento em que o mediador do *workshop* convida as pessoas para o mapeamento e de forma colaborativa. Nesse ponto, a motivação do grupo está alta, por isso, o mediador deverá apoiá-lo para criar uma narrativa visual.

Os grupos devem ser compostos por, no máximo, seis participantes, e a primeira tarefa é formar um grande quadro branco composto por três folhas de *flipchart* fixadas verticalmente na parede, uma ao lado da outra, formando um pano de fundo com cerca de 1,92 m de largura × 0,88 m de altura. Ali será a "tela de pintura" do grupo. No caso do mapeamento *on-line*, uma matriz em PowerPoint é enviada com alguma antecedência para os participantes, conforme apresentei no tópico anterior.

Como os grupos foram recém-capacitados no método, será mais fácil para o moderador dirigi-los para criar as seis camadas já comentadas.

O moderador deverá participar ativamente de todos os grupos, estimulando-os e desafiando-os a irem mais longe e a obterem soluções inovadoras para a Jornada do Cliente.

Figura 1.15 As 6 camadas de mapeamento da Jornada do Cliente que devem ser construídas. A sexta camada, embora realizada por último, deve ficar no topo.

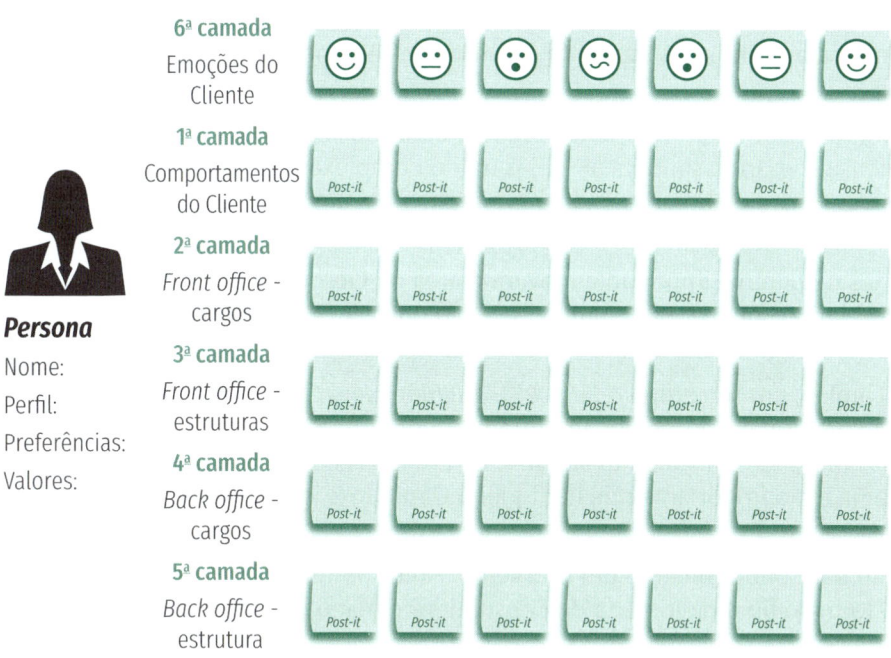

6ª camada — Emoções do Cliente

1ª camada — Comportamentos do Cliente

2ª camada — Front office - cargos

3ª camada — Front office - estruturas

4ª camada — Back office - cargos

5ª camada — Back office - estrutura

Persona
Nome:
Perfil:
Preferências:
Valores:

Fonte: Desenvolvida pelo autor.

Nessa etapa, o moderador do *workshop* deverá abordar questões como:

- » Quais as emoções do Cliente em cada momento da jornada?
- » Quais necessidades do Cliente não foram atendidas ao longo da jornada?
- » Qual o caminho crítico escolhido pelos grupos?
- » Quais impactos para a empresa e para o Cliente ocorrem no caminho crítico?
- » Há coincidência na escolha pelos grupos quanto ao caminho crítico, ou em toda jornada há problemas?

Uma vez terminada essa fase do diagnóstico, chegou a hora de gerar soluções potenciais.

6º passo: *Desafie em plenária a conseguirem mais – tempo 30 min para cada grupo.*

Depois de tanta participação, discussão e construção, chegou a hora de cada grupo reunir as soluções potenciais para serem apresentas em plenária aos demais participantes.

CAPÍTULO 1

Esse é um momento muito importante, pois a narrativa visual de mapeamento já foi elaborada na etapa anterior. Portanto, as equipes estão repletas de *insights* e soluções para contribuírem umas com as outras.

O moderador deverá ter o papel de articulador, observando atentamente cada participante para sentir se as ideias de uma equipe são consideradas exequíveis pelas demais.

Esse ponto é da maior importância, pois o consultor convidado deve atuar de forma intensiva visando simplificar ideias muito complexas ou, ao contrário, capturar iniciativas pouco elaboradas e trazê-las à tona para a "conversa". Assim, todos poderão sair do evento com um conjunto importante de soluções.

Sabemos o quanto é importante inovar na área de Gestão do Relacionamento, mas não podemos esquecer que, muitas vezes, o que o Cliente solicita mesmo é que a empresa seja ágil e resolutiva.

Katie Lamkin, em seu artigo *4 Keys to Designing New Customer Experiences*, apresentou com convicção pontos importantes, como não focar nas inovações tecnológicas em primeiro lugar, mas sim investir em um Modelo de Relacionamento CX. Esse tema é tão importante que dediquei o Capítulo 2 inteiramente a ele.

Katie lembra que ter como primeiro passo melhorar a infraestrutura, sem saber exatamente para onde rumar, é um problema. Antes de tudo, é necessário saber qual será o formato final da jornada do consumidor e mapeá-la efetivamente.

Companhias inteligentes usam o CX como um catalizador. Permitir que os Clientes escolham a jornada que trilharão durante o consumo é essencial.

Outro ponto que merece atenção é que existe uma diferença entre ser inovador e ser iterativo. **Inovar** é fazer algo de um jeito novo, descobrir novos conhecimentos e soluções. **Iterar** é simplesmente utilizar novas tecnologias para realizar o mesmo processo constantemente, de forma mais ágil e eficaz. A soma das duas expressões é sinônimo de sucesso na competência de Gestão do Relacionamento com Clientes.

A experiência das equipes em participar do *workshop* proporciona significado e valor muito maiores para os participantes do que um simples *brainstorm*. Ao final do Mapeamento da Jornada, já terá se passado algo em torno de 3 a 4h, causando grandes transformações na maneira de pensar e de agir das pessoas. Então, o *workshop* terá cumprido seu papel.

> **7º passo:** *Registre os resultados e as evidências – tempo 2h após o encontro.*

Durante os trabalhos, o consultor deverá fazer registros dos mapas para que possa reuni-los num documento final. Esse documento que será gerado após o *workshop* deverá ter, no máximo, quatro páginas em que se mencionem o grau de participação das pessoas, o diagnóstico quanto aos problemas encontrados, as desconexões na Jornada do Cliente e as recomendações para que a experiência do Cliente seja realmente positiva e que traga mais resultados tanto para ele quanto para a empresa.

Sempre recomendo que, uma semana após o Mapeamento da Jornada do Cliente, as pessoas recebam uma cópia desse relatório. O desafio é fazer um *blueprint* e assim transformar uma jornada gigantesca em algo resumido que a organização possa decidir.

Realizar *workshops* de *Customer Journey Mapping* com a **metodologia de 6 camadas ou com a de 5 camadas (apresentada no tópico anterior)** é uma forma de orientar e motivar a empresa para novas descobertas, e atuar na transformação da cultura CX. Afinal de contas, as pessoas são muito mais criativas do que podemos imaginar. Basta fornecer o estímulo certo, no momento certo e no ritmo adequado.

Customer Journey já é o novo funil de vendas e marketing

Toda decisão final de comprar de produtos e serviços com valor agregado deriva necessariamente de o consumidor experimentar pequenas decisões ao longo do tempo, podendo chegar até a fidelidade. Conhecer essa jornada e as microdecisões tomadas pelo Cliente ao longo do seu processo de pré-compra, compra e pós-compra é um dos grandes objetivos da atualidade para os profissionais de *Customer Experience* e *Customer Success*.

Entender que nem todos os Clientes passarão necessariamente por todas as etapas da Jornada de Consumo ou precisamente na ordem proposta inicialmente é o primeiro passo para ter uma relação positiva com o consumidor. Em seguida, é importante interpretar que, após completar o tradicional funil de vendas, um novo funil será iniciado, dessa vez de forma invertida.

A ampulheta idealizada por Gary Deasi no texto *Why the Customer Journey is Your New Marketing Funnel* explicita 10 estágios do funil de vendas, sendo seis ocorrendo antes da compra e os outros quatro após a efetivação, proporcionando a organização de uma Jornada de Cliente bem estruturada. Veja a Figura 1.16.

O novo funil nos dá dicas importantes para implementação da Jornada do Cliente. Atraí-los no momento adequado, qualificá-los e entregar valor de forma apropriada, mapear as lacunas que geram problemas na empresa, identificar os benefícios, capacidades e diferenciais que podem ser implementados são ações que correspondem, respectivamente, ao engajamento, à educação e à pesquisa.

Figura 1.16 Ampulheta do *Customer Journey* apresentando um novo funil de vendas.

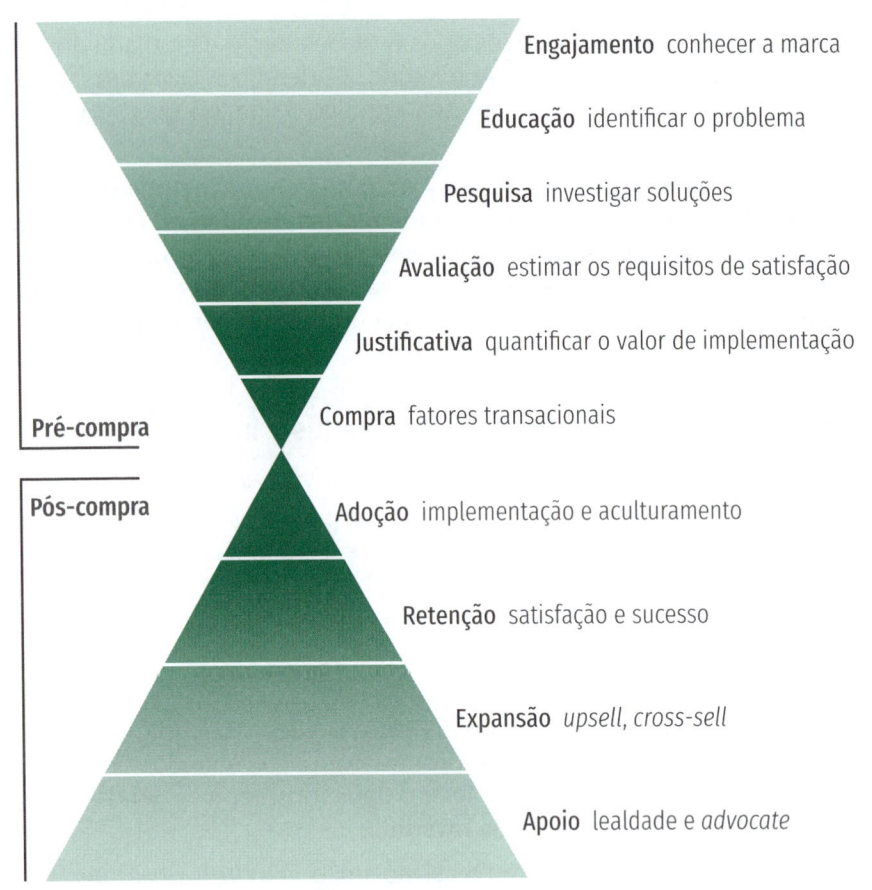

Pré-compra:
- **Engajamento** conhecer a marca
- **Educação** identificar o problema
- **Pesquisa** investigar soluções
- **Avaliação** estimar os requisitos de satisfação
- **Justificativa** quantificar o valor de implementação
- **Compra** fatores transacionais

Pós-compra:
- **Adoção** implementação e aculturamento
- **Retenção** satisfação e sucesso
- **Expansão** upsell, cross-sell
- **Apoio** lealdade e *advocate*

Fonte: Adaptada de DEASI, Gary. Why the Customer Journey is Your New Marketing Funnel. *Tandemseven*. [20-]. Disponível em: http://www.tandemseven.com/journey-mapping/customer-journey-new-marketing-funnel/. Acesso em: 28 fev. 2018.

Com a compra referindo-se ao momento exato em que o consumidor adquire algo, os estágios seguintes mudam levemente de perspectiva. A adoção refere-se a colocar os planejamentos em prática e fazer uma transição que seja suave para os Clientes. Para retê-los, é importante garantir que suas necessidades e satisfações sejam comunicadas e que os contatos tenham sempre uma carga emocional positiva para eles.

Lembremos que *Customer Experience* e *Customer Success* são complementares e que apresentam alguns pontos em comum. Um deles é o desejo de chegada ao final do funil e de recompra contínua, criando laços de lealdade com o Cliente.

No final da ampulheta, temos duas fases interessantes. A expansão permite alinhar outros produtos e serviços, *add-ons* e *upgrades*. Já o apoio refere-se ao objetivo principal, transformar o consumidor em um *advocate* da marca. Assim, ele será responsável por propagar positivamente a companhia e seus serviços.

Os benefícios da Jornada do Cliente estruturada aparecem também de forma interna. Alinhar estratégias, sistemas, profissionais, equipes e objetivos é um efeito colateral dessa medida. Mesmo o Marketing Digital entra em consonância de forma facilitada, pois constrói uma base unificada de dados para gerar conteúdos e direcionar comunicações para o Cliente.

Para manter essa configuração, é necessário sempre buscar realimentá-la. Promover espaços para *feedbacks*, comentários e sugestões dos consumidores é essencial para continuar entendendo aquilo de que precisam e, assim, ser capaz de despertar neles a confiança para que advoguem a favor das empresas em que confiam.

Fazendo gestão para implantar o *Customer Experience*

Christy Pettey, em *Five Innovation Tips to Improve the Customer Experience*, alerta que muitas empresas têm se voltado para a adoção do *Customer Experience*, porém, não atentam que somente a teoria não é suficiente para essa mudança.

Sem um líder e uma equipe preparados para essa implementação, a companhia pode incorrer em erros devido a um mau entendimento da natureza do que verdadeiramente é o CX. Pettey apresenta cinco dicas para ajudar a entender melhor como adotar o CX no ambiente de trabalho das empresas:

1. **Não foque em "deixar o consumidor encantado"**. Garantir a alegria do Cliente é o objetivo a todo momento, mas definir a missão do *Customer Experience* dessa maneira é simplesmente amador. Foque em analisar os dados promovidos pelos Clientes e entender quais aspectos eles buscam na sua empresa.
2. **Valorize as coisas pequenas**. Pequenas ideias podem causar grande impacto. O bom líder de CX sabe identificá-las e extrair delas todo seu potencial.
3. **Não se contente em dizer; mostre**. Ideias são mais bem compreendidas quando apelam para os cinco sentidos. Trabalhe sempre com PowerPoint, Excel e tecnologias que facilitem o entendimento.
4. **Defina limites**. É mais difícil pensar em alguma inovação quando você não possui uma direção. Olhar para uma folha em branco pode ser ameaçador, mas, quando você sabe quais restrições estão em jogo, o processo é facilitado.
5. **Siga as necessidades dos Clientes, não as tecnologias disponíveis**. Constantemente, empresas adotam novas tecnologias por soarem potenciais sem verificar os impactos no seu público consumidor. Essa não é a natureza do CX. Entender o que o Cliente busca e ofertar efetivamente pode ser mais simples do que você pensa, sem a necessidade de inovações tecnológicas bruscas.

CAPÍTULO 1

Como finalizamos o **Capítulo 1**, apresento a seguir sete questões pertinentes a este capítulo como uma forma de contribuir para a reflexão e a prática em grupo ou individual dos meus leitores.

Vamos refletir e praticar?

1. O autor criou um diagrama demonstrando que *Customer Experience* engloba *User Experience* (UX), *Customer Experience Management* (CXM), mapeamento da Jornada do Cliente (CJM) e *Employee Experience* (EX). Argumente sobre essa convergência.

2. A experiência racional e emocional do Cliente é suportada pela empresa ao proporcionar-lhe uma jornada ágil e fluida e, por outro lado, quando pratica a gestão profissional do relacionamento com ele. Justifique essa afirmação do autor.

3. Madruga criou um *Framework* CX e CS para viabilizar a implantação de *Customer Experience* e *Customer Success* nas empresas. Descreva a vantagem desse elemento e como ele é formado.

4. O autor demonstrou que diversos processos vitais como atendimento e serviços ao Cliente, vendas, *e-commerce* estão evoluindo para o modelo de *Customer Experience* e *Customer Success*. Explique os motivos.

5. Foram apresentadas no capítulo as 25 estratégias *Customer Experience* que o autor utiliza alternadamente em projetos. Relacione as cinco que mais chamaram a sua atenção e explique por quais motivos elas podem ser decisivas para a fidelização de Clientes.

6. Foi demonstrado no capítulo o confronto Jornada do Cliente × a "Batalha" do Cliente. Disserte sobre esse conflito nas organizações.

7. O autor utiliza com sucesso a Metodologia 7 passos + 6 camadas do *Customer Journey Mapping*. Demonstre como ela funciona.

CAPÍTULO 2

Novo Modelo de Relacionamento com foco no Customer Experience

"O ponto de partida para a construção de um novo Modelo de Relacionamento CX deve ser um diagnóstico sobre a situação atual e a desejada de vários elementos, como cultura orientada ao Cliente, governança do relacionamento, tecnologia, processos, indicadores, gestão de pessoas, comunicação e produtividade.

Tudo isso deve ser feito com o objetivo de elevar a experiência e a Jornada do Cliente a um patamar maior do que o anterior."

Uma das primeiras providências para reestruturar a forma de criação de experiências e do sucesso do Cliente é a construção de um novo modelo de relacionamento que visa comportar todos os conceitos, estratégias, mudanças necessárias e frentes de trabalho para ampliar a qualidade e o desempenho tanto do atendimento quanto das vendas, seja em que canal for. Os focos principais devem ser o engajamento dos consumidores e o aumento da resolutividade de suas demandas para que eles tenham ótimos motivos para recompras sucessivas.

Transformar uma empresa que é centrada no seu produto, isto é, ancorada em sua realidade interna, em uma organização com foco total na experiência do Cliente é extremamente motivador e gratificante. Por essa razão, tenho a oportunidade de vivenciar na prática muitas transformações organizacionais ocorridas nos projetos de que participo.

Neste capítulo, vou apresentar os componentes e as técnicas necessárias para a criação de um **novo Modelo de Relacionamento** com foco no *Customer Experience*.

Migração do atendimento para o Modelo de Relacionamento CX

Se atender o Cliente com excelência fosse simples, bastava uma resolução da Diretoria para que, no dia seguinte, todos os problemas estivessem resolvidos em qualquer empresa. De fato, isso não se constrói do dia para a noite, independentemente do montante investido no projeto.

Criar um novo Modelo de Relacionamento CX que se sobreponha aos tradicionais e reativos atendimentos prestados para o público é uma longa jornada que exigirá esforços intensos de toda organização.

Um modelo, seja de que coisa for, em primeiro lugar, precisa de um bom nome. Por isso, a troca de uma única palavra (**atendimento** por **relacionamento**) ocasiona um *upgrade* substancial no compromisso com os consumidores.

Atendimento pressupõe algo que será demandado e poderá ser respondido ou não. Já o termo **relacionamento** demanda um compromisso de longo prazo com o Cliente e o desejo de que haja diversas interações de negócios com ele, transformando-o em um promotor da marca.

A seguir, na Tabela 2.1, criei um comparativo demonstrando os três possíveis modelos de contato com Clientes: **atendimento tradicional**, **excelência no atendimento** e **relacionamento com Clientes CX**.

Tabela 2.1 Atendimento tradicional × excelência no atendimento × Relacionamento CX.

	Atendimento tradicional	Excelência no atendimento	Relacionamento CX
Tratativa das solicitações dos Clientes	Recebe solicitações	Atende solicitações	Resolve solicitações
Canais de relacionamento	Pulverizados	Organizados	*Omnichannel* integrado
Movimento do atendimento	Reativo	Nem reativo nem proativo	Proativo
Foco das interações	Reduzir filas de espera	Satisfação do Cliente	Experiências memoráveis e sucesso do Cliente
Custo e negócios	Eliminar o atendimento humano	Reduzir custos desnecessários de atendimento	Rentabilizar os negócios da empresa
Recorrência ao segundo nível de atendimento	Regra	Constante	Exceção
Tecnologia de relacionamento	A prioridade é atender volumes	Prioridade é facilitar as interações	Foco na elevação da experiência do Cliente
Pessoas na linha de frente	Dimensionadas e alocadas	Distribuídas por tipo de atendimento	Engajadas, capacitadas e valorizadas

Fonte: Desenvolvida pelo autor.

Como visto, migrar do modelo tradicional de atendimento para um modelo de relacionamento baseado na experiência do Cliente não é tarefa simples.

Não existe um único modelo que sirva para todas as situações. Cada empresa, a depender de sua estratégia central, poderá contar com um modelo particular que ajude a conquistar novos patamares de qualidade e de desempenho na relação com seus consumidores, independentemente do canal de contato.

Modelo de Relacionamento CX simplificado

O modelo inicial de relacionamento CX deve ser simples o suficiente e, ao mesmo tempo, eficaz para servir de inspiração para o diagnóstico e especificações de todas as mudanças necessárias para a elevação dos níveis de satisfação e experiência dos consumidores com a empresa.

O primeiro passo é auxiliar as diversas esferas da empresa a reconhecerem que o processo de relacionamento com Clientes não pertence a uma só área, pois ele é fluido e transversal no que chamamos de *across organization*. As empresas que trabalham com estruturas organizacionais rígidas e "feudos" precisarão fazer um esforço adicional para que essa mudança aconteça.

Assim, um bom ponto de partida é criar um diagrama que atue como uma espécie de modelo mental, demonstrando a todos que a Jornada do Cliente deve ter quatro características:

- » Ininterrupta.
- » Fluida.
- » *Across organization.*
- » Infinita.

A seguir, apresento o **Modelo de Relacionamento CX simplificado**, cuja base é um símbolo de infinito, para demonstrar essas quatro características para todos na empresa.

CAPÍTULO 2

Figura 2.1 A percepção da Jornada do Cliente de forma simplificada deve ser ininterrupta, fluida, *across organization* e infinita, indicada pelo símbolo de infinito.

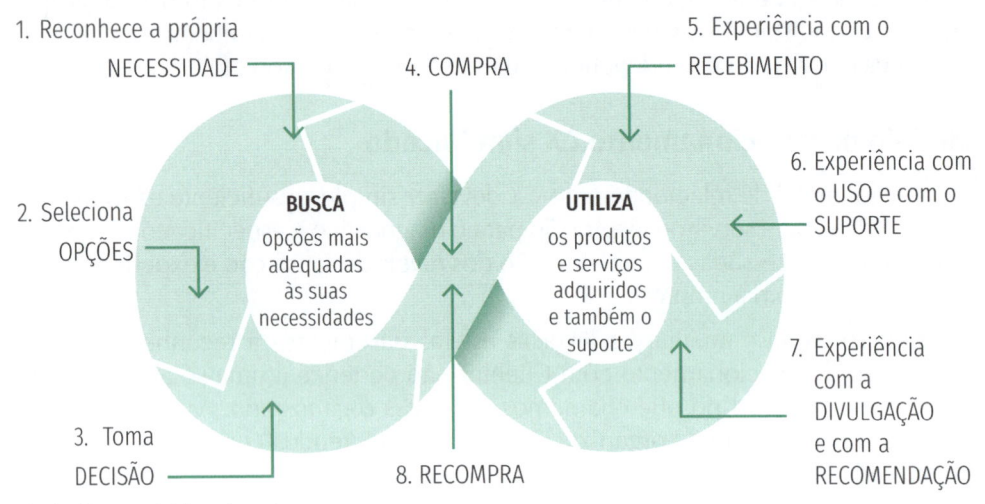

1. Reconhece a própria NECESSIDADE
2. Seleciona OPÇÕES
3. Toma DECISÃO
4. COMPRA
5. Experiência com o RECEBIMENTO
6. Experiência com o USO e com o SUPORTE
7. Experiência com a DIVULGAÇÃO e com a RECOMENDAÇÃO
8. RECOMPRA

BUSCA opções mais adequadas às suas necessidades

UTILIZA os produtos e serviços adquiridos e também o suporte

Fonte: Desenvolvida pelo autor.

A Jornada do Cliente começa no movimento 1, quando ele desperta para uma necessidade (consciente ou não), seleciona opções para satisfazê-la e, assim, segue em frente em sua jornada. Os oito movimentos que realiza universalmente são:

1. Reconhece a própria necessidade.
2. Seleciona opções para satisfazê-la.
3. Toma decisão, escolhendo a melhor opção.
4. Compra o produto ou serviço.
5. Recebe o produto ou serviço.
6. Utiliza o produto ou serviço e, eventualmente, solicita suporte.
7. Divulga positivamente sua experiência ou, ao contrário, critica.
8. Recompra os mesmos produtos e serviços ou toma decisão de substituí-los.

E assim, ao recomprar, volta a fazer novamente sua jornada. Se for um Cliente fiel, diremos que sua jornada se dará por muitos anos, daí o motivo de usarmos o símbolo de infinito.

A seguir, vou apresentar o Modelo de Relacionamento CX completo que elaborei.

Modelo de Relacionamento CX completo

Este modelo, por ser completo, deve incluir todos os tipos de interações com os Clientes no que chamamos de micromomentos. Isso envolve projetar, gerenciar e cuidar das interações em todas as formas de contato: presencial, redes sociais, *apps, chat, chatbot, e-mail, instant messaging,* formulários *web*, telefone e totens.

Defino Modelo de Relacionamento CX da seguinte forma:

> O Modelo de Relacionamento CX completo é um projeto ambicioso de média duração que descreve as competências, as rotinas, as ações estruturantes e os desafios diários que a organização deve orquestrar visando a elevação do patamar de tudo aquilo que é praticado internamente na empresa e nos canais de contato que repercute no Cliente. O ponto de partida para a construção de um novo Modelo de Relacionamento CX deve ser um diagnóstico sobre a situação atual e a desejada de vários elementos, como cultura orientada ao Cliente, governança do relacionamento, tecnologia, processos, indicadores, gestão de pessoas, comunicação e produtividade.

De posse do diagnóstico, será importante criar um modelo conceitual que comporte a visão dos gestores estratégicos quanto aos pilares do projeto, incluindo também como será a hierarquia de cada elemento do modelo. Tudo isso deve ser feito com o objetivo de elevar a experiência e a Jornada do Cliente a um patamar maior do que o anterior.

Desenvolvi um modelo que me permite apresentar com certa fluência para as empresas o escopo do projeto, as competências necessárias e as frentes de trabalho para a viabilização do foco na experiência do Cliente.

Ao todo, são 12 competências que integram o modelo. Do lado esquerdo, temos representada a área que cuida da Gestão do Relacionamento e *Customer Experience*; à direita, as demais áreas internas da empresa que cuidam dos negócios, tais como gestão da marca, desenvolvimento de produtos e serviços, distribuição e comunicação.

Dando contornos ao modelo, temos, ao lado esquerdo, a **Jornada do Cliente** representando o motivo principal de existência das demais competências e, ao lado direito, a **cultura** e a **governança**, que devem fornecer sustentação e prioridade para que o **Modelo de Relacionamento CX** seja projetado e implementado pela organização.

É importante ressaltar que a Jornada do Cliente, a cultura baseada no foco deste e a governança do modelo se apresentam no sentido vertical do diagrama, isto é, perpassam todos os processos e competências praticadas na área e Gestão do Relacionamento com Clientes. O diagrama da Figura 2.2 apresenta essa relação.

CAPÍTULO 2

Figura 2.2 Modelo de Relacionamento CX completo trazendo 12 elementos essenciais.

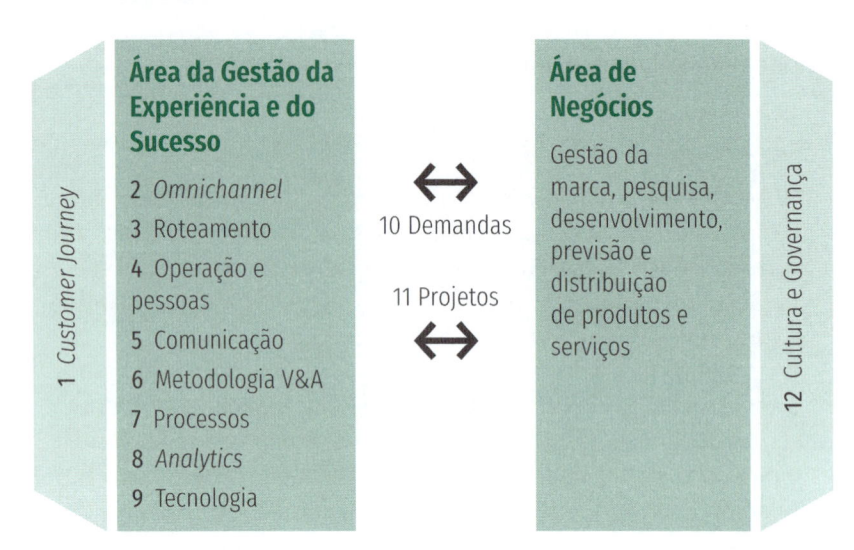

1 Customer Journey	Área da Gestão da Experiência e do Sucesso		Área de Negócios	12 Cultura e Governança
	2 *Omnichannel*	↔ 10 Demandas	Gestão da marca, pesquisa, desenvolvimento, previsão e distribuição de produtos e serviços	
	3 Roteamento			
	4 Operação e pessoas	↔ 11 Projetos		
	5 Comunicação			
	6 Metodologia V&A			
	7 Processos			
	8 *Analytics*			
	9 Tecnologia			

Fonte: Desenvolvida pelo autor.

A seguir, apresentarei com maior profundidade cada um dos 12 elementos de acordo com a ordem numérica do diagrama apresentado. Para cada elemento, vou apresentar as competências que a área de Gestão do Relacionamento com Clientes deverá desenvolver e praticar com total apoio das áreas de negócios, de TI e da Diretoria.

1. *Customer Journey Mapping*

Essa deve ser a razão principal da criação de um novo Modelo de Relacionamento CX ou mesmo da revisão de um já existente: viabilizar a Jornada do Cliente e pavimentá-la de experiências gratificantes por todos os pontos de contato da empresa. Esse assunto é tão estratégico que dediquei o Capítulo 1 deste livro para entrarmos em detalhe sobre como realizar *Customer Journey Mapping*, e trouxe para o leitor a metodologia que utilizo.

2. *Omnichannel* facilitando o *Customer Journey*

A partir da premissa de que o Modelo de Relacionamento CX é voltado para tornar a experiência do Cliente produtiva e emocionalmente positiva durante a sua jornada nos canais remotos, será necessário desenvolver as seguintes competências na equipe:

» Gestão integrada de todas as formas de atendimento presencial, remoto e automático.

» Atuação em tempo real para controle e aumento do *First Call Resolution* (FCR) e a taxa de resolutividade.

» Atuação para que a Jornada do Cliente seja contínua, eliminando "espaços em branco" nas chamadas e mensagens, reduzindo transferências e interrupções.

- » Projeto em conjunto com as áreas de negócios e gerenciamento de réguas de relacionamento ativas.
- » Gerenciamento constante da oferta de experiência de qualidade e de agilidade para o Cliente por meio do controle e da integração do autoatendimento.

3. Roteamento do atendimento e regras de acesso

No mundo inteiro, os Clientes apresentam um dos quatro tipos de demandas quando recorrem ao atendimento nas empresas: **simples solicitação de informações, solicitação de serviços, compra ou reclamação**. Para que essa experiência seja exitosa, é necessário que a organização pense em como será o roteamento da demanda desde o primeiro instante no qual o Cliente entrar em contato para algum serviço.

O mesmo deve ser pensado em termos de regra de acesso aos canais de relacionamento. Por exemplo, para o Cliente realizar uma compra *on-line*, qual será seu percurso dentro do portal? Se ele tiver uma dúvida durante o processo, qual a alternativa de rotear suas demandas?

Para que a organização possa dominar as regras de acesso e roteamento de demandas provenientes dos Clientes, será necessário o desenvolvimento das seguintes competências nas equipes:

- » Constante revisão de regras de relacionamento e de roteamento de demandas.
- » Gerenciamento da experiência diferenciada e personalizada por tipo de Cliente com o roteamento para agentes específicos.
- » Implantação e gerenciamento de alternativa de serviço *lowcost* para consumidores.
- » Tratamento diferenciado quanto a situações de inadimplência.
- » Priorização do atendimento conforme a segmentação do Cliente.
- » Configuração da plataforma de atendimento.

4. Operação do atendimento e gestão de pessoas

No Modelo de Relacionamento CX, a gestão de pessoas adquire um papel ainda mais decisivo.

As demandas para atender Clientes nascem das áreas de negócios que desenvolvem e lançam continuamente produtos e serviços no mercado, necessitando, assim, que a área de Gestão do Relacionamento assegure que todas as providências para a realização do atendimento sejam tomadas, como, por exemplo, dimensionamento correto da força de trabalho, adequação da infraestrutura necessária, alocação de pessoas com o perfil certo, pessoas corretamente selecionadas e realização de monitoria de qualidade de atendimento.

Além disso, a área de Gestão do Relacionamento deve providenciar parcerias para obter infraestrutura e tecnologia para suportar com qualidade e desempenho as novas demandas.

CAPÍTULO 2

A seguir, apresento as principais competências para operação do atendimento e gestão de pessoas que devem ser desenvolvidas ao se instituir um novo Modelo de Relacionamento CX:

- » Implantação de todos os componentes necessários para o atendimento humano e automático, otimizando a experiência do Cliente.
- » Viabilização das demandas de atendimento provenientes das áreas de negócios, providenciando infraestrutura, pessoal, *facilities*, processos, comunicação e tecnologia.
- » Recrutamento, seleção e capacitação dos colaboradores que atuam na linha de frente.
- » Campanhas de incentivo para engajar as pessoas rumo à excelência no atendimento.
- » Controle operacional da qualidade de atendimento e dos indicadores de *performance* com a realização contínua de melhorias.

5. Comunicação com os canais de relacionamento

Estruturar a comunicação com os canais de relacionamento é uma das prioridades do novo Modelo de Relacionamento CX. Contudo, muitas vezes esse tema é negligenciado, gerando crises no atendimento ao Cliente.

Um dos erros mais frequentes quando as empresas optam por rever seu modelo de relacionamento é não priorizar a comunicação realizada dentro dos canais de atendimento e também da área interna da empresa para os Clientes.

Um exemplo típico disso é quando a área de produtos realiza novos lançamentos sem estruturá-los previamente em conjunto com a área de atendimento *Frequently Asked Questions* (FAQs) e comunicações para os canais transmitirem informações com segurança aos consumidores.

As competências e atribuições a seguir são imprescindíveis para a correta gestão da comunicação junto aos canais de relacionamento com Clientes:

- » Construção de roteiros e fraseologias aderentes ao negócio e customizados.
- » Unificação da comunicação com o Cliente nos diversos canais.
- » Atendimento ágil com ferramentas de gestão do conhecimento.
- » Revisão do processo de comunicação entre as áreas internas e os canais.
- » Eliminação de barreira de comunicação entre as áreas.

6. Metodologia de vendas e de atendimento a Clientes

Uma importante função da área de Gestão do Relacionamento com Clientes, em conjunto com a área de educação corporativa, é a criação e implantação de uma metodologia de atendimento e vendas diferenciada e de impacto que seja assimilada e praticada por vendedores e atendentes presenciais e remotos.

A metodologia de vendas e de atendimento a Clientes deve ter como objetivo gerar mais negócios junto dos Clientes e construir para eles uma jornada gratificante durante o relacionamento.

A criação da metodologia de vendas e de atendimento é um importante elo para unificar a cultura de Foco no Cliente, elevando os padrões de relacionamento com ele, ao mesmo tempo transmitindo segurança para as pessoas que estão na linha de frente do atendimento, tanto nos canais presenciais quanto nos canais remotos. Assim, uma **metodologia de vendas e atendimento** deve proporcionar a aplicação dos seguintes serviços:

- » Treinamento presencial e em EaD da metodologia para todos os colaboradores envolvidos na linha de frente: atendentes, supervisores, multiplicadores e líderes.
- » Implantação de ações de sustentação do aprendizado que garantam tanto a prática do treinando como a retenção do conhecimento adquirido.
- » Elaboração, customização do material e criação de atividades instrucionais para o treinamento presencial e em EaD.
- » Treinamento destinado a desenvolver os líderes que estão diretamente envolvidos na operação em competências para que sejam defensores e mantenedores da nova metodologia de vendas e atendimento.
- » Gerenciamento de pauta, produção, gravação e edição de videoaulas para sustentação da aprendizagem dos treinamentos presenciais, em forma de *web TV*.

7. Mapeamento e otimização de processos e procedimentos

O objetivo do mapeamento e otimização de processos e procedimentos é padronizar, simplificar, eliminar desperdícios e racionalizar procedimentos por meio da aplicação de metodologias consolidadas, ajudando assim na construção do novo Modelo de Relacionamento CX.

Essa competência é tão importante para o novo Modelo de Relacionamento CX que, se bem conduzida, pode aumentar em muito a satisfação dos consumidores e proporcionar experiências positivas durante todos os momentos de contato com a empresa. Além disso, poderá economizar muito dinheiro para a empresa racionalizando o contato com consumidores.

A competência para o mapeamento e otimização de processos e procedimentos deve ser construída para atuar diariamente na empresa e deve contar com o seguinte escopo:

- » Descrição das principais regras de negócios que interferem no relacionamento com Clientes.
- » Fluxogramas AS-IS (situação atual) e TO-BE (situação sugerida) de todos os processos que resultam no atendimento e relacionamento com Clientes.

- » Identificação das diferenças (*gaps*) entre o processo que é realizado e o desejado.
- » Definição de processos e regras para automação de parte do atendimento por meio de *chatbot*, portal *web* e URA.
- » Verificação se os processos e procedimentos operacionais estão fazendo valer as regras de negócios e diretrizes de relacionamento desenhadas e se estão atuando na satisfação dos Clientes.

8. *Analytics*, qualidade e custos

Um erro frequente das empresas é superestimar os esforços de gestão de pessoas para concretizar o novo Modelo de Relacionamento CX, deixando a desejar o foco analítico de qualidade e de custos. Ambos são importantes.

Gestores que atuam na modernização do Modelo de Relacionamento CX precisam desenvolver com urgência competências analíticas.

Essas competências tratam de tornar a área CX um centro de excelência para realizar análises e recomendações em prol da constante melhoria do relacionamento com os Clientes, transformando os dados coletados em informações inteligentes em tempo real.

As principais tarefas e responsabilidades da competência *analytics*, qualidade e custos são:

- » Acompanhamento constante da Jornada do Cliente para efetividade do atendimento humano, automático e *web*.
- » Planos para redução de chamadas, de demandas desnecessárias e de custos.
- » Mensuração em tempo real dos indicadores relacionados com produtos, serviços e com a experiência do Cliente preferencialmente por *dashboards*.
- » *Management Information System* (MIS) com medição e disponibilização em tempo real de relatórios de *performance* para as áreas de negócios.
- » Acompanhamento da produtividade dos canais e dos SLAs contratuais.
- » Planejamento de recursos humanos e materiais para o atendimento de demandas.
- » *Report* de progressos, falhas ou gargalos encontrados no relacionamento com Clientes.

9. Tecnologia e integração

No novo Modelo de Relacionamento CX, a tecnologia se posiciona justamente na sua base, pois fornece suporte para a viabilização dos demais componentes do projeto.

Sem a correta estruturação da tecnologia a favor da Gestão do Relacionamento com Clientes, não há como automatizar parte do processo de atendimento, personalizar a experiência do Cliente e dotar a área *Analytics* de informações em tempo real sobre tudo que ocorre durante o relacionamento.

Por isso, a correta definição da tecnologia para o projeto deve incluir a revisão das funcionalidades do CRM, revisão da plataforma de atendimento e integração *Omnichannel*. As competências necessárias para que tecnologia faça a diferença no novo Modelo de Relacionamento CX são:

- » Acompanhar projetos nos quais a arquitetura de TI e telecom deverá suportar o modelo.
- » Especificação da organização de informações das novas telas de atendimento.
- » Elaboração de requisitos funcionais e não funcionais para melhorias no CRM e nas demais plataformas ligadas ao atendimento.
- » Integrar o CRM com *apps*, redes sociais, *chatbot* e *chat messengers*.
- » Verificação se os requisitos e processos definidos pela área estão sendo levados em consideração pelos fornecedores de TI.
- » Acompanhamento de acordos de nível de serviço entre a empresa e fornecedores de tecnologia.
- » Acompanhamento das etapas de implantação das ferramentas tecnológicas adquiridas, incluindo acompanhamento de testes e homologação.

10. Gestão de demandas provenientes das áreas de negócios

As áreas de negócios nas empresas são responsáveis por esforços estratégicos para realizar a correta gestão da marca, elaboração de pesquisas de produtos e serviços, bem como sua prototipação, desenvolvimento e testes.

Uma vez que os produtos e serviços foram corretamente testados, virá o momento de a área de negócios produzi-los em série, fazer a sua correta previsão de demandas e distribuição, seja esta física ou no ambiente virtual.

Contudo, a área de Gestão do Relacionamento CX não pode ficar alheia a todo esse processo e apenas ser "avisada" no momento em que os produtos chegam ao mercado, o que gera grande frustração da equipe de atendimento e séria repercussão na satisfação do Cliente.

Assim, é recomendável que a área de Gestão do Relacionamento com Clientes e CX desenvolva continuamente as seguintes competências:

- » Participação em reuniões das áreas de negócios sobre a construção de produtos e serviços, visando entender a repercussão destes no atendimento a Clientes.
- » Antecipação de volumes de demandas por meio do planejamento integrado junto à área de negócios, realizando uma espécie de consultoria

para que esta, antes de lançar produtos e serviços, identifique gargalos que poderão afetar os Clientes.

» Estudo do *forecast* e dimensionamento do atendimento humano e automático, visando demandas atuais e novos projetos.
» *Forecast* constante da operação e da infraestrutura necessária para que o Cliente não enfrente filas de espera e para que a resolução do seu problema, independentemente em que canal de contato ocorrer, seja ágil.
» Gestão de parcerias para tornar viável o atendimento a Clientes a partir de novas demandas que chegam das áreas de negócios.

11. Gestão de projetos de relacionamento com Clientes

Já foi o tempo em que a área de Gestão do Relacionamento implantava novos atendimentos de forma desestruturada. No passado, como o nível de exigência do consumidor era menor, os defeitos de uma implantação equivocada eram pouco sentidos na empresa e no mercado.

E na atualidade? Tudo mudou.

Com a conquista de maior poder pelo Cliente advindo, principalmente, das redes sociais e dos *sites* de defesa do consumidor, qualquer iniciativa que interfira no atendimento, antes de ser colocada em prática pela empresa, deve ser tratada como um projeto, mesmo que este seja de baixa complexidade e de curta duração.

As principais competências para a criação de um novo Modelo de Relacionamento CX quanto à gestão de projetos que afetam os Clientes são:

» Preparação do *kick-off* do projeto, providenciando toda a organização necessária para seu alinhamento antes de ele começar.
» Planejamento das atividades de projetos ligados à Gestão do Relacionamento com Clientes.
» Elaboração e aprovação dos documentos de planejamento do projeto: mapa de risco, mapa de comunicação, matriz de responsabilidades e cronograma.
» Elaboração de *status report* periódicos do projeto.
» Elaboração dos termos de aceite parcial e total de cada entrega realizada pelo projeto.
» Disparo de alarmes para o caso de atrasos no projeto.
» Elaboração de termo de encerramento do projeto.

12. Cultura *Customer Oriented* e governança

Embora cultura e governança sejam temas diferentes, no Modelo de Relacionamento CX, elas se encontram e se complementam, tornando-se um único ecossistema para fazer valer as definições contidas no modelo.

A modificação da cultura para que os colaboradores ajam de forma totalmente engajada com os valores de uma organização *customer centric* será fortemente amparada se os gestores estratégicos, representados pela diretoria e alta gerência, adotarem práticas de governança eficazes para amparar o novo Modelo de Relacionamento CX.

Assim, as principais competências que recomendo para que a área de CX possa apoiar a empresa na modificação de cultura para uma *Customer Oriented Organization* são:

- Definição clara de quem será o patrocinador do projeto e das responsabilidades das áreas.
- Criação de um *Steering Committee* formado por gerente de primeira linha e alguns diretores com a finalidade de apoiar e decidir sobre deliberações que afetem os Clientes.
- Definição na empresa de novas alçadas para aumento de autonomia do time operacional de modo a resolver demandas dos Clientes sem precisar recorrer às áreas internas.
- Eliminação de esforços duplicados na empresa quanto ao relacionamento com Clientes, demonstrando para as demais áreas da companhia os ganhos com essas iniciativas.
- Implantação e gerenciamento de programas *voice of customer*, levando constantemente depoimentos de Clientes para serem ouvidos pelas áreas que, de alguma forma, sejam ofensivas ao atendimento.
- Redução dos níveis hierárquicos na área CX e aumento do *empowerment* das pessoas de linha de frente, facilitando enormemente a resolução de solicitações do Cliente no primeiro contato.
- Adoção de uma estrutura organizacional na área de CX que suporte as demandas de negócio e a Jornada do Cliente.

Apresentei neste tópico o escopo dos 12 elementos essenciais de como se criar um Modelo de Relacionamento CX completo.

Agora, apresentarei o **Modelo Emocional de Relacionamento com Clientes (MERC)**, que objetiva proporcionar a visão de que é possível fortalecer as conexões emocionais com os Clientes. Lembremos que as emoções dos Clientes precisam ser respeitadas por todas as áreas da organização.

Modelo Emocional de Relacionamento com Clientes (MERC)

Conforme apresentado, a etapa inicial para a criação de um novo Modelo de Relacionamento CX é, com certeza, o convencimento da alta cúpula da organização sobre a necessidade de mudanças estruturadas. O motivo principal é que,

CAPÍTULO 2

em muitos casos, os executivos não têm ideia da urgência da mudança de cultura e do quanto a empresa e seus Clientes estão perdendo com o modelo de atendimento tradicional.

Soma-se a isso a visão de alguns empresários que preferem investir quase todas as verbas em desenvolvimento e comercialização de produtos e serviços, pouco priorizando a Jornada do Cliente pelos canais de relacionamento.

Contudo, para toda essa adversidade há boas alternativas. Uma das ferramentas que desenvolvi para sensibilizar gestores frente ao imperativo da mudança de um modelo de empresa focada no produto, para uma organização com o verdadeiro Foco no Cliente, é apresentar para a Diretoria a situação atual das emoções vivenciadas pelo consumidor ao percorrer os diversos pontos de contato com a empresa.

A situação atual pode ser representada por meio do MERC, quando classifico em quais situações os consumidores dessa empresa se encontram.

Figura 2.3 Modelo Emocional de Relacionamento com Clientes (MERC).

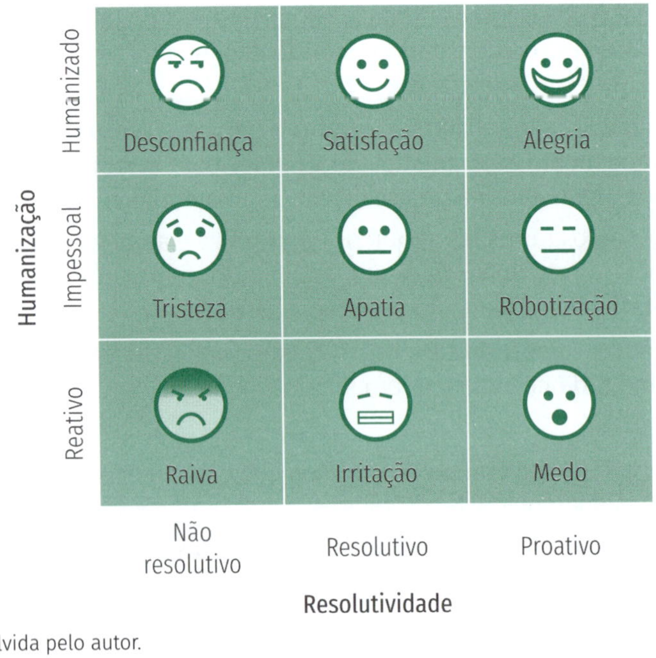

	Não resolutivo	Resolutivo	Proativo
Humanizado	Desconfiança	Satisfação	Alegria
Impessoal	Tristeza	Apatia	Robotização
Reativo	Raiva	Irritação	Medo

(Humanização × Resolutividade)

Fonte: Desenvolvida pelo autor.

O objetivo do **MERC** é proporcionar para os executivos a visão de que é possível fortalecer as conexões emocionais com os Clientes. Contudo, antes de tudo, é preciso identificar qual é a situação atual em que se encontra a empresa.

A partir da análise de milhares de chamadas com a finalidade de monitorar a qualidade de atendimento a Clientes, pudemos identificar nove emoções esboçadas por eles, as quais variavam a depender do grau de humanização apresentado pelo atendente e do grau de resolutividade fornecido por ele:

1. Desconfiança.
2. Satisfação.
3. Alegria.
4. Tristeza.
5. Apatia.
6. Robotização.
7. Raiva.
8. Irritação.
9. Medo.

O **MERC** correlaciona qualitativamente as emoções esboçadas pelos Clientes com o grau de resolutividade e humanização. Quanto maiores esses dois fatores, mais positivas serão as experiências dos Clientes. Veja na classificação das chamadas a seguir que, em 50% dos casos, a emoção predominante do Cliente era de apatia, 20% de tristeza e 20% de raiva, somando 90% de experiências complicadas contra 10% de emoção satisfatória.

Figura 2.4 Exemplo de aplicação do MERC.

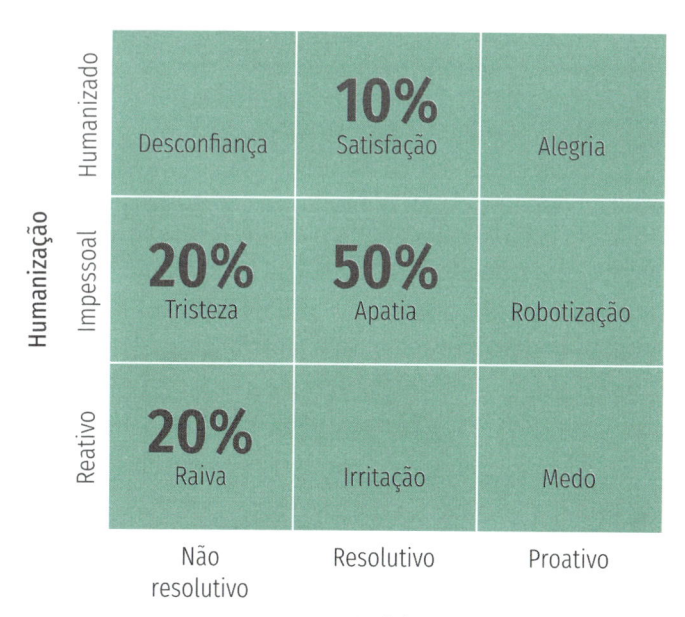

Humanização	Não resolutivo	Resolutivo	Proativo
Humanizado	Desconfiança	10% Satisfação	Alegria
Impessoal	20% Tristeza	50% Apatia	Robotização
Reativo	20% Raiva	Irritação	Medo

Resolutividade

Fonte: Desenvolvida pelo autor.

Esse assunto é tão importante e, ao mesmo tempo, tão emblemático nas empresas brasileiras que vou comentar, a seguir, mais sobre as conexões emocionais.

A ciência das conexões emocionais com os Clientes

Já está mais do que provado que empresas que conseguem se conectar com as emoções dos Clientes conseguem retornos financeiros maiores do que aquelas que não levam em consideração o que eles sentem. Tratar o Cliente como o "mal necessário" está com os dias contados.

Conexões emocionais não são conceitos abstratos, como eram tratados na década passada. São estratégias revolucionárias que as empresas podem escolher e adotar para conseguirem resultados superiores num mercado cada vez mais competitivo.

A pesquisa realizada por Magids, Zorfas e Leemon, intitulada *A nova ciência das emoções do cliente*, publicada pela *Harvard Business Review*, envolveu centenas de marcas em dezenas de categorias de produtos e teve a finalidade de medir as emoções que comandam o comportamento dos consumidores, no que os autores denominam **motivadores emocionais**.

A grande descoberta é que os motivadores emocionais avaliam melhor que qualquer outra métrica o valor futuro do Cliente, tornando-se uma nova fonte de crescimento e lucratividade para o negócio. O tema *Customer Lifetime Value* (CLV) é tão importante que dediquei o Capítulo 6 deste livro para tratá-lo em profundidade.

Voltando à pesquisa de Harvard, para chegar a uma conclusão foram aplicados métodos analíticos de *big data* e modelagem estatística a fim de analisar um grande número de Clientes, marcas e identificação de picos de compras associados a determinados motivadores emocionais. Essa grande análise levou a determinar quais motivadores geram comportamentos mais lucrativos na categoria. Em seguida, foram identificados os valores atual e potencial dos motivadores para uma dada marca e prováveis estratégias para alavancá-los.

Na Figura 2.5, é possível encontrar os 10 motivadores emocionais de alto impacto que afetam significativamente o CLV em todas as categorias pesquisadas e o que as empresas podem fazer para alavancar cada um desses motivadores.

Figura 2.5 10 motivadores emocionais que afetam o CLV e, ao lado direito, como as empresas podem alavancar cada motivador.

Sou inspirado por um desejo de:	Marcas podem alavancar esse motivador ajudando o Cliente a:
Ser diferente da maioria	Projetar uma identidade social única. Ser visto como especial.
Confiar no futuro	Projetar o futuro como melhor que o passado. Ter uma atitude mental positiva do que está por vir.

continua...

Sou inspirado por um desejo de:	Marcas podem alavancar esse motivador ajudando o Cliente a:
Desfrutar de uma sensação de bem-estar	Sentir que a vida preenche as expectativas e que o equilíbrio foi atingido. Procurar uma condição livre de estresse, sem conflitos ou ameaças.
Experimentar uma sensação de liberdade	Agir independentemente, sem obrigações ou restrições.
Experimentar uma sensação de prazer	Vivenciar o prazer e a empolgação de forma irresistível e visceral. Participar de eventos divertidos e empolgantes.
Ter uma sensação de aceitação	Unir-se a pessoas com os mesmos interesses ou que aspirem às mesma coisas. Sentir-se parte de um grupo.
Proteger o meio ambiente	Manter a convicção de que o meio ambiente é sagrado. Agir de modo a melhorar seu entorno.
Ser a pessoa que quero ser	Satisfazer o desejo de autoaperfeiçoamento contínuo. Corresponder às expectativas de sua autoimagem ideal.
Sentir-me seguro	Acreditar que o que você tem hoje estará lá amanhã. Perseguir metas e sonhos sem preocupação.
Ter sucesso na vida	Sentir que leva uma vida significativa. Descobrir valores além de posição financeira ou socioeconômica.

Fonte: MAGIDS, Scott; ZORFAS, Alan; LEEMON, Daniel. A nova ciência das emoções do cliente. *Harvard Business Review*, 2015. Disponível em: https://hbrbr.com.br/a-nova-ciencia-das-emocoes-do-cliente.. Acesso em: 1º mar. 2021.

As conexões emocionais com os Clientes são tão ou mais importantes que a sua satisfação. É o que vou apresentar a seguir.

O fim da era de satisfação dos Clientes?

Costumo dizer em minhas palestras que se preocupar com a satisfação dos Clientes é coisa do passado.

O imperativo atual de negócios é proporcionar experiências e emoções positivas para que os Clientes se tornem emocionalmente conectados, aumentando a taxa de fidelidade e o número de promotores da marca.

A pesquisa *A nova ciência das emoções do cliente*, publicada pela *Harvard Business Review*, elucidou uma mudança de paradigma que as empresas ainda não

CAPÍTULO 2

perceberam: tornar Clientes satisfeitos e completamente conectados pode levar a um retorno três vezes maior que transformar Clientes desconectados em altamente satisfeitos. Focar em Clientes já completamente conectados à categoria maximiza o valor deles e atrai mais Clientes para a marca.

Quando as conexões emocionais do Cliente com a marca se aprofundam, criam uma ligação tão poderosa que fazem os Clientes se tornarem 52% mais valiosos do que os altamente satisfeitos. Esse número é realmente surpreendente e pode ser verificado no Gráfico 2.1.

Gráfico 2.1 Clientes completamente conectados emocionalmente compram 103% mais materiais de limpeza e 82% mais *apps* do que Clientes apenas altamente satisfeitos.

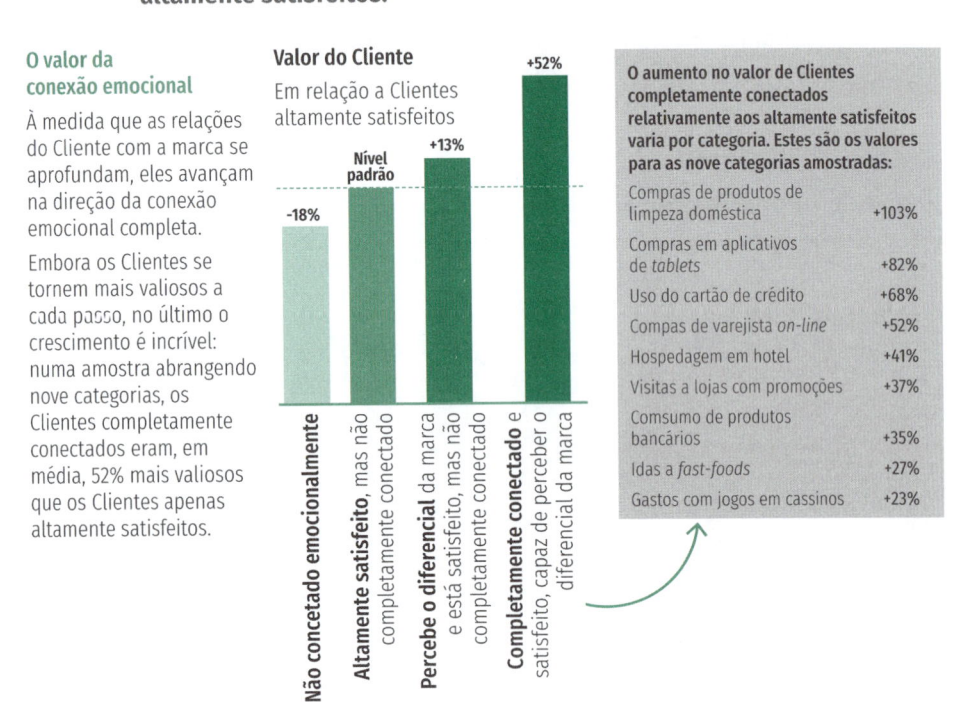

O valor da conexão emocional

À medida que as relações do Cliente com a marca se aprofundam, eles avançam na direção da conexão emocional completa.

Embora os Clientes se tornem mais valiosos a cada passo, no último o crescimento é incrível: numa amostra abrangendo nove categorias, os Clientes completamente conectados eram, em média, 52% mais valiosos que os Clientes apenas altamente satisfeitos.

Valor do Cliente
Em relação a Clientes altamente satisfeitos

- Não conectado emocionalmente: −18%
- Altamente satisfeito, mas não completamente conectado: Nível padrão
- Percebe o diferencial da marca e está satisfeito, mas não completamente conectado: +13%
- Completamente conectado e satisfeito, capaz de perceber o diferencial da marca: +52%

O aumento no valor de Clientes completamente conectados relativamente aos altamente satisfeitos varia por categoria. Estes são os valores para as nove categorias amostradas:

Compras de produtos de limpeza doméstica	+103%
Compras em aplicativos de *tablets*	+82%
Uso do cartão de crédito	+68%
Compas de varejista *on-line*	+52%
Hospedagem em hotel	+41%
Visitas a lojas com promoções	+37%
Comsumo de produtos bancários	+35%
Idas a *fast-foods*	+27%
Gastos com jogos em cassinos	+23%

Fonte: MAGIDS, Scott; ZORFAS, Alan; LEEMON, Daniel. A nova ciência das emoções do cliente. *Harvard Business Review*, 2015. Disponível em: https://hbrbr.com.br/a-nova-ciencia-das-emocoes-do-cliente. Acesso em: 1º mar. 2021.

O mercado brasileiro está ainda "na infância" quando se trata de medir e valorizar na prática as experiências emocionais dos consumidores. Por isso, faço questão de ressaltar que as conexões emocionais dos Clientes não precisam ser tratadas como algo intuitivo ou como um passe de mágica.

Atualmente, técnicas analíticas de *big data* e de *Customer Journey Mapping* podem auxiliar a transformar Clientes satisfeitos em Clientes completamente conectados emocionalmente, multiplicando os resultados do negócio e fazendo bem aos consumidores.

Modelo de relacionamento *Omnichannel*

O modelo de relacionamento deve amparar os objetivos qualitativos e quantitativos propostos pelo planejamento estratégico da empresa, e não se comportar como algo "desgarrado" dentro da organização.

Praticar a Gestão do Relacionamento dentro do modelo previamente aprovado com a Diretoria significa realçar e intensificar o relacionamento com Clientes finais, Clientes intermediários, fornecedores e parceiros, proporcionando benefícios mútuos para todos e, naturalmente, grandes resultados para a organização.

Clientes, ao buscarem informações, comprarem e receberem a mercadoria de forma *on-line*, na loja física ou em casa, demonstram constantemente a necessidade de integração dos canais presenciais e remotos da empresa. Por isso, empresas no mundo inteiro estão buscando ser *Omnichannel*.

Figura 2.6 As diferentes preferências pela busca de informação, compra e recebimento do produto ou serviço forçam empresas a tornarem-se *Omnichannel*.

Buscar informação	Compra	Recebe
On-line	On-line	On-line
On-line	Loja física	Em casa
Loja física	On-line	Em casa
Loja física	Loja física	Loja física

Fonte: Desenvolvida pelo autor.

O modelo de relacionamento *Omnichannel* começa pelo entendimento de que os diversos tipos de público que interessam à empresa devem ser recebidos de maneira customizada e célere pelos diversos canais de relacionamento, os quais se dividem em **presenciais** (agência, atendimento no balcão, consultores e funcionários) e **remotos**, sendo os principais, *web*, URA, *chat*, *e-mail*, agentes de atendimento e *chatbots*. A Figura 2.7 ilustra o modelo.

CAPÍTULO 2

Figura 2.7 Modelo de relacionamento *Omnichannel*.

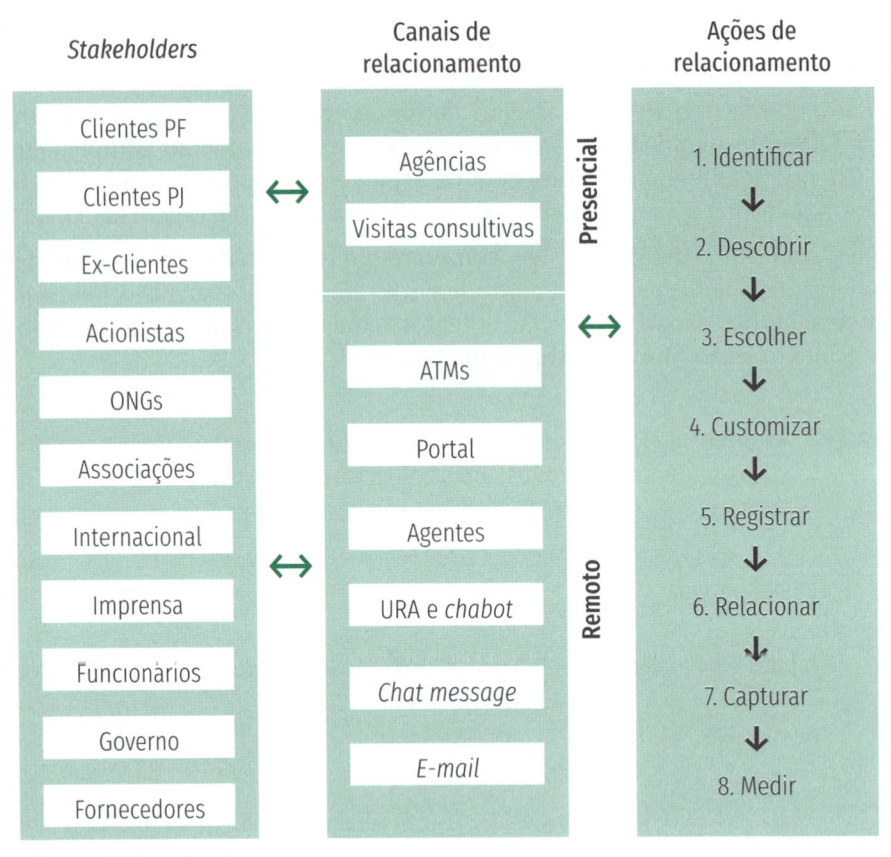

Stakeholders	Canais de relacionamento		Ações de relacionamento
Clientes PF	Agências	Presencial	1. Identificar ↓
Clientes PJ	Visitas consultivas		2. Descobrir ↓
Ex-Clientes			3. Escolher ↓
Acionistas	ATMs		4. Customizar ↓
ONGs	Portal		5. Registrar ↓
Associações	Agentes	Remoto	6. Relacionar ↓
Internacional	URA e chabot		7. Capturar ↓
Imprensa	Chat message		8. Medir
Funcionários	E-mail		
Governo			
Fornecedores			

Fonte: Desenvolvida pelo autor.

Muitas empresas nos últimos anos investiram pesadamente em tecnologia para "abrir suas portas" e receber as demandas dos Clientes por meio de canais presenciais e remotos. No entanto, parte delas acreditou cegamente que a tecnologia resolveria os principais entraves na Gestão do Relacionamento com Clientes, quando, na verdade, a solução depende não apenas de sistemas, mas também de inteligência na gestão e conquista de Clientes. Por isso, a concretização de um macroprocesso de Gestão do Relacionamento é algo vigoroso.

Macroprocesso de relacionamento com Clientes

Faz parte do modelo de relacionamento com Cliente instituir um macroprocesso de forma a tornar obrigatórias práticas mínimas durante o contato com ele.

Todos os públicos que formam os *stakeholders* iniciam suas experiências nos canais de relacionamento da empresa, por isso, devem ser tratados de forma distinta pela organização.

Novo Modelo de Relacionamento com foco no *Customer Experience*

Não basta enviar comunicações personalizadas aos Clientes para torná-los engajados. O que importa é orquestrar o Modelo de Relacionamento com eles, que, entre outras vantagens, deve trazer ao macroprocesso a forma como a organização pretende lidar com seus diversos públicos.

Um bom exemplo ocorre quando a empresa, por meio do atendimento automático ou de perguntas feitas pelo atendimento humano seguindo o *script*, identifica com precisão qual é o Cliente que está "do outro lado" e, assim, prossegue com o processo de atendimento a suas demandas. O grande problema é que, em mais de 70% dos casos em que o consumidor é identificado, nenhuma providência é adotada pelo atendente, seja presencial ou virtual, para valorizar genuinamente sua experiência.

Em outros casos, o atendente faz de duas a quatro perguntas chatas para autenticar o Cliente durante a chamada, mas não utiliza esse reconhecimento para lhe proporcionar experiências positivas.

Diante disso, costumo propor que, durante o contato com o Cliente, ocorram oito tarefas para tornar a sua experiência com a empresa emocionalmente gratificante. São rotinas simples e que podem virar diretrizes de atendimento.

Figura 2.8 Durante o contato com o Cliente, a empresa deve sucintamente customizar e lhe proporcionar experiências agradáveis por meio do macroprocesso de relacionamento.

1. Identificar ↓	A primeira etapa para realizar a gestão do relacionamento é **identificar** que segmento de Clientes será estimulado.
2. Descobrir ↓	No CRM, devem ser realizadas consultas para se **descobrir** os momentos certos para ações proativas de relacionamento.
3. Escolher ↓	Após a identificação dos Clientes-alvo e a descoberta do melhor momento em seu ciclo de vida, a gerência poderá **escolher** melhor os atributos, valores e táticas.
4. Customizar ↓	**Customizar** significa tornar a tática bem próxima do público e do seu estágio de relacionamento com a empresa, procedendo na adaptação da mensagem.
5. Registrar ↓	Toda e qualquer definição, incluindo exemplos de peças de comunicação relacionais para o Cliente, deve ser **registrada** no CRM.

continua...

6. Relacionar ↓	Significa que a comunicação pode ser direcionada ao público escolhido por meio dos diversos canais de **relacionamento**, sejam presenciais ou não.
7. Capturar ↓	As informações provenientes dos *feedbacks* dos Clientes devem ser centralizadas, **capturadas** e distribuídas para as áreas responsáveis.
8. Medir	Tudo deve ser **medido**, por exemplo: prazo de resposta das áreas, satisfação, experiência, resultados das ações, verba empregada etc.

Fonte: Desenvolvida pelo autor.

Customer Lifecycle, o "ciclo de vida" do Cliente

Assim como as empresas e seus produtos, o Cliente também tem um "ciclo de vida" na companhia com que se relaciona. Os executivos já entenderam que interpretar em que estágio se encontra cada um dos seus Clientes significa ganhos expressivos perante a concorrência. As principais vantagens de adotar o *Customer Lifecycle* são:

» aumento de *upsell* e *cross-sell*;
» maior engajamento dos Clientes;
» redução de litígios com Clientes insatisfeitos;
» oportunidade de criar ofertas mais pertinentes a cada fase do ciclo;
» criação de indicadores para monitorar a saúde da experiência do Cliente;
» maiores chances para fidelizar os melhores consumidores.

O princípio é de que a fidelização dos Clientes somente é conseguida após a etapa de um bom atendimento, seguida da aquisição de novos produtos e da intensificação das transações. A equipe de Gestão do Relacionamento deverá ser acionada conforme o estágio do ciclo de vida em que se encontram os Clientes. Dessa forma, é preponderante identificar cada um desses estágios e que métricas de relacionamento devem caracterizar que um Cliente pertence a determinado estágio.

Diferentemente do mais usual no mercado, que é chamar as fases do ciclo de vida de três momentos (conquista, manutenção e recuperação), um modelo mais completo de *Customer Lifecycle* de cinco estágios aumenta a visibilidade da empresa quanto às ações que pretende adotar.

São várias as vantagens de utilizar o modelo: como as transações dos Clientes são inúmeras e facilmente registradas pelos sistemas, existe uma enorme oportunidade em aumentar o índice de penetração de produtos por Cliente; os nomes das fases do ciclo de vida são claramente compreendidos por todos os funcionários; fazem parte da mudança de cultura da empresa, por isso, atuam como verdadeiros "energéticos" para a instituição.

Figura 2.9 O *Customer Lifecycle* do Cliente faz parte do modelo de relacionamento. Na parte de cima do diagrama estão as ações comerciais potenciais da empresa.

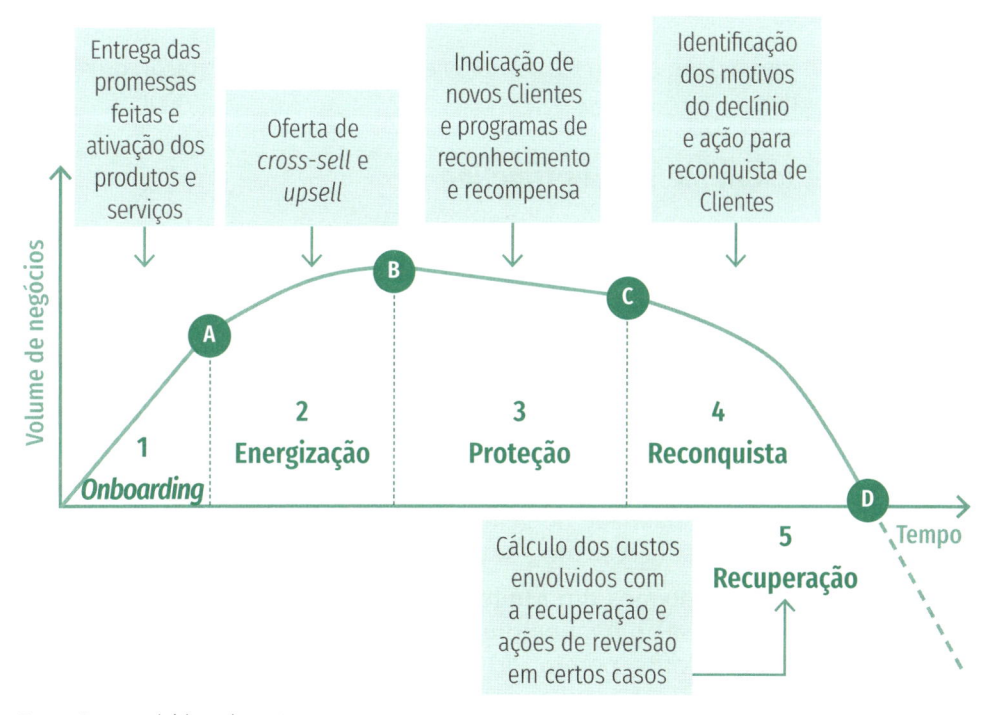

Fonte: Desenvolvida pelo autor.

A descrição de cada um dos estágios do *Customer Lifecycle* é preponderante para a identificação do momento no qual ele pode ser identificado e eleito para táticas de Gestão do Relacionamento. O ideal é que cada fase seja conhecida, compreendida e pronunciada por todos os funcionários da instituição. São elas:

1. **Onboarding**: corresponde à etapa na qual o Cliente conquistado pela empresa está em fase de experimentação dos serviços e, por isso, precisa de um acompanhamento especial.
2. **Energização**: dentro de alguns meses, o Cliente que foi ativado estará em condições de ser energizado quanto ao número de negócios.
3. **Proteção**: aparentemente, esse Cliente atingiu um grau ótimo de rentabilidade ou mesmo de aquisição de produtos e serviços. A empresa deve tomar o cuidado para fidelizá-lo.

4. **Reconquista:** ocorre quando bons Clientes começam a dar sinais de redução de atividades com a empresa. Isso pode ser notado com o cancelamento de serviços, transações financeiras etc.

5. **Recuperação:** os Clientes que efetivamente deixaram a empresa podem ou não ser recuperados, a depender de quão importantes foram para a instituição. Os gestores devem avaliar caso a caso quais esforços de negociação podem ser feitos e até que ponto vale a pena desistir.

Uma excelente forma de manter o *Customer Lifecycle* em alta é a criação de réguas de relacionamento.

Régua de relacionamento por *timeline*

O *inbound* marketing estimula o consumidor a procurar os canais de contato com a empresa.

A consequência dessa estratégia é que a maioria das ações de Gestão do Relacionamento com Clientes são reativas e dependem de o Cliente procurar a empresa quando tem alguma demanda. Isso é agravado porque poucos gestores de CRM desenvolvem ações proativas, como, por exemplo, contatar Clientes antes mesmo que eles tenham problemas.

Na cultura de *Customer Experience*, a empresa deve projetar ações de relacionamento proativas com a finalidade de gerar mais negócios, identificar oportunidades, mapear a experiência do Cliente e se antecipar a problemas.

Por isso, quando implantamos um **Modelo de Relacionamento CX**, temos que deixar um "dever de casa" para a empresa instituir novos momentos de contatos com seus consumidores, porém, de forma *outbound*, isto é, utilizando os diversos recursos existentes para proporcionar experiências constantes junto de seu público.

A adoção de uma **régua de relacionamento** é uma forma de estabelecer uma comunicação direta e diferenciada com a base de Clientes em função do potencial dos principais segmentos apresentados.

O exemplo na Figura 2.10, da área financeira, demonstra que as ações de relacionamento *outbound* poderão ser projetadas anualmente por tipo de Cliente. No caso demonstrado, Clientes empresariais devem receber maior investimento por meio de relacionamentos mais próximos e personalizados ao longo do ano.

Novo Modelo de Relacionamento com foco no *Customer Experience*

Figura 2.10 Exemplo de régua de relacionamento na linha do tempo junto à área financeira para novos Clientes empresariais.

PJ1 (grandes empresas)		Meses	Dias
Ligação de boas-vindas do Presidente		1	30
Newsletter	Visita do Diretor + *kit* empresarial	2	60
Visita do gerente		3	90
Newsletter	Ligação para qualificação	4	120
Mala direta de *upsell* ou *cross-sell*		5	150
Newsletter	Visita do gerente	6	180
Pesquisa de satisfação		7	210
Newsletter		8	240
Comunicação *upsell* e *cross-sell*		9	270
Newsletter		10	300
Pesquisa de opinião		11	330
Newsletter	Mala aniversário	12	360

Fonte: Desenvolvida pelo autor.

A régua de relacionamento elaborada na linha de tempo é um instrumento operacional, contudo, serve para alinhamento entre as áreas de Gestão do Relacionamento com Clientes e marketing sob o objetivo de, juntas, planejarem ações proativas que tragam impactos no aumento da taxa de fidelidade e na redução de custos desnecessários com os canais de contato. Ao estabelecer a régua de relacionamento, cada segmento de interesse da empresa terá uma série de comunicações projetadas na linha do tempo.

Outra forma de instituir a régua de relacionamento é trocar a escala de linha de tempo pelo grau de proximidade no relacionamento entre o Cliente e a empresa. É o que será apresentado a seguir.

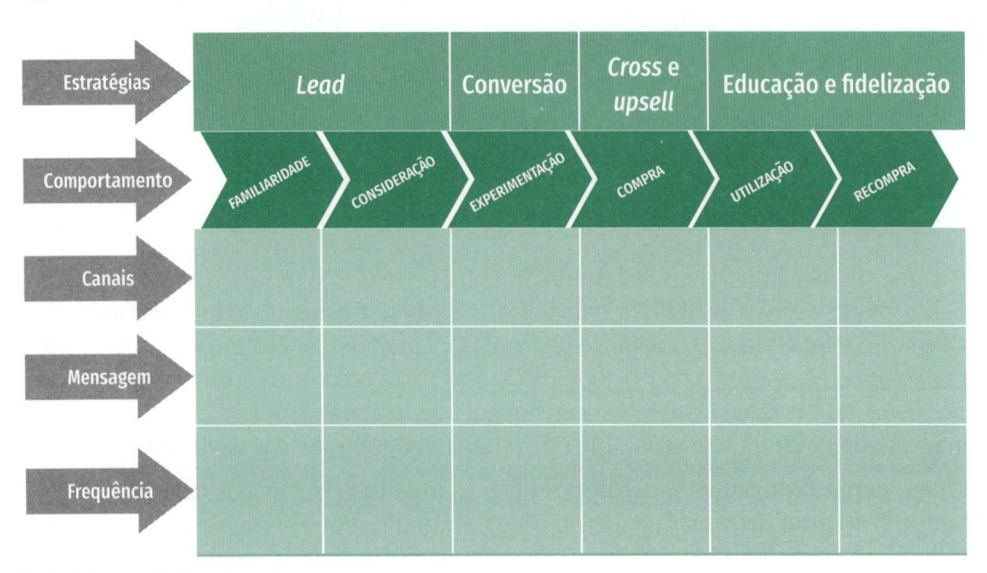

CAPÍTULO 2

Régua de relacionamento por grau de proximidade

A régua de relacionamento apresentada no tópico anterior demonstra o quanto a organização pode se preparar proativamente para fazer a diferença em ações *outbound* ao longo de um ou mais anos, buscando dialogar com seus Clientes e, assim, promover experiências positivas com os canais de contato.

Outra modalidade mais completa de régua de relacionamento que utilizamos na consultoria visa definir o objetivo, canais de comunicação, mensagem e frequência de todas as comunicações proativas que serão realizadas pela empresa na medida em que o Cliente vai aprofundando o seu nível de engajamento com ela.

Na etapa inicial, que é a identificação de *leads*, a comunicação com o Cliente terá como grande objetivo causar emoções positivas, fazendo com que ele se sinta seguro ao entrar em contato com a empresa pela primeira vez.

Na medida em que o Cliente passa a considerar a empresa como escolha e a experimentar seus produtos e serviços, temos a sua conversão de *prospect* para o *status* de Cliente.

Mais adiante, esse Cliente poderá comprar, utilizar os serviços e recomprar demonstrando confiança e proximidade com a empresa. Assim, a régua de relacionamento com ele vai modificando os canais, mensagem e frequência de contato, sempre acompanhando sua evolução.

Essa simples ferramenta pode ser empregada em conjunto com a régua de relacionamento *timeline* apresentada anteriormente. O profissional que está projetando o relacionamento com Clientes deverá preencher os campos da tabela, inserindo canais escolhidos para comunicação, tipo de mensagem e frequência de contato com os Clientes, conforme a Figura 2.11.

Figura 2.11 Régua de relacionamento por grau de proximidade.

Fonte: Desenvolvida pelo autor.

Como finalizamos o **Capítulo 2**, apresentarei a seguir sete questões pertinentes a este capítulo como uma forma de contribuir para a reflexão e a prática em grupo ou individual dos meus leitores.

Vamos refletir e praticar?

1. Ou autor criou um comparativo demonstrando a evolução dos modelos de contato com Clientes, que são: atendimento tradicional, excelência no atendimento e Relacionamento com Clientes baseado em *Customer Experience* (CX). Apresente com as suas palavras essa comparação.

2. Rascunhe o **Modelo de Relacionamento CX – simplificado**, cuja base é um símbolo de infinito, para demonstrar que as quatro características da Jornada do Cliente são ininterrupta, fluida, *across organization* e infinita.

3. *Omnichannel* é uma estratégia poderosa para integrar os canais de relacionamento com Clientes, tais como *chatbot*, *e-mail*, redes sociais, telefone, *videochat* e presencial. Por quais motivos o *Omnichannel* facilita a jornada do Cliente nas organizações?

4. O autor define que o **Modelo de Relacionamento CX – completo** envolve projetar, gerenciar e cuidar das interações em todas as formas de contato. Apresente os principais componentes desse modelo.

5. O autor criou o **Modelo Emocional de Relacionamento com Clientes** (MERC), classificando as emoções dos consumidores durante a convivência com as empresas em dois eixos diferentes. Quais são esses eixos e quais os benefícios do MERC?

6. O autor faz uma provocação no texto e pergunta: estamos no final da era de satisfação dos Clientes? Ele ainda reforça em suas palestras que se preocupar com a satisfação dos Clientes é coisa do passado. Disserte sobre o tema.

7. Identifique no final do capítulo a régua de relacionamento por grau de proximidade e faça o seu preenchimento, simulando como ela ocorre em uma grande empresa.

CAPÍTULO 3

A revolução dos consumidores, das empresas e da comunicação

Acesse e assista ao vídeo
https://uqr.to/ru20

> *"Você já percebeu como as relações com Clientes se modificaram no Brasil nos últimos anos? Muita coisa mudou, contudo, existem mudanças estruturais que estão definitivamente aumentando a necessidade de as empresas abandonarem a forma tradicional de fazer negócios para adotar a Gestão do Relacionamento profissionalizada e baseada no Customer Experience e no Customer Success."*

Bem antes da pandemia, a antiga forma de se comunicar com consumidores já estava ruindo no mundo inteiro, e nesse vácuo empresas inovadoras estão encantando seus Clientes ao atendê-los com excelência em diversos canais de contato, como *chat*, *e-mail*, telefone, redes sociais e diversos *apps*.

Veja os exemplos da Amazon, que está constantemente surpreendendo seus Clientes com serviços que privilegiam agilidade e proximidade; da Google, por desenvolver produtos e serviços customizados de acordo com a experiência do Cliente; da Spotify, por atrair legiões de artistas e fãs para sua marca.

Quem é o protagonista dessa grande mudança?

O Cliente, naturalmente.

Esse novo modelo de troca com os consumidores se choca com a tradicional comunicação de massa na qual os consumidores, no passado, obedeciam cegamente às mensagens que eram comunicadas pela rádio, pela TV e pelos demais veículos de massa.

O consumidor, por meio das redes sociais, dos *sites* de busca e da opinião dos demais consumidores e de especialistas, cada vez mais tem motivos para não acreditar numa única fonte de informação. Essa é uma das principais razões da decadência da antiga forma de fazer negócios, a qual não consegue mais mobilizar pessoas ou mesmo parte delas para os objetivos da área de produtos e serviços, contrapondo à ascenção do *Customer Experience* e do *Customer Success*.

A seguir, apresentarei algumas das mudanças mais importantes que estão abalando empresas em todo o mundo e que explicam a ascensão e a queda da antiga forma de se relacionar com Clientes.

Da fragmentação da mídia ao *Omnichannel*

Você já percebeu como as relações com Clientes se modificaram no Brasil nos últimos anos? Muita coisa mudou, contudo, existem mudanças estruturais que estão definitivamente aumentando a necessidade de as empresas abandonarem a forma tradicional de fazer negócios para adotar a Gestão do Relacionamento profissionalizada e baseada no *Customer Experience* e no *Customer Success*.

Temos que admitir que, para as empresas conquistarem novos Clientes na atualidade, precisam "suar ainda mais a camisa". Um dos grandes motivos para isso é a proliferação exponencial da concorrência, que é cada vez mais impiedosa e não mede esforços para destruir seus rivais.

Outro grande motivo é que o Cliente possui muitas opções para o levantamento de informações que influenciam sua decisão de compra, não se satisfazendo apenas com a propaganda da empresa.

Veja o diagrama da Figura 3.1, em que classifico o relacionamento com Clientes em **antes**, **durante** e **depois da compra**. Note que, antes da aquisição, o número de possibilidades de influência sobre o consumidor é enorme e que ele pode contar com a loja física, *site*, redes sociais, *links* patrocinados, *e-mails* promocionais e até com a mídia de massa.

Já na etapa pós-compra, os Clientes têm infinitas possibilidades de se relacionar com a empresa, demonstrando claramente que a influência da propaganda tradicional vem diminuindo, dando lugar a novas formas de relacionamento. Assim, as empresas vêm buscando implantar a estratégia *Omnichannel*.

Figura 3.1 Diversos canais e fontes de informação para tomada de decisão antes, durante e após a compra, fazendo com que as empresas se tornem *Omnichannel*.

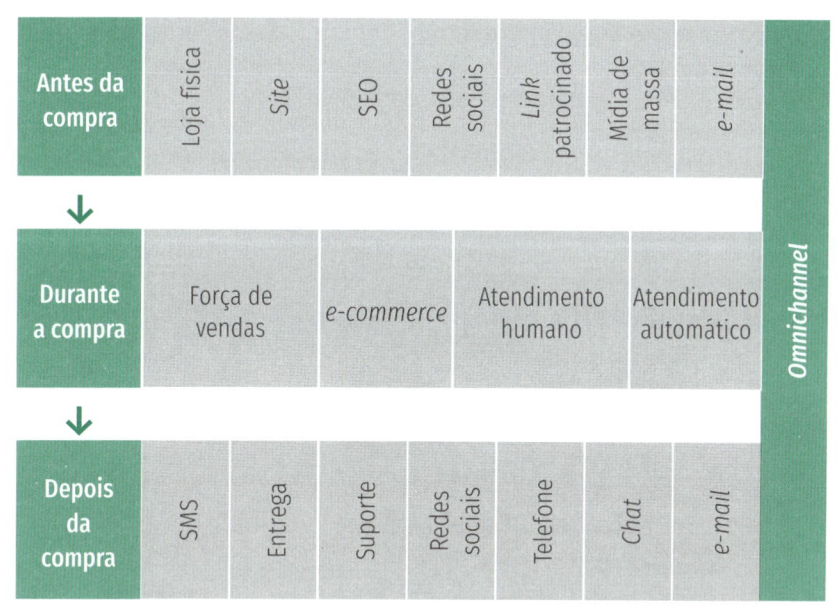

Antes da compra	Loja física	Site	SEO	Redes sociais	Link patrocinado	Mídia de massa	e-mail
Durante a compra	Força de vendas	e-commerce		Atendimento humano		Atendimento automático	
Depois da compra	SMS	Entrega	Suporte	Redes sociais	Telefone	Chat	e-mail

Omnichannel

Fonte: Desenvolvida pelo autor.

A expansão dos meios de comunicação e das redes sociais

Historicamente, esse movimento já era previsto para ocorrer mais cedo ou mais tarde. No começo da publicidade, poucas famílias tinham um aparelho de TV, logo, a audiência era mais seletiva. Com o passar do tempo, o acesso ao aparelho foi facilitado. Esse efeito fez com que as verbas publicitárias fossem dirigidas também ao público sem potencial algum de compra, já que no veículo de massa há mais restrições para selecionar o público-alvo do que no Marketing de Relacionamento.

O artigo *The Vanishing Mass Market*, da *Bloomberg*, trouxe uma visão interessante sobre a expansão dos meios de comunicação que resultou em outras formas de propagar ao mundo quaisquer tipos de serviços ou produtos. Especialmente após a Segunda Guerra Mundial, com a chegada dos televisores, o mundo da publicidade efervesceu numa corrida para convencer o público a abraçar sua marca.

Antigamente, as grandes empresas delegavam cerca de dois terços do orçamento para propaganda em canais de televisão. Se na década de 1960 um comercial transmitido simultaneamente nos três maiores canais norte-americanos de televisão atingia 80% dos espectadores, em 2003 eram necessárias 100 emissoras para chegar ao mesmo índice. Hoje em dia, um canal com 10% de audiência já está fazendo um bom negócio.

CAPÍTULO 3

A proliferação da internet e todas as suas consequências para as configurações sociais, políticas e demográficas deram maior poder de escolha para os consumidores por conta do contato com informações e opiniões alheias sobre as experiências de consumo. As redes sociais trataram de dar ainda mais poder de opinião e de compra para as pessoas que não querem pertencer a apenas uma, mas sim a várias redes ao mesmo tempo.

Figura 3.2 O crescimento exponencial de redes sociais angariando seguidores em todo mundo. As pessoas querem pertencer a várias redes ao mesmo tempo.

hocus-focus | iStockphoto

A força proveniente dos consumidores leva à necessidade de maiores cuidados nos momentos em que as empresas pretendem entrar em contato com eles. Individualização e personalização são conceitos essenciais para entender os anseios dos Clientes, não havendo melhor lugar para essa customização do que a própria internet, responsável pela mudança nas abordagens de negócios.

A fragmentação dos diferentes nichos sociais, a pluralidade e os novos fluxos migratórios, tanto físicos quanto culturais, são os responsáveis pela nova configuração social. Tratar os Clientes como parte de uma massa não funciona mais; é preciso entender suas aspirações, comportamentos e experiências emocionais em todos os canais pelos quais se relacionam com a empresa, incluindo as redes sociais.

As empresas, por incrível que pareça, ainda estão aprendendo como lidar com seus Clientes que preferem se relacionar com elas em redes sociais. Na atualidade, os consumidores, em vez de reclamar na tradicional central de atendimento, em muitos casos, preferem "espalhar" a notícia em suas redes de contato.

A crença generalizada é de que as companhias vão tratar com mais rapidez suas demandas, já que ficaram expostas para todos verem nas redes. De fato, isso causa determinado estresse na organização, que procura priorizar esses casos.

As empresas que estão surfando nesse movimento

Muitas empresas já entenderam a mudança de comportamento dos seus Clientes em relação aos hábitos de consumo e à experiência proporcionada.

Uma referência internacional muito importante sobre empresas que são bem-sucedidas em termos *Customer Experience* é o relatório anual *Temkin Experience Ratings U.S.*, cuja finalidade é avaliar a qualidade das experiências que as empresas norte-americanas entregam a seus Clientes.

O estudo é feito com 10 mil consumidores dos Estados Unidos sobre suas recentes interações com as 331 empresas divididas em 20 indústrias. As dimensões avaliadas na pesquisa são: sucesso do Cliente, esforço e emoção.

O estudo demonstrou que nenhuma das categorias encontra-se na classificação de excelência, sendo que apenas os setores de supermercados, *fast-food*, varejo, entregas de encomendas e bancos encontram-se na categoria "bom" do *ranking*.

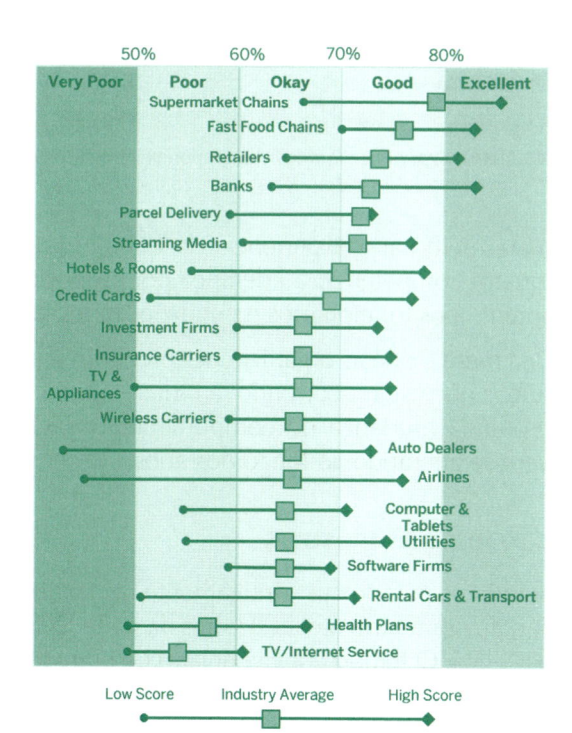

Figura 3.3 *Scores* do indicador de acordo com os setores avaliados.

Fonte: TEMKIN GROUP. *2018 Temkin Experience Ratings U.S.* Disponível em: https://www.qualtrics.com/xm-institute/2018-temkin-experience-ratings-u-s/. Acesso em: 28 mar. 2021.

CAPÍTULO 3

Uma das interessantes conclusões é que, mesmo em um mercado maduro como o norte-americano, não está sendo fácil atender às expectativas do consumidor, elevar sua experiência e fidelizá-lo.

A lista das empresas norte-americanas que mais se destacaram pode ser visualizada na Figura 3.4.

Figura 3.4 As empresas norte-americanas que mais se destacaram na pesquisa.

Rank	Company	Industry	TxR	Rank	Company	Industry	TxR
1	Wegmans	Supermarkets	86%	22	Pizza Hut	Fast Food	79%
2	H-E-B	Supermarkets	83%	22	Menards	Retail	79%
2	Citizens	Banks	83%	22	Sonic Drive-In	Fast Food	79%
2	A credit union	Banks	83%	22	Hy-Vee	Supermarkets	79%
2	Publix	Supermarkets	83%	22	Starbucks	Fast Food	79%
2	Subway	Fast Food	83%	22	Winn-Dixie	Supermarkets	79%
7	USAA	Banks	82%	22	Dairy Queen	Fast Food	79%
7	Ace Hardware	Retail	82%	22	PetSmart	Retail	79%
7	Dollar Tree	Retail	82%	34	Chick-fil-A	Fast Food	78%
7	Aldi	Supermarkets	82%	34	True Value	Retail	78%
7	Wawa Food Markets	Supermarkets	82%	34	Albertsons	Supermarkets	78%
12	Trader Joe's	Supermarkets	81%	34	KFC	Fast Food	78%
12	Regions	Banks	81%	34	Holiday Inn Express	Hotels & Rooms	78%
12	ShopRite	Supermarkets	81%	34	Walgreens	Retail	78%
12	Popeye's Louisiana Kitchen	Fast Food	81%	34	Dollar General	Retail	78%
12	Family Dollar	Retail	81%	34	Marriott	Hotels & Rooms	78%
17	Save-a-Lot	Supermarkets	80%	42	Taco Bell	Fast Food	77%
17	BJ's Wholesale Club	Retail	80%	42	Staples	Retail	77%
17	Panera Bread	Fast Food	80%	42	Safeway	Supermarkets	77%
17	Little Caesar's	Fast Food	80%	42	Amazon Prime Instant Video	Streaming Media	77%
17	Food Lion	Supermarkets	80%	42	Sam's Club	Retail	77%
22	Baskin Robbins	Fast Food	79%	42	Home Depot	Retail	77%
22	Amazon.com	Retail	79%	42	Piggly Wiggly	Supermarkets	77%
22	Meijer	Supermarkets	79%	42	Amazon Prime Music	Streaming Media	77%
22	Kroger	Supermarkets	79%	42	USAA	Credit Cards	77%

Fonte: TEMKIN GROUP. *2018 Temkin Experience Ratings U.S.* Disponível em: https://www.qualtrics.com/xm-institute/2018-temkin-experience-ratings-u-s/. Acesso em: 28 fev. 2021.

Segundo o estudo, para melhorar a experiência do Cliente, as empresas precisam dominar ao menos quatro competências: liderança por propósitos, valores da marca atraentes, engajamento dos funcionários e conexões fortes com os Clientes.

A questão colocada na mesa é que as organizações precisam entender dois grandes movimentos simultâneos que estão ocorrendo: a radical modificação dos meios de comunicação e a profunda mudança no comportamento das pessoas. A própria rotina das famílias vem se alterando ao longo dos anos.

As famílias não são mais as mesmas

A sociedade vive momentos paradoxais. Antigamente, as famílias reuniam-se para assistir à novela ou jantar, pontualmente, às 8 horas da noite. Elas eram maiores, havia mais filhos e mais netos. O tempo era vivenciado de outra forma: parecia haver mais disponibilidade para conversar com os filhos, para trocar ideias com vizinhos e para fazer um jantar para os amigos.

No entanto, hoje, cada vez mais, as famílias reúnem-se em horários diferentes e preenchem seu tempo com diversas atividades, como assistir à Netflix ou ao Prime

Video, da Amazon, ouvir música, fazer um curso *on-line*, assistir a filmes, navegar nas redes sociais ou mesmo jogar *videogame*. Somam-se a isso as atividades externas, como frequentar academias, que também vêm aumentando, gerando reflexos no comportamento dos membros das famílias.

A tecnologia e a mudança de hábitos das pessoas impulsionaram o crescimento de negócios diferenciados. Veja os exemplos do Mercado Livre, empresa que alcançou grande reconhecimento por facilitar o acesso a consumidores que não comprariam no *e-commerce* tradicional; e da empresa Airbnb, cujo valor de mercado supera o das redes hoteleiras. Veja também o exemplo da proliferação de tecnologia desenvolvida em nosso país para maior velocidade e alcance da internet móvel. Essa escalada *mobile* modificou tremendamente a forma de fazer Gestão do Relacionamento com Clientes e, naturalmente, o potencial de fazer negócios com eles.

Cada vez mais, as empresas investem em fazer campanhas para acesso pelo celular, o que torna o Cliente mais instantaneamente conectado com as organizações quando responde. *Mobile first* é a regra!

Assim, as tecnologias modificam a comunicação entre as pessoas, os hábitos das famílias de todo o mundo e, naturalmente, o relacionamento entre empresas e Clientes. Os profissionais de Gestão do Relacionamento e *Customer Experience* precisam estar constantemente atualizados quanto aos próximos passos do Marketing Digital.

A seguir, vamos analisar como o *mobile*, as redes sociais e mídias digitais estão crescendo mais que a mídia tradicional.

Impulsionadas pela maturidade das redes sociais e aplicativos *mobile*, as mídias digitais tomam o primeiro lugar pertencente historicamente à televisão.

Mesmo dentro da publicidade voltada às mídias digitais, há uma separação entre as ferramentas voltadas para *desktop* e as *mobile*. Como a comunicação *mobile*, que inclui serviços de mensagem, *displays*, *banners*, *e-mails* e outros instrumentos, está atrelada a um uso constante e diário de grande parte dos indivíduos, acaba recebendo uma fatia mais generosa das aplicações.

A mídia *out-of-home*, incluindo anúncios em cinema, pôsteres, cartazes e *outdoors*, caminha, assim como as outras, para uma predominância digital. Integrar os *smartphones* por meio dos dados móveis e redes locais de internet com disparadores customizados de publicidade baseados em localização, bem como o uso de telas, são alguns exemplos desses meios.

Crescer não é precarizar a experiência do Cliente

Sempre digo que, quando uma empresa cresce, o primeiro risco é precarizar a sua relação com os Clientes. Nenhuma organização está livre desse paradigma, por isso é preciso compreender o ambiente em que se encontra.

Todas as empresas, seus colaboradores e parceiros estão inseridos num contexto amplo, que chamo de grande ambiente de mudanças, cujas variáveis são mutantes, incontroláveis e pouco previsíveis.

CAPÍTULO 3

Prever fatores climáticos é razoavelmente fácil para os departamentos de meteorologia, pois eles trabalham com poucas variáveis. Contudo, antever o futuro dos negócios é algo extremamente complexo, pois envolve centenas de variáveis que são dinâmicas, tal qual a natureza humana, como, por exemplo, as leis, as motivações dos consumidores, o ânimo dos investidores e o engajamento dos colaboradores. Enfim, na gestão empresarial dependemos de muitos fatores, e é bom que nos conscientizemos deles.

Prever o futuro é utópico, mas traçar cenários prováveis e compreender as oportunidades e ameaças visíveis ou mesmo veladas no ambiente que cerca os negócios podem conduzir as empresas a um porto mais seguro. Se há alguma coisa improrrogável para os executivos que almejam sucesso nas estratégias com Clientes é, certamente, a necessidade de aumentar a velocidade das organizações e gerar diferenciais competitivos como forma de criar e agregar valor para eles.

Como acompanhar a evolução da sociedade, as mudanças tecnológicas, os hábitos e as necessidades dos Clientes se eles são infinitamente mais velozes do que a mobilidade das empresas? A resposta para isso está em tornar as áreas de negócios e operações das organizações genuinamente mais próximas dos seus Clientes mediante a implementação da Gestão do Relacionamento com Clientes e programas de *Customer Journey Mapping*.

O foco nas estratégias empresariais a fim de gerar valor para o Cliente é um bom negócio, mas exige que as empresas e seus colaboradores estejam prontos para aproveitar as oportunidades dessa nova orientação e evitar determinadas ameaças incontroláveis que acontecem no grande ambiente de mudanças. Uma das mais importantes é a queda vertiginosa da intimidade com o consumidor.

As empresas cresceram nos últimos anos e reduziram a sua capacidade de conhecer e particularizar o contato com seus consumidores. Diferentemente do alfaiate, que faz para você uma roupa sob medida, uma grande empresa, se não se precaver, conhecerá pouco ou quase nada do seu Cliente.

Posso afirmar que muito se tem a fazer tanto nas pequenas e médias quanto nas grandes empresas. A intimidade com o consumidor despencou e agora é a hora de restabelecê-la!

Quanto maior a base de Clientes, maior a preocupação

Pense nas contas que você paga todos os meses, como luz, gás, eletricidade, cartão de crédito e telefone. Você já parou para refletir que as empresas fornecedoras desses serviços geralmente são corporações gigantescas? Pense agora numa marca de seguros ou mesmo de varejo. O mesmo acontecerá: as empresas, para ganhar escala, estão crescendo e formando aglomerados econômicos. Essa é a era das megaempresas.

Duas tendências atuais são a fusão e o crescimento acentuado das organizações em nome do ganho de competitividade e da redução de custos operacionais. Exemplos não faltam nos setores de bebidas, alimentação, comunicação, varejo, aviação, financeiro e diversos outros em que algumas empresas brasileiras têm milhões e até dezenas de milhões de Clientes.

É fato que essas empresas estão buscando modernização e visão global. No entanto, em nome da eficácia operacional está havendo grande equívoco no tratamento dos Clientes: a intimidade com eles está diminuindo a cada dia, alcançando o ponto mais baixo dos últimos anos.

Com o objetivo de resgatar – ou pelo menos tentar – a intimidade perdida com os consumidores, milhões de dólares precisam ser investidos anualmente no Brasil pelas grandes empresas para estudar a Jornada do Cliente e para estruturar projetos como CRM, Marketing de Relacionamento, Programas de Lealdade, Treinamento da Força de Vendas e Programas de Foco no e do Cliente.

O executivo moderno precisa ter em mente que, para chegar a esse objetivo, a estrada é longa. A organização precisará "desejar" esse caminho, revolucionando definitivamente a forma de se relacionar com seus Clientes. Na Figura 3.5, demonstro três posicionamentos diferentes: A, B e C.

Figura 3.5 Efeito produzido na curva de proximidade com o consumidor.

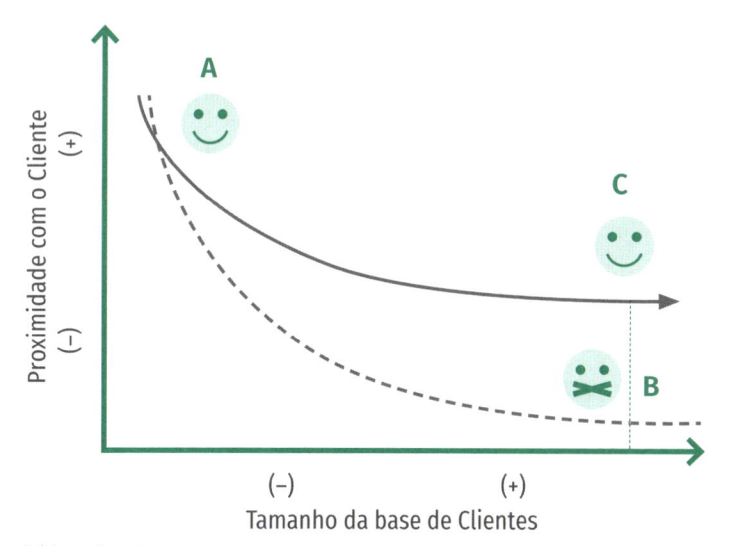

Fonte: Desenvolvida pelo autor.

Empresas **tipo A** são pequenas, contudo, apresentam grande proximidade com seus Clientes. É o caso de pequenos salões de beleza e restaurantes reservados. Nesse exemplo, os Clientes conhecem bastante a pessoa que corta o seu cabelo e quem serve à mesa, seus hábitos e costumes, bem como o profissional geralmente é próximo do seu Cliente. Por isso, empresas do tipo A apresentam pouca base de Clientes e alta proximidade com eles.

Nas minhas aulas, costumo fazer uma pesquisa breve perguntando aos alunos qual é o tipo de empresa que tem uma base pequena de Clientes e que apresenta um bom conhecimento sobre a sua experiência como consumidor. Aparecem diversos tipos de empresas, como salões de beleza, restaurantes de pequeno porte, papelarias, pequenas empresas de consultoria e outros negócios que se tornam próximos ao Cliente. Essas empresas representam o ponto A do gráfico.

Contudo, o inverso ocorre em empresas do **tipo B**, isto é, aquelas que apresentam uma enorme base de Clientes e baixíssima intimidade com eles. Podemos pegar o exemplo de um grande supermercado que sequer identifica seus Clientes, tratando-os como uma massa homogênea. Nesse caso, um Cliente que gasta R$ 10,00 nessa empresa tem o mesmo tratamento que outro que gasta R$ 1.000,00 mensalmente. Onde está a segmentação da carteira de Clientes?

Representando o ponto B desse gráfico, portanto, estão as empresas que apresentam maior base de Clientes. Contudo, esse ponto não é uma posição definitiva para as empresas de grande porte, que podem perfeitamente aplicar estratégias ligadas à Gestão do Relacionamento com Clientes e migrar para o tipo C.

As empresas do **tipo C**, assim como as do tipo B, têm enorme base de Clientes, contudo, superam-se constantemente e buscam de forma incansável a proximidade com seus Clientes. As empresas do tipo C aprenderam a criar estratégias de relacionamento e *Customer Experience* para elevar, em muito, a intimidade com seus Clientes, gerando maior fidelidade e *Customer Lifetime Value*.

Sempre digo aos profissionais de Operação, de Marketing e de Gestão do Relacionamento com Clientes de grandes empresas que é possível resgatar parte da intimidade perdida com seus Clientes, contanto que sejam aplicadas estratégias, tecnologias, processos, capacitações e mudança e cultura organizacional. No capítulo anterior, apresentei uma forma de criar um novo Modelo de Relacionamento CX que irá estruturar tais mudanças.

A seguir, vamos conhecer o porquê do vertiginoso crescimento de produtos e marcas similares que está detonando a margem de lucro das empresas.

A proliferação incontrolável de produtos, serviços e marcas

A proliferação de produtos e serviços está acarretando mudanças constantes em estratégias de marketing, suprimentos e linhas de produção, reduzindo gradativamente a margem de lucro das empresas.

Uma das causas é que, quanto maior a variedade de marcas, maior será o apetite do consumidor por novas opções, fazendo as antigas se desatualizarem até serem abandonadas. Chamo essa causa de **obsolescência prematura de produtos**.

Fazendo uma comparação, é como um carro recém-comprado que passa a não ser tão novo assim num espaço de tempo cada vez menor. Antes, as indústrias automobilísticas renovavam os modelos a cada seis anos; atualmente, o fazem a cada dois anos.

Chamo a segunda causa de **represamento das demandas**. Empresas que, no passado, limitaram as escolhas dos consumidores, impondo padrões para salvaguardar as suas vendas, agora se viram diante de uma explosão de subjetividade por parte

A revolução dos consumidores, das empresas e da comunicação

do Cliente, como se fosse o rompimento de uma represa na qual ninguém é capaz de segurar a enxurrada de opções.

O represamento de demanda foi comum no Brasil em diversos segmentos, que eram protegidos por reserva de mercado. A história mostra que não adianta deter o consumidor. Não adianta ir contra a demanda do Cliente, tampouco mantê-lo desinformado. Deve-se entendê-lo e procurar satisfazer suas necessidades em vez de ignorá-las.

A terceira causa está na **facilidade de copiar produtos e serviços rapidamente**. Nos mercados competitivos, os concorrentes estão sempre à espreita, criando formas de chegar mais rapidamente ao topo. Se você trabalha ou conhece de perto empresas líderes, deve estudar o que estou falando. Todos querem imitar as empresas *tops* e, por isso, tratam de lançar produtos parecidos.

Essas três causas atuam como uma espécie de funil da transformação, fazendo com que poucas opções fornecidas no passado para o consumidor se transformem na proliferação incontrolável de marcas, produtos e serviços – isto é, múltiplas opções.

Figura 3.6 Funil da transformação, fazendo com que poucas opções fornecidas no passado para o consumidor transformem-se na proliferação atual de marcas, produtos e serviços.

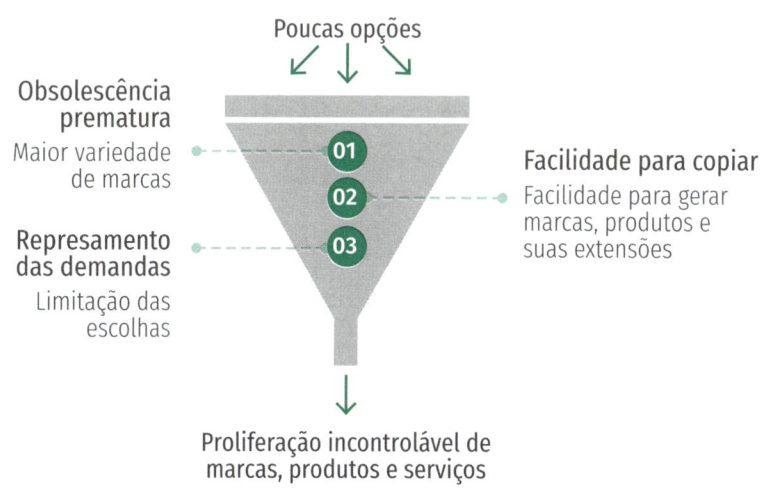

- **Obsolescência prematura**: Maior variedade de marcas
- **Represamento das demandas**: Limitação das escolhas
- **01**
- **02**
- **03**
- **Facilidade para copiar**: Facilidade para gerar marcas, produtos e suas extensões

Poucas opções → Proliferação incontrolável de marcas, produtos e serviços

Fonte: Desenvolvida pelo autor.

Facilidade para lançar produtos

A proliferação de produtos, serviços e marcas é um fato no Brasil.

A própria facilidade de fabricá-los e de lançar extensões de linhas e novas marcas levou os Clientes a mudarem de hábitos e a preferirem experimentar novas opções.

A Figura 3.7 nos dá uma dimensão de quantas opções os consumidores têm à disposição para escolher sua marca preferida.

Figura 3.7 A grande variedade de marcas e suas extensões.

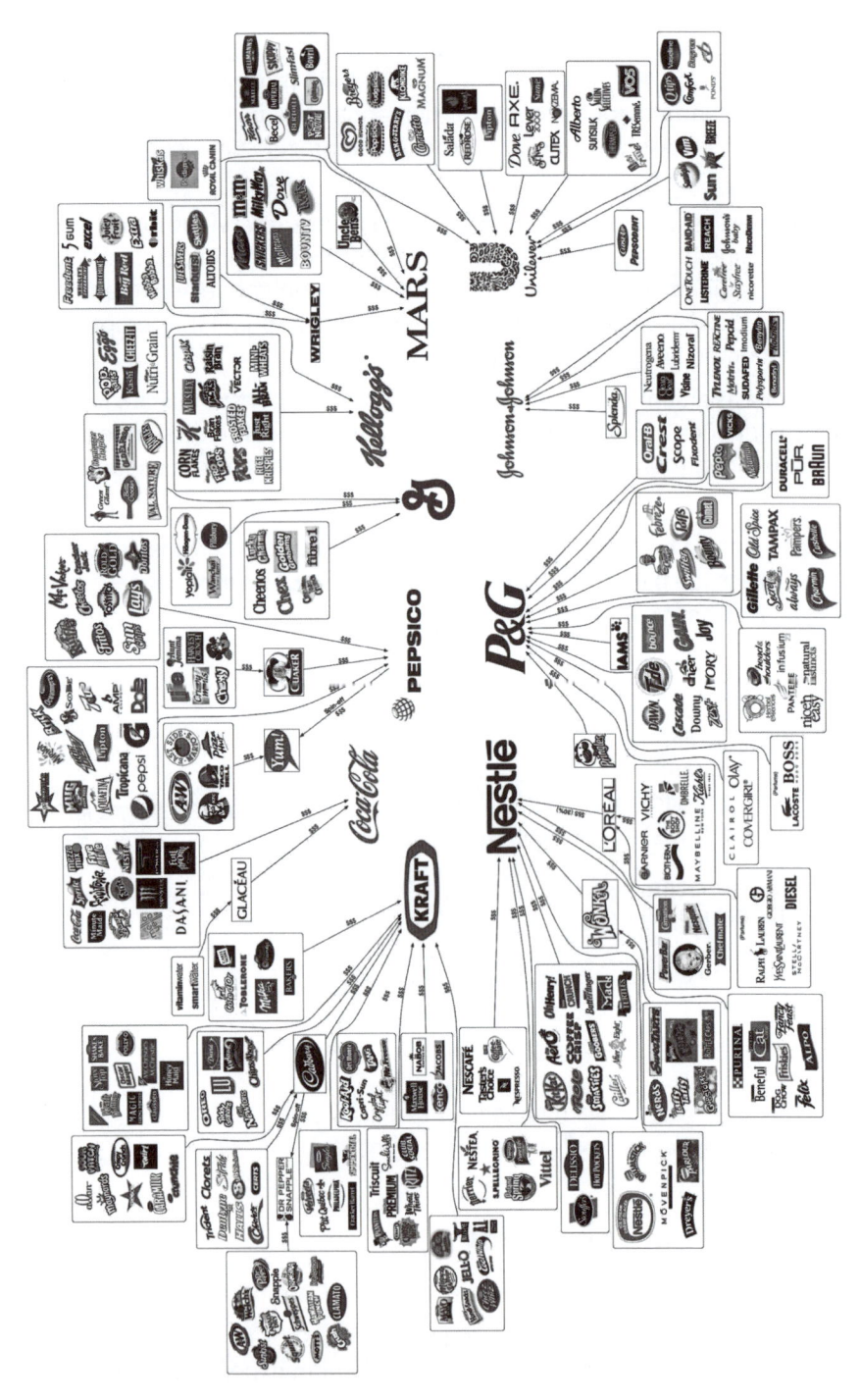

Fonte: CREATIVE MOVE. *Mapa das grandes corporações mundiais*. Disponível em: http://croove.com.br/crie/mapa-das-grandes-corporacoes-mundiais/. Acesso em: 8 jun. 2018.

Nunca foi tão fácil lançar um produto concorrente. Mais do que isso, com a tecnologia foi possível não somente superar a concorrência num espaço de tempo cada vez menor, como também aprender a partir das falhas dos seus produtos e lançar versões superiores.

Em se tratando de chão de fábrica, o acesso a máquinas de última geração era restrito a um clube de empresas de grande porte. No entanto, graças ao acesso à informação, é possível a qualquer empresário com recursos adquirir *on-line* uma impressora 3D de última geração.

Além disso, a terceirização do processo de produção diminuiu a pressão por investimentos. Se você quiser, pode criar uma marca de tênis e contratar a mesma fábrica que produz tênis famosos para operar a sua produção. É a tecnologia a serviço da produção em massa.

Em outro extremo, a pirataria, vilã do mercado de marcas famosas, fonográfico e de filmes, é a prova de que copiar se tornou fácil e destrutivo, levando marcas líderes a baixar suas margens e a demitir funcionários.

As variações de linha tornaram-se o foco de certas empresas com a finalidade de atingir mercados cada vez mais exigentes e segmentados. Como uma estratégia para os mercados de massa, a extensão de linha não para de crescer.

Figura 3.8 Exemplo de extensão de linha de produtos.

Fonte: Nestlé. Disponível em: https://www.nestle.com.br/marcas. Acesso em: 18 jun. 2018.

É possível encontrar, em qualquer supermercado de médio porte brasileiro, fabricantes que estenderam exaustivamente sua linha de iogurtes para *diet*, com pedaços de fruta, com cálcio normal, com cálcio *plus*, natural sem açúcar, com mel, com vitamina, com flocos de aveia, com sorteio, com brinde, para criança, para idosos...

Enfim, com a tecnologia acessível a todos, a extensão de linha virou algo infinito.

Em resumo, você viu que a proliferação incontrolável de marcas e produtos é ocasionada pela obsolescência prematura deles, pelo represamento de demanda e pela facilidade para criar marcas. Esses fatores estão relacionados com o aumento de barganha pelo consumidor, que na atualidade reconhece o seu poderio. Por isso, a diferenciação de qualquer empresa não pode ser somente no produto ou serviço.

Dessa forma, é necessário repensar a Gestão do Relacionamento com Clientes para que seja um dos maiores diferenciais competitivos de todos os tempos.

Os Clientes são paradoxais

Quem tem mais poder: empresas ou Clientes? Costumo fazer essa pergunta nas minhas palestras como uma forma de tirar a temperatura sobre essa intricada relação.

Normalmente, os participantes respondem que são as empresas. Contudo, como muitas delas situam-se num mercado competitivo, os Clientes estão ganhando cada vez mais poder e exigindo mais qualidade e quantidade, gastando menos seus recursos.

O acirramento da concorrência entre empresas e o aumento da instabilidade nos empregos têm levado os Clientes a cuidar melhor dos seus recursos financeiros e a, preferencialmente, maximizá-los a cada compra realizada. Com a mesma quantia em dinheiro, o consumidor tenderá a adquirir mais bens, utilizando o seu poder de barganha a fim de obter vantagens.

Ora, se deseja adquirir mais por menos, não estaria o mesmo consumidor contribuindo para o aumento da concorrência e, consequentemente, colocando a perder a sua fidelidade com a marca favorita? **Esse é o efeito paradoxal**.

Michael Porter é autor de um dos livros clássicos de estratégia mais importantes da década de 1990, chamado *Estratégia competitiva*. Nele, Porter definiu que o poder de negociação dos Clientes é cada vez maior, pois os compradores competem com a própria empresa produtora levando os preços a caírem, fazendo com que os concorrentes sejam "arremessados" uns contra os outros. Porter tinha razão e cada vez mais seus ensinamentos são atuais. De fato, o poder de barganha dos consumidores se exponencializou com as redes sociais.

Costumo dizer que os Clientes são paradoxais: ao mesmo tempo que são responsáveis pelo sucesso e pelo crescimento das empresas, também competem com elas à medida que barganham ou experimentam uma terceira marca.

O fato é que os Clientes ajudam empresas a prosperarem quando essa relação permite benefícios mútuos, contudo, ajudam a fechá-las quando não têm limite e, assim, erodem a margem delas e as inviabilizam. A plateia fica de olhos arregalados, mas sempre me dá razão.

A seguir, vou mostrar para você como os Clientes estão mais diversificados a cada dia, o que aumenta a necessidade de haver relacionamentos próximos, por meio de canais interativos.

A era da diversidade

Nunca o Cliente apresentou tantas características particulares, e nunca as empresas tiveram um arsenal tão grande de recursos para procurar satisfazer suas necessidades.

Marketing Digital, Gestão do Relacionamento com Clientes, *Customer Experience*, Marketing de Relacionamento, Força de Vendas, enfim, cada vez mais as empresas buscam formas de conquistar e fidelizar seus Clientes.

Essa é a era da diversidade, na qual o Cliente adquiriu consciência da sua importância, mediante seu poder de compra, que pode levar produtos a obter sucesso e empresas a sucumbir ao fracasso.

As decisões dos consumidores, principalmente se lideradas em grupos de referência, afetam, sobretudo, o desempenho das empresas. Numa visão mais abrangente, os consumidores afetam direta ou indiretamente não só as empresas, como também as instituições, a economia e o mundo.

Você já parou para observar, numa grande loja, como as pessoas são diferentes?

Figura 3.9 Os Clientes adquiriram consciência da sua importância e apresentam necessidades cada vez mais variadas.

Embora os consumidores tenham características semelhantes – como, por exemplo, habitantes de determinado bairro sossegado com a mesma faixa etária –, eles não formam um padrão de comportamento exato, tampouco de hábitos. Ao observar atentamente cada um deles, você poderá verificar a diferença no corte de cabelo, na maneira de se vestirem, nas opiniões, nas crenças, na personalidade, enfim, a subjetividade própria da natureza humana.

Com toda essa equação de subjetividade, é importante refletir sobre o quanto as organizações estão se dedicando a seus Clientes. O fato é que a balança está desequilibrada.

A balança desequilibrada

Sempre falo que o **Cliente é um ser especial e ainda bem que não está em extinção, apesar de muitas organizações tentarem isso**.

No relacionamento com as empresas, é ele quem entra com a maior parte. Vamos pegar o exemplo de uma loja com pouco foco no atendimento, em que a maioria dos Clientes é anônima e desconhecida, mas conhece detalhes da loja, decora *slogans* dos comerciais, cores da empresa, marcas, sabe o nome dos atendentes e até sabe cantar os *jingles*. E os colecionadores? Eles chegam a conhecer tanto os produtos que trocam informações com as fábricas.

Agora, vejamos o outro lado. Se o ponto de vendas disponibilizar um simples cafezinho e o caixa der um sorriso para o Cliente, ele vai achar o máximo. Os Clientes são realmente mais disponíveis para serem encantados e para ajudar as empresas do que as empresas para eles. A explicação é que a experiência do consumidor é muito mais emocional do que o tratamento que recebe das empresas.

Falando de experiência emocional, veja o que fez Mark Zuckerberg, CEO do Facebook, quando criou novas emoções nas curtidas que antes tinham apenas o *"like"*. Ao acrescentar o *"Love"*, *"Haha"*, *"Yay"*, *"Wow"*, *"Sad"* e *"Angry"*, a empresa permitiu que os usuários possam expressar melhor suas emoções. Além disso, desenhou um novo modelo de segmentação de mercado. Isso foi um marco sobre a importância de expressarmos e gerarmos emoções nas redes sociais.

Voltando à relação entre as empresas e seus Clientes, a maioria dos relacionamentos entre eles começa em desequilíbrio, pois o Cliente, durante sua experiência de relacionamento, quase sempre se apresenta mais envolvido e participativo com a empresa do que o inverso.

Por outro lado, é comum a companhia desconhecer a cor favorita de seu Cliente, a sua música predileta e a forma de comunicação que ele prefere, por exemplo. Esse desequilíbrio é tão grande que faz com que os consumidores se contentem com a pouca atenção recebida.

Cliente é mesmo um ser especial, mas muitas empresas não acordaram para isso. Em certos momentos de erro grave, os Clientes perdoam as empresas que lhes causaram grandes constrangimentos, exigindo em troca uma simples desculpa – embora nem sempre consigam. Por outro lado, quando os Clientes "erram", são punidos severamente pelas empresas. Por isso digo que a balança está desequilibrada.

Na Figura 3.10, procurei demonstrar o desequilíbrio entre a grande capacidade de "doação" dos consumidores e o retorno fornecido por empresas que não são *Customer Oriented*.

Figura 3.10 Desequilíbrio entre a capacidade de "doação" dos Clientes *versus* retorno dado pelas empresas que não são *Customer Oriented*.

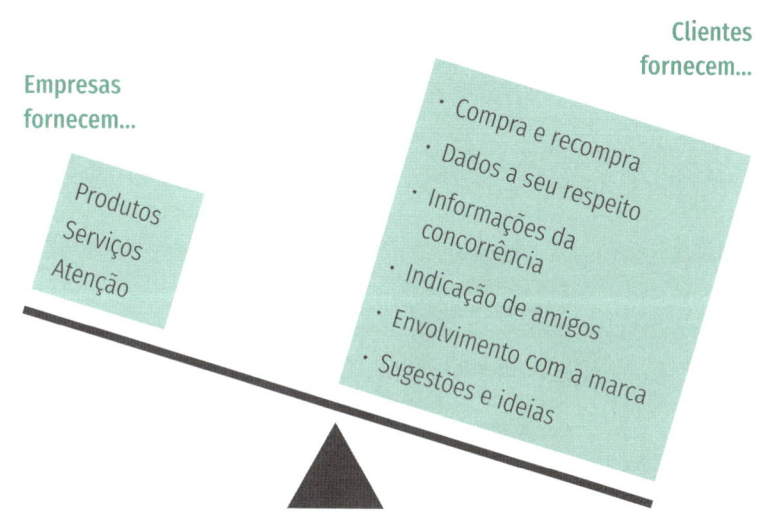

Empresas fornecem...
- Produtos
- Serviços
- Atenção

Clientes fornecem...
- Compra e recompra
- Dados a seu respeito
- Informações da concorrência
- Indicação de amigos
- Envolvimento com a marca
- Sugestões e ideias

Fonte: Desenvolvida pelo autor.

Todos os dias isso acontece com muitos Clientes, sejam de pequeno, médio ou grande potencial de compras. Uma forma de entender esse desequilíbrio é olharmos estrategicamente para o atrito entre eles e as empresas. É o que veremos a seguir.

Administrando o atrito

O ambiente no qual trabalham os profissionais de Gestão do Relacionamento com Clientes e *Customer Experience* é repleto de pontos de atenção para que não seja impregnado de atrito. A vida deles não é fácil, já que se situam exatamente nessa posição: precisam defender os interesses dos Clientes e, ao mesmo tempo, os da empresa. Eles estão no meio do fogo cruzado, trabalham verdadeiramente nessa região de atrito.

Entender esse inexorável ambiente de trocas significa traçar estratégias mais eficazes e preparar gestores para serem bem-sucedidos.

O que você acha que ocorre quando os objetivos entre duas partes são diferentes? Há o desencontro. Frequentemente, as organizações estão investigando os motivos pelos quais os seus consumidores descartam seus produtos sem causa aparente. Por meio de entrevistas realizadas, nem sempre vem à tona o sentimento do Cliente de que algo está errado nos seus anseios de consumo com a empresa. Com a democratização da informação, o consumidor tem o objetivo de gastar melhor os seus recursos e economizar. Por outro lado, as empresas vêm lutando para que ele aumente seus gastos.

Em razão dessa diferença de direção, pode haver o **atrito** entre as partes, rompendo o frágil equilíbrio do relacionamento, assim como duas engrenagens de um relógio de precisão. Na Figura 3.11, procurei demonstrar que os objetivos diferentes de empresas e Clientes são como duas forças que agem em direções opostas, acarretando o atrito das partes.

Figura 3.11 Duas engrenagens, mesmo girando em direções opostas, estão em harmonia quando cadenciadas.

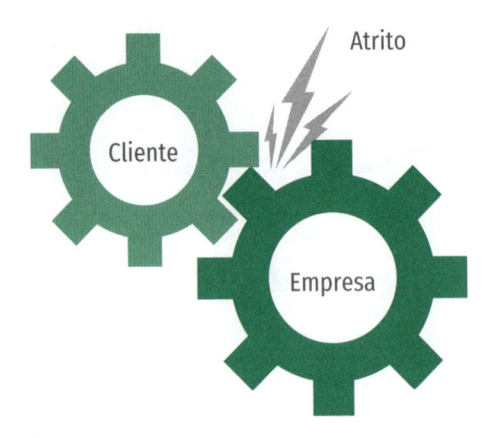

Fonte: Desenvolvida pelo autor.

A pulverização dos meios de comunicação

Pulverizar passa a ideia de pegarmos um frasco e borrifarmos o seu conteúdo numa superfície qualquer. O líquido divide-se em partículas tão pequenas que não as vemos. Esse fenômeno está ocorrendo com a comunicação de massa, e os profissionais desse meio já perceberam isso: há tantas opções para se anunciar que os Clientes se tornaram escorregadios.

A pulverização dos meios de comunicação é um enorme obstáculo aos planos do marketing tradicional, que não consegue mais lidar com a grande dispersão dos consumidores.

O mesmo episódio está ocorrendo com os jornais e revistas, que adquirem novos competidores diariamente, por meio de *sites* especializados e *blogs* mais ágeis em termos de ofertar a notícia certa para a pessoa certa.

Definitivamente, as redes sociais, a TV *on-line* e o *mobile marketing* contribuíram para a pulverização da experiência de anunciar, diminuindo naturalmente a audiência média. O desafio dos profissionais de comunicação é impedir que o verbo pulverizar ganhe sentido, pois é sinônimo de "reduzir a pó". Já o desafio dos profissionais de Gestão do Relacionamento e *Customer Experience* é buscar a interação com seus Clientes a partir de canais de comunicação bidirecionais, presenciais ou a distância, preferencialmente integrados.

Figura 3.12 A pulverização dos meios de comunicação de massa dispersando Clientes.

TV
Outdoor
Banners
Busca patrocinada

Fonte: Desenvolvida pelo autor.

A comunicação massificada com Clientes não resolveu diversos problemas mercadológicos que se propôs solucionar, como, por exemplo, atender às necessidades dos consumidores. Você já pensou nessa promessa, que está presente em quase toda a literatura do marketing?

Vamos pensar juntos: se os consumidores apresentam aspectos subjetivos próprios da natureza humana e têm necessidades individualizadas, como atendê-las com produtos estandardizados e comunicação massificada?

Outro ponto não resolvido pela comunicação de massa é o diálogo com os Clientes, que vêm exigindo conversas com as empresas em vez de monólogos. Se a comunicação tradicional é unidirecional, como é possível dialogar com os Clientes? Isso acontece com frequência no Brasil.

O excesso leva à rejeição

Os veículos de comunicação se multiplicaram de forma surpreendente nos últimos anos. Sabe qual foi o seu efeito sobre o número de mensagens publicitárias? Elas cresceram num ritmo exponencial.

O fenômeno do controle remoto na década de 1980 foi responsável pela liberdade de escolha em termos de mensagens publicitárias. Os lares que possuíam TV com controle trocavam de canal seis vezes mais do que os de TV convencional. Esse pequeno detalhe na vida do consumidor alterou definitivamente a forma de as empresas anunciarem, obrigando-as a criar comerciais mais atrativos e ofertas mais agressivas.

Nessa época, o departamento de marketing e as agências de publicidade foram pressionados a investir ainda mais na criação, remunerando a peso de ouro os profissionais com essa especialidade. Foi a era da orientação para criação, quando a palavra de ordem era encantar as pessoas, emocioná-las e passar a ideia de descontos "fantásticos".

A crença dominante era de que, quanto mais comunicação, maior seria a participação de mercado. Como uma das respostas à turbulência do segmento publicitário, as emissoras decidiram comercializar espaços de 15 segundos em vez de 1 minuto, preservando suas margens de lucro mediante o aumento do número de anunciantes.

CAPÍTULO 3

O efeito da multiplicação dos veículos de comunicação naturalmente multiplicou o número de comerciais exibidos para um telespectador comum, que viu sua programação favorita ser canibalizada por mensagens publicitárias, levando-o a reagir de duas formas: rejeitar o excesso de mensagens publicitárias e, intuitivamente, não se lembrar dos produtos e benefícios anunciados.

Por outro lado, está nítido o crescimento acelerado de investimentos numa estratégia de contato com Clientes, mais direcionada e de mão dupla. A Gestão do Relacionamento com Clientes e *Customer Experience* ganham força a cada dia.

Como finalizamos o **Capítulo 3**, apresento a seguir sete questões pertinentes a este capítulo como uma forma de contribuir para reflexão e prática em grupo ou individual dos meus leitores.

Vamos refletir e praticar?

1. O vertiginoso crescimento de usuários nas redes sociais acrescentou um complicador para as empresas: os Clientes pertencem a várias redes ao mesmo tempo e realizam a sua reclamação em mais de uma delas. Como os profissionais de Gestão do Relacionamento podem lidar com isso?
2. Por quais motivos, mesmo em um mercado maduro como o norte-americano, não está sendo fácil para as empresas atenderem às expectativas dos Consumidores, elevar sua experiência e fidelizá-lo?
3. Explique como a obsolescência prematura de produtos, o represamento das demandas e a facilidade de copiar produtos e serviços concorrentes estão modificando o comportamento dos Clientes.
4. No capítulo, o autor comenta que os Clientes são paradoxais. Como a Gestão do Relacionamento e *Customer Experience* podem aproveitar esse fato?
5. Na relação entre as empresas e seus Clientes, na maioria das vezes, há um desequilíbrio, pois o Cliente, durante sua experiência de relacionamento, quase sempre se apresenta mais envolvido e participativo com a empresa do que ela com ele. Comente essa afirmação do autor.
6. A pulverização dos meios de comunicação é uma realidade e um enorme obstáculo aos planos do marketing tradicional, que não consegue mais lidar com a grande dispersão dos consumidores. Diante dessa fato, quais os grandes desafios da Gestão do Relacionamento e *Customer Experience?*
7. A Gestão do Relacionamento e *Customer Experience*, quando conjugados, criam diversas vantagens para as empresas que estão percebendo que os Clientes estão mais fugazes. Exemplifique quais vantagens são essas.

CAPÍTULO 4

Marketing de Relacionamento: origens, objetivos e estratégias

"Com exceção do Marketing de Massa, todas as formas atuais de marketing, como Marketing Digital, Inbound Marketing, Marketing Omnichannel, Marketing de Conteúdo, Marketing de Resposta, Endomarketing, Marketing de Incentivo, Marketing 3.0, Marketing Social, Marketing de Permissão, Marketing de Experiência, são inspiradas no Marketing de Relacionamento e no CRM."

A experiência acadêmica, aliada à prática de implantar serviços de consultoria, mostra-me diariamente aquilo que funciona e o que não funciona em projetos de Gestão do Relacionamento e *Customer Experience*.

Um dos segredos do sucesso de empresas que obtêm resultados extraordinários na conquista de Clientes e na gestão da sua experiência é a aplicação do conhecimento estruturado advindo do Marketing de Relacionamento.

Por isso, este capítulo foi desenhado para aprofundar o verdadeiro Marketing de Relacionamento, de sua origem ao Marketing Digital; as correntes de conhecimento que formaram o MR; algumas das definições mais completas de MR, como fazer a Gestão Integrada do Relacionamento com Clientes (GIRC) e também o *framework* das sete funções do Marketing de Relacionamento.

Especialmente com o *framework*, demonstrarei como criar, na prática, a cultura de Foco no Cliente, objetivos, estratégias e ações táticas de Marketing de Relacionamento, incluindo capacitação e engajamento dos colaboradores.

Vou começar o capítulo pelas origens, definições e escopo do Marketing de Relacionamento.

CAPÍTULO 4

As influências do Marketing de Relacionamento

Com exceção do Marketing de Massa, todas as formas atuais de marketing, como Marketing Digital, *Inbound* Marketing, Marketing *Omnichannel*, Marketing de Conteúdo, Marketing de Resposta, Endomarketing, Marketing de Incentivo, Marketing 3.0, Marketing Social, Marketing de Permissão e Marketing de Experiência, são inspiradas no Marketing de Relacionamento e no CRM. Veja a Figura 4.1.

Figura 4.1 Com exceção do Marketing de Massa, todas as formas atuais de marketing são inspiradas no Marketing de Relacionamento e no CRM.

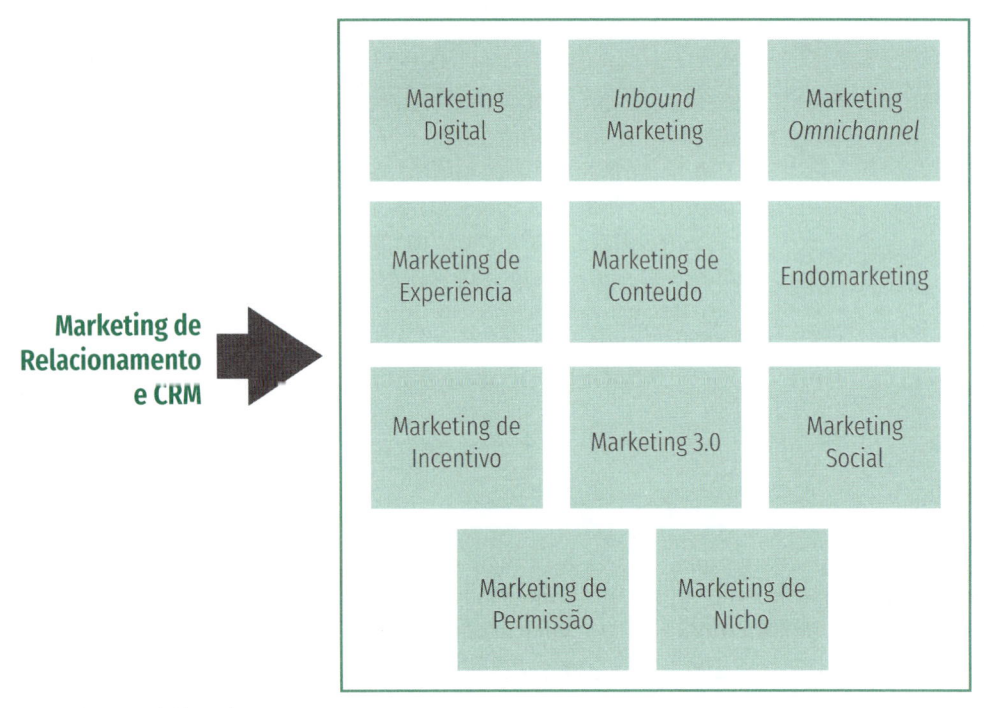

Marketing de Relacionamento e CRM →

Marketing Digital	Inbound Marketing	Marketing Omnichannel
Marketing de Experiência	Marketing de Conteúdo	Endomarketing
Marketing de Incentivo	Marketing 3.0	Marketing Social
	Marketing de Permissão	Marketing de Nicho

Fonte: Desenvolvida pelo autor.

Ao contrário do que o mercado informa, a origem do Marketing de Relacionamento se deu na década de 1980, dentro da área acadêmica, que contestava a baixa eficácia do marketing convencional para muitas situações. A Academia desconfiava que o marketing tradicional não tinha como resolver questões importantes que se colocavam na época, como, por exemplo, atender genuinamente as necessidades individuais dos Clientes.

Se as mensagens para os consumidores na época privilegiavam os meios de comunicação de massa de forma unidirecional e as empresas queriam "mandá-los" comprar nas lojas, como entender e dialogar com cada consumidor? Como criar relacionamentos duradouros e fidelizar Clientes se as campanhas publicitárias, basicamente, "empurravam" os consumidores a obedecer a mensagens da mídia e comprar cegamente seus produtos em oferta?

Antes do Marketing de Relacionamento, o discurso de conhecer e dialogar com o Cliente era absolutamente falso. Como o Marketing de Massa iria fazer isso, se não dialogava com o consumidor e apenas enviava mensagens unilaterais para ele?

Veja essa foto que tirei no ano de 2000, quando um importante *shopping center* investiu em uma grande campanha de comunicação de massa como uma alternativa para enfrentar o espetacular crescimento do comércio eletrônico, que era tratado como "concorrente" na época. A mensagem publicitária dizia: "Saia do virtual. Nada se compara ao mundo real". A seguir, veja o Instagram do mesmo *shopping* na atualidade. Percebe-se que o "mundo virtual" foi incorporado ao mundo real e que ambos interessam ao *Customer Experience*.

Figura 4.2 *Outdoor* na fachada de um grande *shopping* no ano de 2000 com a proposta de tirar o consumidor do virtual. Logo a seguir, o Instagram do mesmo *shopping*, porém nos dias atuais.

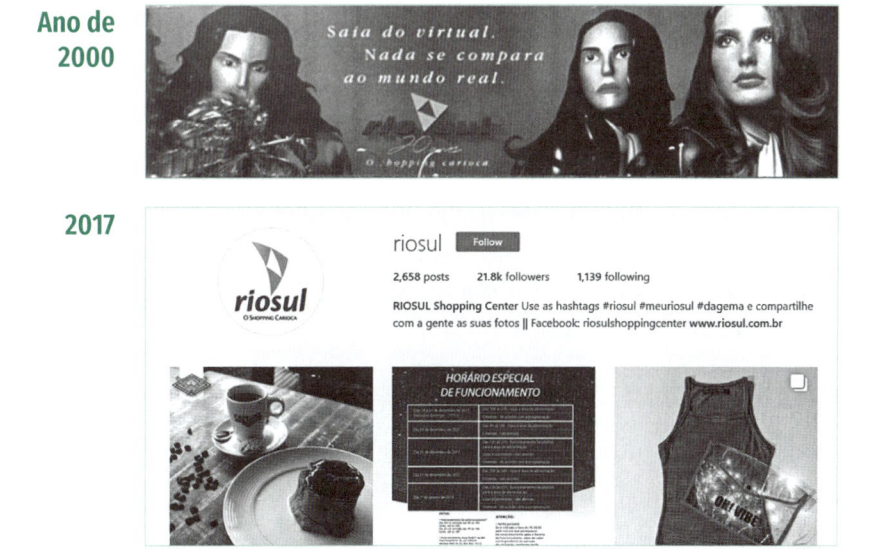

Fonte: *Outdoor* de *shopping* fotografado na época pelo autor e *printscreen* do Instagram em 2017.

Você acha que o consumidor realmente saiu do virtual? Foi possível frear o crescimento do comércio eletrônico na época? A resposta é não, por um motivo muito simples: nenhuma empresa no mercado competitivo é forte o suficiente para frear uma tendência que é seguida pelos consumidores. Tendências são como ondas na praia: ninguém pode impedir que ocorram.

A origem acadêmica do Marketing de Relacionamento

Em meu primeiro livro, *Guia de implementação de marketing de relacionamento e CRM*, mencionei que a origem do Marketing de Relacionamento está ligada a uma necessidade tanto dos Clientes quanto das empresas de modificarem as relações comerciais e experiências nos canais de contato.

Com a progressiva intensificação da concorrência, o aprimoramento da tecnologia e a vontade de ampliar o tempo útil dos Clientes junto das empresas, houve a necessidade de rever o marketing tradicional. Foi preciso fazer uma ruptura para respeitar as preferências dos consumidores e, assim, aumentar as chances de longevidade na relação com as empresas.

Como o marketing tradicional já se mostrava insuficiente para satisfazer aos consumidores, nada mais natural que esperar o surgimento de uma nova tendência para tentar equacionar essa questão tão complexa. O plano de satisfazer as necessidades dos consumidores teria que, definitivamente, sair do papel para se tornar uma realidade em todas as áreas responsáveis pela Gestão do Relacionamento com Clientes.

Embora o Marketing de Relacionamento seja bastante difundido atualmente, as escolas mais consagradas de negócios criaram suas bases conceituais e estratégias na década de 1980.

O estudioso Grönroos, que escreveu a famosa obra *Relationship marketing: strategic and tactical implications*, e Gummesson, que publicou o artigo *Relationship marketing as a paradigm shift: some conclusions from 30R approach*, citaram as duas correntes de pesquisa que deram origem ao Marketing de Relacionamento.

Na Figura 4.3, apresento que o Marketing Industrial e o Marketing de Serviços foram as duas origens acadêmicas do Marketing de Relacionamento.

Figura 4.3 Marketing Industrial e o Marketing de Serviços são as duas origens acadêmicas do MR.

Marketing Industrial

a *International Marketing and Purchasing of Industrial Goods* – IMP Group, baseada no Marketing Industrial, com a sua rede de relacionamento

Marketing de Relacionamento

AMÉRICA

ESCANDINÁVIA

Marketing de Serviços

The Nordic School of Services, baseada no Marketing de Serviços, que estudava fortemente as relações com os Clientes

Fonte: Desenvolvida pelo autor baseado em GUMMESSON, Evert. Relationship marketing as a paradigm shift: some conclusions from 30R approach. *Management Decision*, v. 35, n. 4, 1997.

Ambas tiveram em comum a perspectiva de que o marketing é muito mais o fim do que a função em si e de que a gestão orientada para o mercado teria que ser reconstruída com outros elementos que não a simples transação financeira.

Construir e manter os relacionamentos duradouros com os Clientes passaram a ser os pensamentos dominantes das duas escolas que se espalharam pelo mundo desde então.

As correntes de conhecimento do Marketing de Relacionamento

Além da origem acadêmica nos primórdios do Marketing de Relacionamento, devemos compreender que muitas outras formas de conhecimento em termos de gestão foram agregadas a essa nova forma de fazer negócios.

Estamos num processo evolutivo no qual o Marketing de Relacionamento foi constituído a partir do campo de conhecimento de várias áreas, como marketing de serviços, marketing industrial, gestão pela qualidade e gestão empresarial.

O Marketing de Relacionamento é considerado uma evolução do marketing e precisou absorver diversas outras formas de conhecimento que, afinal de contas, lhe foram complementares. Um bom exemplo foi a qualidade total, que emprestou ao Marketing de Relacionamento a sua preocupação com a gestão pela qualidade, que deve permear toda a organização e atingir todos os níveis hierárquicos como forma de atender aos requisitos do Cliente com processos de trabalho e indicadores de produção bem definidos.

Já o Marketing de Serviços, que foi anterior ao Marketing de Relacionamento, influenciou-o sob diversos aspectos, como a preocupação em otimizar os momentos de interface com o consumidor.

O Marketing Industrial, também precedente ao Marketing de Relacionamento, contribuiu para seu fortalecimento a partir da difusão das experiências bem-sucedidas de *network*, isto é, das estratégias de associação e alianças entre empresas parceiras como forma de atender ao Cliente de maneira integrada.

A indústria automobilística foi uma grande fomentadora desse tipo de marketing, uma vez que precisava desenvolver fornecedores altamente confiáveis que conhecessem profundamente os estágios de produção. Dessa forma, seria possível montar um automóvel em menos tempo, aproveitando as competências individuais de cada negócio e transformando-as num produto acabado de qualidade que atendesse aos requisitos dos Clientes, cada vez mais exigentes.

O estudo do Comportamento Organizacional também foi decisivo para formar o conhecimento do Marketing de Relacionamento, pois tratou de integrar conhecimentos de motivação de pessoas, liderança de equipe, revisão de estruturas organizacionais e processos de recursos humanos, com a finalidade de incluir os colaboradores de linha de frente do atendimento e de vendas no centro das atenções das estratégias de relacionamento com Clientes.

Essa mudança, por si só, causou uma enorme diferença no tratamento das pessoas que trabalhavam na iteração com o Cliente, que antes, com o Marketing de massa, eram completamente ignoradas.

Outra contribuição importante foi do BSC (*Balanced Scorecard*), apresentado inicialmente como um modelo de avaliação e *performance* empresarial, que em se-

CAPÍTULO 4

guida encontrou aplicação na metodologia de gestão estratégica. Os preceitos do BSC foram muito bem assimilados pelo Marketing de Relacionamento na época em que questionava severamente o fato de o Marketing de Massa não se preocupar com indicadores ligados ao comportamento e à satisfação do Cliente.

A comunicação de massa se preocupava mais em medir a audiência de sua propaganda do que em conhecer as necessidades e os comportamentos dos Clientes.

Na Figura 4.4 (imagem histórica de Gummesson), podemos verificar que o Marketing de Relacionamento foi originado a partir de várias áreas de conhecimento da administração.

Figura 4.4 A rota para formação do conceito original do Marketing de Relacionamento.

	Área						
	Produção em massa de bens de consumo	Serviços	Produtos industriais e seus serviços	Qualidade de produtos e serviços	Comportamento organizacional	Contabilidade	

| Teoria específica | Gestão do marketing mix (4 Ps) | Marketing de serviços | Abordagem de Network | Gestão da qualidade | Imaginary organization | Balanced Scorecard/ capital intelectual |

Experiência dos praticantes e senso comum

Marketing de Relacionamento

Adaptação para diversos tipos de situação de marketing

(Teoria geral / Aplicação)

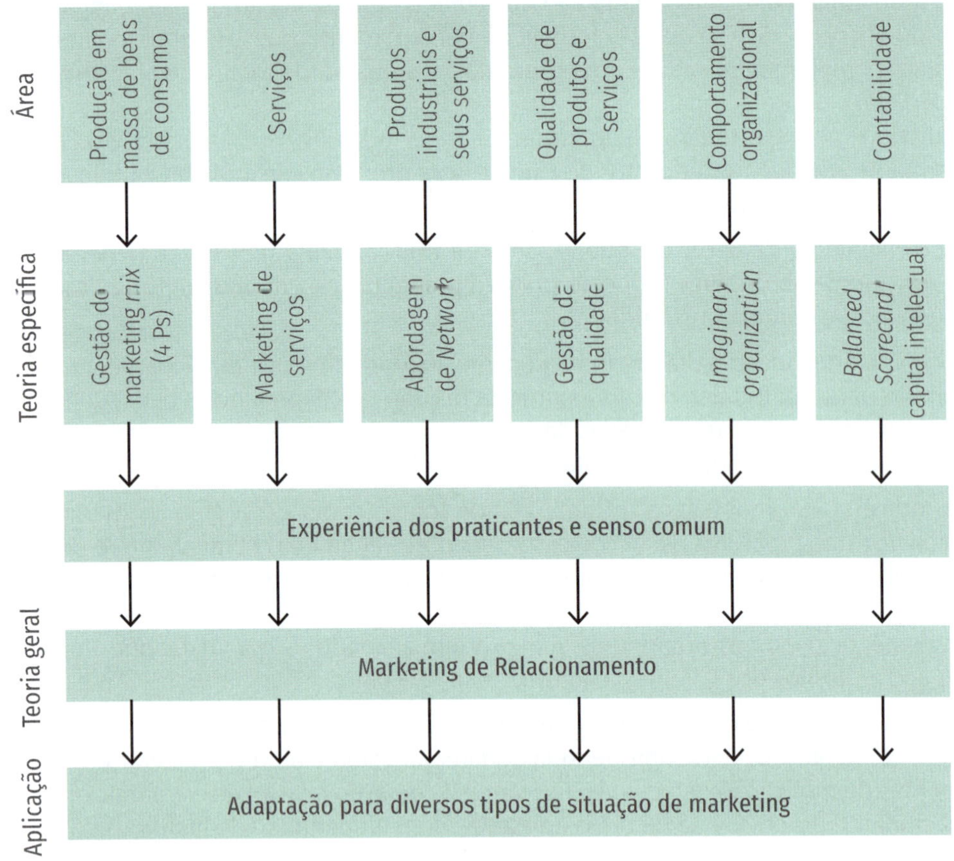

Fonte: GUMMESSON, Evert. Relationship marketing as a paradigm shift: some conclusions from 30R approach. *Management Decision*, v. 35, n. 4, 1997.

O Marketing de Relacionamento pode ser aplicado tanto para o mercado de consumo (B2C) quanto para o mercado de empresas (B2B). Quanto a este, a experiência mostrou-me que o Marketing de Relacionamento é altamente aderente em todos os aspectos, incluindo a identificação da cadeia de valor e rede de relacionamentos da empresa Cliente, a fim de propor soluções de negócios por meio do processo de vendas consultivas. Na atualidade, fazer Marketing de Relacionamento entre empresas é algo indispensável.

Nossas pesquisas reforçam que, embora a expressão **Marketing de Relacionamento** já tenha algumas décadas, lentamente tornou-se o centro das atenções de muitas empresas. Parece que o novo não é o termo, mas o reconhecimento por parte das empresas de que elas estão num ambiente hipercompetitivo, no qual seus produtos estão muito parecidos com os do concorrente, necessitando de um novo foco, visão e estratégias baseadas genuinamente na Gestão do Relacionamento com Clientes.

A diferença primária entre o marketing tradicional e a nova forma de fazer marketing é o planejamento de fora para dentro da organização, ou seja, a partir do Cliente. Hoje, isso é mais fácil de ocorrer, já que o profissional da área dispõe de ferramentas e tecnologia para a coleta de informações sobre cada consumidor, individualmente ou em grupo.

Pensar e agir a favor do Cliente vem tornando-se um grande diferencial competitivo, independentemente do nome que se deseja atribuir a esse fenômeno.

Definições de Marketing de Relacionamento

Durante a elaboração de minha dissertação de mestrado, na qual aprofundei os estudos de Marketing de Relacionamento e CRM, realizei exaustivas pesquisas nas quais tive a oportunidade de descobrir e de me corresponder com precursores do Marketing de Relacionamento, entre os quais, Leonard Berry, autor do artigo *Relationship marketing of services: perspective from 1983 and 2000*, que lançou a expressão Marketing de Relacionamento no mundo.

Sua firmeza e sua sabedoria sobre o tema chamaram minha atenção sobre uma nova forma de fazer marketing que revolucionaria todo o mundo num curto espaço de tempo. De fato, isso ocorreu.

Para falarmos de Marketing de Relacionamento, devemos ter o cuidado de diferenciá-lo de outras formas de fazer marketing. Como existem muitas dúvidas a respeito de seu significado, tive o cuidado para trazer para o meu leitor definições de autores consagrados que trabalharam na construção de uma nova forma de fazer marketing, contrariando a antiga forma, que predominantemente despejava informações nos Clientes e interessava-se apenas nos seus gastos e jamais em relacionar-se com eles.

Leonard Berry apresentou originalmente o conceito de Marketing de Relacionamento como atrair, manter e realçar – numa empresa orientada para multisserviços – o relacionamento com Clientes. Para Morgan e Hunt, também precursores do tema, que escreveram o célebre artigo *The commitment-trust theory of Relationship Marketing*, Marketing de Relacionamento é a modalidade de marketing fortemente orientada numa direção de relacionamentos duradouros com Clientes individuais.

Defino **Marketing de Relacionamento** como:

> *Marketing de Relacionamento é atrair, realçar e intensificar o relacionamento com Clientes finais, Clientes intermediários, fornecedores, parceiros e demais stakeholders, por meio de uma visão de longo prazo na qual há benefícios mútuos. O Marketing de Relacionamento privilegia a interação com os stakeholders com o objetivo de desenvolver, especialmente para eles, um conjunto de valores que os levarão à satisfação e longevidade do seu relacionamento com a empresa e constante recompra.*

De fato, existe no mercado e na academia o consenso de que o Marketing de Relacionamento apresenta uma abordagem diferenciada em relação ao marketing tradicional, trazendo à tona o foco no relacionamento de longo prazo, benefícios mútuos e adição de novos valores.

Marketing de Relacionamento e Gestão do Relacionamento com Clientes são temas diferentes, porém próximos, que foram se integrando ao longo dos anos no que chamo de Gestão Integrada do Relacionamento com Clientes (GIRC). É o que veremos a seguir.

Gestão Integrada do Relacionamento com Clientes (GIRC)

A Gestão Integrada do Relacionamento com Clientes originalmente é diferente do Marketing de Relacionamento, pois não se iniciou com descobertas acadêmicas e, sim, pelo aprimoramento dos métodos e da prática constante de profissionais ao redor do mundo. Seu cunho não é necessariamente centrado no Marketing, pois envolve, por exemplo, gerenciar com alta resolutividade problemas e reclamações dos Clientes.

Defino **Gestão Integrada do Relacionamento com Clientes** como:

> *A Gestão Integrada do Relacionamento com Clientes (GIRC) é um processo vigoroso e integrado que se inicia antes mesmo de o Cliente entrar em contato com a empresa por meio dos seus canais. Tudo começa na identificação pela empresa de algo a respeito do Cliente que possa ser utilizado em seu próprio benefício, como suas preferências, necessidades, características e perfil, de forma que durante a Jornada do Cliente possa lhe entregar valor, resolutividade e experiências emocionais gratificantes. A Gestão Integrada do Relacionamento com Clientes se desenvolve em todo e qualquer canal de contato, seja este presencial ou remoto, e deve ser cuidadosamente planejada para atuar antes, durante e após tais momentos, dentro da estratégia Omnichannel.*

Marketing de Relacionamento: origens, objetivos e estratégias

Portanto, Marketing de Relacionamento e Gestão do Relacionamento, na atualidade, são interligados e, mais do que isso, contam com a gestão integrada de todo e qualquer processo de contato com o Cliente que vise um relacionamento a longo prazo.

Por isso, na minha visão, a GIRC conta com a perfeita integração do Marketing de Relacionamento, Vendas Consultivas, Atendimento a Clientes, Marketing Digital, *Customer Experience* e Tecnologias Relacionais, formando um grande sistema que trabalha em sincronia, tal qual o mecanismo de um relógio. A Figura 4.5 ilustra a minha visão, na qual o centro de tudo é o Foco no Cliente, também chamado de Foco do Cliente.

Figura 4.5 A Gestão Integrada do Relacionamento com Clientes (GIRC) conta com a perfeita integração do Marketing de Relacionamento, Vendas Consultivas, Atendimento a Clientes, *Customer Experience*, Marketing Digital e Tecnologias Relacionais, todos em prol do Foco no Cliente.

Marketing de Relacionamento
Objetivos, estratégias e ações táticas de relacionamento

Vendas Consultivas
Vendas consultivas presenciais e remotas, pré-venda, venda e pós-vendas

Customer Experience e Tecnologia
CRM, UX, PABX, URA, CTI, CJM, UX, CEM e demais

FOCO NO CLIENTE

Atendimento a Clientes
Programas de excelência no atendimento e hospitlalidade

Marketing Digital
Metodologias digitais para identificar os melhores Clientes e fidelizá-los

Fonte: Desenvolvida pelo autor.

CAPÍTULO 4

A história da Gestão do Relacionamento: do Marketing Direto ao *Customer Experience Management*

O marketing direto, praticado no Brasil há muitos anos, pode ser considerado o primeiro marco de uma forma distinta e revolucionária de fazer gestão do relacionamento a distância com Clientes e a interação com eles por meio do *feedback* contínuo.

Na década de 1980, a partir da intensificação do marketing direto, fortemente representado por envio de catálogos para Clientes em todo o Brasil, se fortaleceu o telemarketing como uma opção de contato para complementar os negócios que eram feitos a distância, por catálogos e por cartas. O próprio termo, traduzido como "fazer negócios a distância", foi revolucionário, pois até então a forma predominante de contato era a presencial em lojas.

O trinômio catálogo-cartas-ligações ativas feito pelo telemarketing foi o grande propulsor nessa época de resultados extraordinários na venda de vários serviços, como, por exemplo, cartões de crédito, assinatura de revistas e TV por assinatura.

No entanto, as ações de relacionamento a distância feitas por mala direta, telemarketing e catálogos durante a década de 1980 prescindia da organização e depuração do banco de dados, que, antes dessa época, era feito basicamente por meio de anotações em grandes listagens em papel.

O *Database Marketing* (DBM) foi criado nessa época com a finalidade de organizar os bancos de dados de marketing e vendas que precisavam de depuração e de tecnologia.

Surgidos no Brasil a partir da década de 1990, após a criação da Lei de Defesa do Consumidor, os primeiros *call centers* viveram o início da implantação do Serviço de Atendimento ao Consumidor (SAC), devido à necessidade de cumprimento das exigências legais. Nesse período, a principal missão dos *call centers* era o atendimento às reclamações dos Clientes para evitar conflitos com o Programa de Proteção e Defesa do Consumidor (Procon).

Esse período também se caracterizou pela utilização de uma força de trabalho não qualificada, o que implicava baixo nível de qualidade no atendimento e, em contrapartida, um alto grau de insatisfação por parte dos Clientes, os quais, depois de terem suas solicitações passadas para a área competente, eram novamente inquiridos.

Outra característica marcante na fase receptiva dos primeiros *call centers* era a grande demora para a resolução do motivo original do contato com a empresa, gerando assim um descrédito por parte dos Clientes.

Em 1993, Thomas Siebel, nos Estados Unidos, cria o termo *Customer Relationship Management* (CRM) como uma forma de viabilizar as estratégias desenhadas no Marketing de Relacionamento e, assim, uma nova forma de fazer marketing e atender a Clientes em todo o mundo. Definitivamente, o CRM criou uma cultura muito diferenciada de automação da força de vendas.

Marketing de Relacionamento: origens, objetivos e estratégias

No final dos anos 1980, a internet revolucionou a forma de fazer relacionamentos com Clientes a distância, tornando a empresa presente na vida dos consumidores 24 horas por dia, a qualquer hora e em qualquer lugar.

Já no início dos anos 1990 havia grandes portais na internet, que foram os precursores dos portais *on-line*, entre os quais AOL, MSN e Yahoo. Todos eles abriram a temporada dos motores de busca e influenciaram tremendamente a internet para o surgimento de novos portais de informação e, por consequência, a mudança na forma de se relacionar com Clientes e anunciar produtos e serviços que antes eram ofertados basicamente pela mídia de massa e pelo marketing direto.

Nessa época, surgiram os anúncios por meio de *banners* e os primeiros controles de quantidade de *clicks* por anúncio, o que de fato era uma novidade nas estratégias de marketing, pois definitivamente os esforços *on-line* começavam a ser medidos com muito mais precisão do que os esforços realizados nos canais convencionais.

Já no começo dos anos 2000, por volta de 2003, surgem as grandes redes sociais – LinkedIn, Myspace e Facebook – como uma grande forma de agregar pessoas e, mais tarde, uma maneira revolucionária de fazer negócios entre consumidores e empresas em todo mundo.

Por volta do ano 2015, a metodologia de *Customer Experience* ganha espaço nas grandes empresas, fortemente influenciada pelo Marketing de Relacionamento, CRM e redes sociais, sendo um avanço significativo para o estudo das relações entre Clientes em empresas, maior engajamento dos consumidores e uma forma revolucionária de conseguir materializar o tão almejado Foco no Cliente.

Na atualidade, o *Customer Experience Management* é uma excelente metodologia para explorar melhor o relacionamento com Clientes e parceiros, e trabalhar no aumento de receitas de fidelização.

Existem tantas diferenças entre a forma de fazer negócios baseada em transação e a forma baseada em relacionamentos que esta foi chamada de **Novo Paradigma do Marketing**, também chamado de **Paradigma Relacional**.

A melhor representação de um paradigma seria como um conjunto de novos conhecimentos que marcam uma época e que têm um início, um apogeu e um declínio. Podemos fazer uma analogia com uma onda do mar: ela surge timidamente no horizonte, ganha força e, por fim, se dissipa na areia. Não se pode detê-las. No máximo, pode tentar pegar a onda.

Na Figura 4.6 apresento a evolução da Gestão do Relacionamento com Clientes representada pelo Paradigma Relacional, que se iniciou no marketing direto e alcançou grande impulso com o Marketing de Relacionamento, *call centers*, CRM, Marketing Digital e metodologia de *Customer Experience* nos dias atuais.

Figura 4.6 A evolução da Gestão do Relacionamento com Clientes, desde o marketing direto até o *Customer Experience Management* nos dias atuais.

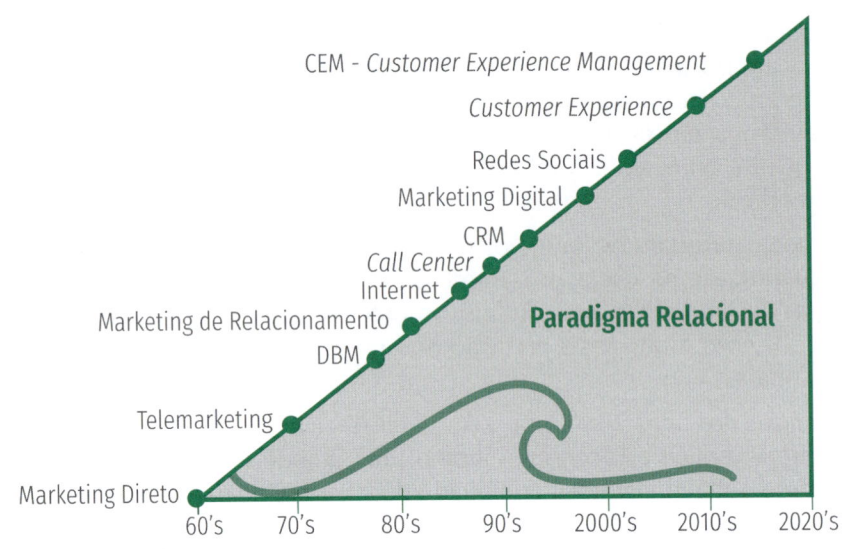

[Figura: gráfico triangular mostrando a evolução temporal do Marketing Direto (60's), Telemarketing, DBM, Marketing de Relacionamento, Internet, Call Center, CRM, Marketing Digital, Redes Sociais, Customer Experience, CEM - Customer Experience Management (2020's), dentro do Paradigma Relacional.]

Fonte: Desenvolvida pelo autor.

Tanto o Marketing de Relacionamento quanto o marketing direto priorizam relacionamentos Cliente-empresa, situando o foco na administração de campanhas, mensuração de retorno e comunicação bidirecional. Porém, existem diferenças entre os dois. Uma das principais é o escopo, pois o Marketing de Relacionamento é mais abrangente e tem uma promessa maior. Também não devemos esquecer que este surgiu depois do marketing direto e, portanto, é considerado mais moderno, completo e integrado. Da mesma forma ocorreu com o Marketing Digital e a metodologia de *Customer Experience*, que vieram depois, ambos como formas de otimizar e atingir patamares mais altos na Gestão do Relacionamento com Clientes e demais *stakeholders*.

Sempre faço questão de lembrar que as formas atuais de marketing, como Marketing Digital, *Inbound* Marketing, Marketing *Omnichannel*, Marketing de Conteúdo, Endomarketing, Marketing de Incentivo e Marketing de Experiência, foram baseadas no Marketing de Relacionamento e no CRM.

A proximidade no passado

Provavelmente, você já deve ter frequentado algum tipo de estabelecimento comercial em que o dono o conhecia. Quem sabe um restaurante, um alfaiate ou mesmo uma pequena loja de bairro? Essa sensação de proximidade entre Clientes e empresas vem gradativamente desaparecendo com a concentração das cidades.

Entretanto, esse era o comportamento dominante dos antigos e pequenos armazéns nos séculos XVIII e XIX, cujos proprietários conheciam tanto os hábitos de seus Clientes que faziam ofertas individualizadas. As lojas eram menores, os Clientes menos aglomerados em grandes centros, os relacionamentos podiam ser mais próximos e as preferências individuais dos Clientes eram mais consideradas.

Figura 4.7 Loja da Granado em 1917, no Rio de Janeiro.

Fonte: https://br.pinterest.com/pin/309692911854553396/. Acesso em: 1º mar. 2021.

Na época, sem a tecnologia de cartão de crédito e de bancos de dados, o estabelecimento controlava os gastos e preferências dos seus Clientes nas velhas cadernetas e as contas eram feitas à mão. As pessoas eram mais próximas, os produtos menos numerosos e o tempo parecia ter outra velocidade.

Todavia, na atualidade, com o desenvolvimento do mercado consumidor associado ao crescimento das empresas e à proliferação de seus produtos, a Gestão do Relacionamento profissionalizada na era do *Customer Experience* prescinde da aplicação de Programas de Lealdade, CRM, Marketing Digital e centrais de atendimento para aumentar a venda, fidelizar e encantar Clientes.

A **gestão integrada do relacionamento com Clientes (GIRC)** passou a ser uma das opções mais recomendadas para resgatar – ao menos para tentar recuperar uma parte – a antiga forma de se relacionar com eles. As tecnologias voltadas para questões mercadológicas permitem desenvolver novas estratégias para um número cada vez maior de consumidores e, ao mesmo tempo, fornecer informações para um número cada vez maior de colaboradores.

O Marketing de Relacionamento tenta devolver à relação empresa-Cliente aquele gostinho do passado de serem mais próximos. Como tentar resgatar o passado? Como voltar a causar a impressão de proximidade junto dos Clientes?

Existem muitas respostas para essas perguntas: plataformas para medir a experiência do Cliente, entendimento da Jornada do Cliente, redefinição de processos, treinamento profissional das equipes, mudança de cultura organizacional, planejamento, entre outras.

Marketing de Massa e o Marketing de Relacionamento

Quais as diferenças entre a forma tradicional de tratar Clientes e o que o Marketing de Relacionamento proporcionou nos dias atuais?

CAPÍTULO 4

As empresas interagem com os Clientes por meio de dois mecanismos distintos: o **mecanismo relacional**, cujo interesse está na relação estabelecida entre ambos, e o **mecanismo transacional**, cujo objetivo é a transação financeira, absolutamente.

O foco excessivo no curto prazo, valorizando a transação financeira, pode fazer com que determinados valores dos produtos ou serviços não sejam percebidos pelos Clientes. Por isso, esses efeitos levaram executivos de todo o mundo a repensar as suas estratégias e a dirigir recursos para outras áreas que aumentam o nível de reciprocidade e comunicação com os Clientes, como apresento a seguir:

- » Criação de estudos e modelos de *Customer Experience*.
- » Aplicação da venda consultiva no lugar da venda única.
- » Implementação de CRM.
- » Profissionalização da integração dos canais de contato físico e remoto.
- » Implementação de *Omnichannel* como uma evolução do modelo de multicanal.
- » Treinamento e desenvolvimento das equipes com metodologia baseada em *Customer Experience*.

Com a proliferação de opções de produtos e serviços similares, o Cliente passou a ser o foco das organizações e o marketing voltou-se para estudar genuinamente suas necessidades. Contudo, as crenças e a forma tradicional de se fazer negócios, que é baseada em transações e não em Clientes, ainda são o modelo de muitas organizações.

Embora existam muitas diferenças entre as duas formas de se praticar o marketing, procurei listar as dez principais na Tabela 4.1.

Tabela 4.1 10 diferenças entre o Marketing de Massa e o Marketing de Relacionamento.

Princípios	Marketing de Massa	Marketing de Relacionamento
1. Foco	Transação	Longevidade da relação
2. Valores	Satisfação do acionista	Confiança, credibilidade e segurança
3. Forma de gerar as estratégias	Isoladamente nas áreas centrais	Lideradas centralmente e compartilhada com a operação
4. Função de marketing dominante	Produtos, serviços e propaganda	Interatividade, *Customer Experience* e marketing interno

continua...

Princípios	Marketing de Massa	Marketing de Relacionamento
5. Horizonte temporal dos negócios	Foco no curto prazo	Foco no longo prazo
6. Pessoal interno	Percebidos como recursos estratégicos	Mapeados, reconhecidos e recompensados
7. Origem das receitas	Transações esporádicas	Recompra, indicação, *cross-selling*, *upselling*
8. Indicadores dominantes	*Marketing share* e *top of mind*	NPS, satisfação, índice de retenção e indicação
9. Pesquisas dominantes realizadas junto ao Cliente	Grau de fixação da marca	Satisfação, preferências e engajamento
10. Comunicação	Meios de massa	Personalizada e relevante

Fonte: Desenvolvida pelo autor.

A seguir, apresentarei o *framework* que desenvolvi para aplicar o Marketing de Relacionamento em qualquer tipo de organização.

Framework das 7 funções do Marketing de Relacionamento

Ao contrário do que muitos executivos ainda pensam, adotar Marketing de Relacionamento não é uma das tarefas mais fáceis. Talvez essa crença seja causada pela confusão que ainda fazem entre Marketing de Relacionamento e Programas de Relacionamento – também chamados de Programas de Lealdade, que apresentarei no próximo capítulo.

A diferença é simples: o Programa de Relacionamento é um esforço específico e concentrado, geralmente com um objetivo definido, como é o caso dos programas de milhagem das companhias aéreas. Já as funções do Marketing de Relacionamento são muito mais numerosas e podem até mesmo ter como uma das estratégias um Programa de Fidelidade específico.

O ***Framework* do Marketing de Relacionamento** é composto por uma sequência perfeitamente integrada composta de 7 funções que podem e devem ser praticadas por organizações que almejam a excelência no relacionamento com Clientes e demais *stakeholders*, conforme a Figura 4.8.

CAPÍTULO 4

Figura 4.8 O *Framework* do Marketing de Relacionamento é composto de uma sequência perfeitamente integrada composta de sete funções praticadas por organizações com Foco no Cliente.

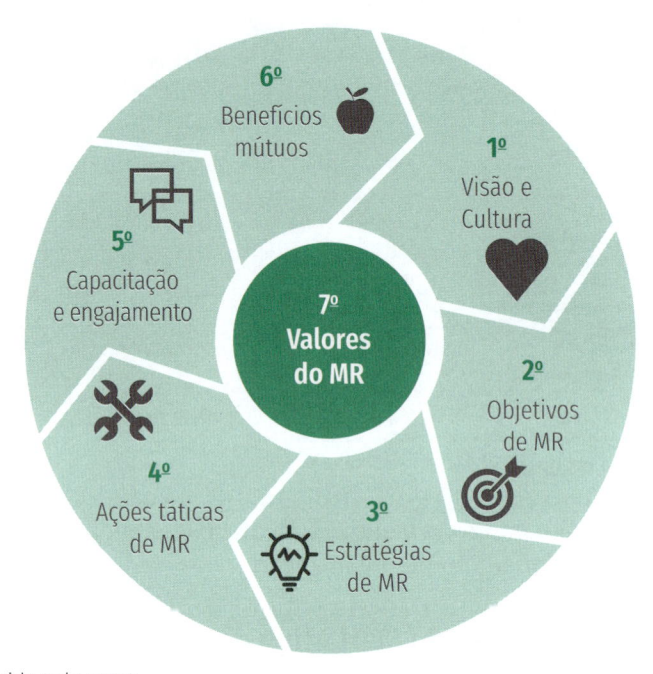

- 1º Visão e Cultura
- 2º Objetivos de MR
- 3º Estratégias de MR
- 4º Ações táticas de MR
- 5º Capacitação e engajamento
- 6º Benefícios mútuos
- 7º Valores do MR

Fonte: Desenvolvida pelo autor.

Uma empresa que decide praticar conscientemente o Marketing de Relacionamento em sua plenitude pode contar com o apoio desse *framework*, praticando sete movimentos sequenciais e consultivos:

- 1º **Elaboração conjunta de uma nova visão e cultura empresarial** voltadas para Clientes e parceiros. A empresa deseja e age de forma integrada na busca da excelência no relacionamento interno e externo.
- 2º Construção de **objetivos de Marketing de Relacionamento** conectados à visão e sempre de natureza límpida. Os objetivos são entendidos, negociados e acompanhados por toda a organização.
- 3º Estabelecimento das **estratégias de Marketing de Relacionamento** voltadas para a criação de valor em conjunto com os Clientes. As trocas relacionais de sucesso e as estratégias são inúmeras, claras e focadas na experiência do Cliente.
- 4º Implementação de **ações táticas com foco no relacionamento** colaborativo com Clientes. As ações são apoiadas por uma infraestrutura que traz segurança e precisão para os funcionários que estão na linha de frente com o Cliente.

- 5º **Direção da ação, capacitação e engajamento dos colaboradores** da empresa e dos Clientes para relacionamentos superiores. A maior contribuição para gerar diferenciais competitivos no contato com o Cliente sempre é dada pelos colaboradores, desde que treinados, encorajados e motivados. Além disso, a palavra de ordem é autonomia.
- 6º **Obtenção de benefícios mútuos.** Empresas e Clientes tiram proveito da cooperação ocorrida em vários momentos de contato. A empresa entende melhor as necessidades do Cliente, que se prontifica a fornecer informações valiosas a seu respeito e adquirir constantemente produtos e serviços.
- 7º **Valores do Marketing de Relacionamento.** Tudo aquilo que se pratica nas funções anteriores deve ser amparado por valores que os gestores de relacionamento devem "estampar no peito" e defender junto aos Clientes e dirigentes da empresa. Alguns exemplos dos valores do relacionamento com Clientes: confiança, segurança, respeito, engajamento, colaboração e comunicação bidirecional.

A seguir, vou descrever com detalhes as funções do *Framework do Marketing de Relacionamento* e como aplicá-lo na prática.

1. Visão e cultura de Foco no Cliente

A criação de uma visão única sobre quem é verdadeiramente o Cliente é o primeiro passo para ajustar a forma como os principais executivos enxergam o tema. Alguns, erroneamente, acham que o Cliente "é o mal necessário"; já outros consideram que a empresa deve focar todos seus esforços na sua satisfação. Portanto, é muito comum encontrarmos nas empresas visões absolutamente díspares em relação ao Foco no Cliente e as prioridades da organização.

Enquanto alguns diretores priorizam a redução da importância dos colaboradores que trabalham nos canais de relacionamento, como *call center*, força de vendas e lojas, outros executivos valorizam tais trabalhadores e aprovam investimentos em treinamentos para o desenvolvimento de competências importantes para fidelizar Clientes.

Essas culturas divergentes muitas vezes coexistem numa mesma empresa, o que de fato causa grande embaraço no momento em que se decide obter o verdadeiro Foco no Cliente.

Nesse sentido, trazer para o projeto uma referência externa é uma excelente forma de ajudar a alta cúpula da empresa a decidir claramente as prioridades em relação ao modo de agir, buscando a satisfação e fidelização dos Clientes, e não apenas lucros provenientes de transações esporádicas.

Para ajustar essa visão não apenas entre os dirigentes, mas em toda companhia, será importante contratar uma consultoria com expertise em Gestão do Relacionamento com Clientes e *Customer Experience*. Por meio de *workshops*, palestras e capacitação, a consultoria externa vai criar ou mesmo nivelar, sempre com a participação das diversas áreas da empresa, a nova visão de Foco no Cliente e também rever as prioridades das pessoas em relação à Gestão do Relacionamento.

Além dos recursos de capacitação, serão utilizados pela consultoria metodologias importantes para iniciar e consolidar mudanças organizacionais, como, por exemplo, *change management*, definição de objetivos do projeto e de papéis e responsabilidades das áreas envolvidas.

O projeto para a criação de uma nova visão e cultura de Foco no Cliente tem duração de dois a quatro meses, a depender do porte da empresa, e as palavras-chave serão: Cliente, Servir, Humanização, Comprometimento, Experiências e Mudanças.

2. Objetivos de Marketing de Relacionamento

Todos nós temos objetivos na vida, seja conseguir um ótimo trabalho, casar, ter uma casa, uma família e ser feliz. Os objetivos são verdadeiros alvos que levam todos nós, seres humanos, a nos esforçar para atingir algo importante ao longo do tempo.

Assim também são os objetivos organizacionais, que, muitas vezes, podem estar excessivamente presos à alta pressão de obter vantagens financeiras na relação Cliente-empresa.

Com a implantação do Marketing de Relacionamento, os objetivos relacionais passaram a ser o foco também das organizações, que contam com outros quantificadores para não apenas atingir seus próprios anseios, como proporcionar benefícios para os seus Clientes e colaboradores.

Uma vez que a empresa conseguiu ajustar a sua visão e até mesmo rever seus valores, visando a satisfação e o engajamento dos seus Clientes, já há condições suficientes para a criação de objetivos relacionais, isto é, indicadores de desempenho que vão permear toda a organização e ser implantados em diversos setores, proporcionando que a nova visão e a cultura focada no Cliente estejam profundamente enraizadas nos resultados da empresa e no bolso das pessoas que por ela decidem.

A grande diferença entre os objetivos do marketing tradicional e os objetivos do Marketing de Relacionamento é que os primeiros são focados na atenção de resultados financeiros independentemente de aferir benefícios para os Clientes. Já os objetivos de Marketing de Relacionamento são diferentes, pois trazem em si um compromisso que vai além da satisfação financeira da empresa. Por exemplo, enquanto o objetivo da venda tradicional é aumentar a receita proveniente de Clientes, o Marketing de Relacionamento recomenda aumentar a receita por meio do *cross-selling* a partir de experiências emocionais positivas dos Clientes.

Se você está em dúvida sobre os objetivos de Marketing de Relacionamento, preparei uma lista no Quadro 4.1 com 20 exemplos que podem ser aplicados isoladamente ou em grupos.

Quadro 4.1 Lista com 20 objetivos do Marketing de Relacionamento.

1. Aumentar a captação de *leads* qualificados.
2. Aumentar a taxa de conversão de *leads* em Clientes potenciais.
3. Aumentar a taxa de recomendação de Clientes.
4. *Net Promoter Score*®.
5. Reduzir o *churn* geral de Clientes.
6. Aumentar o tempo de permanência dos Clientes.
7. Aumentar o *cross-sell*.
8. Aumentar o *upsell*.
9. Aumentar o nível de satisfação do Cliente.
10. Reduzir custos de não conformidade do atendimento.
11. Aumentar a produtividade da força operacional.
12. Aumentar o *First Call Resolution* (FCR).
13. Aumentar a satisfação do funcionário com a empresa.
14. Aumentar o engajamento do funcionário com o Cliente.
15. Reduzir a quantidade de Clientes transferidos para outras áreas.
16. Reduzir o tempo de negociação de propostas.
17. Aumentar a recuperação de ex-Clientes.
18. Reduzir a fila de espera para o atendimento presencial e remoto.
19. Aumentar as experiências positivas dos Clientes.
20. Reduzir o *turnover* de funcionários de vendas.

Fonte: Desenvolvido pelo autor.

Destaco que, para tornar o objetivo completo, é preciso acrescentar uma meta e um prazo a atingir. Exemplo: aumentar a captação de *leads* qualificados em 6% dentro de 3 meses.

3. Estratégias de Marketing de Relacionamento

Como cumprir um ou mais objetivos? A resposta é: por meio de estratégias aderentes.

O Marketing de Relacionamento é composto de diversas engrenagens, como foco em estratégias empresariais para a longevidade da relação com Clientes, comunicação personalizada bidirecional, múltiplos pontos de contato, novas formas de segmentação de mercado, estrutura organizacional descentralizada e mensuração em tempo real da satisfação dos Clientes.

CAPÍTULO 4

Em termos de tempo, o Marketing de Relacionamento deve ser praticado prevendo-se a sustentação de suas estratégias. Para que seja viável, é necessário um processo contínuo de identificação e criação de valor com o Cliente, mediante o compartilhamento de seus benefícios durante toda a parceria. Isso envolve compreensão, concentração e administração de uma rede de criação de valor entre fornecedores, Clientes e colaboradores.

Para tornar possível esse processo, é necessária a interdependência, isto é, cada indivíduo trabalha dentro de sua competência, porém conectado a outras pessoas, para construir de forma colaborativa processos de agregação de valor.

Antes de aplicar qualquer estratégia de Marketing de Relacionamento será necessário definir um ou mais objetivos conforme o tópico anterior, pois é a partir de objetivos bem definidos que as estratégias serão traçadas. Por exemplo, se o objetivo de Marketing de Relacionamento for aumentar o engajamento dos funcionários com o Cliente final, então as estratégias mais adequadas serão o desenvolvimento do colaborador e a criação de um programa de incentivo atrelado à satisfação do Cliente.

A seguir, selecionei um conjunto de **25 estratégias de Marketing de Relacionamento** que podem ser aplicadas isoladamente ou em grupos, a depender do grau de mudança necessário:

1. Criação e revisão do Programa de Lealdade.
2. Mapeamento da Jornada do Cliente – *Customer Journey Mapping*.
3. Implantação da estratégia *Omnichannel*.
4. Programa de Foco no e do Cliente.
5. Novo Modelo de Relacionamento CX.
6. Reestruturar a comunicação com os canais de contato.
7. Treinamento & Desenvolvimento da linha de frente.
8. Pesquisa de engajamento de funcionários.
9. Pesquisa de cultura de Foco no Cliente.
10. Implementação de novas tecnologias relacionais.
11. Criação de novos serviços.
12. Criação de novos canais de relacionamento.
13. Novo posicionamento da empresa.
14. Mapeamento de processos de negócios.
15. Implantação de indicadores de relacionamento.
16. Implementação de réguas de relacionamento.
17. Colaboração entre empresas.
18. Automatizar o atendimento por meio de *chatbots*.
19. Realizar *workshops* na empresa para sensibilização dos gestores.

20. Criação de diretrizes de relacionamento com Clientes.
21. Criação de parcerias e alianças estratégicas.
22. Criação de diretrizes de incentivo aos colaboradores da linha de frente.
23. Implantação no *Net Promoter Score*® (NPS).
24. Implantação de *frontend* único para atendimento.
25. Integração dos canais de contato presenciais e remotos.

4. Ações táticas de Marketing de Relacionamento

Uma vez definidas as estratégias, será imprescindível a criação de um plano de ação tático completo para que as estratégias sejam viabilizadas. As ações táticas devem levar em consideração não apenas o que será feito, como também responsáveis, datas e, principalmente, a estrutura necessária para a viabilização das estratégias.

5. Capacitação e engajamento dos colaboradores

A educação continuada dos colaboradores da linha de frente e também dos Clientes é uma excelente forma de buscar engajamento e proximidade. Esse assunto é tão importante que publiquei o livro *Treinamento e Desenvolvimento com foco em educação corporativa*.

O educador transforma verdadeiramente as pessoas quando é especializado e diferenciado. Procurar despertar no aluno a vontade de colocar em prática o que aprendeu, utilizar diferentes recursos instrucionais em vez de somente aula expositiva, desenvolver a verdadeira empatia, focar no aluno e não em si mesmo em sala de aula e renovar o método de ensino são elementos eficazes para atuar verdadeiramente no desenvolvimento de talentos para o relacionamento com Clientes. O educador não "dá aula", ele transforma pessoas.

A implementação de uma cultura voltada para o treinamento significa facilitar as mudanças a longo prazo. Essa duração abarca diversos processos e, por isso, pode ser necessário um líder externo com experiência no campo. Ele trará uma nova visão sobre as práticas e rumos adotados ao longo dos anos para atingir uma transformação plena e eficaz.

Para capacitação profissional e engajamento dos colaboradores, se faz necessária a definição das trilhas de conhecimento ou trilhas de aprendizagem. Uma trilha é uma sequência de cursos e atividades em que o aluno deverá participar de forma que alcance os objetivos de relacionamento com Clientes.

A pessoa responsável pela capacitação deverá criar uma sequência lógica para os módulos de treinamento presenciais e *on-line* que serão ministrados. A ordenação das atividades precisará fazer sentido para os alunos, estimulando-os para a aprendizagem.

Logo após a trilha, será importante definir os módulos de treinamento, que são representados por nomes que se distinguem imediatamente do que se tratará a capacitação em si.

6. Benefícios aferidos com o Marketing de Relacionamento

O que se espera a partir do relacionamento produtivo entre Clientes, parceiros e empresas? O que você acha, na posição de consumidor, que as pessoas procuram obter durante um relacionamento?

A resposta para essas questões é quase sempre: **benefícios.** O termo **benefício** parece mais adequado, pois a própria estrutura da palavra deriva de **bem**, de fazer o bem. Nesse caso, fazer bem para ambos, simultaneamente. Isso mesmo: como dirigentes de empresas, o nosso foco deve voltar-se para o Valor do Cliente e para atender às suas necessidades. Entregar produtos e serviços superiores recheados de proximidade e ações pós-venda e entregar valor em vez de mercadorias.

Os benefícios proporcionados pela aplicação do Marketing de Relacionamento devem ser de longo prazo, isto é, a empresa não deve pensar na venda apressada do tipo *one-shot*. Além disso, os **benefícios devem ser mútuos**, ou seja, empresa e Cliente devem receber benefícios e também fornecê-los.

Outra característica básica dos benefícios é que devem ser individualizados e não padronizados. Isso significa que a empresa detém formas, estratégias, recursos e tecnologia para identificar quais são esses benefícios.

Como demonstrei, os benefícios podem ser gerados tanto para as empresas quanto para os Clientes a partir de estratégias bem estruturadas, por isso, chamo-os de **mútuos**. Os projetos de Marketing de Relacionamento realmente focados no Cliente têm condições de gerar pelo menos oito benefícios mútuos:

1. **Aumento da longevidade do relacionamento:** o aumento da retenção do Cliente é um dos benefícios mais esperados, significando aumento também dos lucros a longo prazo, por meio de estratégias de *cross-sell*, *upsell* ou da redução de custos desnecessários. Os Clientes beneficiam-se quando a empresa aprende sobre suas necessidades e customiza seus produtos e serviços.

2. **Aumento da produtividade dos canais:** o aumento da produtividade nos canais de atendimento e vendas poderá acontecer à medida que seus agentes investirem mais tempo no contato do que em tarefas que não agregam valor. Em alguns SACs que otimizamos, conseguimos reduzir em mais de 30% o tempo improdutivo dos agentes e, com isso, aumentou o tempo dedicado ao relacionamento.

3. **Redução do *gap* entre os produtos e as expectativas do consumidor:** a redução da diferença entre os aspectos técnicos dos produtos e aqueles que são esperados pelo consumidor também é um dos benefícios quando aplicamos o Marketing de Relacionamento em sua potencialidade. Pode-se evitar "florear" demais os produtos ou serviços.

4. **Redução da barganha por preços:** com o aprimoramento e o estreitamento do relacionamento, os Clientes tendem a importar-se um pouco me-

nos com a barganha por preços. O poder de barganha dos consumidores, quando elevado, é uma ameaça à lucratividade das organizações.

5. **Redução do *timing* dos negócios:** outro benefício que pode ser gerado com o Marketing de Relacionamento é a redução do horizonte temporal dos negócios, por exemplo, a redução dos diversos tempos inúteis que são gastos no atendimento e na venda. Os produtos também podem ser lançados mais rapidamente se temos mais informações dos Clientes. Se existe confiança entre as partes, tudo fica mais fácil.

6. **Redução de decisões incorretas:** a tomada de decisão incorreta e a redução de conflitos entre os diversos departamentos são possíveis com a introdução do Marketing de Relacionamento, já que todos caminham no sentido de entender os requerimentos do consumidor e transformá-los em projetos e ações palpáveis. Sempre que estou com empresários, saliento a importância da interdependência organizacional.

7. **Redução dos custos do relacionamento:** a redução dos custos do relacionamento a longo prazo resulta na redução da propensão da saída de Clientes, isto é, a própria redução de custos com o relacionamento pode gerar verbas adicionais para a área de marketing aumentar o seu nível e a qualidade do relacionamento, reduzindo os motivos pelos quais os Clientes abandonam as empresas.

8. **Sustentação de vantagens competitivas:** percebemos também que há um grande benefício quanto à sustentação de vantagens competitivas entre empresas e parceiros. Por que não estender esses benefícios aos parceiros, já que eles fazem parte da cadeia de valor? Os parceiros, quando bem orquestrados, ajudam a conquistar e a manter Clientes.

Praticar a Gestão do Relacionamento com Clientes, *Customer Experience* e *Customer Success* gera automaticamente benefícios mais palpáveis para eles e, naturalmente, o aumento da participação interna da organização. Os funcionários ficam também mais motivados.

Portanto, podemos dizer que, quando o Valor do Cliente é priorizado, os benefícios tornam-se uma consequência, um resultado desses processos empresariais, e não necessariamente uma causa, como se afirmava no passado.

Não ao "marketing de aprisionamento"

Sempre alerto as empresas sobre os perigos do que chamo de **marketing de aprisionamento**. Já comentava esse efeito no meu primeiro livro, *Guia de implementação de marketing de relacionamento e CRM*.

Você já deve estar imaginando do que se trata. É como se o Cliente fosse transformado num prisioneiro que não consegue escapar do fornecedor, mesmo que queira.

Antes de ser consultor, fui executivo de grandes organizações e recebia meus proventos depositados em contas de bancos escolhidos pela empresa contratante. Uma vez, resolvi sair do plano de saúde e entrar num concorrente que tentou me cobrar prazo de carência. Desisti.

Restringir a escolha do Cliente não deve ser confundido com Marketing de Relacionamento, até porque os Clientes percebem a diferença.

Uma empresa de mercado monopolista (ainda existe nos dias atuais) ou aquela que impõe severas restrições à saída do Cliente jamais poderão se orgulhar de ter um baixo índice de perda de Clientes. No entanto, esse é o menor problema. O foco da questão é que tornar o Cliente dependente do relacionamento não é uma boa prática, mas sim um risco a ser evitado e até um custo futuro a ser afastado.

Você já deve ter percebido que algumas empresas tentam bloquear a saída dos seus Clientes com ações muitas vezes contraditórias e até ilegais. Isso não pode ser chamado de Marketing de Relacionamento. É marketing de aprisionamento aplicado!

O relacionamento entre Clientes e empresas não deveria ser baseado em dependência. A condição de alguns Clientes se tornarem dependentes de certos produtos privados de concorrência não deveria ser usada para aprisioná-los numa solução do tipo "sem saída". Do contrário, não haveria relacionamento, mas aprisionamento.

Relacionamento não é aprisionamento, e relação não é detenção.

Cuidados especiais para quem pretende praticar com seriedade

Faço questão de levantar alguns alertas, principalmente porque temos assistido a ações mal diligenciadas por curiosos do mercado. No Quadro 4.2 sugiro ao todo oito cuidados especiais para praticar o Marketing de Relacionamento com seriedade.

Quadro 4.2 Oito cuidados especiais para praticar o Marketing de Relacionamento com seriedade.

1. Não à exclusividade.
2. Cuidado com os Clientes acidentais.
3. Custo-benefício.
4. Solução múltipla.
5. Informação confiável.
6. Não à restrição.
7. Complexidade e especialização.
8. A multiplicidade de "etiquetas".

Fonte: Desenvolvido pelo autor.

Vou detalhar um pouco sobre eles. Se você pretende implantar o Marketing de Relacionamento em qualquer tipo de empresa, seja grande, média ou pequena, é importante conhecer alguns cuidados para não criar um monstro:

1. **Não à exclusividade**. É prematuro considerar o Marketing de Relacionamento como solução exclusiva para as empresas, desprezando-se as vantagens do marketing transacional.

   Tenho sugerido principalmente às grandes empresas que têm necessidade de atuação no mercado de massa que dirijam seus esforços para os diversos tipos de marketing e não se situem em um dos extremos (transacional ou relacional). Você já imaginou se empresas que fabricam refrigerantes deixassem de anunciar na TV convencional, preferindo contatos individualizados? Não haveria ganho de escala e, provavelmente, uma lata de refrigerante custaria mais de 20 reais. No caso desse segmento, as duas formas de marketing podem e devem coexistir.

2. **Cuidado com os Clientes acidentais**. O Marketing de Relacionamento pode ser praticado amplamente. Entretanto, caso haja a elevação do custo e frequência do contato, alguns negócios que servem a segmentos de mercado com baixo potencial de compra poderiam ser inviabilizados. É necessária atenção para o que chamo de Clientes acidentais. Não há razão para investir em estratégias relacionais com eles. Seria um desperdício.

3. **Custo-benefício**. Em mercados competitivos sensíveis a preço, os custos associados ao relacionamento não podem colocar a empresa em desvantagem. É necessário um esforço do corpo gerencial para garantir que o Marketing de Relacionamento seja realizado com critérios definidos, como, por exemplo, reduzir o índice de saída de Clientes, aumentar as experiências positivas com eles ou baixar os custos desnecessários no atendimento.

4. **Solução múltipla**. Marketing de Relacionamento não é uma fórmula mágica. É uma solução de parcerias como uma equação múltipla de negócios integrada por toda a organização para antecipar problemas e planejar soluções estratégicas que afetem a relação Cliente-empresa. Esse tipo de problema não é, com frequência, de fácil solução e causa impacto em toda a organização, permeando seus departamentos. Implementar Marketing de Relacionamento não pode ser confundido com empreender uma ação isolada na companhia. Todos participam.

5. **Informação confiável**. O avanço tecnológico de relacionamento, representado pelo CRM, redes sociais, *chatbot*, *mobile first* e apps, vem promovendo o aumento da informação disponível a respeito dos Clientes, reduzindo custos ao longo do tempo. No entanto, muitas vezes a informação coletada dos Clientes é pobre e não pode suportar a exigência de interação direta e

rápida, pois ela pode chegar desarmonizada, distorcida e intermitente para o profissional de mercado. Ter informação confiável é crítico.

6. **Não à restrição**. O Marketing de Relacionamento pressupõe que a sua estratégia não seja restrita ao departamento de marketing, mas que haja uma estratégia corporativa em que as áreas de interface com o consumidor são envolvidas, trabalham juntas e são orientadas para o processo de relacionamento. Entretanto, algumas empresas conservam o departamento de marketing isolado da organização. Vamos integrá-lo?

7. **Complexidade e especialização**. O Marketing de Relacionamento, por ter sido originado por diversas áreas do conhecimento, como Gestão Estratégica, Marketing de Serviços, Marketing Industrial, Gestão de Qualidade, Gestão Empresarial e Marketing Direto, tem determinada complexidade para sua implementação, necessitando, portanto, de verdadeiros especialistas. Experiência e prática são exigidas para o seu sucesso. É primordial, entre outras coisas, a especialidade para um diagnóstico apurado sobre as precondições de implementação do Marketing de Relacionamento e diversos mecanismos de avaliação e controle.

8. **A multiplicidade de "etiquetas"**. O crescimento de publicações a respeito do Marketing de Relacionamento cria nomes parecidos, mas nem sempre são a mesma coisa. *Etiqueta* é uma palavra que usamos na administração para identificar novos nomes para velhas coisas. Marketing de Nichos, Marketing Diferenciado, Marketing de Frequência e Programas de Fidelidade são exemplos de expressões constantemente exibidas como se fossem Marketing de Relacionamento. No entanto, são diferentes e assumem compromissos distintos, revelados pelo próprio nome.

Como finalizamos o **Capítulo 4**, apresento a seguir sete questões pertinentes a este capítulo como uma forma de contribuir para reflexão e prática em grupo ou individual dos meus leitores.

Vamos refletir e praticar?

1. Com exceção do Marketing de Massa, todas as formas atuais de marketing, como Marketing Digital, *Inbound* Marketing, Marketing *Omnichannel*, Marketing de Conteúdo, Endomarketing, Marketing 3.0, Marketing Social, Marketing de Permissão, Marketing de Experiência, são inspiradas no Marketing de Relacionamento e no CRM. Forneça exemplos sobre como essas formas de marketing se inspiraram no Marketing de Relacionamento.

Marketing de Relacionamento: origens, objetivos e estratégias

2. As origens do Marketing de Relacionamento são realmente sólidas, por isso, nos dias atuais, a sua aplicação é enorme. Como o Marketing de Relacionamento foi criado? Quais são suas origens?

3. Marketing de Relacionamento e Gestão do Relacionamento são interligados e contam com a gestão integrada de todo e qualquer processo de contato com o Cliente que vise um relacionamento a longo prazo. Com essa visão, o autor criou uma definição para a Gestão Integrada do Relacionamento com Clientes (GIRC). Comente sobre ela.

4. O autor criou uma escala demonstrando a evolução da Gestão do Relacionamento com Clientes, desde o Marketing Direto até o *Customer Experience Management* nos dias atuais. Explique esse sequenciamento.

5. Existem muitas diferenças entre o Marketing de Massa e o Marketing de Relacionamento. Disserte sobre elas.

6. O autor demonstrou na obra 20 objetivos de Marketing de Relacionamento e 25 estratégias dele que utiliza nas suas consultorias. Faça a correlação entre objetivos e estratégias de Marketing de Relacionamento e apresente exemplos deles.

7. O autor prega que praticar Marketing de Relacionamento não é aprisionar Clientes. Explique o que o autor quis dizer com "diga não ao marketing de aprisionamento".

CAPÍTULO 5

Como criar, implementar e controlar Programas de Lealdade

"Programas de Fidelidade mal planejados ou mal implantados costumam trazer mais prejuízos do que lucro e, se interrompidos para 'estancar a sangria de dinheiro', além de causar queixas dos consumidores, pode fazer com que a venda caia a patamares menores do que antes mesmo de iniciar o programa. Por isso, temos de estruturá-los desde sua criação até o seu sucesso de público."

Como fazer a empresa lembrar-se sempre de tornar as experiências dos Clientes gratificantes? Uma das estratégias é implementar e dirigir um Programa de Lealdade bem estruturado e, ao mesmo tempo, criativo. Essa é uma tendência com forte crescimento para os próximos anos no Brasil e no exterior.

No capítulo anterior, apresentei 25 estratégias de relacionamento com Clientes que trazem grandes resultados. Neste capítulo, focarei em uma das primeiras: como projetar e implementar um Programa de Lealdade que gere grandes resultados.

Recompensa! Essa palavra mágica mexe com nossos instintos mais primitivos, como, por exemplo, a competição, aguçando na maioria das pessoas um desejo incontrolável de buscar tais gratificações.

Devemos lembrar que os instintos estão gravados em nosso DNA e, por mais racionais que sejamos na atualidade, graças ao desenvolvimento do córtex cerebral, que é a camada mais externa e a mais rica em neurônios que possuímos, ficamos alertas quando as empresas sinalizam recompensas e mimos. Daí a grande importância de implementar essa estratégia de forma profissional e estruturada.

A seguir apresentarei tendências, prioridades e como obter resultados com Programas de Lealdade; a conquista da lealdade; a Escala da Lealdade; 14 formatos de Programas de Lealdade; os 12 mandamentos para um Programa de Lealdade bem-sucedido e como o *Customer Experience* pode ser favorecido com essa estratégia.

CAPÍTULO 5

Os resultados do Programa de Lealdade e os instintos humanos

Não importa como chamemos essa estratégia. Pode ser denominada Programa de Lealdade, Programa de Fidelização, Programa de Longevidade, Programa de Vantagem ou Programa de Milhagem. O mais importante não é o rótulo, e sim atentar para o seu objetivo maior, que é atrair Clientes certos, realçar e intensificar o relacionamento da organização com eles e, naturalmente, trazer mais resultados para o negócio.

Os Programas de Fidelidade surgiram na década de 1990, nas companhias aéreas, para recompensar consumidores mais assíduos utilizando uma das armas mais poderosas para atrair o interesse de alguém: o poder da recompensa.

Embora no passado os programas tradicionais de descontos tenham aumentado as compras por parte dos consumidores, essa estratégia isoladamente não garantiu a compra sucessiva, tampouco a preferência eterna.

Programas de Fidelidade mal planejados ou mal implantados costumam trazer mais prejuízos do que lucro e, se interrompidos para "estancar a sangria de dinheiro", além de causar queixas dos consumidores, podem fazer com que a venda caia a patamares menores do que antes mesmo de iniciar o programa. Por isso, temos de estruturá-los desde sua criação até o seu sucesso de público.

A diferença de resultados entre um Programa de Lealdade bem-sucedido e um malsucedido é gritante, conforme apresento no diagrama da Figura 5.1.

Figura 5.1 A diferença de resultados entre um Programa de Lealdade bem-sucedido e um malsucedido.

Resultados do Programa de Lealdade

Bem-sucedido	Malsucedido
• Criação de benefícios mútuos • Maior reputação da marca • Valorização da experiência do Cliente • Aumento da lucratividade • Redução do *churn* • Valorização da equipe de funcionários	• Vício por descontos • Desconexão com a marca • Dificuldade de medir a experiência • Custo ao invés de investimento • Indiferente para o *churn* • Funcionários não se sentem valorizados com o programa

Fonte: Desenvolvida pelo autor.

Assim, boa parte dos programas criados no passado teve que ser reinventada, pois alguns sequer conseguiram comprovar sua eficácia.

Um Programa de Fidelidade que privilegia, por exemplo, somente o desconto para o consumidor e retira tal verba dos investimentos em treinamento da força de vendas estará fadado ao fracasso, pois evidencia pouco caso com o seu público interno. O Cliente acaba percebendo isso, podendo sinalizar rejeição à marca.

"Soneto de Fidelidade": que seja infinito enquanto dure

Um dos poemas mais conhecidos em todo Brasil, o "Soneto de Fidelidade", do saudoso Vinicius de Moraes, foi publicado no livro *Antologia Poética*. O fascinante poeta, jornalista, diplomata, cantor e compositor jamais poderia imaginar que seria citado em um livro sobre Gestão do Relacionamento com Clientes e *Customer Experience* em outro século. É por isso que vou fazer o link com todo cuidado.

Trago o "Soneto de Fidelidade" por admiração ao poeta e para provocar no meu leitor uma reflexão quanto à fidelidade que as empresas tanto buscam em seus Clientes.

Antes de apresentar o soneto, proponho uma indagação: a fidelidade em relação ao Cliente pode ser eterna ou deveria ser vivida mais intensamente pelas organizações enquanto durar?

Soneto de Fidelidade

De tudo, ao meu amor serei atento
Antes, e com tal zelo, e sempre, e tanto
Que mesmo em face do maior encanto
Dele se encante mais meu pensamento.

Quero vivê-lo em cada vão momento
E em seu louvor hei de espalhar meu canto
E rir meu riso e derramar meu pranto
Ao seu pesar ou seu contentamento.

E assim, quando mais tarde me procure
Quem sabe a morte, angústia de quem vive
Quem sabe a solidão, fim de quem ama

Eu possa lhe dizer do amor (que tive):
Que não seja imortal, posto que é chama
Mas que seja infinito enquanto dure.

Especialmente no final do soneto há uma mensagem que pode ser claramente compreendida pelas empresas: a de que a fidelidade junto do Cliente não á garantida para toda a vida, pois é "chama", contudo, deve ser intensificada e festejada enquanto exista, "que seja infinito enquanto dure".

Portanto, a fidelização não é eterna, mas, quanto maior o tempo de duração da relação, maiores serão as chances de benefícios mútuos. Uma empresa saudável, com consumidores valiosos por um longo tempo, obtém margem de lucro suficiente para investir na criação de valor para eles e também para seus funcionários.

Tudo começa pelo correto entendimento do que é lealdade do ponto de vista de negócios.

O que é lealdade à empresa

Lealdade é um objeto de desejo da maioria das organizações, embora a sua origem esteja associada à palavra lei, que, em última instância, está associada a domínio. Isso remete aos tempos medievais, quando os súditos do rei lhe juravam obediência e pagavam com a própria vida se não fossem leais.

A lealdade, antigamente, era ocasionada por imposição. Contudo, nos dias atuais, a palavra ganhou o sentido de relacionamento vigoroso e próximo entre empresas e Clientes.

Lealdade, para muitos executivos, é o estado da arte no que diz respeito à experiência dos Clientes. É como se eles fossem tão próximos a sua empresa que não ousariam pensar em outra marca.

Quase todos os profissionais que trabalham diretamente com Clientes pronunciam as palavras fidelidade e lealdade com tanta naturalidade que até parece fácil consegui-las. Ambas, na prática, são consequência de estratégias duradouras de agregação de valor, confiança e benefícios mútuos entre Clientes e empresas.

Defino a Lealdade de Clientes como:

> *Lealdade é um estágio nobre e raro, contudo possível, no qual Clientes atingem e não trocam a marca fornecedora. Caso um de seus produtos favoritos não esteja disponível na empresa, os consumidores verdadeiramente leais jamais compram o da concorrência. Eles defendem com tanta convicção o fabricante ou o fornecedor de serviço que são capazes de ajudar a empresa em momentos de crise e litígio. Os Clientes leais se sentem sócios da empresa e são muito sensíveis, por isso, precisam de estratégias empresariais que os valorizem.*

Um dos aspectos mais importantes para lançar um Programa de Lealdade é o levantamento de dados a respeito das preferências dos consumidores, inclusive para adotar táticas customizadas para reconhecer, recompensar e tornar as experiências dos Clientes gratificantes. Outro aspecto é que a lealdade deve ser conquistada, jamais imposta.

A lealdade deve ser conquistada

Atenção! A lealdade não deve ser imposta, e sim negociada.

A dependência de compra de serviços em mercados nos quais não há liberdade de escolha não pode ser confundida com lealdade. Assim, a lealdade não pode ser confundida com a falta de opção de certos Clientes, que não podem trocar de fornecedor porque não há concorrência estabelecida.

Já na relação B2B é um pouco diferente, pois negociações mais complexas entre duas empresas, como revendas e franquias, permitem metas e exclusividade com a empresa fornecedora. Isso pode até mesmo ser previsto em contrato.

Ainda no mercado B2B, as marcas líderes mais bem-sucedidas são aquelas que desenvolveram estratégias de comunicação, reconhecimento e recompensa junto da força de trabalho dos varejistas. Muitas até iniciaram programas de relacionamento com eles, identificaram as suas necessidades e desenvolveram campanhas bem próximas e na linguagem deles, o que trouxe ótimos resultados.

Voltemos ao B2C. Você já deve ter visto algum comercial de empresas que se vangloriavam de sua grande participação de mercado, mas que não possuíam concorrência direta. Por isso, preciso fazer uma distinção entre lealdade espontânea e lealdade imposta. Diversos setores protegidos da economia encontram-se nesta última situação, por isso, não devem declarar que seus Clientes são leais.

A regra básica de mercado é negociar em vez de impor. Atualmente, são tantas as opções de produtos similares que, por mais que o Cliente leve em consideração a sua marca no momento de escolha, ele poderá ser seduzido pelo simples fato de experimentar outra oferta.

Portanto, a lealdade deve ser conquistada por meio de estratégias constantes e enérgicas, nas quais as áreas de negócios, de marketing e de *Customer Experience* devem estar a todo tempo favorecendo uma resolutiva Jornada do Cliente, desde o momento em que este inicia o seu processo de escolha, passando pela compra, recompra e propaganda positiva da sua experiência.

A Figura 5.2 apresenta a Jornada do Cliente resumida e os diversos papéis exercidos pela empresa em vários momentos dessa jornada.

CAPÍTULO 5

Figura 5.2 A conquista da lealdade se dá ao longo de toda Jornada do Cliente, na qual as áreas de negócios da empresa possuem papéis diferentes em momentos diferentes.

Fonte: Desenvolvida pelo autor.

O incentivo ao Cliente quanto à recompra é uma das principais estratégias que adotamos nos Programas de Fidelidade. A meta é que a experiência do Cliente com a marca seja tão positiva que ele mesmo a divulgará positivamente para o mercado.

A seguir, apresentarei uma nova escala para a lealdade.

A Nova Escala da Lealdade (NEL)

A Nova Escala da Lealdade (NEL) é uma forma de classificarmos o estágio no qual o Cliente se encontra perante o relacionamento com a organização, e jamais o contrário.

Numa posição inferior, ainda com o ar de apatia, a **indiferença** é o primeiro degrau da Nova Escada da Lealdade. Nessa posição, o Cliente não percebe a empresa fornecedora como uma de suas opções, por apresentar uma indiferença enorme quanto à marca, produtos, serviços e relacionamento.

O segundo degrau da NEL é a **consideração**, momento no qual o consumidor começa a considerar determinada marca, produto ou serviço para fazer parte do seu rol de opções quando se decide por uma compra. Porém, a consideração não é suficientemente forte para levar Clientes a promoverem a empresa em redes sociais ou, em outras oportunidades, a trocarem ideias com outras pessoas.

A terceira posição da Nova Escala da Lealdade é a **preferência**, na qual o Cliente declara a sua preferência pela organização produtora. Isso já é um passo importante para a fidelidade!

Com o passar do tempo, e na medida em que essa empresa cria experiências emocionais positivas, resolve satisfatoriamente problemas e cria valor para os seus Clientes, é chegada a tão desejada **fidelidade**, que é um estágio nobre da Nova Escala da Lealdade. O ponto de ruptura entre a fidelidade e o estágio anterior é um conjunto de experiências emocionais gratificantes fornecidas para os Clientes.

Por último, o degrau mais almejado de toda e qualquer organização é a **lealdade**, que, mais do que a fidelidade, é um estágio em que a experiência do consumidor com os produtos, serviços, pessoas e relacionamentos da organização é tão positiva que ele se torna um grande "vendedor" da empresa e de seus valores, contagiando positivamente demais consumidores. A lealdade é rara, mas existe!

A Figura 5.3 ilustra os degraus da Nova Escala da Lealdade.

Figura 5.3 A Nova Escala da Lealdade (NEL). O ponto de ruptura entre a preferência e a fidelidade é um conjunto de experiências emocionais gratificantes.

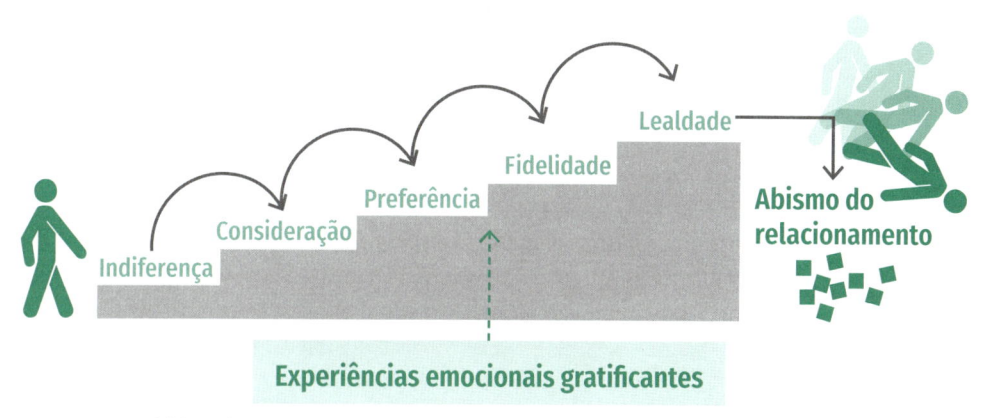

Fonte: Desenvolvida pela autor.

Contudo, há um perigo potencial quando o Cliente chega até o **estágio de lealdade**: qualquer abalo, como, por exemplo, falta de respeito, pode mudar severamente sua emoção quanto à empresa e, assim, empurrá-lo no abismo do relacionamento.

A seguir, veremos a tríade que sempre deve estar presente nos Programas de Lealdade.

A tríade reconhecimento, recompensa e experiência

O Programa de Lealdade não é uma estratégia obrigatória para motivar a recompra, contudo, se for adotado, deverá ser relevante para o seu público-alvo e, ao mesmo tempo, atuar na longevidade de seu relacionamento com a empresa.

Uma das formas de tornar isso possível é fazer valer a tríade reconhecimento, recompensa e experiência.

A **recompensa** sempre está associada a quantias para marcar que determinada meta foi atingida ou superada. Pode ser um desconto, um brinde, um cupom, milhagem ou *money back*. Já o **reconhecimento** está ligado a ações motivacionais para despertar valores junto do Cliente, como, por exemplo, importância, atenção e preferência.

Outro aspecto que deve ser entendido na implantação de programas de relacionamento é que nem sempre os Clientes preferem desconto como principal motivador para a recompra, contudo, gostariam de serem tratados de forma diferenciada, de pegar filas menores ou de ter seu caso resolvido em menos tempo. Esses Clientes são adeptos da diferenciação e da **experiência**.

Assim, todo e qualquer Programa de Lealdade deve levar em conta a tríade que mais estimula os Clientes: **reconhecimento**, **recompensa** e **experiências**, conforme apresento na Figura 5.4.

Figura 5.4 A tríade que mais estimula os Clientes: reconhecimento, recompensa e experiências.

Reconhecimento
Comemoração, importância e atenção

Experiências
Agilidade, atendimento diferenciado, novidades e lúdico

Recompensa
Milhagem, descontos, brindes e prêmios

Fonte: Desenvolvida pelo autor.

Quando a empresa desenvolve um Programa de Lealdade de forma estruturada, consegue atender à tríade, portanto, estimula seus Clientes a se tornarem frequentes e leais.

O poder do reconhecimento e da recompensa

O melhor Cliente não é o que gera mais lucros, mas aquele que, além de ser rentável, indica amigos, realiza propaganda boca a boca, estabelece relacionamento comercial de longo prazo e se sente satisfeito com as soluções empresariais. Quem não gostaria de um Cliente desses?

Longevidade! Essa é a palavra de ordem para todas as pessoas que lidam com Clientes ou que trabalham em atividades de suporte junto deles. O ponto de partida para o Programa de Lealdade é projetar se a empresa terá condições para sustentá-lo.

A alocação de recursos financeiros, materiais e humanos para o programa jamais deve concorrer com outros projetos da empresa. Já pensou se, na hora de premiar um Cliente, faltar verba?

Identificar que tipo de **recompensa** o consumidor prioriza é imprescindível para que o programa seja aceito. As preferências por prêmios, por exemplo, variam de região para região e não existe uma regra para a escolha de premiação, pois o perfil socioeconômico do consumidor-alvo é dominante para a escolha.

A empresa poderá descobrir as preferências dos Clientes por meio de um diagnóstico, porém, é importante para o executivo de marketing surpreender seu consumidor com recompensas criativas, que não precisam ser milionárias, e com gestos de reconhecimento que realmente destaquem seus Clientes.

Como seis exemplos de **recompensa** temos:

1. convites inesperados para os Clientes mais longevos e estratégicos;
2. desconto na aquisição de produtos;
3. convênios com redes de parceiros;
4. envio de livros autografados pelo autor;
5. convites para experimentação de novos produtos e serviços da empresa;
6. facilidade para trocar a pontuação por prêmios.

Como seis exemplos de **reconhecimento** temos:

1. conhecer a Jornada do Cliente para melhorar serviços a ele prestados;
2. reconhecer momentos importantes para o Cliente;
3. uma ligação do diretor saudando um feito inédito do Cliente;
4. o simples agradecimento genuíno;
5. personalizar o contato com o Cliente;
6. dar preferência ao Cliente no atendimento a suas demandas.

Aumentar o relacionamento com Clientes decola a venda

Muitas companhias devem buscar, em verdade, a retenção de seus Clientes mais valiosos pelo maior tempo possível; contudo, temos que ter os pés no chão para reconhecer que os Clientes são cada vez mais inquietos e que também gostam das novidades da concorrência.

Em paralelo, todo cuidado deve ser tomado para a valorização da linha de frente que atende a esses consumidores, que é composta de profissionais que atuam na venda e no atendimento.

Veja a Figura 5.5, que apresenta a projeção da diferença entre o consumo de Clientes sem Programa de Lealdade *versus* Clientes com o programa. Note que estes últimos apresentam potencial de negócios três vezes maior que o primeiro grupo.

CAPÍTULO 5

Figura 5.5   A diferença de projeção de negócios gerados por Clientes com e sem o Programa de Lealdade.

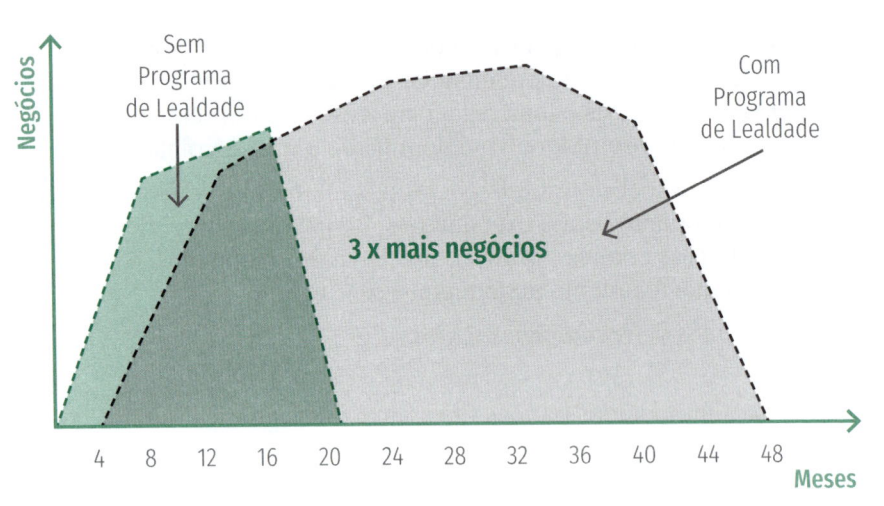

Fonte: Desenvolvida pelo autor.

O fato de pertencerem a um Programa de Fidelidade desloca o ciclo de vida dos Clientes para 48 meses em níveis altos de negócios contra os 16 meses dos demais. Essa diferença de tempo de convivência deve ser o grande objetivo das organizações, mesmo sabendo que poderão perder a qualquer momento essas pessoas para a concorrência ou que eles podem mudar de hábitos.

Por que criar Programas de Lealdade? Certamente não é para seguir qualquer moda e, sim, para aumentar as experiências emocionais positivas com os Clientes e, consequentemente, aumentar as vendas.

O relatório *The Loyalty Report 2017*, produzido em colaboração com a VISA (2017), é o maior estudo de seu tipo, explorando a mudança de atitudes e comportamentos de mais de 28 mil consumidores norte-americanos. O relatório, agora no seu 7º ano, examina a batalha pela lealdade em diversas indústrias e mais de 50 atributos do programa. Alguns números do relatório são surpreendentes:

» 81% afirmam que os Programas de Lealdade os tornaram mais propensos a continuar fazendo negócios;

» 66% modificaram seu comportamento para maximizar os benefícios da lealdade oferecidos pelas empresas;

» 73% são mais propensos a recomendar marcas com bons Programas de Lealdade.

»

Uma fonte tão importante como essa nos faz pensar que a estratégia, quando bem implementada, traz bons resultados. Aliás, essa é uma tendência internacional.

Programas de Fidelidade, uma tendência internacional

A utilização de Programas de Fidelidade tem sido objeto de estudo por conta das crescentes cifras ligadas ao setor. Uma pesquisa nos Estados Unidos, promovida em parceria pela CrowdTwist e Brand Innovators, buscou entender os investimentos feitos em Programas de Fidelidade das companhias no ano de 2017 e apenas confirmou a alta desses serviços.

Em um contexto no qual a presença de programas de fidelização dos consumidores está mais bem enraizada – o mercado norte-americano –, a tendência a investir a mais do que no ano anterior chega aos 57%. Cerca de 31% dos respondentes julgam que a demanda por mais recursos não subirá ou será necessária, e apenas 4% reconheceram uma inclinação a cortar gastos no setor.

Mas não basta entender a importância do Programa de Lealdade se não houver uma compreensão do que os Clientes realmente valorizam nesses processos. Tendo isso em vista, a empresa Maritz Motivation Solutions levantou os dados referentes a quais fatores são decisivos no ingresso dos consumidores nos sistemas de recompensa.

O estudo aponta para três características que devem ser primordiais, independentemente do setor em que a companhia esteja. Oferecer recompensas sólidas, na forma de produtos ou serviços, que atendam às demandas do público-alvo é essencial. Diminuir as barreiras relativas ao registro do consumidor no programa é necessário para aumentar o ingresso de indivíduos no sistema. Por último, alinhar a identidade da marca com os ideais dos Clientes imanta de maneira poderosa seus olhares e preferências.

A seguir, vamos conhecer algumas tendências desses programas.

Tendências e prioridades para os Programas de Lealdade

Essa poderosa estratégia para a longevidade da relação empresa-Cliente continua em evidência e poderá ser ainda mais assertiva.

Alex McEachern, na publicação *Loyalty Best Practices for a Successful 2017*, identificou que estas são as prioridades dos Programas de Lealdade para os próximos anos:

1. **Surpreenda no primeiro contato.** Fidelizar os Clientes leva um certo tempo, afinal, necessita da construção de mudanças. Assim, uma forma de "imantar" os consumidores é recompensar logo no primeiro contato, criando uma sensação de valor que lhes é simpática.
2. **Encoraje uma análise da experiência.** Independentemente do público-alvo, os indivíduos que o compõem sempre valorizarão a opinião dos demais acima do que a empresa diz sobre si mesma. Facilitar e requisitar *feedback* sobre as experiências que os consumidores tiveram é um poderoso investimento.
3. **Monitore a conversão de pontos.** Medir a porcentagem de gasto dos pontos nos prêmios e benefícios oferecidos pelo programa de recompensas é uma das formas de avaliar a satisfação dos Clientes com ele.

4. **Torne seu Programa de Fidelidade uma extensão da marca**. Dar uma identidade compatível ao resto da companhia, com uso de cores e elementos visuais, bem como criar nomes para o programa e os pontos, ajuda a criar laços com o Cliente e uma sensação de pertencimento.
5. **Acompanhe o programa**. Ele só será efetivo se tiver alta taxa de retenção. Calcular constantemente esse índice é essencial para entender se os investimentos na ação estão sendo benéficos ou precisam ser repensados.

A seguir, apresento a minha classificação, na qual existem 14 formatos diferentes para os Programas de Lealdade.

Os 14 formatos do Programa de Lealdade

Existem muitos formatos diferentes para os Programas de Fidelidade (ou Lealdade). Um formato que pode dar certo é o "um para um", ou seja, cada unidade representativa de consumo do Cliente equivale a um ponto para que ele acumule e gaste dentro do mesmo fornecedor.

A vantagem desse tipo de programa é que o custo da recompensa é menor; porém, a desvantagem é que nem sempre o Cliente gosta da ideia de o prêmio ser da mesma empresa.

Embora esse formato seja muito utilizado, sempre recomendo para as empresas que existem muitas outras possibilidades, contudo, a escolha certa dependerá de um diagnóstico minucioso e das condições existentes. De nada adiantará implantar um programa supercriativo se o Cliente não aderir a ele.

Na Figura 5.6 apresento 14 formatos para um Programa de Fidelidade, conforme a natureza do programa, resgate de prêmios, recompensa, adesão, cobrança e prazo de duração.

Figura 5.6 Os 14 formatos de Programas de Lealdade/Fidelidade.

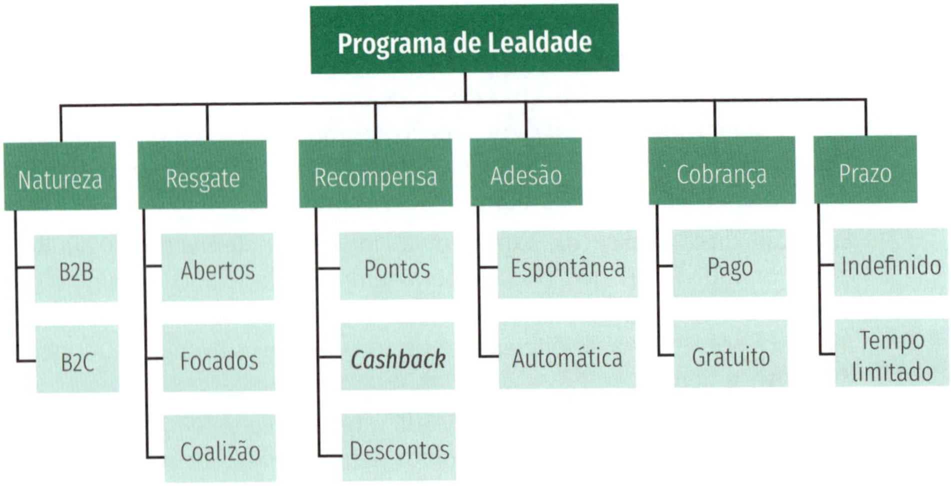

Programa de Lealdade					
Natureza	Resgate	Recompensa	Adesão	Cobrança	Prazo
B2B	Abertos	Pontos	Espontânea	Pago	Indefinido
B2C	Focados	Cashback	Automática	Gratuito	Tempo limitado
	Coalizão	Descontos			

Fonte: Desenvolvida pelo autor.

1. Programas de Lealdade B2B

Realizado de empresa para empresa, a finalidade do formato B2B (*Business to Business*) é que a parte compradora esteja mais engajada com a parte vendedora, que almeja assim se diferenciar da concorrência. Os Programas de Lealdade B2B visam cativar varejistas, revendedores, franquias e promotores.

2. Programas de Lealdade B2C

A grande maioria dos programas é do formato *Business to Consumer* (B2C), pois o grande beneficiado é o Cliente final, que, para conquistar prêmios ou mimos, precisa dar preferência à empresa que criou essa estratégia. Um ótimo exemplo brasileiro é o programa Smiles.

3. Programas de Lealdade Abertos

Os programas abertos são aqueles que acumulam pontuação mediante a utilização de produtos e serviços de uma única empresa, contudo, permitem que o consumidor gaste tal recompensa em diversos outros fornecedores.

Um exemplo importante é o Programa Ponto pra Você, do Banco do Brasil, cujas compras no cartão valem pontos para trocar por produtos, serviços e viagens. O Cliente ganha pontos automaticamente ao fazer compras com seu cartão de crédito Ourocard, bastando manter um dos cartões participantes com a função crédito ativa. Os pontos são acumulados e podem se transformar em Dotz ou em milhas aéreas dos programas Tudo Azul, Smiles e Multiplus.

Figura 5.7 Ponto pra Você, do Banco do Brasil, como exemplo de Programa de Lealdade Aberto.

Fonte: www.bb.com.br/pbb/pagina-inicial/voce/produtos-e-servicos/ponto-pra-voce/programa-ponto-pra-voce#/. Acesso em: 28 maio 2018.

4. Programas de Lealdade Focados

Os Programas de Lealdade Focados projetam que o consumidor ficará mais satisfeito com a própria marca da empresa participante, por isso, os prêmios e promoções são preferencialmente dela.

O Programa Muito Mais Raia é o Programa de Fidelidade dessa rede de drogarias no qual, na compra de qualquer produto em perfumaria, o Cliente ganha pontos.

Os inscritos no programa podem usufruir de diversos benefícios, como descontos especiais; oferta diária exclusiva; e acúmulo de pontos para trocar por produtos e vantagens na Droga Raia.

Embora esse programa permita acumular pontos que podem se tornar pontos do programa Multiplus, o Programa Muito Mais Raia possui foco na própria marca.

Figura 5.8 O Programa Muito Mais Raia como exemplo de Programa de Lealdade Focado.

Fonte: https://muitomaisraia.drogaraia.com.br/como_trocar.php. Acesso em: 28 maio 2018.

5. Programas de Lealdade de Coalizão

Os Programas de Coalizão partem da lógica de que o Cliente poderá acumular milhas de diversas empresas e gastar tal recompensa também em várias delas.

Como um caso de sucesso em termos de Programa de Lealdade de Coalizão, podemos citar o Multiplus, no qual o consumidor junta pontos de diversos Programas de Fidelidade em uma única conta e pode trocá-los por diversos tipos de recompensas, como passagens aéreas para mais de 150 países, diárias em hotéis, aparelhos eletrônicos, além de produtos e serviços em mais de 400 parceiros.

Figura 5.9 Multiplus é um exemplo de Programa de Lealdade de Coalizão.

Fonte: www.pontosmultiplus.com.br. Acesso em: 28 fev. 2018.

6. Programas de Lealdade de Pontos

Acumular para depois gastar faz parte da filosofia de vida de muitas pessoas no planeta, que preferem se planejar para colher um benefício mais à frente. Os programas de pontos, milhas e quilômetros são excepcionais para a fidelização de Clientes.

Como maior Programa de Lealdade do Brasil, no Km de Vantagens da Ipiranga, toda vez que o associado abastece ou compra produtos nos postos credenciados, o valor é convertido em pontos que são chamados de Km e podem ser trocados por benefícios.

Figura 5.10 O Programa Km de Vantagens Ipiranga é uma referência dentro e fora do Brasil.

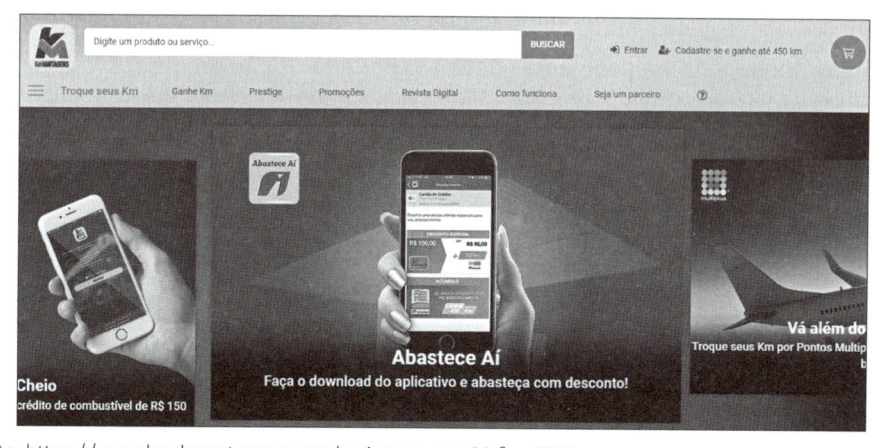

Fonte: https://www.kmdevantagens.com.br. Acesso em: 28 fev. 2018.

7. Programas de Lealdade *Cashback*

Muitos consumidores se entusiasmam por receber vantagens mais monetárias do que experiências proporcionadas pelas empresas. Por isso, existem programas de relacionamento que devolvem dinheiro a cada compra realizada em diversas marcas.

O Méliuz é um portal que disponibiliza, gratuitamente, cupons de desconto de várias lojas *on-line* do Brasil e ainda devolve para o consumidor parte do valor gasto nas compras, direto em sua conta bancária.

Figura 5.11 O Méliuz é exemplo de programas de Lealdade *Cashback*.

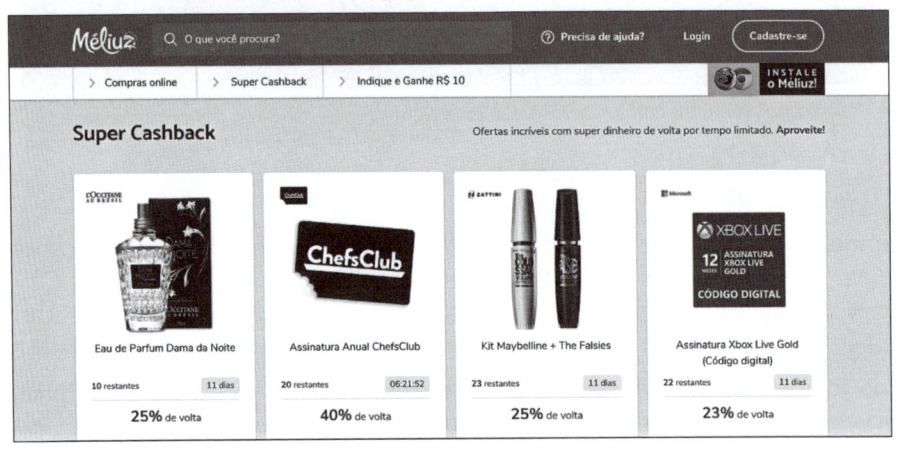

Fonte: www.meliuz.com.br/sobrenos. Acesso em: 28 fev. 2018.

8. Programas de Lealdade de Descontos

Algumas empresas apostam que os Clientes não gostam de colecionar milhas e, sim, de um bom desconto de partida, pois preferem um benefício aqui e agora, e não no futuro.

O Cartão Zona Sul é um programa exclusivo para aquisição de descontos nos produtos dos supermercados da empresa, além de outros benefícios disponíveis no *site* ou folhetos explicativos nessas lojas.

O Cliente que possui o Cartão Zona Sul tem direito a benefícios exclusivos, como desconto adicional no total nas compras no mês de aniversário.

Figura 5.12 Cartão Zona Sul, que funciona como um Programa de Descontos.

Fonte: https://www.zonasul.com.br/Cartao-E-Chaveiro-Zona-Sul. Acesso em: 17 dez. 2017.

9. Programas de Lealdade de Adesão Espontânea

Cerca de 10 a 20% dos consumidores fazem parte ativamente de um Programa de Fidelidade quando ele é espontâneo, o que, de um lado, é uma vantagem em termos de economia, contudo, de outro, a empresa perde a oportunidade para se relacionar com toda a base, até porque a participação no programa é voluntária.

10. Programas de Lealdade de Adesão Automática

Caso você queira uma adesão maciça, poderá montar uma estratégia na qual a participação seja automática, isto é, ao consumir um produto ou serviço da empresa, o Cliente automaticamente já faz parte do grupo de afinidade.

11. Programas de Lealdade Pagos

O nome já fala por si. Será que vale a pena cobrar o Cliente mensalmente pelo programa?

Nos EUA, é comum cobrarem por clubes ou por cartões de frequência.

12. Programas de Lealdade Gratuitos

Não há pagamento mensal ou anual pelo Cliente para cobrir os custos com o programa, o que em tese aumenta em 5 a 10 vezes a participação em relação ao Programa de Lealdade Pago.

13. Programas de Lealdade de Prazo Indefinido

Muitas empresas optaram por apresentar para o seu Cliente um programa que "não tem pressa para acabar", pois a estratégia é tornar longeva a relação entre as partes. Contudo, será importante para a organização demonstrar ao longo do tempo novidades para continuar realçando o programa.

CAPÍTULO 5

14. Programas de Lealdade por Tempo Limitado

Este tipo de Programa de Fidelidade é muito utilizado pelo varejo e pelas empresas na área de serviços que precisam fazer um esforço extraordinário de vendas por um tempo determinado.

A seguir, vou apresentar os 12 mandamentos para o sucesso no momento de concepção e implementação de Programas de Lealdade.

Os 12 mandamentos para um Programa de Lealdade bem-sucedido

Quais são os preparativos para a implementação de um Programa de Lealdade? Acima de tudo, é importante que as regras sejam claras, que o associado saiba o que se espera dele e que a empresa cumpra suas promessas.

Um cuidado adicional é lançar um programa com prazo de validade, pois, caso o resultado que você deseja não seja atingido, será mais fácil remover o programa.

Veja no Quadro 5.1 os 12 mandamentos para um Programa de Lealdade bem-sucedido.

Quadro 5.1 Os 12 mandamentos para implantar um Programa de Lealdade.

12 mandamentos para implantar um Programa de Lealdade
1. Estabeleça um objetivo quantitativo e um qualitativo.
2. Seja criativo, mas torne o programa viável de ser implementado.
3. Não ostente demais o programa. Seja simples, porém diferenciado.
4. Registre e divulgue para Clientes e colaboradores as regras e prazos.
5. Estude o melhor formato que se adapte a seu mercado ou empresa.
6. Valorize genuinamente os Clientes mais longevos e os mais importantes.
7. Diferencie a participação, ressaltando os Clientes mais estratégicos.
8. Ofereça benefícios reais, tornando-os possíveis de serem alcançados.
9. Respeite as diferenças regionais.
10. Crie experiências emocionais gratificantes para os Clientes.
11. Anualmente, realize uma pesquisa sobre aceitação e melhorias do programa.
12. Conte com ajuda profissional para o sucesso do programa e evite improvisos.

Fonte: Desenvolvido pelo autor.

Valorizar Clientes não é sinônimo de enviar presentes quando eles fazem aniversário ou quando estão "de malas prontas" para abandonar a empresa. Agraciar os principais associados durante seus melhores momentos é um papel importante do gestor de relacionamentos para realçar o *Customer Experience*.

Todos os consumidores da empresa podem participar?

É importante categorizar os Clientes para que haja tratamentos distintos. Diferenciar os mais importantes não deve implicar tratar mal os menos especiais.

Também não recomendo usar muitas categorias inferiores como um "trampolim impossível" para se chegar ao topo, pois, quando percebem a impossibilidade, os consumidores desistem e acabam não fazendo parte do "seleto grupo" imaginado pela organização.

Uma dica adicional é que o programa deve fornecer benefícios reais e passíveis de serem alcançados, mediante, é claro, esforços colaborativos das duas partes: Cliente e empresa.

Clientes e executivos obtêm benefícios com os programas

Cada vez mais é necessário criar um sentimento de valor nos serviços para conquistar o público. Comunicar-se de forma personalizada, adaptar-se à realidade e às necessidades das pessoas, agilizar os processos e efetivamente compreender quais os valores esperados por elas são algumas ações que têm liderado os investimentos de tempo e dinheiro nos programas de relacionamento.

As evoluções da comunidade *on-line* expuseram um contexto no qual os consumidores têm amplo domínio sobre as transações ainda de forma prévia, ouvindo as opiniões alheias e entrando em contato com diversas marcas antes de efetuar uma compra.

O relatório da iVend, feito no Reino Unido, identificou que 59% dos Clientes sentem que o *e-commerce* traduz-se num atendimento mais pessoal do que as transações comerciais.

Ainda de acordo com a iVend, 18% dos Clientes esperam que os vendedores utilizem seus dados *on-line* para aperfeiçoar a experiência *in loco*. Alinhar todas as áreas da empresa, sejam elas comerciais ou não, para personalizar o contato e gerar satisfação é o primeiro passo para fidelizar Clientes.

Somente os Estados Unidos contam com mais de 3 bilhões de dólares anuais de investimento em Programas de Fidelidade. Essa tendência virou objeto de um estudo da Selfstartr, levantando importantes dados e índices que evidenciam a atualidade de trabalhar a relação com o consumidor, afinal, 76% deles acreditam que tais programas são uma base importante para esse elo. Ainda, 83% admitem que projetos de fidelização são fatores importantes para voltarem a fazer negócio com as companhias que os utilizam.

Outro dado importante é que 75% das organizações acabam recebendo em troca mais do que investem nesses procedimentos. Recompensar o Cliente nunca foi tão lucrativo e a questão financeira acaba se sobrepondo às demais, por isso, 97% dos programas envolvem, de alguma forma, gastar para receber. Porém, adotar um modelo meramente baseado em transações financeiras limitará a vida útil do programa, em 77% dos casos, ao máximo de dois anos.

As companhias não devem implantar programas de recompensa de forma meramente banal, sem um estudo prévio dos valores e vantagens que os Clientes esperam obter. O cenário norte-americano analisado pelo Selfstartr demonstra que apenas 25% dos sistemas de fidelidade recompensam o Cliente pelo engajamento, que é o principal fator pelo qual eles esperam ser recompensados. Olha que oportunidade!

Para serem bem-sucedidos, Programas de Lealdade devem **atentar mais à retenção do que à conversão**. Valorizar os Clientes antigos é primordial, afinal, pode custar sete vezes mais atrair novos compradores do que trabalhar os existentes. Isso se deve ao fato de os indivíduos já acostumados a realizar negócios com determinada marca gastarem até 67% mais do que os que a experimentam pela primeira vez, segundo o estudo.

Portanto, para ter um programa de recompensas efetivo e que seja benéfico para as duas partes, os profissionais devem focar em retenção e compreensão do Cliente. A Selfstartr identifica que aumentar o primeiro desses fatores em cinco pontos percentuais pode praticamente dobrar os lucros de uma companhia. Já o segundo ainda se deve a uma discrepância de entendimento sobre o que tais programas devem representar. Para 73% dos Clientes, a lealdade deve partir das empresas para eles, enquanto 66% dos executivos acreditam exatamente no contrário. Alinhar as expectativas dos consumidores com as ofertas de recompensa, proporcionando uma personalização e individualização nessa parte, é uma ótima forma de equilibrar as demandas de ambas as partes.

A seguir, vou apresentar importantes dúvidas e as respectivas respostas para implantar programas.

10 perguntas e respostas antes de implantar um Programa de Lealdade

Os Programas de Lealdade têm melhor aderência se implementados em mercados em que os produtos e serviços prescindem de valor agregado. Você pode aplicá-los em segmentos nos quais seja possível seu monitoramento, por meio de sistemas e processos para observar reações dos Clientes, como o seu ciclo de compras, sua participação efetiva na resposta ao plano, e também seu desmembramento em compras de serviços, produtos ou pacotes da empresa.

Além de o comportamento do consumidor ser acompanhado, os resultados quantitativos e qualitativos do programa precisam ser mensurados.

No Quadro 5.2, apresento um conjunto de 10 perguntas e respostas que os executivos devem se fazer antes de decidirem implementar um Programa de Lealdade ou mesmo reestruturar o já existente.

Quadro 5.2 As 10 perguntas e respostas antes de implantar um Programa de Lealdade.

Perguntas	Respostas
Por que devo implementar um Programa de Lealdade?	Qualquer executivo deve ter em mente que se trata de um investimento que pode trazer bons resultados ou prejuízos a depender da forma como for implantado, por isso, jamais será obrigatório.
O que a empresa ganha com isso?	Os ganhos para empresas que implantam o programa com estratégia podem ser a redução do *churn*, aumento da lucratividade, aumento do *ticket* médio e aumento da satisfação do Cliente.
Qual o ponto de partida de um programa assim?	Projetar se a empresa terá condições para sustentação do programa garante os investimentos necessários. A empresa deve realizar um diagnóstico apurado logo no início.
Que tipo de mercado é mais adequado para aplicá-lo?	Mercados competitivos, nos quais a diferença entre produtos concorrentes é pequena. Empresas que estejam almejando aumentar a experiência do consumidor com sua marca, oferecendo valor agregado.
O que deve ser controlado num Programa de Lealdade?	Por meio de sistemas e processos, a empresa poderá controlar os resultados e os aspectos do comportamento do consumidor em relação ao programa e à *performance* geral na empresa.
Qual o melhor formato de um Programa de Lealdade?	Deve-se estudar caso a caso, mas podem ser mesclados aspectos de reconhecimento com de recompensa. O programa não deve ser visto como uma tática indireta de desconto.
Quais são os cuidados para se implementar um programa?	Torne as regras claras tanto para empresa quanto para Clientes. Cuidado para não privilegiar em demasia os Clientes especiais em detrimento dos Clientes comuns. Divulgue sempre as regras.
Há riscos para implementar um Programa de Lealdade?	Sim, pois qualquer estratégia empresarial traz em si algum tipo de risco. Nesse caso, os riscos devem ser planejados de acordo com experiências vividas pela empresa ou apresentados por consultoria.
É melhor implantar o programa com equipe interna ou consultoria?	Há casos bem-sucedidos tanto com equipe interna quanto com consultorias. Na minha experiência, o Programa de Lealdade roda melhor quando há o trabalho colaborativo entre a equipe interna e a externa.
Quais os benefícios do Programa de Lealdade?	Se bem implantado o Programa de Lealdade poderá gerar benefícios para a empresa, para o Cliente e para a equipe que faz interface com ele, como, por exemplo, maior proximidade, aumento das experiências positivas do consumidor, aumento da taxa de fidelidade e aumento dos lucros.

Fonte: Desenvolvido pelo autor.

Como visto, antes de "sair fazendo" cegamente uma estratégia dessas, será importante desenvolver metodologia estruturada para que haja resultados e benefícios mútuos.

Customer Experience e a lealdade andam juntos

Criar um público consumidor que seja leal à marca é um dos maiores desafios dos profissionais que lidam com *Customer Experience*. A dificuldade só aumenta com o cenário atual, em que informações e opiniões sobre as companhias podem ser obtidas rapidamente por qualquer um, e nem sempre é fácil criar e integrar experiências em *e-commerce* e relacionamento *on-line*.

Então, como construir uma imagem de confiança e comprometimento?

Essa lealdade pode ser obtida por dois caminhos, com efeitos diferentes para a consciência e o comportamento dos Clientes. Deixar seu consumidor satisfeito, sem inclinação a mudar suas escolhas, é um bom caminho; porém, qualquer falha em seu processo poderá levá-lo a outra empresa.

Já o Cliente comprometido desempenha até mesmo um papel de defensor da companhia, tendo uma forte ligação emocional com a experiência que ela vende.

Portanto, para construir a lealdade, não adianta somente investir alto. É preciso inteligência de negócios e *Customer Experience*.

Gostei muito da abordagem da *American Marketing Association* (AMA) quanto à construção da lealdade. De acordo com a AMA, existem cinco variáveis que constituem a construção de lealdade à marca:

1. **Confiança:** as experiências fornecidas são únicas e atendem às expectativas dos Clientes.
2. **A melhor, uma referência:** a empresa é, reconhecidamente, a melhor em seu ramo.
3. **Mídia social:** possui conteúdo e comunicação *on-line* interessantes e que engajam.
4. **Conexão emocional leve:** causa um estado agradável no qual o Cliente se sente feliz.
5. **Conexão emocional alta:** inspira e alegra seus Clientes mediante a crença em um propósito maior.

As diferenças entre os consumidores meramente satisfeitos e os verdadeiramente comprometidos são muitas. Os primeiros ligam-se mais às funcionalidades e praticidades oferecidas pela marca, tendo uma baixa conexão emocional com ela. Apreciam os resultados que são entregues e, por comodidade, não mudam de opção enquanto estão abastecidos por eles.

Os programas de recompensa nasceram em áreas como hospedagem, companhias aéreas e redes de varejo. Buscando um tratamento diferenciado para consumidores recorrentes e que se destacassem da média, esses programas passaram a ser adotados em outras áreas comerciais visando a lealdade de seus Clientes. Porém, essa proliferação foi responsável por uma variedade de programas que não atendem a seu propósito original, fornecendo benefícios sem um estudo prévio da capacidade de ofertá-los e mesmo de seus efeitos no mercado. Tal falha pode originar um ciclo sem fim, afinal, são poucos os gestores que optam por substituir tais programas defeituosos com medo de retaliação do público.

Para implementar um Programa de Fidelidade com benefícios mútuos, é preciso muito preparo por parte da organização. Um planejamento assertivo, que leve em conta a comunicação *Omnichannel*, quais operações serão criadas para implementação e como o mercado enxergará a atitude, é essencial.

Um ótimo artigo da Bain & Company escrito por Cheris, Du Toit e Kmet, intitulado *Turning Rewards into Loyalty*, identifica os fatores que devem estar em foco na hora da implementação de um Programa de Fidelidade. O primeiro deles é o contato recorrente com as informações. Mapear os valores e comportamentos econômicos dos Clientes para mensurar seu potencial de consumo é o primeiro passo para estar hábil a avaliar os efeitos de qualquer Programa de Fidelidade.

Somente com os dados levantados será possível dar um direcionamento para o programa, segundo fator apontado pelo artigo. Saber precisamente o que e a quem dizer, ou seja, modelar as propagandas e mensagens levando em conta preferências quanto a produtos, formas de pagamento e locais de consumo trazem maior proximidade com o Cliente.

A identificação de consumidores que se portem acima da média permite também moldar melhor suas experiências. Hierarquizar os Clientes, criando níveis de consumo e envolvimento com a empresa para ofertar benefícios como embarques mais rápidos ou salas de espera VIP, é uma forma de valorizá-los.

É importante que o programa observe, quanto à forma, outro fator: precisa ser simples, de fácil utilização, ou seja, sem levantar obstáculos ou aprofundamentos tediosos nos primeiros contatos. Ter uma disposição convidativa e transparente mantém seu Cliente interessado em cadastrar-se e apto a tornar-se fiel à empresa.

O último, mas não menos importante, fator apontado pelo artigo *Turning Rewards into Loyalty* é o caráter responsivo que o programa deve ter. Para sentir-se valorizado, o Cliente deve ter a imagem de que **a companhia corre atrás dele**, e não o contrário. Identificar lacunas nas experiências ofertadas, por meio de *feedback*, é o primeiro passo para essa atitude. Mas ela precisa ser complementada por uma inclinação a agir antes mesmo que o consumidor crie uma expectativa sobre uma solução.

CAPÍTULO 5

Preço, qualidade e resolver problemas fidelizam

Toda empresa sonha em conquistar a lealdade de seus Clientes. Embora as companhias gastem bastante dinheiro criando e aperfeiçoando programas voltados a esse objetivo, muitas acabam apenas assimilando que frequência de compra seja um bom indicador de lealdade.

Lindsay Malone, no seu estudo *Consumer Loyalty Requires Much More Than a Rewards Program*, conclui que, nos Estados Unidos, 52% dos consumidores escolheram outra marca por conta de um serviço ruim. Desses, 68% declararam que não voltariam a fazer negócio com tais companhias, causando um prejuízo total de mais de um trilhão e meio de dólares.

Mas como a lealdade do consumidor pode ser conquistada? Essa medida de compromisso do Cliente, que depende de suas preferências e satisfação, deve ser persuasiva e encantadora. Empresas com forte inclinação para conquista da lealdade de seu público oferecem agilidade, transparência e eficiência nos contatos, principalmente pessoais, além de experiências únicas em ambientes limpos, organizados e apelativos.

Surpreender os Clientes com atitudes inesperadas, lembrando os dados das últimas experiências que eles tiveram com a empresa e ofertando produtos exclusivos, é uma ótima forma de deixá-los lisonjeados. Uma pesquisa da Support.com descobriu que os dois elementos principais para despertar a lealdade são o preço e valor (73%) e a qualidade do produto e serviço (66%). Portanto, antes de criar diversas ações para gerir a lealdade, é preciso certificar-se primeiro de que esses fatores essenciais estão presentes na oferta da empresa.

Cerca de 81% dos consumidores preferem empresas que ofereçam esse benefício, que é uma ótima forma de as companhias levantarem dados sobre seus compradores e melhorarem ainda mais o *Customer Experience*.

Contudo, a busca pela lealdade do consumidor deve ser conquistada, e não imposta a eles.

A seguir, vou apresentar alguns segredos da lealdade, segundo a AMA.

Alguns segredos da lealdade

Criar um relacionamento marca-Cliente é uma tarefa longa. Afinal, cada indivíduo tem suas próprias aspirações, por mais que o público pareça seguir um padrão de estilos e comportamentos.

Assim, a *American Marketing Association* elencou três passos iniciais fundamentais para que a empresa se aproxime do consumidor. Considero que esses passos podem ser conectados ao Programa de Lealdade:

1. **Decida em prol do Cliente**. Seja a destinação de verba ou definição de novas estratégias, sempre pense no Cliente em primeiro lugar. Leve em

conta suas necessidades, experiências e *feedback*, portanto, esteja sempre em contato com seus consumidores.

2. **Crie uma experiência única**. Se planejar é o primeiro passo, implantar é o segundo. Busque adicionar a todos seus serviços e produtos a inspiração e o cumprimento das necessidades dos Clientes possuem.

3. **Mostre a personalidade da empresa**. A personalidade define a série de comportamentos que a marca terá com seus Clientes ao longo da jornada de consumo. Humanizar o relacionamento, ouvindo efetivamente o que seu público tem a dizer, e personalizar suas ações específicas com cada indivíduo por meio dos dados levantados é uma atitude poderosa para valorizá-lo.

Valorizar o Cliente, identificando e atendendo suas especificidades individuais, é o modelo que deve preceder qualquer iniciativa de reconhecimento.

Grande autor e pesquisador do tema "lealdade", James Kane tem uma posição interessante sobre como se dão os relacionamentos com as empresas.

Para o estudioso, eles se dividem em hostis, transacionais, predispostos e leais. Estes últimos são as que mais interessam às empresas, afinal, garantem que o consumidor voltará a interagir com elas. Veja a classificação na Figura 5.13.

Figura 5.13 Classificação dos Clientes em quatro níveis de relacionamento com as empresas.

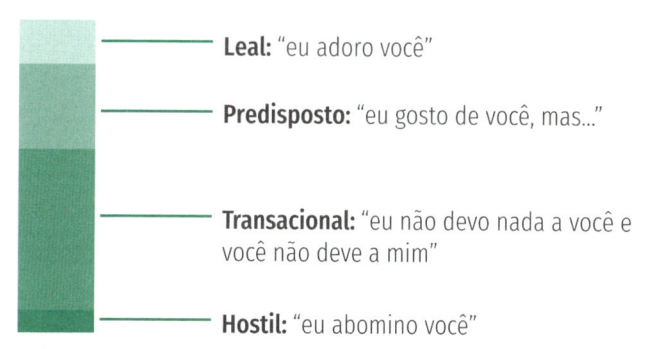

Leal: "eu adoro você"

Predisposto: "eu gosto de você, mas..."

Transacional: "eu não devo nada a você e você não deve a mim"

Hostil: "eu abomino você"

Fonte: JAMES, Kane. *The true indicators of a loyal customer are found in the experience, not the outcome, and in those touchpoints that are important to the customer, not the marketer.* Disponível em: https://www.ama.org/events-training/Conferences/Pages/secret-loyal-customers.aspx. Acesso em: 28 fev. 2018.

Apesar de não existir uma fórmula para a lealdade, alguns conselhos são muito úteis. Entender que ela vai além da mera satisfação, que só ocorre em relação a um acontecimento prévio, é o primeiro passo. A lealdade é a confiança em que a satisfação ocorrerá no futuro.

Criar uma sensação de que tanto a companhia quanto o consumidor fazem parte de um movimento maior do que uma mera transação, com objetivo e propósito bem definidos, é uma rota para chegar aos resultados esperados. Instigar no Cliente um sentimento de pertencimento, personalizando seu atendimento por meio de dados sobre seu perfil e comportamento, é outro dos muitos caminhos para ser bem-sucedido na busca por lealdade.

Acho importante também pontuarmos as diferenças entre satisfação e lealdade. A fonte da Tabela 5.1 é bem interessante.

Tabela 5.1 Satisfação *versus* Lealdade.

Satisfação	Lealdade
Ligada ao passado.	Ligada ao futuro.
Fruto da entrega do que era esperado, da forma esperada.	Gerada por meio de experiência que traz confiança, pertencimento e propósito.
Imprescindível, mas não garante a lealdade por si só.	Precisa tornar a vida do consumidor melhor, mais segura e mais prática.
Baseada no cumprimento de promessas.	Baseada na experiência emocional positiva do Cliente.

Fonte: Adaptado de MARKELZ, Michelle. The Secret of Loyal Customers. *American Marketing Association*. Disponível em: https://www.ama.org/events-training/Conferences/Pages/secret-loyal-customers.aspx Acesso em: 28 fev. 2018.

Cuidado com os programas "antifidelidade"

Por quais motivos um Programa de Lealdade pode não obter os resultados esperados? Em minhas pesquisas, identifiquei que são ao menos 12 causas que contribuem para um programa ser apelidado de "antifidelidade":

1. Falta de foco na experiência do Cliente.
2. Baixa resolutividade da empresa quanto ao atendimento a Clientes.
3. Falta de experiência com o programa por parte dos responsáveis.
4. Tecnologia inadequada para gestão do Programa de Lealdade.
5. Visão de lucros a curto prazo.
6. Canais de relacionamento mal dimensionados.
7. Falta de informação do programa para as áreas operacionais.
8. Regras confusas ou pouco claras para os consumidores.
9. Pouca atratividade para os Clientes.
10. Baixo envolvimento da diretoria.
11. Equipe interna não valorizada com o programa.
12. Crença de que o desconto resolve tudo.

Promoções equivocadas e repetitivas criam Clientes dependentes de descontos. O crescimento desordenado e o lugar comum de muitos Programas de Fidelidade aumentaram a busca pelos descontos por parte do consumidor em vez de criar relacionamentos mais estreitos e com benefícios mútuos.

O poder de redução de custos da concorrência, como consequência da tecnologia e de práticas gerenciais, vem acarretando descontos agressivos, atingindo em cheio os Clientes que, em número crescente, concordam em experimentar novas opções de produtos e serviços. Esse efeito pode ser sentido com o aumento da disputa pelo Cliente por meio de estratégias de *test drive*, que representam uma variação da prática de degustação tão conhecida por todos. Na verdade, estamos falando de *Customer Experience*.

Um dos responsáveis pela queda da lealdade é a crença de que todos os Clientes reagem da mesma forma a estímulos. Crenças são afirmações mentais poderosas que algumas empresas formam a respeito de certas "verdades" sobre seus consumidores quanto a suas preferências e hábitos. Na maioria das vezes, essas crenças são fundamentadas somente na experiência ou no *feeling*, por isso colaboram para que decisões gerenciais falhem.

O Cliente nem sempre é previsível. Existe uma diferença notável entre a intenção de compra e a ação de compra propriamente, na qual o indivíduo se envolve com a marca, recomenda-a para amigos; no entanto, no ato da aquisição pode optar por uma marca concorrente.

Como explicar o comportamento de um Cliente de meia-idade que vinha adquirindo sua roupa em uma loja preferida e, repentinamente, se vê comprando uma marca diferente?

O segmento de moda, em que quase sempre há uma ligação afetiva com o produto, está revelando dados surpreendentes, pois muitos Clientes que afirmam categoricamente que jamais trocariam de marca mudam de ideia e migram para a concorrência sem mesmo sentir. Não é difícil imaginar que outras categorias de produtos e serviços, cuja frequência de uso é insuficiente e o valor emocional reduzido, tenham a tendência a não gerar lealdade.

A própria explosão da variedade de oferta de produtos e serviços vem contribuindo para que haja a experimentação de alternativas. Estar presente na mente do consumidor, exclusivamente por meio de comunicação de massa, não garante que os Clientes se comportem de maneira mais assídua com suas marcas preferidas, por isso, os profissionais que trabalham na Gestão do Relacionamento e com *Customer Experience* precisam criar estratégias inovadoras para o aumento da longevidade do consumidor.

Como mediar a eficácia dos Programas de Lealdade

A cultura no Brasil nem sempre é a de medir constantemente os resultados das estratégias realizadas. Contudo, esse paradigma vem sendo modificado pela utilização cada vez mais acentuada de tecnologia, tão facilitada pelo *big data*.

CAPÍTULO 5

Lindsay Kolowich, em seu artigo *7 Customer Loyalty Programs That Actually Add Value*, recomenda as melhores formas de mensurar a efetividade do Programa de Lealdade:

- » **Índice de retenção do consumidor**. Medindo o tempo que os consumidores gastam em contato com a empresa para dela extrair experiências. Esse indicador impacta diretamente nos lucros da companhia, pois, segundo Fred Reichheld, um dos maiores nomes sobre lealdade, um simples acréscimo na retenção de 5% pode significar uma alta de 25% a 100% nos lucros.
- » ***Churn* negativo**. Ao contrário do *churn* tradicional, que mede a saída de Clientes, o *churn* negativo mensura a quantidade de consumidores que sobem de nível ou se envolvem com mais serviços e produtos oferecidos.
- » ***Net Promoter Score* (NPS)**. O NPS mede o engajamento dos consumidores de forma objetiva e matemática. Subtraindo do número de promotores o número de detratores, é possível saber o grau de entusiasmo dos Clientes. Por conta de sua importância, o NPS será abordado em profundidade no próximo capítulo.
- » ***Customer Effort Score* (CES)**. Voltada às experiências, essa análise busca obter dos Clientes um número que se relaciona a quanto esforço eles precisaram empreender para resolver algum problema com a empresa. Menos emocional, surge como uma alternativa ao NPS.

Além dessas formas de medição sabiamente apontadas por Lindsay Kolowich, recomendo a utilização do ***Return on Investment* (ROI)**, que pode ser utilizado calculando-se o ganho obtido com as vendas menos o valor inicialmente investido no programa, divididos pelo valor inicialmente investido no programa. Além disso, podemos usar outros indicadores como índice de satisfação do Cliente com o programa, opinião da força de vendas e taxa de utilização do programa.

Como finalizamos o **Capítulo 5**, apresento a seguir sete questões pertinentes a este capítulo como uma forma de contribuir para reflexão e prática em grupo ou individual dos meus leitores.

Vamos refletir e praticar?

1. O autor fez uma alusão ao *Soneto de Fidelidade* de Vinicius de Moraes, demonstrando que a fidelização de Clientes pelas empresas não é eterna, mas quanto maior o tempo de duração da relação, maiores serão as chances de benefícios mútuos. Explique esse fato.

2. Lealdade é um estágio nobre e raro, contudo possível, no qual Clientes atingem e não trocam a marca fornecedora. Explique como ela pode ser obtida aplicando-se Programas de Lealdade.

3. O incentivo ao Cliente quanto à recompra é uma das principais estratégias que adotamos nos Programas de Lealdade. Apresente exemplos de reconhecimento e recompensa dos Programas de Lealdade.

4. A Nova Escala da Lealdade (NEL) criada pelo autor é uma forma de classificarmos o estágio no qual o Cliente se encontra perante o relacionamento com a organização, e jamais o contrário. Apresente-a.

5. Todo e qualquer Programa de Lealdade deve levar em conta a tríade que mais estimula os Clientes: reconhecimento, recompensa e experiências. Disserte sobre o tema.

6. O autor demonstrou que existem 14 formatos do Programa de Lealdade. Apresente os mais conhecidos e forneça exemplos.

7. Os Programas de Lealdade têm melhor aderência se implementados em mercados em que os produtos e serviços prescindem de valor agregado. Quais são os preparativos para a implementação de um Programa de Lealdade?

CAPÍTULO 6

Metodologia e técnicas para mapear a experiência do Cliente e obter *customer insights*

Acesse e assista ao vídeo
https://uqr.to/ru26

> *"Conhecer o Cliente pressupõe mapear a sua experiência e obter insights durante sua jornada nos canais de contato presenciais ou on-line dentro da estratégia Omnichannel. O objetivo da construção da base de conhecimento sobre o Cliente deve ser fazer com que os processos de CX não sejam empíricos, mas baseados em informações tratadas. Em minhas pesquisas, quando um vendedor bem treinado com uma metodologia eficaz de vendas procura conhecer os dados básicos do Cliente, seu perfil e suas necessidades antes e durante o contato com ele, pode aumentar suas vendas em 30% ou mais."*

Conhecer verdadeiramente o Cliente é, antes de tudo, mapear sua experiência e obter *insights* por meio do entendimento do seu perfil, suas necessidades, satisfação, engajamento e diversos indicadores. Para isso, é importante que o profissional de Gestão do Relacionamento e CX domine inúmeros instrumentos e competências, como medir o NPS, o *Customer Effort Score*, pesquisas quantitativas e qualitativas, gestão do conhecimento e metodologia de vendas e atendimento.

Contudo, na minha experiência, menos de 50% das organizações conhecem realmente seus consumidores a ponto de elaborar estratégias de relacionamento eficazes, criando benefícios mútuos.

Falar que a empresa conhece o Cliente se tornou lugar-comum e praticamente um jargão pronunciado pelo mercado. A expressão "conhecer o Cliente" passou a ser a mais falada nos meios empresariais nos últimos anos. Entretanto, esse tipo de

CAPÍTULO 6

expressão vem contribuindo para um discurso abstrato sobre o que é realmente conhecer o consumidor.

Dessa forma, vou dedicar este capítulo a apresentar estratégias e técnicas vencedoras para mapear a experiência do Cliente e obter *customer insights,* proporcionando experiências marcantes e, assim, transformando-o em parceiro rentável e longevo.

Conhecer genuinamente o Cliente gera resultados

Conhecer genuinamente o Cliente do ponto de vista de quem o está atendendo é fundamental e obrigatório por muitas razões.

A primeira é que, segundo minhas pesquisas, quando um vendedor bem treinado com uma metodologia eficaz de vendas procura conhecer os dados básicos do seu público, incluindo perfil e necessidades antes e durante o contato com ele, pode aumentar suas vendas em 30% ou mais.

A segunda razão é que agentes de *contact centers* capacitados com metodologia de atendimento, que engloba conhecer (e utilizar) durante o contato com o Cliente dados do perfil, histórico de contato e mapeamento de necessidades, conseguem reduzir os custos de atendimento em 25% e também baixar o nível de atrito em mais de 50%. Veja os gráficos da Figura 6.1.

Figura 6.1 Ganhos em construir conhecimento a respeito do Cliente durante uma venda e um atendimento.

Aumento de vendas: +30%
Redução dos custos de atendimento: -25%
Redução do atrito com o Cliente: -50%

Antes | Depois

Fonte: Desenvolvida pelo autor.

Esses números podem ser surpreendentemente maiores se a organização mantiver a chama da *metodologia de vendas e atendimento* acesa por muitos anos. Portanto, mapear a experiência do Cliente antes, durante e após as interações com ele, quando suportado por uma metodologia simples e eficaz, pode conduzir a empresa a resultados mais que satisfatórios tanto de vendas quanto de otimização do atendimento a Clientes.

Metodologia de Vendas e Atendimento EDiRC permite conhecer o Cliente

Durante todos os dias, todas as horas e minutos haverá alguma interação presencial ou digital entre a empresa e seus Clientes, seja durante um atendimento ou uma venda.

Metodologia e técnicas para mapear a experiência do Cliente e obter *customer insights*

O grande problema é que muitas organizações não conseguem fazer com que seus vendedores e atendentes ajam de forma proativa e estruturada para se relacionar com os Clientes, deixando de conhecê-los e de aproveitar as informações preciosas coletadas durante o contato com eles para gerar mais negócios e reduzir o atrito.

Por isso, um passo muito importante para a empresa ser **Customer Success** é criar e implementar uma *metodologia de vendas e de atendimento* a Clientes que seja de fácil assimilação pelos canais de relacionamento, que diferencie a empresa perante o mercado e crie um padrão de excelência e de qualidade de atendimento e vendas.

Costumo dizer que conhecer genuinamente o Cliente significa empreender estratégias para a criação de um ciclo contínuo e infinito. Por isso, incluí esse símbolo no centro da metodologia (Figura 6.2), pois a interação com o Cliente é contínua e deveria ser pensada como infinita.

Chamo essa metodologia de **EDiRC**, que inclui os passos **empatizar**, **diagnosticar**, **resolver** e **conquistar**.

Figura 6.2 Metodologia de Vendas e Atendimento EDiRC para conhecer genuinamente o Cliente e intensificar as experiências com ele.

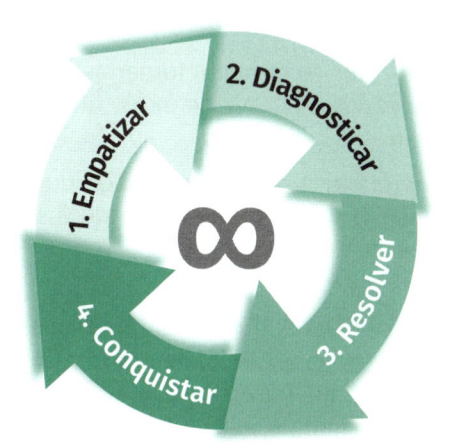

Fonte: Desenvolvida pelo autor.

O EDiRC é uma forma esquemática de representar a jornada de um contato presencial ou remoto, no qual o primeiro ato é o atendente ou o vendedor demonstrar interesse verdadeiro pelo Cliente.

Tudo se inicia no momento inicial do atendimento, no qual o atendente deve **empatizar**, isto é, a empresa deve demonstrar de várias formas que se interessa pelo consumidor e procurar se colocar no lugar dele.

O exercício de empatia é um dos mais importantes para fazer com que o Cliente se sinta à vontade com a empresa e possa, assim, iniciar um diálogo mais franco e próximo. Essa é a primeira e decisiva etapa, que, embora represente os primeiros segundos do atendimento, será fundamental para quebrar barreiras e seguir em frente no relacionamento.

Empatizar é a primeira impressão da conversação, que dura cerca de 30 a 60 segundos. É a "abertura de porta", que tratará de gerar um ambiente acolhedor e conduzir o atendimento para que o funcionário possa mapear melhor as informações iniciais para continuar o atendimento.

Em seguida ao acolhimento, o atendente deve **diagnosticar**, isto é, levantar por meio das técnicas certas as necessidades, preferências e opiniões do Cliente. Ainda nesta etapa, deve-se identificar no CRM o perfil e as informações sobre a segmentação desse Cliente que ajude o colaborador a prestar um ótimo serviço.

Uma vez que diversas informações do consumidor foram levantadas na fase anterior, chegou a hora de **resolver**, isto é, propor soluções e ajudá-lo a escolher o melhor caminho.

De posse das informações levantadas tanto no CRM quanto pelas perguntas certas ao Cliente feitas na etapa anterior, o atendente ou vendedor poderá aplicar técnicas de comunicação e fraseologias para negociar e obter os melhores resultados. Durante essa interação são oferecidos produtos, serviços e soluções de forma customizada, aderentes às questões levantadas.

Conquistar é o momento final do fechamento da venda ou do atendimento, no qual o colaborador estará capacitado para estimular o Cliente a realizar mais negócios com a empresa no futuro.

Para conquistar o público é preciso também tornar as informações diagnosticadas sobre ele ainda mais atualizadas no CRM, de modo que possam beneficiar os próximos momentos de contato.

Utilizar as informações aprendidas durante a Jornada do Cliente para fazer novas campanhas e retroalimentar o CRM é uma forma de inspirar consumidores a se tornarem grandes parceiros de negócios.

Como visto, uma forma de fazer isso acontecer de verdade é implantar a *Metodologia de Vendas e Atendimento* **EDiRC**, que deverá fundamentar as seguintes frentes de trabalho: treinamentos presenciais, treinamentos *on-line*, ações de sustentação, revisão de roteiros de atendimento, fraseologias, envio de pílulas de conhecimento e incentivo aos canais. Veja a Figura 6.3.

Figura 6.3 A metodologia EDiRC deve ser implantada nas cinco frentes de trabalho.

Roteiros e fraseologias
Revisão das narrativas usadas pelos colaboradores de linha de frente, visando aderência ao EDiRC

Treinamentos presenciais
Treinamentos para gestores, atendentes e vendedores na metodologia EDiRC

Treinamentos *on-line*
Complementação dos treinamentos presenciais por meio de módulos em EaD e ações de sustentação da aprendizagem

Comunicação *short message*
Pílulas de conhecimento semanais para a força de vendas e atendentes, visando assimilação do EDiRC

Incentivo
Torneios de conhecimento sobre atendimento e vendas com o objetivo de promover a utilização da metologia EDiRC

(1. Empatizar, 2. Diagnosticar, 3. Resolver, 4. Conquistar)

Fonte: Desenvolvida pelo autor.

Agora vamos entender a categorias dos Clientes.

Categorias de Clientes e as experiências

Todos os dias, milhões de brasileiros atendem a Clientes e fazem negócios presencialmente ou por redes sociais, telefone, *chat*, *e-mail* e muitas outras formas de contato sem, necessariamente, se tornar crescente a experiência do consumidor, perdendo grandes oportunidades de negócios.

Podem ser gerentes de contas, atendentes de contact center, vendedores de loja, balconistas, recepcionistas, assistentes e muitos outros profissionais que trabalham na linha de frente e que ainda não atentaram que o grande segredo é transformar **prospecção** em **conversão,** e esta em **intensificação** do relacionamento por meio de experiências positivas durante o atendimento ou uma venda.

Existem vários estágios em que se encontram os Clientes. Podemos classificá-los, entre outras formas, de acordo com o nível de relacionamento com as empresas. Quanto maior o nível de afinidade com a organização, mais alto o consumidor estará na escala de relacionamento.

Há seis categorias de relacionamento com a empresa, nas quais um ***prospect*** pode ser convertido em **consumidor**, em seguida em **Cliente eventual**, **Cliente frequente**, chegando finalmente ao estágio de **parceiro de negócios**.

No exemplo fornecido, evidencia-se que esta última classificação é restrita a 5% do total de *suspects* que estavam presentes no primeiro estágio. A classificação **parceiros de negócios** é a mais alta da escala e é reservada para Clientes que, mediante várias experiências positivas e duradouras, desenvolveram adoração pela empresa e a defendem fervorosamente.

Figura 6.4 Seis categorias de Clientes conforme a intensificação de experiências positivas.

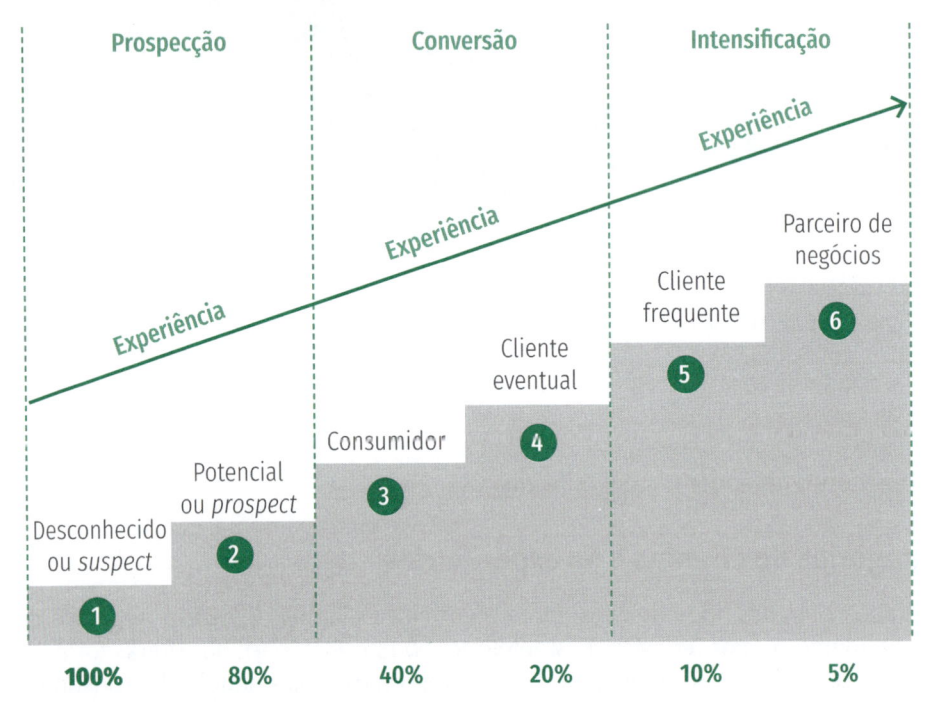

[Figura: diagrama em degraus mostrando as seis categorias de Clientes distribuídas em três fases — Prospecção, Conversão e Intensificação — com uma seta ascendente indicando "Experiência":
1. Desconhecido ou *suspect* — 100%
2. Potencial ou *prospect* — 80%
3. Consumidor — 40%
4. Cliente eventual — 20%
5. Cliente frequente — 10%
6. Parceiro de negócios — 5%]

Fonte: Desenvolvida pelo autor.

A seguir, vou descrever os comportamentos de cada categoria.

» **Desconhecido ou *suspect*.** Aquele que ainda não se relacionou com determinada empresa e não está claro se poderia ser um "bom Cliente". Ele é, portanto, "suspeito" quanto ao seu interesse para com a empresa – que também ainda não tem condições de saber se será vantajoso o investimento nele. Imaginemos que a empresa realizou um sorteio em seu *stand* de vendas e recebeu 100 de inscrições de pessoas que nunca se relacionaram com ela. Por isso, no diagrama apresentado essa categoria representa 100% do total de contatos.

» **Potencial ou *prospect*.** Um degrau acima do estágio anterior, porém, com uma diferença importante: por meio do atendimento inicial ou do rastreamento do seu comportamento durante a navegação no *site* da empresa, podemos identificá-lo como "provável" consumidor, potencialmente lucrativo. A partir desse entendimento, o *prospect* se torna interessante. Notemos que não interessou à organização desenvolver negócios com 20% dos *suspects*, pois não apresentam potencial, restando 80% de *prospects*.

» **Consumidor**. De longe essa é a categoria mais comentada pela mídia, que sempre estampa nas reportagens assuntos relativos a ele(a). Nela, o consumidor deixou de ser um *prospect* e já experimentou, em algum momento, o produto ou serviço da companhia, porém sem laços maiores. O simples fato de ele experimentar, mesmo não adquirindo, já o coloca numa posição estratégica para a organização empreender esforços para torná-lo um Cliente. No exemplo fornecido, apenas 40% dos *suspects* chegam ao estágio de consumidor.

» **Cliente eventual**. Como o nome já traduz, a relação dele com a marca passa por algum tipo de afinidade. O Cliente já considera a empresa fornecedora no seu processo de escolha entre dois ou mais produtos ou serviços, entretanto, sua experiência de compra e utilização de produtos e serviços não é suficientemente forte para criar frequência. No exemplo fornecido, de cada 100 *suspects* que foram cadastrados inicialmente pela empresa, apenas 20 deles chegam ao estágio de Cliente eventual.

» **Cliente frequente**. O Cliente eventual transformou-se num Cliente frequente a partir de várias experiências positivas que ocorreram entre ele e a companhia, e também por possuir potencial para aumento de frequência de compra. Essa categoria de público, por ser a mais propícia à fidelização, induz a marca a aferir altos níveis de rentabilidade, além de proporcionar benefícios mútuos. Dos 100 *suspects* que foram cadastrados pela empresa no início, apenas 10 deles chegam ao estágio de Cliente frequente, o que demonstra a grande dificuldade de conduzi-los para a fidelização.

» **Parceiro de negócios**. É o estágio em que se encontra um seleto grupo de compradores. O Cliente está tão entusiasmado e engajado que chega a defender a empresa no mercado. São verdadeiros "advogados da marca", oferecendo lealdade. O parceiro de negócios, além de defender a companhia e recomprar intensamente, desenvolve uma série de parcerias com a empresa fornecedora, tornando-se altamente estratégico para o negócio.

É importante notar que o Cliente, ao subir de categoria na escala, vai assumindo classificações mais estratégicas junto da empresa, que, de posse dessa informação, pode adotar várias técnicas de *Customer Experience*.

A seguir, vou apresentar **41 técnicas para mapear a experiência do Cliente e obter *customer insights*.**

CAPÍTULO 6

41 técnicas para mapear a experiência do Cliente e obter *customer insights*.

Uma das fronteiras mais importantes entre o discurso de conhecer o Cliente e o seu real conhecimento está em abandonar a visão tradicional sobre a "média" dos consumidores e passar a conhecer o que eles necessitam, individualmente ou em *clusters* – principalmente os de maior valor e potencial.

O grande benefício dessa nova visão é a redução do *timing* entre o desenvolvimento de novos produtos e serviços e a sua chegada efetiva às mãos dos Clientes. O outro benefício é a obtenção do *feedback* em tempo real sobre as opiniões dos consumidores, inclusive sobre ideias que ele gera para a empresa ao longo do tempo.

Além disso, conhecer o Cliente genuinamente, mapear suas necessidades e sua satisfação proporciona, comprovadamente, seu maior engajamento e aumento de suas experiências positivas durante sua jornada no relacionamento.

Conhecer o Cliente pressupõe mapear a sua experiência durante os "momentos da verdade", isto é, nos **micromomentos** nos quais ele interage com os canais de contato, seja presencial ou digitalmente, sempre dentro da estratégia *Omnichannel*.

O interessante é que, quando comecei a escrever este tópico, tinha a pretensão de apresentar cerca de 20 técnicas para conhecer melhor o Cliente e mapear a sua experiência. Contudo, relembrando os diversos projetos diferentes nos quais pude atuar, me deparei com mais de 40 possibilidades que todos nós podemos usar para aprender com os Clientes e, assim, desenvolver produtos e serviços superiores para satisfazê-los.

Procurei classificar as 41 técnicas em 7 grupos: (1) pesquisas e índices; (2) mapeamentos; (3) *tracking* nos canais; (4) monitoramento do comportamento; (5) testes; (6) enquetes; e (7) educação corporativa, conforme a Figura 6.5.

Metodologia e técnicas para mapear a experiência do Cliente e obter *customer insights*

Figura 6.5   41 técnicas para mapear a experiência do Cliente e obter *customer insights*.

Pesquisas e índices
- *Net Promoter Score* – NPS
- *Customer Effort Score* – CES
- Pesquisa de satisfação de Clientes
- Pesquisa de opinião de Clientes
- Cliente oculto
- Indicadores de vendas e de atendimento

Mapeamentos
- *Customer Journey Mapping*
- Criação de persona
- Mapeamento de processos
- Método de incidente crítico
- Funil de vendas
- *Voice of Customer*
- Estudo do histórico de contato

***Tracking* nos canais**
- *Tracking* da navegação no *site*
- Rastreamento de reclamações em *sites*
- Alertas do Google sobre o Cliente
- Palavras-chave digitadas no Google
- Dados disponíveis no *contact center*
- *Comment boxes* deixados pelos Clientes

Monitoramento do comportamento
- *Social Media Monitoring*
- *Clipping* de notícias
- Observação de hábitos dos Clientes
- Monitoria de qualidade de atendimento
- Comportamento dos concorrentes
- Experiência da equipe de vendas

Testes
- Testes de aceitação
- Teste cego
- Prototipação
- Teste A/B
- Teste de usabilidade
- Teste de conhecimento

Enquetes
- Enquetes diversas no *site*
- Enquetes na URA
- Pontuação no *site* feita pelo Cliente
- Encantômetro nos pontos de venda
- Caixa de sugestões nos PDVs

Educação corporativa
- Eventos de *networking*
- Conferências e congressos
- Roda de conversa
- Treinamentos presenciais
- Treinamentos *on-line*

Fonte: Desenvolvida pelo autor.

As possibilidades são inúmeras. Basta a empresa escolher aquelas técnicas que são mais viáveis e, assim, construir sua base de conhecimento, contudo, com o compromisso de utilizar essas informações para pavimentar a experiência do Cliente.

Agora, vou pegar o primeiro item dessa lista e apresentar o passo a passo para implantar e medir o *Net Promoter Score* (NPS).

O *Net Promoter Score* (NPS)

Uma das técnicas para medir o engajamento dos Clientes é o NPS. O método foi concebido a partir das percepções de Fred Reichheld e da equipe da consultoria Bain & Company. O *Net Promoter Score* é um mecanismo prático utilizado para entender o que os Clientes querem e voltar toda a empresa para corresponder efetivamente à demanda.

Rob Markey e Fred Reichheld, no artigo *Introducing the net promoter system loyalty insights*, apresentam que o NPS é baseado na obtenção de *feedback* por meio de ferramentas *on-line* e serve para expressar a satisfação dos Clientes em relação à marca, produto ou serviço, contudo, de maneira diferenciada em relação às pesquisas tradicionais de satisfação.

Compreender e investir nesse instrumento vai muito além da simples criação de um questionário virtual. Ao dividir os Clientes em **promotores** (os que dão nota 10 ou 9), **neutros** (os que dão nota 7 ou 8) e **detratores** (as notas compreendidas entre 0 e 6), o NPS permite uma visão geral do engajamento dos consumidores. Assim, a nota final é calculada ao subtrair o número de detratores da quantidade de promotores.

Veja um ótimo exemplo da pesquisa baseada em NPS que recebi por *e-mail* da Gol. A primeira pergunta já foi exposta no próprio texto do *e-mail*.

Figura 6.6 *E-mail* recebido pelo autor de pesquisa baseada no NPS.

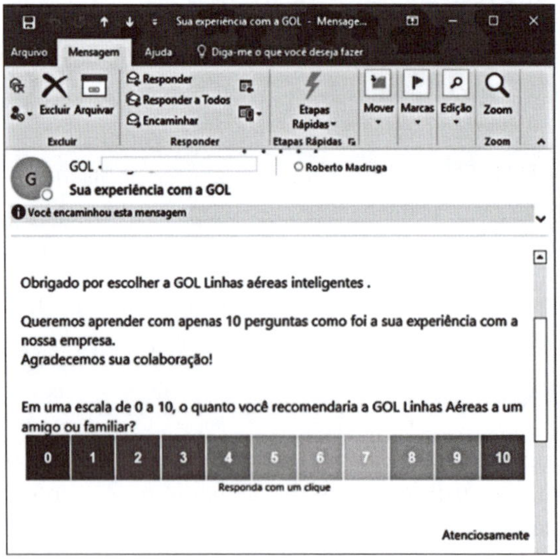

Fonte: Cia. aérea Gol.

Rob Markey e Fred Reichheld, no mesmo artigo, apresentam que o potencial do *Net Promoter Score* só é plenamente atingido se a interação com o consumidor for

Metodologia e técnicas para mapear a experiência do Cliente e obter *customer insights*

constante e suplantar o momento do questionário. Os comentários feitos na pesquisa são valiosos para identificar as lacunas no tratamento com o Cliente, mas tão importante quanto o *feedback* é a rápida mudança que ele tem que ocasionar nos colaboradores. Aprender com o público e acompanhar as respostas dos funcionários são as duas vias dessa trajetória principal.

É importante estar explícito o verdadeiro objetivo do *Net Promoter Score*: promover o **engajamento** dos Clientes para angariar sua fidelidade. Engajamento e fidelidade se retroalimentam e melhoram a imagem da empresa para seu público, aumentando seu sucesso e lucro.

A seguir, vou apresentar ao leitor o passo a passo para implantar e medir o NPS.

Passo a passo para implantar e medir o NPS

Estruturado de forma concisa, direta e simples, o questionário gera um índice quantitativo que mede a qualidade da empresa na visão dos seus consumidores.

Contudo, o mais importante não é mensurar o índice, e sim administrar o seu resultado e fazer mudanças necessárias na organização.

Ao todo são 8 passos que recomendo para implantar e medir o *Net Promoter Score* de forma assertiva:

1. Planeje a pesquisa.
2. Segmente o público-alvo da pesquisa.
3. Calcule corretamente a amostra.
4. Elabore o questionário.
5. Faça o disparo de forma estratégica.
6. Tabule os dados.
7. Analise as informações.
8. Realize um *workshop* de apresentação e lidere mudanças.

1. Planeje a pesquisa

Ao contrário do que muitos pensam, medir o NPS não significa disparar imediatamente um *e-mail* para toda a base de Clientes. O primeiro passo é realizar um breve planejamento, como faríamos em qualquer outra técnica de pesquisa.

No planejamento será necessário definir o momento certo da pesquisa, o período de preenchimento do formulário, a frequência de envio e a estrutura necessária para analisar e interpretar dos dados. Além disso, deve-se preparar a empresa para, em seguida ao resultado, trabalhar nas melhorias necessárias.

2. Segmente o público-alvo da pesquisa

Não necessariamente devemos fazer pesquisa com todos os Clientes, pois o importante será levantar dados dos segmentos que estamos priorizando. Por isso, a segmentação da base de dados de acordo com o estudo é fundamental.

3. Calcule corretamente a amostra

Uma questão frequente é "Quantos respondentes da pesquisa NPS são necessários para torná-la estatisticamente válida?".

Tão importante quanto segmentar a base é calcular a amostra necessária para que NPS tenha validade estatística. Avaliar a amostra não é um bicho de sete cabeças e, caso você não tenha essa informação, sugiro utilizar uma calculadora virtual de amostras. Veja um exemplo em: http://www.publicacoesdeturismo.com.br/calculo-amostral/.

Não é uma regra, mas você poderá trabalhar com erro amostral de 5% e nível de confiança de 95%, tornando o resultado de sua pesquisa estatisticamente defensável.

4. Elabore o questionário

O NPS pode ser realizado com uma única pergunta: "Em uma escala de 0 a 10, o quanto você recomendaria a empresa XY a um amigo ou colega?". É válida também a variação: "Qual é a probabilidade de você recomendar esta empresa para um amigo ou colega?". Além dessa "pergunta definitiva", assim chamada por Fred Reiccheld, inclua uma aberta para saber o motivo. Você poderá também adaptar mais algumas perguntas para avaliar produtos e serviços da empresa.

Seguidamente à pergunta deve ser incluída uma escala de 0 a 10, a fim de se identificar os respondentes **promotores**, **neutros** e os **detratores**. A Figura 6.7 apresenta a organização do questionário NPS.

Figura 6.7 Como realizar o questionário e o cálculo do NPS.

Modelo de *Net Promoter Score*

1. Qual a probabilidade de você recomendar esta empresa para um amigo ou colega?

NEM UM POUCO PROVÁVEL										EXTREMAMENTE PROVÁVEL
0	1	2	3	4	5	6	7	8	9	10

Fonte: https://pt.surveymonkey.com/mp/net-promoter-score/. Acesso em: 1o mar. 2021.

5. Faça o disparo de forma estratégica

Parece um mero detalhe, mas não é. Fique de olho nas condições certas para realizar o disparo de *e-mail* ou *short message*. Por exemplo, das 8 às 10h da manhã as pessoas têm o hábito de gastar mais tempo lendo mensagens de *e-mail* do que na hora do almoço, indicando que elas tenderão a abrir mais as mensagens no começo da manhã.

Dali para a frente, a tendência é ir reduzindo cada vez mais o índice de leitura. Note-se o importante estudo feito por um dos maiores provedores do mundo para disparo de *e-mail*, o MailChimp, que, por meio de pesquisa de milhares de empresas usuárias, conseguiu apresentar os horários de maior sucesso para envio. Veja a Figura 6.8.

Figura 6.8 *Insights* do MailChimp Send Time Optimization System – melhores horários para envio.

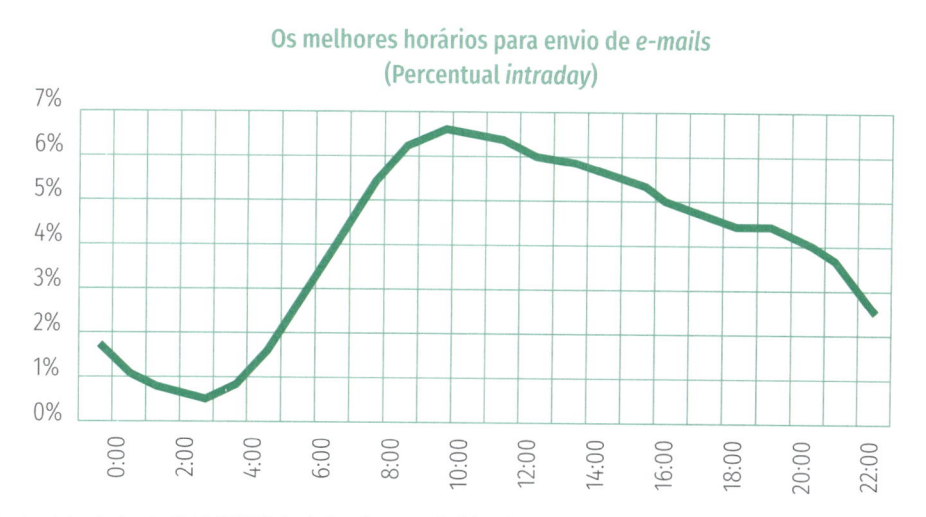

Os melhores horários para envio de *e-mails*
(Percentual *intraday*)

Fonte: Adaptado de MAILCHIMP. *Insights from MailChimp's Send Time Optimization System*. Disponível em: https://blog.mailchimp.com/insights-from-mailchimps-send-time-optimization-system/. Acesso em: 1º mar. 2021.

Outra informação relevante é considerar o melhor dia da semana para o disparo. O estudo concluiu que, de segunda a quinta-feira, os resultados são bem superiores (Figura 6.9). Em fim de semana, nem pensar!

CAPÍTULO 6

Figura 6.9 *Insights* do MailChimp Send Time Optimization System – melhores dias da semana para envio.

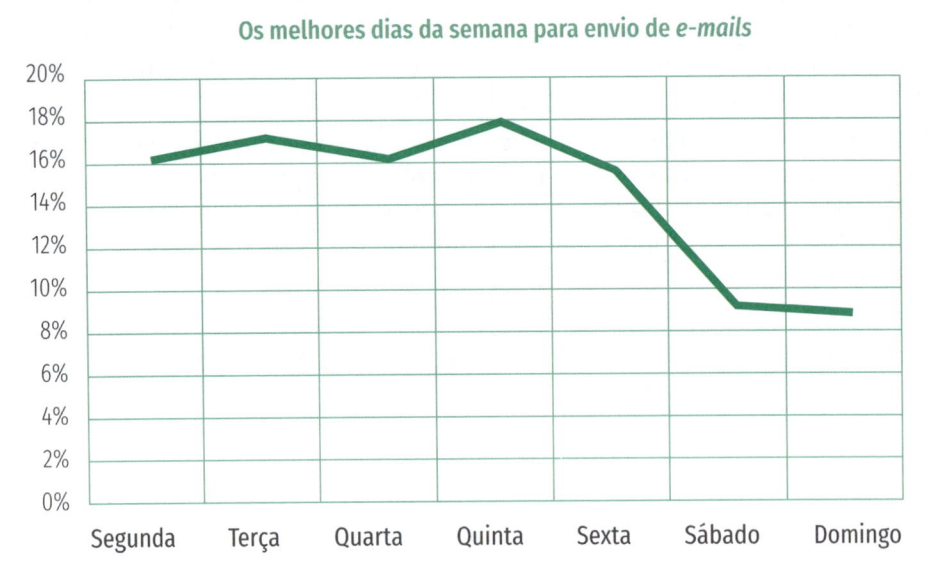

Os melhores dias da semana para envio de *e-mails*

[Gráfico de linhas mostrando percentuais por dia da semana: Segunda ~16%, Terça ~17%, Quarta ~16%, Quinta ~18%, Sexta ~15%, Sábado ~9%, Domingo ~9%]

Fonte: Adaptado de MAILCHIMP. *Insights from MailChimp's Send Time Optimization System.* Disponível em: https://blog.mailchimp.com/insights-from-mailchimps-send-time-optimization-system/. Acesso em: 1º mar. 2021.

Fique de olho no dia e no horário do envio, pois, quanto maior o retorno da pesquisa, melhor. Não se esqueça de utilizar um provedor eficiente para disparo de e-mails, do contrário, a sua pesquisa jamais chegará ao público-alvo.

Considere também identificar o melhor horário para envio de acordo com a experiência da sua empresa com esse tema.

6. Tabule os dados

É bem simples tabular os dados provenientes da pesquisa. Em primeiro lugar, some a quantidade de promotores (notas 9 e 10) e diminua da quantidade de detratores (notas de 0 a 6). O resultado deve ser dividido pela quantidade total de respondentes. Na sequência, basta multiplicar o resultado por 100, pois o NPS é composto de número inteiro, e não de percentual.

Por exemplo, se você conseguiu 100 respondentes, dos quais 20 são promotores, 30 são neutros e 50 detratores, o resultado final será o NPS igual a –30. Isso significa que o NPS pode ficar negativo. Veja a fórmula de cálculo:

$$\frac{\text{Quantidade de promotores} - \text{Quantidade de detratores}}{\text{Total de respondentes}}$$

7. Analise as informações

O resultado do NPS medido no item anterior deve ser comparado com o *benchmarking* do seu segmento de negócios e pode ser classificado de acordo com os criadores do método:

> *Abaixo de 0 ponto:*
> **Crítico** (requer intervenções urgentes e importantes).
>
> *De 0 a 49 pontos:*
> **Aperfeiçoamento** (requer intervenções importantes).
>
> *De 50 a 74 pontos:*
> **Qualidade** (requer esforços para elevação do índice).
>
> *75 a 100:*
> **Excelência** (requer esforços para manter o índice).

8. Realize um *workshop* de apresentação e lidere mudanças

Muitas pessoas são aficionadas por realizar a pesquisa, tabular os dados e elaborar um belo relatório. Gosto muito disso também, contudo, quando realizo qualquer tipo de pesquisa para empresas, costumo valorizar bastante o "pós-relatório", isto é, apresentar o resultado para o Cliente e ajudá-lo a entender o cenário.

Por isso, sempre lidero *workshops* de apresentação e transformação com o intuito de auxiliar a companhia na interpretação dos dados e, melhor ainda, criar ações de curto, médio e longo prazo para buscar a maior classificação do índice: a excelência.

O moderador do *workshop* deverá "provocar" os participantes a refletirem sobre as seguintes questões:

- » Quais os reflexos na empresa do índice apurado?
- » Quais as causas que levaram a esse resultado?
- » O que há de certo e de errado na Jornada do Cliente que afeta o NPS?
- » Quais as soluções para que a Jornada do Cliente seja de excelência e afete positivamente o indicador?
- » Quais as medidas de curto, médio e longo prazo que precisam ser tomadas para aumentar o indicador?
- » Quais as prioridades de tais medidas e projetos?

Lembro que liderar a transformação da cultura organizacional, a melhoria da governança e a otimização de processos e da comunicação com foco no consumidor são funções obrigatórias para todos os profissionais de *Customer Experience* e Gestão do Relacionamento com Clientes. Por isso, a importância de medir o índice e, principalmente, atuar nas mudanças necessárias.

CAPÍTULO 6

CUSTOMER EFFORT SCORE, A REVOLUÇÃO NO INDICADOR DE ENGAJAMENTO E FIDELIDADE

O indicador *Customer Effort Score* mede quanto esforço o Cliente teve que fazer para conseguir algo da empresa fornecedora. Pode ser aplicado em vários pontos da jornada do Cliente, desde antes da compra até em situações de pós-vendas. O seu diferencial em relação ao NPS é que o *Customer Effort Score* (CES) é mais preciso ao identificar as chances de os Clientes comprarem mais e com maior frequência, ajudando a explicar a taxa saudável de fidelização. Em outras palavras: quanto menor o esforço do Cliente em conseguir algo na empresa, maior será sua recompra e valor.

Em 2004, quando lancei meu primeiro livro, chamado *Guia de implementação de marketing de relacionamento e CRM*, não tinha a menor ideia de que ele se tornaria a principal publicação brasileira sobre como conquistar e reter os Clientes, na prática. Fiquei também muito feliz com o prêmio recebido e pelo fato de que uma das minhas pesquisas do livro ajudou a criar um novo conceito: se quisermos aumentar a taxa de lealdade, precisaremos **reduzir o esforço do Cliente**.

Em outras palavras, torne a vida do seu consumidor mais fácil e assim você aumentará tremendamente a venda e a fidelidade dele. Desde então, aplico diversas técnicas nesse sentido. Anos atrás, fiz a convergência com técnicas de *Customer Experience e Customer Success*, conseguindo grandes resultados em nossos Clientes. Recordando um pouquinho do passado, a Figura 6.10 apresenta a capa do meu livro lançado em 2004 e, ao lado dela, um dos trechos sobre a estratégia de redução de esforço (página 199).

Figura 6.10 Capa do livro *Guia de implementação de marketing de relacionamento e CRM*, lançado em 2004, e respectivo trecho sobre a adoção de estratégia para diminuir o esforço do Cliente em troca de sua lealdade.

Fonte: MADRUGA, Roberto. *Guia de implementação de marketing de relacionamento e CRM*: o que e como todas as empresas brasileiras devem fazer para conquistar, reter e encantar seus clientes. São Paulo: Atlas, 2014. p. 199.

Esta passagem da página 199 reforça a estratégia de reduzir o esforço do Cliente: "Indubitavelmente, o ser humano está constantemente criando formas e produtos que aumentem sua comodidade. Você pode até não perceber, mas está cercado de invenções que procuram reduzir o seu esforço. O elevador, o automóvel, o computador, a escada rolante e o tênis com amortecedor são apenas alguns exemplos. Não perca tempo, ajude os seus Clientes a economizar esforço com seus produtos e serviços e, por isso, seja bem-sucedido".

Reduzindo o esforço do Cliente pelo *Customer Effort Score*

Precisamente 12 anos após eu lançar o livro *Guia de implementação de marketing de relacionamento e CRM*, os americanos Matthew Dixon, Nick Toman e Rick Delisi escreveram *The effortless experience*, relatando também suas experiências, sugerindo a criação do *Customer Effort Score* (CES). Os autores avaliaram o poder preditivo de três métricas – satisfação do Cliente (CSAT), o *Net Promoter Score* (NPS) e o *Customer Effort Score* (CES) – na fidelidade do Cliente, definida como a intenção dos Clientes de continuar fazendo negócios com a empresa e aumentar a quantia que gastam com ela. Fiquei tremendamente feliz pela sintonia dos autores com as práticas que já desenvolvia junto com minha equipe 10 anos antes da publicação dos livros deles. De fato, o *Customer Effort Score* é uma ótima métrica que determina como é fácil trabalhar com o fornecedor, fazendo-se uma única pergunta para o Cliente: "Quanto esforço você teve que fazer para sua solicitação ser atendida?". Se o caso recair sobre uma venda, a pergunta passa a ser: "quanto esforço você teve que fazer para comprar em nossa empresa?".

MENSURANDO O *CUSTOMER EFFORT SCORE*

O indicador de desempenho *Customer Effort Score* não deve ser utilizado apenas para mensuração do quanto o Cliente teve que se esforçar para conseguir algo na empresa. Uma das maiores aplicações dessa medida é dotar as áreas de *Customer Experience* e *Customer Success* da cultura de prevenção.

As áreas devem trabalhar preventivamente para evitar dificuldades dos Clientes antes que estas aconteçam. Quando estruturo essa área na empresa, capacito os funcionários de lá a atuarem incansavelmente para que problemas com produtos, serviços, sistemas e processos não ocorram, isto é, sejam evitados desde o momento zero, impedindo, assim, que o Cliente tenha que fazer esforço para resolvê-los. Além disso, essas áreas devem possuir liderança na empresa e exercer uma "leve pressão" sobre as outras áreas para proporcionar emoções positivas para os Clientes, evitando erros.

O *Customer Effort Score* pode ser mensurado de duas formas. A primeira nós chamamos de CES 1.0 e é formada por uma pergunta única: **"Quanto esforço você teve que fazer para a sua solicitação ser atendida?"**. Para essa questão, as opções de respostas ocorrem desde muito baixo (peso 1) até muito alto (peso 5). Em função dos pesos para cada opção de resposta, é calculada, então, a média do indicador, conforme a Figura 6.11.

CAPÍTULO 6

Figura 6.11 Como mensurar o *Customer Effort Score* (CES) 1.0.

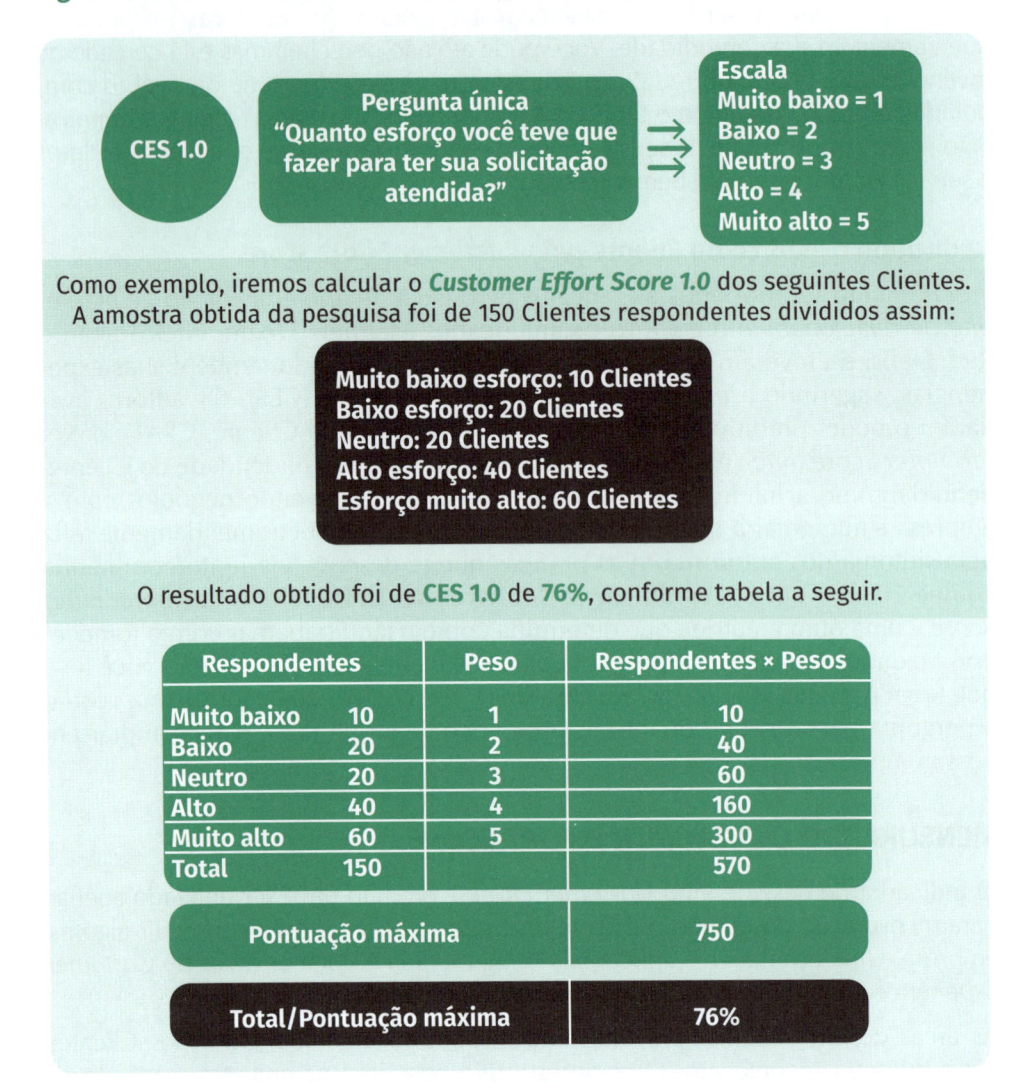

CES 1.0

Pergunta única
"Quanto esforço você teve que fazer para ter sua solicitação atendida?"

Escala
Muito baixo = 1
Baixo = 2
Neutro = 3
Alto = 4
Muito alto = 5

Como exemplo, iremos calcular o *Customer Effort Score 1.0* dos seguintes Clientes. A amostra obtida da pesquisa foi de 150 Clientes respondentes divididos assim:

Muito baixo esforço: 10 Clientes
Baixo esforço: 20 Clientes
Neutro: 20 Clientes
Alto esforço: 40 Clientes
Esforço muito alto: 60 Clientes

O resultado obtido foi de **CES 1.0** de **76%**, conforme tabela a seguir.

Respondentes		Peso	Respondentes × Pesos
Muito baixo	10	1	10
Baixo	20	2	40
Neutro	20	3	60
Alto	40	4	160
Muito alto	60	5	300
Total	150		570
Pontuação máxima			750
Total/Pontuação máxima			76%

Fonte: *Customer Effort Score* – conquistando Clientes através da economia de esforço. Disponível em: https://conquist.com.br/labs/e-books/customer-effort-score-conquistando-clientes-atraves-da-economia-de-esforco/. Acesso em: 1º mar. 2021.

Baixe gratuitamente o *e-book Customer Effort Score*, apontando a câmera do seu *smartphone* para este QR Code:

Fonte: https://conquist.com.br/labs/e-books/customer-effort-score-conquistando-clientes-atraves-da-economia-de-esforco/. Acesso em: 07 abr. 2021.

Além de analisar indicadores, os profissionais de CX e CS devem dominar a competência de planejar e realizar pesquisas quantitativas e qualitativas. É o que veremos a seguir.

Como elaborar pesquisas com Clientes

A primeira coisa a saber antes de iniciar uma pesquisa com Clientes é identificar com precisão o motivo principal. Parece óbvio demais, contudo não é, pois muitas pesquisas são realizadas apenas para ficar "bonitas no papel".

Existem cinco motivos pelos quais fazemos pesquisas com os Clientes:

- » aumentar o engajamento do Cliente;
- » levantar e acompanhar a *satisfação* e *feedback* do Cliente;
- » solicitar a opinião do consumidor em relação a diversos assuntos;
- » trazer a voz do Cliente para dentro da empresa;
- » medir as experiências e o comportamento do Cliente.

Conforme apresentei no tópico anterior, o NPS é um excelente instrumento para medir o engajamento dos Clientes. Já a pesquisa de satisfação, como o nome diz, tem o objetivo de levantar os diversos aspectos de satisfação do Cliente durante sua convivência com a empresa. Existem mais de 30 itens que podem ser mensurados na pesquisa de satisfação de Clientes.

Já a pesquisa de opinião é muito utilizada para avaliar os anseios de determinada população analisada.

Voice of Customer também é uma forma de investigação, que se inicia na coleta da "voz do Cliente" para que as áreas internas da empresa possam verdadeiramente ouvir os seus reclames, entender suas necessidades e comportamentos. Na medida em que a empresa sistematiza esse processo, pode transformá-lo num excelente instrumento de gestão para apoiar as áreas a obterem o Foco no Cliente. A Figura 6.12 apresenta os quatro principais motivos de pesquisar Clientes.

Figura 6.12 Principais motivos que levam a empresa a realizar pesquisas com Clientes.

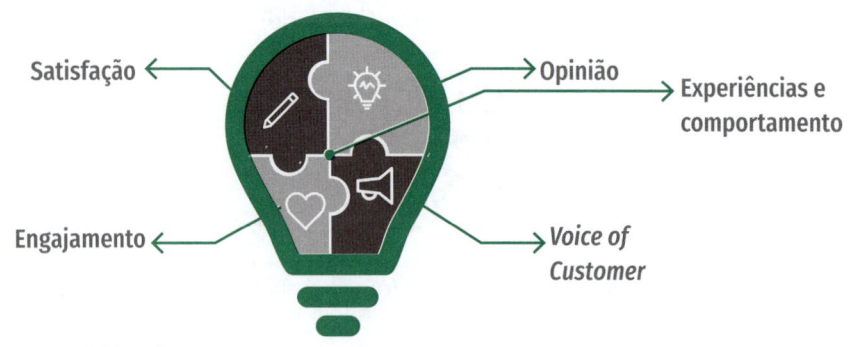

- Satisfação
- Opinião
- Experiências e comportamento
- Engajamento
- Voice of Customer

Fonte: Desenvolvida pelo autor.

Veja a seguir como elaborar questionários inteligentes de pesquisa.

A estruturação de pesquisas quantitativa e qualitativa

Elaborar questionários de pesquisa de satisfação de Clientes é uma tarefa técnica que exige conhecimentos sofisticados. De autoria de Antonio José Manzato e Adriana Barbosa Santos, o artigo *A elaboração de questionários na pesquisa quantitativa* traz os elementos que constituem as pesquisas e como utilizá-los de forma a obter sucesso.

Existem vários tipos de pesquisa: a **bibliográfica**, que se baseia em referências teóricas registradas em documentos; a **descritiva**, que observa com precisão fatos e fenômenos, de forma não atuante, coletando os dados para identificar as características do que é estudado; e a **experimental**, que se aprofunda nas causas e efeitos mediante interferências em variáveis dos fenômenos.

O que toda pesquisa precisa, independentemente de seu modelo, é de uma estruturação. Uma abordagem inicial, responsável por levantar hipóteses antes de o pesquisador se acostumar com o fenômeno, conhecida como **estudo exploratório**, é uma ferramenta poderosa.

Tão importante quanto esse preparo prévio para realização da pesquisa é adotar, a partir de seus objetivos, o modelo ao qual ela corresponderá. A de mais fácil adoção e utilização é a **quantitativa**, após a seleção de um grupo de amostra.

Já a pesquisa **qualitativa** é uma poderosa ferramenta para gerar *insights* importantes que poderão ser conferidos pela quantitativa.

A Figura 6.13 aponta como se dá a estruturação de uma pesquisa, seja ela quantitativa ou qualitativa, indicando quais elementos são comuns às duas.

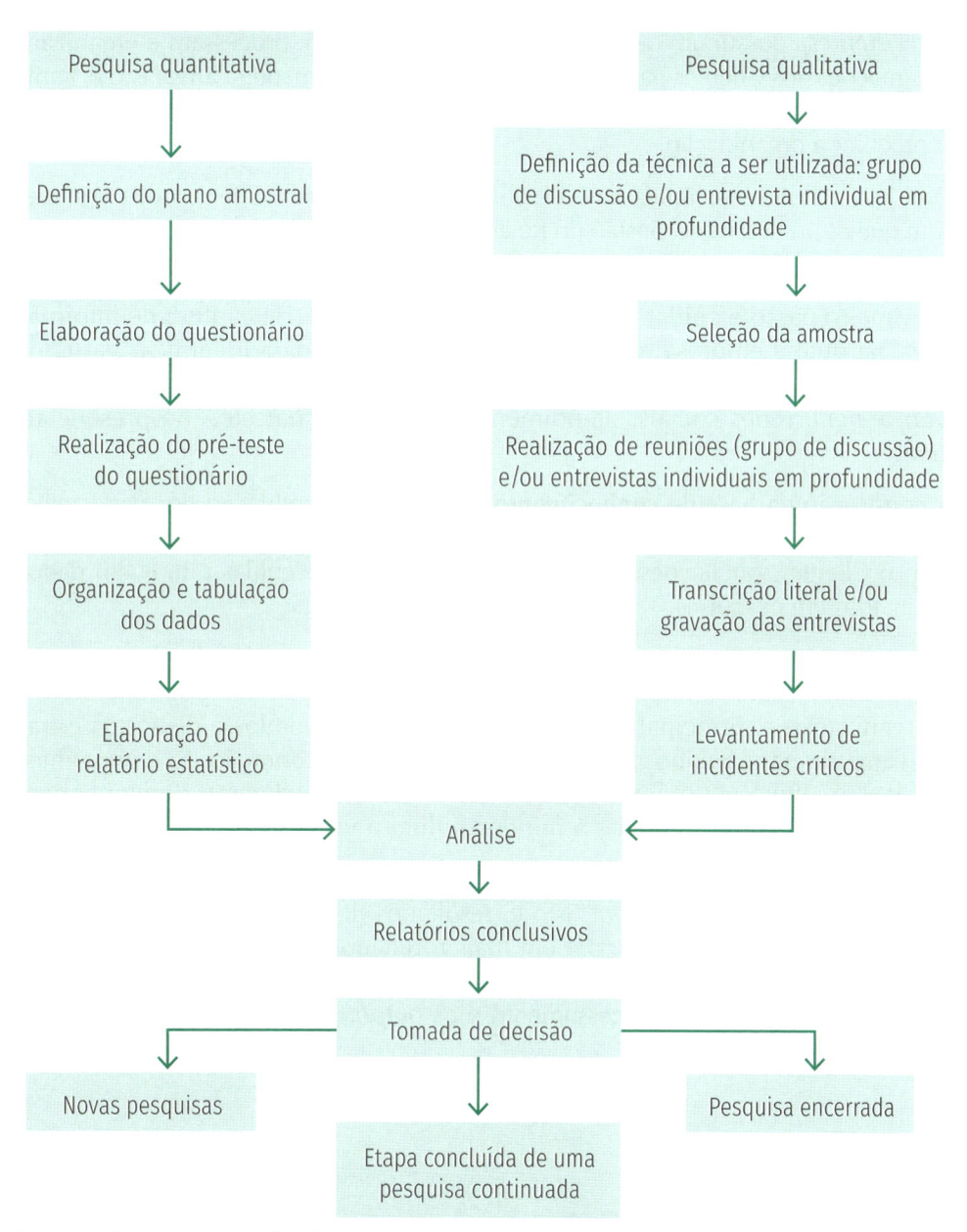

Metodologia e técnicas para mapear a experiência do Cliente e obter *customer insights*

Figura 6.13 O processo da pesquisa quantitativa *versus* qualitativa.

```
Pesquisa quantitativa                                  Pesquisa qualitativa
        ↓                                                       ↓
Definição do plano amostral            Definição da técnica a ser utilizada: grupo
                                       de discussão e/ou entrevista individual em
        ↓                                              profundidade
Elaboração do questionário                              ↓
                                                Seleção da amostra
        ↓                                              ↓
Realização do pré-teste                Realização de reuniões (grupo de discussão)
do questionário                        e/ou entrevistas individuais em profundidade
        ↓                                              ↓
Organização e tabulação                      Transcrição literal e/ou
dos dados                                    gravação das entrevistas
        ↓                                              ↓
Elaboração do                                Levantamento de
relatório estatístico                        incidentes críticos
              ↘        Análise        ↙
                          ↓
                  Relatórios conclusivos
                          ↓
                  Tomada de decisão
        ↙                 ↓                ↘
Novas pesquisas                         Pesquisa encerrada
                          ↓
                  Etapa concluída de uma
                  pesquisa continuada
```

Fonte: MANZATO, Antonio José; SANTOS, Adriana Barbosa. *A elaboração de questionários na pesquisa quantitativa*. Departamento de Ciência de Computação e Estatística – IBILCE – UNESP. Disponível em: http://guiadotcc.com.br/assets/uploads/arquivos/elaboracao_questionarios_pesquisa_quantitativa.pdf. Acesso em: 28 fev. 2018.

CAPÍTULO 6

Construindo a base de conhecimento do Cliente

Cada empresa possui um ou mais sistemas que registram, processam e organizam informações dos Clientes para então serem utilizadas de maneira **ativa**, isto é, campanhas que tratarão de procurar os Clientes, ou de forma *inbound*, quando o Cliente procurar a organização.

O objetivo da construção da base de conhecimento sobre o Cliente deve ser fazer com que os processos de Gestão do Relacionamento não sejam empíricos, mas sim baseados em informações tratadas.

O primeiro passo é cuidar do *input* do processo, isto é, de captura de informações, na qual a empresa promove um amplo esforço para identificar vestígios de transações que foram realizadas com os Clientes remotamente (formulários *web*, *e-mail*, redes sociais, atendimento telefônico, *chat* etc.) ou presencialmente.

A construção da **base de conhecimento** se dá pela consolidação dos dados existentes na empresa, como venda de produtos, prazo de entrega, áreas de contato com o Cliente, solicitações de serviços, reclamações recebidas e também dados levantados em pesquisas.

Durante o processamento de toda essa informação, a empresa finalmente consegue deduzir fatos a respeito do seu mercado. Dados em tempo real externos à organização e, principalmente, internos são armazenados e dispostos estrategicamente para auxílio na tomada de decisão e elaboração de campanhas. O CRM analítico e a metodologia de gestão do conhecimento desempenham um papel crucial nessa etapa, a fim de facilitar a visualização e análise de informações.

Assim, é a vez de gerar *output*, isto é, resultados de todo processamento da informação, que agora se traduzirá em mais resultados de lucratividade, produtos customizados, inovação e engajamento de Clientes. A Figura 6.14 apresenta os *inputs* de informação, o processamento e os *outputs* (resultados) esperados pela organização.

Figura 6.14 Como criar uma base de conhecimento sobre o Cliente com *inputs*, processamento e os *outputs* (resultados).

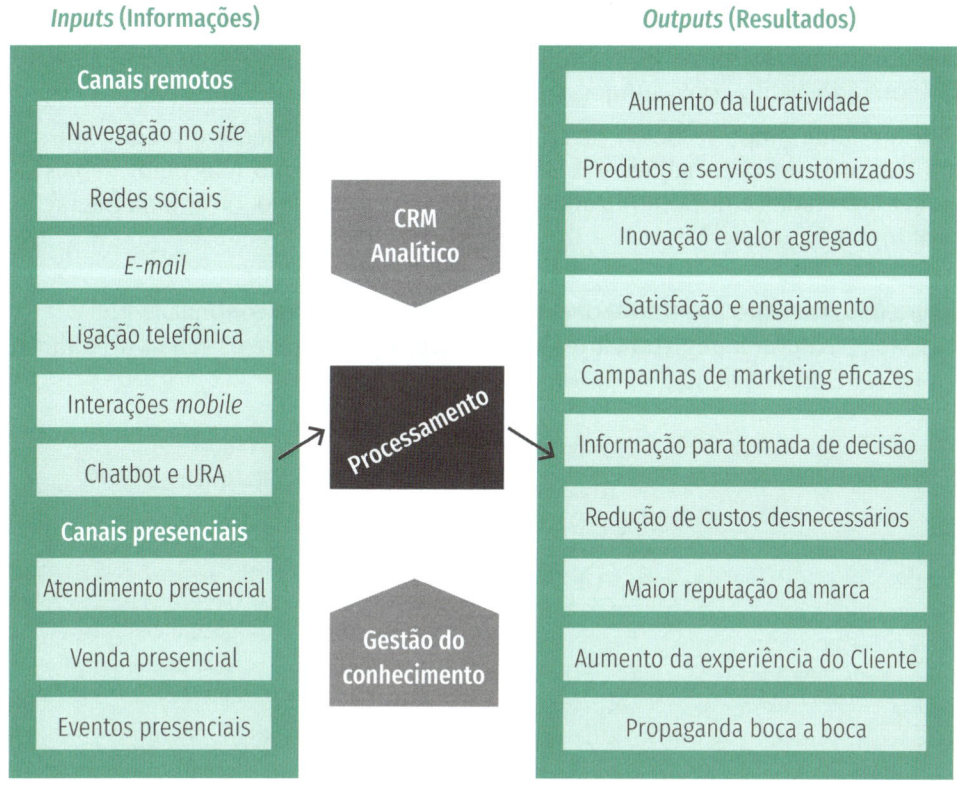

Inputs (Informações)

Canais remotos
- Navegação no *site*
- Redes sociais
- E-mail
- Ligação telefônica
- Interações *mobile*
- Chatbot e URA

Canais presenciais
- Atendimento presencial
- Venda presencial
- Eventos presenciais

→ CRM Analítico → Processamento → Gestão do conhecimento →

Outputs (Resultados)
- Aumento da lucratividade
- Produtos e serviços customizados
- Inovação e valor agregado
- Satisfação e engajamento
- Campanhas de marketing eficazes
- Informação para tomada de decisão
- Redução de custos desnecessários
- Maior reputação da marca
- Aumento da experiência do Cliente
- Propaganda boca a boca

Fonte: Desenvolvida pelo autor.

Por onde começar a enriquecer os dados dos Clientes?

A maioria das empresas desconhece informações mínimas dos Clientes simplesmente porque não instituíram uma forma organizada de levantar dados. Contudo, é perfeitamente possível enriquecer a base de conhecimento dos Clientes com alguns procedimentos simples.

Caso você queira iniciar um Programa de Fidelidade, por exemplo, e verificar que não há dados de Clientes disponíveis, a primeira atitude é levantar informações. Existem muitas formas; uma das mais simples e baratas é fazer as perguntas certas.

Nas minhas campanhas, verifiquei que no mínimo 80% dos Clientes concordam em responder a quase tudo o que perguntamos sobre eles, desde que não sejamos invasivos. Já no caso dos *prospects*, isto é, dos não Clientes, esse número diminui para 20 ou 30%. As pessoas não têm mais paciência para responder, porém se animam se você oferecer alguma vantagem.

Outro ponto que merece atenção é utilizar o telefone para atualização cadastral. Um telemarketing, se mal capacitado e mal utilizado, pode criar uma reação negativa no público. Entretanto, quando é utilizado para fins de pesquisa, qualificação de dados ou para fazer *cross-sell e upsell*, os Clientes aceitam melhor. Dependendo do tratamento que o atendente der, até gostam.

Ligações telefônicas realizadas para não Clientes, sobre os quais a empresa não possui informação, deve ser combinada com outras estratégias de comunicação. Do contrário, serão como um jogo de loteria.

Para que uma empresa possa dizer que conhece o seu Cliente é preciso possuir um conjunto de informações que são atualizadas em termo real pelos canais de contato, gravadas e disponibilizadas do CRM toda vez que ocorrer uma interação, conforme a Figura 6.15.

Figura 6.15 Exemplo de informações que as empresas devem continuamente capturar, registrar, armazenar e disponibilizar para os canais de contato com o Cliente.

```
         Campanhas          Dados cadastrais        Histórico dos
         realizadas              básicos          produtos e serviços
       com o Cliente                                   adquiridos

                           ┌─────────────────┐
                           │   Informações   │
   Segmentação             │       dos       │       Uportunidades e
   de mercado              │ Clientes no CRM │           propostas
                           │                 │          comerciais
                           └─────────────────┘

       Satisfação e NPS       Histórico dos         Experiências
                                 contatos          nos canais de
                                                   relacionamento
```

Fonte: Desenvolvida pelo autor.

Quando construímos a base de conhecimento de Clientes, por mais simples que seja, é necessário que haja facilidade de armazenamento e recuperação de informações. A velocidade do banco de dados também é imprescindível, já que o Cliente tem pressa no momento de contato. A velocidade é importante tanto no cadastramento quanto no processamento da informação. O acesso tem que ser facilitado, já que não adianta ter velocidade se o dado é difícil de ser extraído.

Uma das maiores virtudes de enriquecer os dados no CRM é proporcionar uma estratégica segmentação da carteira de Clientes.

Repensando a tradicional segmentação de mercado

Na segmentação de mercado tradicional, levam-se em consideração as vendas realizadas para determinado Cliente ao longo do tempo. Essa segmentação geralmente fornece aos especialistas das áreas comercial, de atendimento e de marketing uma visão deturpada a respeito da concentração do potencial dos seus consumidores.

Assim, é possível que seja constituída uma pirâmide deformada, na qual o topo sempre é representado pelos Clientes que mais consomem produtos ou serviços ao longo de determinado período pesquisado. Entretanto, essa forma tradicional esconde oportunidades que estão sendo perdidas. Onde estão os Clientes potenciais? Onde estão os Clientes mais carentes de informação?

Será que não existem outras formas de avaliar o consumidor que não apenas pelo seu fluxo de caixa? Há muitas outras formas de segmentar o mercado consumidor, porém poucas empresas acordaram para isso.

Vamos imaginar uma solução simples ao alcance de muitas empresas. Poderíamos cruzar o NPS de cada Cliente com o seu comportamento de compra para percebermos o quanto a variação positiva ou negativa do NPS afeta seu ânimo para aquisição. De posse dos resultados, a empresa pode medir o dano causado toda vez que ocorre um erro operacional, como a falta de uma mercadoria anunciada.

Não seria interessante calcularmos quanto custa cada erro e seu reflexo na satisfação dos consumidores?

Existem outras características do consumidor que vale a pena medir e cruzar para criar novos modelos de segmentação de mercado. É o que veremos a seguir.

A nova segmentação de Clientes

A segmentação de mercado tradicional apresenta a dificuldade de mesclar mais de três variáveis ao mesmo tempo. Outro problema é que privilegia segmentações de grupos dos pontos de vista geográfico e demográfico, negligenciando a experiência dos consumidores.

Veja esta situação. Clientes de faixas etárias diferentes e moradores de cidades distantes podem pertencer a um mesmo segmento, por exemplo, alto grau de relacionamento com a empresa.

Diferentemente da tradicional segmentação de mercado, que durante tanto tempo serviu à comunicação de massa, a Gestão do Relacionamento e o *Customer Experience* exigem novas atitudes e estratégias para segmentar o público, de forma a proporcionar experiências diferenciadas para os diversos segmentos.

Diversos dados transacionais e relacionais podem ser incorporados à nova segmentação de Clientes, como, por exemplo, quantidade de queixas realizadas, nível de atrito e tempo de resposta à sua solicitação.

Em vez de fazer campanhas por localidade, que tal segmentar a base de Clientes que estão aguardando uma resposta da empresa há mais de três dias e realizar uma ação de encantamento com eles?

Na Figura 6.16 apresento a segmentação de mercado tradicional, utilizada largamente na atualidade, e a nova segmentação, que abarca outros atributos com proximidade, valor, engajamento, tempo e propensão.

Figura 6.16 A segmentação de mercado tradicional *versus* a nova segmentação de Clientes com atributos ligados à sua experiência.

Segmentação de mercado tradicional
• **Geográfica:** região, território etc.
• **Demográfica:** idade, gênero, profissão, altura etc.
• **Comportamental:** classe social, estilo de vida, uso de produtos etc.

Nova segmentação de Clientes	
Proximidade	**Temporal**
Grau de afinidade	Recência
Grau de atrito	Frequência
Grau de resolução de problemas	Tempo de relacionamento
Valor	**Propensão**
LTV	À *cross-sell*
Rentabilidade	À *upsell*
Valor estratégico	À saída (*churn*)
Engajamento	**Experiência do Cliente**
Índice de satisfação	Tomada de decisão e comportamentos
NPS	
Índice de indicações	

Fonte: Desenvolvida pelo autor.

Veja mais um exemplo do uso da nova segmentação de Clientes. O índice de desistência ou de saída de Clientes (*churn*) é cerca de 80% menor quando eles fazem uma reclamação na empresa e essa reclamação é prontamente atendida com bom nível de qualidade de resposta. O índice de retenção dos consumidores que não reclamam é 50% menor que o dos que acabei de citar.

Você deve estar concluindo que uma reclamação pode conduzir à maior proximidade das partes, desde que resolvida com alto grau de comprometimento e rapidez das empresas. Correto! Portanto, capturar esses dados, mesclá-los e parametrizá-los podem significar prevenir-se contra perdas de compradores valiosos.

Um mesmo nível de serviço não satisfaz a todo mundo – por exemplo, uma pessoa pode ser mais paciente para esperar do que a outra –, por isso, é importante individualizar alguns pontos de medição da empresa. Primeiramente, o nível de serviço deve ser traçado de forma individual, depois os custos também devem ser individualizados.

No início do relacionamento, é preciso ter muito mais cuidado com o consumidor, pois ele está mais sensível e mais suscetível a não entender os serviços e regras da companhia. Quanto mais ele cresce na escala apresentada neste capítulo, mais se torna importante estrategicamente, porém, o nível de cuidado não é mais com a informação, e sim com o seu valor.

Por isso, é importante aplicar diversas estratégias de fidelização. Por exemplo, um Cliente assíduo comprador, mas que atrasou por algum motivo o pagamento do mês, não deveria ser penalizado com a imediata interrupção do serviço.

Numa empresa moderna, ele deve ser identificado para ajudá-lo na solução de seu problema e não descontinuar imediatamente o relacionamento com ele. A segmentação da carteira pode e deve ser baseada na experiência dos Clientes, e não apenas nas convicções da organização.

Um dos benefícios da nova segmentação baseada no Cliente é promover tanto a customização quanto a personalização de sua experiência. É o que veremos a seguir.

Customização e personalização

A partir do momento em que a empresa possui uma base mínima de informação sobre seus Clientes, um excelente *output* é criar estratégias de customização e personalização.

Customizar e personalizar a experiência do Cliente durante os seus pontos de contato com a companhia são estratégias vencedoras, mas que muitas vezes são mal entendidas pelos profissionais de Gestão do Relacionamento, pois trata-se de duas situações diferentes.

Embora sejam termos utilizados como sinônimos, customização e personalização denotam conceitos que, apesar de apontarem para o mesmo objetivo, possuem trajetórias diferentes.

De grande interesse para as marcas e consumidores, essas tendências convergem para uma experiência mais proveitosa e ao mesmo tempo capaz de identificar mais informações dos Clientes.

A **customização** parte do usuário, como, por exemplo, a definição dos elementos a serem vistos primeiros na interface de um aplicativo. O ganho da empresa é incrível, pois a marca beneficia-se por garantir a interação com o Cliente exercendo um esforço menor, ao passo que entende melhor as escolhas do consumidor.

Já a **personalização** parte da própria empresa. Não é um exercício de observação, passivo, mas sim uma ação para demonstrar um entendimento sobre as preferências do usuário. Baseando-se nas suas ações anteriores, o aplicativo passa a moldar-se de forma a facilitar atividades comumente praticadas pelo Cliente. Como exemplo, temos a sugestão de filmes por aplicativos de *streaming*.

Tabela 6.1 Customização *versus* Personalização.

Customização	Personalização
Feita pelo usuário.	Feita pela desenvolvedora.
Baseada nas vontades individuais.	Baseada nos históricos de ações e compras.
Melhora na experiência.	Menos esforço por parte dos usuários.
Valorização da inteligência humana sobre a artificial.	Parte integrante do *design* digital.

Fonte: Desenvolvida pelo autor baseado em BABICH, Nick. The Difference Between Customization and Personalization. *UX Planet*, 18/04/2017. Disponível em: https://uxplanet.org/the-difference-between-customization-and-personalization-624ddd70b163. Acesso em: 1º mar. 2021.

A Tabela 6.1 compara ambas as estratégias por meio de seus principais diferenciais. É importante saber como seu público se comporta para priorizar uma forma de abordagem, embora as duas possam conviver pacificamente na comunicação com os Clientes. Um bom exemplo da personalização é o conteúdo adaptativo, como veremos a seguir.

Conteúdo adaptativo mexe com a emoção dos Clientes

Muitas vezes nos deparamos com mensagens padronizadas, robóticas e superficiais durante o contato com as empresas. Porém, o atual tratamento com públicos diferentes requer exatamente o oposto, ou seja, um caráter de profundidade, personalização e compreensão.

A eficiência da adoção de uma personalização do conteúdo é incomparável. Kristen Hicks, em seu artigo *Why Content Creators Should Care About Adaptive Content* para o *Content Marketing Institute*, identifica que *sites* que usam dados de contatos prévios para tratar o Cliente têm uma taxa de conversão de 3 a 10 vezes maior.

O conteúdo adaptável é uma tendência responsiva à padronização dos pontos de contato. É aquele que muda, a qualquer instante, sua forma e substância.

Diversos fatores podem ser responsáveis para iniciar essa alteração, como o horário, a velocidade, o clima, o sistema operacional, o gênero, a idade, o meio de comunicação, o tamanho da tela etc. Cada variação imprime uma nova linguagem, buscando sempre a eficiência máxima no trato com o público.

É importante salientar que o *design* responsivo, que interfere somente na disposição, forma a configuração do conteúdo sem se aprofundar na substância do que está sendo transmitido, não se assemelha ao conteúdo adaptável. Como exemplo deste último, temos um botão que, visualizado no computador, diz "Clique.", num dispositivo diz "Diga 'deslize.'"

Colocar em prática uma cultura de adaptação do conteúdo, porém, não é fácil. Marcia Riefer Johnston, em *Adaptive Content: The Way to Your Customer's Heart*, aponta para três cuidados fundamentais que devem andar de forma paralela à implementação dessa modalidade:

1. **Selecione os fatores contextuais.** Priorize um ou dois fatores nos quais seu conteúdo deverá se adaptar. Tenha sempre em mente quais serão mais significativos para seus Clientes.
2. **Selecione as variações do conteúdo.** Quais alterações os desenvolvedores de conteúdo devem criar de forma frequente? Por exemplo, para que o conteúdo seja acessível em diferentes dispositivos, as adaptações seguirão sempre um padrão para cada um.
3. **Crie as condições.** É preciso saber programar exatamente as condições para as alterações que serão efetuadas.

Ferramentas de gestão e de criação do conteúdo são importantes facilitadoras no processo. Essa decisão deverá ser pesquisada, analisada, praticada e capaz de trazer novos conhecimentos e reflexões com possíveis falhas apresentadas. Os benefícios, porém, fazem os custos de tempo e investimento valerem a pena.

A importância da atualização de dados

Assim como uma pessoa, a base de conhecimento sobre o Cliente pode adoecer. Lembro que o banco de dados com mais de um ano de idade já é considerado desatualizado, principalmente nas grandes metrópoles, onde as pessoas trocam de *e-mail* e telefone com grande frequência.

Por isso, se exige um processo constante de depuração para que os contatos com Clientes sejam produtivos e armazenados na empresa. Faz-se necessário também investimento tanto na melhoria da qualidade do banco de dados como na eliminação de inconsistências. Algumas formas de atualizar as informações dos Clientes são:

» Cruzando as diversas bases de dados, como, por exemplo, redes sociais com ligações originadas para a central de relacionamento.
» Mesclando o banco de dados atual com outros bancos para conseguir melhorar a qualidade e o número de informações disponíveis.
» Desenvolvendo uma promoção que requeira que o Cliente envie seus dados novamente, possibilitando a atualização do cadastro.
» Promovendo sorteios para a companhia receber os dados do Cliente e atualizar o CRM.
» Promovendo eventos.

Excesso de escolhas desmotiva

Um ditado popular nos diz que "tudo em excesso faz mal". Isso muito se aplica às estratégias de comunicação com os compradores, quando lhes oferecemos excessivas opções para tomada de decisão.

CAPÍTULO 6

Ao longo das últimas décadas, as empresas apostaram fortemente na diversificação de versões de seus produtos acreditando que, assim, poderiam aumentar seu alcance e seu lucro. Embora essa movimentação seja interessante e realmente traga benefícios em alguns casos, ela reacende uma discussão muito presente nos estudos que buscam entender a psicologia do consumo.

A variedade de produtos e serviços hoje em dia traz um valor inigualável de poder de decisão para os Clientes. Contudo, essa sensação nem sempre é positiva, podendo trazer frustrações para o momento além da escolha. Assim, Sheena Iyengar e Mark Lepper traçaram uma importante pesquisa sobre o assunto, buscando entender os efeitos que o excesso de opções pode trazer para o consumidor.

O artigo elaborado pelos pesquisadores, intitulado *When Choice is Demotivating: Can One Desire Too Much of a Good Thing?*, publicado pelo *Journal of Personality and Social Psychology*, realizou três estudos complementares sobre o tema. No primeiro, um quiosque ofertava 24 sabores de geleias e atraía mais pessoas do que um com apenas 6. Contudo, o quiosque com menos opções tinha maior taxa de conversão de vendas.

O segundo estudo permitia que estudantes optassem por fazer um trabalho para complementar suas notas escolhendo um tema de uma lista definida pelo professor. Os educadores identificaram que, ao ofertar 6 assuntos possíveis em vez de 30, não só a adesão dos alunos foi maior, mas também suas notas.

O terceiro estudo envolvia uma sensação de recompensa. Ao permitir que pessoas escolhessem o sabor chocolate, elas diziam preferir um leque de 30 opções em vez de apenas 6. Os efeitos posteriores, porém, mostraram que os indivíduos com mais possibilidades mostraram maior arrependimento de suas escolhas, chegando ao ponto de preferir trocar a recompensa por chocolate.

Os três resultados são exemplos do que Iyengar e Lepper concluem, de forma sólida, em sua pesquisa. Enquanto um leque de escolhas maior traduz uma forte ligação com a busca da satisfação imediata, menos opções levam a uma definição com critérios voltados para otimização.

Isso ocorre porque as escolhas feitas num universo amplo tendem a envolver fatores mais emocionais. Embora gerem um sentimento melhor durante o processo de definição do que as escolhas com menos opções, trazem também maior sensação de responsabilidade. Essa carga excessiva leva a uma maior frustração e incerteza diante das outras possibilidades.

Na atualidade, qualquer detalhe que incentive a tomada de decisão pelo Cliente pode favorecer muito sua experiência positiva com o canal de relacionamento. A simples definição de botões no *site* é um bom exemplo, como veremos a seguir.

"Call-to-action" e o uso inteligente das cores em prol da experiência

Modelar um *site* não é uma das tarefas mais fáceis se você desejar maior atenção do seu consumidor enquanto navega. Com ajuda da inteligência do *design* é possível facilitar a tarefa e obter resultados impressionantes de facilidade de navegação, economia de tempo e maiores resultados de vendas.

Todo *site* que vise negócios conta com botões *call-to-action*, como, por exemplo, um que leve o internauta à página onde ele poderá realizar uma compra. Esse elemento deverá ter prioridade em relação aos demais, afinal, trata-se do propósito final do *site*. Para sobressair, contudo, é necessário que o botão possua uma identidade visual chamativa.

Uma ótima forma de caracterizar o botão é com o uso de cores específicas. De acordo com a *Teoria das Cores*, cada uma delas desperta nos seres humanos um sentimento diferente.

Há fatos universais, como o de que a cor azul é considerada fria e ajuda praticantes de atividades físicas a investirem mais esforço nos exercícios de forma inconsciente. Contudo, algumas cores adquirem diferentes significados dependendo da cultura.

Paul Olyslager, em seu estudo *Call-to-action Buttons and the Psychology of Color*, nos mostra que, embora não haja uma regra, alguns preceitos básicos auxiliam no *design* de *sites*. Cores complementares, como azul e vermelho, são ótimas para destacar algo. Botões maiores não precisam de tanto brilho ou intensidade de cor quanto os menores, mas a lei geral é de que o item jamais impacte negativamente no *design* geral.

Portanto, para imantar a atenção do Cliente, é necessário entender que um botão se constitui de quatro fatores primordiais: localização, formato, mensagem e cor. Não há problema em testar variedades em cada um desses itens até encontrar qual traz melhor resultado.

Definitivamente, o uso de cores influencia a experiência do Cliente.

As cores influenciando o *User Experience*

A experiência do consumidor é moldada por diversos fatores, sendo um deles inegavelmente o formato do *site* que ele visita para entrar em contato com as marcas. Dentro das páginas, os elementos e seus posicionamentos devem ser pensados a todo momento para facilitar o acesso, tornando-o intuitivo.

No emaranhado complexo que é o *design* dos *sites*, um dos pontos mais simples é a escolha da palheta de cores. Não se trata apenas de uma adaptação do domínio à identidade da empresa, mas de uma compreensão do que cada tonalidade tem a dizer para os Clientes que procuram a empresa.

A pesquisa *Culturability: The Merging of Culture and Usability*, realizada no Georgia Institute of Technology por Barber e Badre, mostrou que, quando relacionadas, as cores podem ser vistas como mais ou menos saturadas. Esse fator, determinado pela quantidade de cinza, é um ótimo índice para entender quais cores são chamativas ou não.

Mas as relações principais são as que criamos com determinadas cores. Enquanto o vermelho está fortemente associado a "deletar" ou "deslogar", o verde transmite noção de "iniciar" ou "seguir". Ter um esquema de cores convidativas e apoiar-se

CAPÍTULO 6

numa palheta de cores com diferentes concentrações da mesma tonalidade incute ao *site* um aspecto mais profissional.

A simples escolha das cores vai afetar a satisfação do consumidor, pois elas têm um efeito poderoso para tornar o ambiente mais prático e aceitável à primeira vista. Outro fator para a escolha de determinadas cores advém do fato de que diferentes culturas têm variados valores para cada cor, como visto na Tabela 6.2.

Tabela 6.2 Cores e culturas.

	China	Japão	Egito	França	EUA
Vermelho	• Felicidade	• Raiva • Perigo	• Morte	• Aristocracia	• Perigo • Parar
Azul	• Paraíso • Nuvens	• Vilania	• Virtude • Fé • Verdade	• Liberdade • Paz	• Masculinidade
Verde	• Ming • Dinastia • Paraíso	• Futuro • Juventude • Energia	• Fertilidade • Força	• Criminalidade	• Segurança • Seguir
Amarelo	• Nascimento • Riqueza • Poder	• Elegância • Nobreza	• Felicidade Prosperidade	• Temporalidade	• Covardia • Temporalidade
Branco	• Morte • Pureza	• Morte	• Alegria	• Neutralidade	• Pureza

Fonte: BARBER, W.; BADRE, A. *Culturability*: The Merging of Culture and Usability. Graphics, Visualization & Usability Center/Georgia Institute of Technology, Atlanta, GA, 1998, EUA. Disponível em: http://zing.ncsl.nist.gov/hfweb/att4/proceedings/barber/. Acesso em: 28 fev. 2018.

Grandes companhias entenderam a vantagem de desligar a imagem de suas marcas de cores específicas, aumentando as possibilidades de abordagem para diferentes campanhas e momentos. A gigante esportiva Nike, por exemplo, não possui uma cor oficial para seu logo – embora pensemos nele como branco ou preto, é comum ver produtos e peças de divulgação em que ele assume outras tonalidades.

Outra empresa que seguiu essa tendência foi a Apple. Até o fim da década de 1990, a corporação era associada ao arco-íris, contudo, atualmente, o público costuma ligar a imagem da companhia apenas à cor branca. O novo modelo de negócios da Apple certamente teve suas inferências na escolha de palhetas e provou, mais uma vez, a importância desse fator no imaginário dos consumidores.

Chegamos ao final do **Capítulo 6**. Apresento a seguir sete questões pertinentes a este capítulo como uma forma de contribuir para reflexão e prática em grupo ou individual dos meus leitores. Vamos lá?

Vamos refletir e praticar?

1. Conhecer verdadeiramente o Cliente, seu perfil, suas necessidades, satisfação e engajamento pressupõe que o profissional de Gestão do Relacionamento e CX domine metodologias e técnicas para mapear a experiência do Cliente e obter *customer insights*. Contudo, o autor demonstra que menos de 50% das organizações conhecem realmente seus consumidores. Explique os motivos para esse fato.

2. O autor Roberto Madruga criou a Metodologia de Vendas e Atendimento EDiRC para conhecer genuinamente o Cliente e intensificar as experiências com ele. A sigla significa Empatizar, Diagnosticar, Resolver e Conquistar. Como funciona essa metodologia? Quais as aplicações? Forneça exemplos.

3. O autor apresentou 41 técnicas para se mapear a experiência do Cliente e obter *customer insights* e as dividiu em sete grupos: (1) pesquisas e índices; (2) mapeamentos; (3) *tracking* nos canais; (4) monitoramento do comportamento; (5) testes; (6) enquetes; e (7) educação corporativa. Forneça exemplos de técnicas para cada um desses grupos.

4. Rob Markey e Fred Reichheld, no artigo *Introducing the net promoter system loyalty insights*, apresentam que o NPS é baseado na obtenção de *feedback* por meio de ferramentas *on-line* e serve para expressar a satisfação dos Clientes em relação à marca, produto ou serviço. Qual o passo a passo para implantar e medir o NPS, segundo o autor?

5. Roberto Madruga mostra que, em seu primeiro livro no ano de 2004, lançou bases para a discussão de que reduzir o esforço do cliente contribui para sua fidelidade. Explique como surgiu o *Customer Effort Score*, qual a sua utilidade e como se calcula esse índice.

6. Customização e personalização, embora sejam termos utilizados como sinônimos, denotam conceitos que, apesar de apontarem para o mesmo objetivo, são diferentes. Explique essas diferenças.

7. Para o autor, existem cinco motivos pelos quais fazemos pesquisas com os Clientes. Explique os principais.

CAPÍTULO 7

Cultura de Foco no Cliente, o Valor do Cliente e *Lifetime Value*

Acesse e assista ao vídeo
https://uqr.to/ru28

> *"Por mais que as empresas queiram dizer que os Clientes pertencem a elas, na realidade temos que considerar que eles não podem ser 'colecionados', pois são pessoas com vontade própria e têm livre-arbítrio para trocar de fornecedor. Contudo, modificar o pensamento de 'posse' para o de fidelização é possível e estratégico, sendo preciso transformar a cultura organizacional para alcançar esse objetivo.*
>
> *Esse é um grande desafio geralmente encomendado para consultorias especializadas em Gestão do Relacionamento e Customer Experience: atuar na mudança da cultura organizacional de empresas que se apaixonaram pelo próprio produto, transformando-as em organizações com Foco no Cliente ou, de maneira mais apropriada, Foco no Customer Experience."*

Empresas que no passado se apaixonaram pelos seus produtos e serviços agora se veem em apuros para se libertar desse paradigma, pois é mais fácil demonstrar para os funcionários a adoração por algo que foi criado dentro da organização do que encantar os Clientes.

Isso é facilmente explicado porque os produtos e serviços são artefatos empresariais criados e praticados pelas pessoas que lá trabalham, enquanto os Clientes são pessoas que estão fora da organização, portanto, não lhe pertencem.

Por mais que as empresas queiram dizer que os Clientes pertençam a elas, na realidade temos que considerar que eles não podem ser "colecionados", pois são pessoas com vontade própria e têm livre-arbítrio para trocar de fornecedor. Contudo, modificar o pensamento de "posse" para o de fidelização é possível e estratégico, sendo preciso transformar a cultura organizacional para alcançar esse objetivo.

Esse é um grande desafio geralmente encomendado para consultorias especializadas em Gestão do Relacionamento e *Customer Experience*: atuar na mudança da cultura organizacional de empresas que se apaixonaram pelo próprio produto, transformando-as em organizações com **Foco no Cliente** ou, de maneira mais apropriada, **Foco no *Customer Experience***.

Incorporar na empresa o Foco no Cliente significa olhar os valores que lhe são importantes no relacionamento comercial e, com isso, desenvolver estratégias para aproximar as atividades-fim e de apoio da empresa vendedora aos requerimentos dos Clientes, proporcionando aumento de satisfação, benefícios mútuos e, consequentemente, de resultados.

Outro ponto importante para o gestor focado nos requerimentos dos compradores é que eles nem sempre estão ligados diretamente à empresa, e nem sempre fazem parte do processo no momento de troca. Existem muitos atores internos e externos que participam da criação, comunicação e entrega de valor para o Cliente. Compreender essas interações tornou-se imprescindível para o sucesso das estratégias de *Customer Experience*.

Mudança de cultura + mudança de posicionamento

Descubra como modelar a Cultura Organizacional para a empresa se tornar focada verdadeiramente na experiência do Cliente apontando a câmera do seu *smartphone* para este QR Code:

Fonte: https://youtu.be/SeC8yRhxO2s. Acesso em: 07 abr. 2021.

Em minhas vivências, em dezenas de projetos de consultoria para transformação organizacional, cheguei à conclusão de que, para uma empresa abandonar a antiga forma de privilegiar os próprios produtos e serviços e adotar (de verdade) o Cliente em seu coração, são necessários dois projetos de renovação. O primeiro é a criação de uma nova cultura organizacional, e o segundo é a revisão do seu posicionamento perante o mercado.

A primeira etapa para a construção da cultura do Foco no Cliente é "virar a chave" da empresa por meio da modificação de estratégias, processos, diretrizes e modelos de gestão visando colocar o Cliente (realmente) no centro da atenção de todos os departamentos.

Cultura de Foco no Cliente, o Valor do Cliente e *Lifetime Value*

Esse conjunto de mudanças é robusto e poderá levar anos, a depender do tamanho da empresa e da quantidade de sistemas envolvidos com vendas, marketing e Gestão do Relacionamento com Clientes. Essa etapa está à esquerda da Figura 7.1, enquanto o novo posicionamento, à direita.

Figura 7.1 A intersecção da mudança de cultura interna com a mudança de posicionamento externo, ambos com Foco no Cliente, garantem resultados superiores.

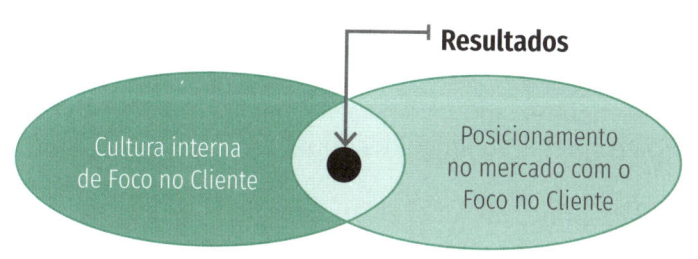

```
        Resultados
              ↓
  ┌─────────────┬─────────────┐
  │  Cultura    │ Posicionamento
  │  interna    │ no mercado com o
  │ de Foco no  │  Foco no
  │  Cliente    │  Cliente
  └─────────────┴─────────────┘
```

Fonte: Desenvolvida pelo autor.

Durante essa "virada interna", a empresa deverá rever o seu posicionamento estratégico mercadológico voltado para esse tema, pois as organizações precisam estar competitivas e realizar uma espécie de declaração dos mercados-alvo, aqueles nos quais a empresa vai competir.

Existem vários posicionamentos que a empresa poderá adotar diante do seu mercado. O posicionamento com Foco no *Customer Experience* é o mais aderente à mudança de cultura interna de valorização do consumidor, por isso, deve ser levado em consideração.

As metas das organizações somente podem ser atingidas mediante um posicionamento claro para conquistar mercados e fidelizá-los. Por isso, aliar a nova cultura interna de Foco no Cliente com um novo posicionamento em relação ao mercado terá um efeito impulsionador para alcance de maior rentabilidade.

A seguir, apresentarei na linha do tempo os principais focos enfatizados pelas empresas no Brasil desde a década de 1970 até os dias atuais.

Descubra como desenvolver a Cultura Organizacional para alcançar a alta *performance*: baixe o *e-book* apontando a câmera do seu *smartphone* para este QR Code:

[QR Code]

Fonte: https://conquist.com.br/labs/e-books/e-book-como-desenvolver-a-cultura-organizacional-para-alcancar-a-alta-performance/. Acesso em: 07 abr. 2021.

CAPÍTULO 7

Do foco na produção ao foco na experiência do Cliente

Surpreender o Cliente e proporcionar experiências positivas e duradouras durante o relacionamento com ele é uma estratégia altamente dependente da cultura interna da organização e do posicionamento que ela adota no mercado, conforme demonstrei no tópico anterior.

Muitas empresas ostentam que alcançaram o **Foco no Cliente** – ou o **Foco "do" Cliente** – sem, no entanto, aprimorar a cultura organizacional para tal alcance. Não é raro encontrarmos companhias que se dizem valorizar o seu consumidor, mas que levam dias ou semanas para resolver problemas simples com eles. Isso é Foco no Cliente ou foco no custo?

Elaborei o *timeline* apresentado na Figura 7.2 para demonstrar os principais focos enfatizados pelas empresas ao longo dos anos.

Figura 7.2 *Timeline*: principais focos enfatizados pelas empresas no Brasil desde a década de 1970.

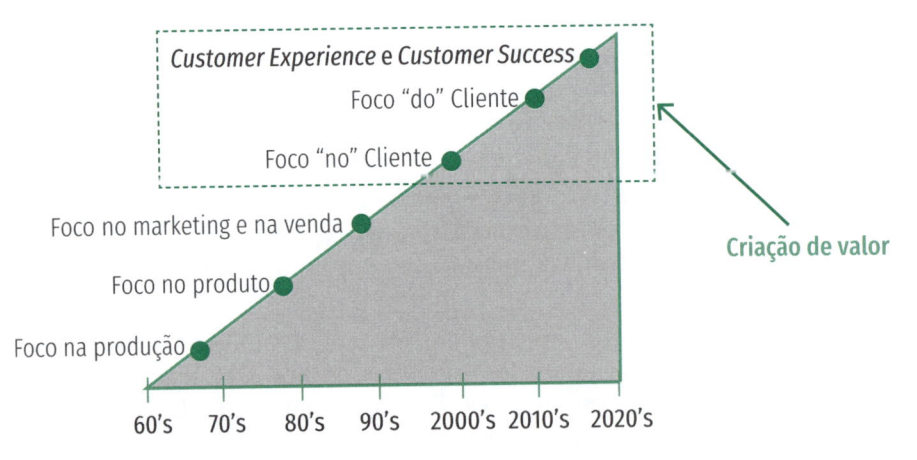

[Gráfico triangular mostrando evolução temporal dos focos empresariais:
- Foco na produção (60's)
- Foco no produto (70's)
- Foco no marketing e na venda (80's)
- Foco "no" Cliente (90's)
- Foco "do" Cliente (2000's)
- Customer Experience e Customer Success (2010's-2020's)
- Criação de valor]

Fonte: Desenvolvida pelo autor.

É bem visível que o antigo foco na produção durante a década de 1970, na qual o Cliente era erroneamente visto como o "mal necessário", vem sendo substituído (lentamente) por focos empresariais mais próximos do público.

A partir dos anos 2000, divulga-se com mais ênfase em congressos brasileiros a necessidade de mudança de foco nas organizações com intuito de ultrapassar a barreira de simplesmente atender bem e começar a gerar valor para o indivíduo. O **Foco no Cliente** então passa a ser um objeto de desejo das companhias, embora somente poucas tenham conseguido chegar a esse nível.

Mais tarde, algumas pessoas perceberam que modificar uma simples preposição traria ainda mais valor para o Foco "no" Cliente, transformando-o em **Foco "do" Cliente**, isto é, enxergar a empresa por meio de sua lupa.

Aproximadamente em 2015, o **Foco no *Customer Experience***, que é de longe um modelo mais integrado com o valor e engajamento do Cliente, passou a ser uma preocupação de algumas organizações, que perceberam que a satisfação do consumidor não é suficiente para fidelizá-lo, sendo necessária a criação de estratégias mais intensas.

Apesar de, na atualidade, algumas empresas perseguirem o novo Santo Graal do relacionamento com Clientes, que é o modelo de **Customer Experience** combinado com o *Customer Success*, a maioria delas sequer chegou ao Foco no Cliente.

Você já foi atendido por um funcionário em loja que mal olhou para você e pouco se importou com seu pedido? Vou mudar o exemplo para ver se também se encaixou em sua experiência: Em alguma ocasião, você ligou para um serviço de atendimento e o agente pediu "Um minutinho, por favor" e sumiu, fazendo você esperar muito tempo ou falar sozinho? Você já foi a alguma consulta em que o médico ficava digitando sem parar e sequer olhou ou mesmo tocou em você para examiná-lo? Já comprou algum produto por *e-commerce* que demorou mais tempo para chegar do que a promessa feita pelo *site*?

Devo ter acertado em cheio com esses exemplos, pois essas práticas são corriqueiras no Brasil. Nós, que atuamos nas áreas de CX e Gestão de Pessoas, quando recebemos um tratamento desses, não podemos deixá-lo passar despercebido. Não vale a pena nos estressar com o fato, mas é importante que o comuniquemos aos responsáveis pela operação como forma de colaborar para que a empresa perceba suas falhas.

Devido a situações como essas que acabei de descrever, fica evidente o quanto as organizações precisam melhorar a experiência de seus compradores em todos os momentos em que eles precisam de algo.

Uma das explicações para esse deslize é que determinadas organizações são mais focadas em seus produtos e na sua área comercial, deixando o Cliente para segundo plano. Nesses casos, a crença dominante é na eficiência da produção, redução de custos, aperfeiçoamento dos produtos, e o Cliente que espere um minutinho...

A seguir, vou descrever com detalhes os tipos de foco empresariais apresentados no *timeline* da Figura 7.2.

Tipos de foco empresariais

Vou descrever melhor cada um dos focos das organizações. É provável que você consiga identificar suas empresas fornecedoras e em que classificação elas se encontram.

» **Foco na produção:** empresas que não estão nem um pouco interessadas nas necessidades dos Clientes, pois o seu modelo de negócios privilegia investimentos maciços para criar e lançar produtos e serviços e quase nada para melhorar a experiência deles.

Na atualidade, o foco na produção, embora seja o mais antigo, prevalece em várias empresas grandes, médias ou pequenas que não incluem o Cliente nas suas prioridades. Provavelmente elas têm um mercado garantido, viés para o qual a baixa concorrência contribui.

» **Foco no produto:** empresas nesse estágio apaixonam-se tanto por seus produtos que o Cliente fica num segundo plano e é caraterizado apenas como alguém que o consome e que é desprovido de emoções, desejos e necessidades. Empresas que focam mais o produto do que o seu mercado geralmente têm como uma das principais razões a cultura enraizada em produtos e serviços e em disponibilizá-los para os canais de distribuição.

» **Foco no marketing e na venda:** esse foco alcançou o seu apogeu na década de 1990, quando as empresas investiram maciçamente nos esforços de propaganda de massa combinados com venda pessoal e canais de venda.

Com o foco na venda e no marketing, a empresa se conecta mais com o Cliente, identificando melhor suas necessidades. Contudo, organizações nesse estágio apresentam uma cultura enraizada muito forte de que o departamento de vendas e o de marketing são a razão de existir da companhia, perdendo grandes oportunidades de encantar seus Clientes, principalmente nos canais remotos. Muitas vezes essas organizações são formadas por "feudos".

» **Foco "no" Cliente:** divulgado no Brasil com mais expressividade no início dos anos 2000, esse posicionamento tratou definitivamente de demonstrar para as organizações que um passo adiante do foco no marketing poderia ser dado sem perder as conquistas anteriores, acrescentando novas visões a respeito do consumidor.

Essa inclusão de pauta no Brasil ajudou as empresas a ajustarem suas estratégias empresariais "de fora para dentro", isto é, a voz do Cliente passou a ser integrante das principais ações estruturantes da empresa.

Empresas com Foco "no" Cliente estão atentas às suas necessidades e às diferentes formas que adquirem valor, isto é, não apenas compram mercadorias, mas esperam que elas agreguem mérito a suas vidas. Os compradores esperam também que os vendedores cuidem de tudo para que possam consumir o produto ou serviço com segurança, recorrendo a eles caso haja algum desvio no caminho.

» **Foco "do" Cliente:** embora a diferença com o posicionamento anterior seja aparentemente da preposição, esse detalhe conceitual se tornou conhecido pelas organizações, que entendem que precisam enxergar seus processos a partir da ótica do Cliente, e não o contrário.

O Foco "do" Cliente é uma forma de mostrar para toda a companhia que tão importante quanto estabelecer um ótimo relacionamento com ele é fazer um exercício diário de empatia.

» **Foco no *Customer Experience*:** fiz parte de um seleto grupo de pessoas que trouxeram essa e muitas outras visões para o Brasil. Uma das formas que encontrei para apresentar a necessidade de criação de estratégias de relacionamento e CRM mais sólidas para as empresas brasileiras ocorreu quando publiquei o livro *Guia de implementação de marketing de relacionamento e CRM*. Foi uma grande oportunidade de debater em palestras por todo o Brasil a nova virada que seria dada nos próximos anos em relação à valorização das experiências que as empresas proporcionam aos consumidores.

Nos dias atuais, implantamos cotidianamente nas empresas projetos ligados ao *Customer Experience* combinados com técnicas de *Customer Journey Mapping* e Gestão de Pessoas, o que demonstra que o mercado brasileiro está se conscientizando gradativamente dessas promissoras tendências.

» **Foco no *Customer Success*:** faço parte da entidade *Customer Success Association*, que vem, com muito êxito, difundindo pelo mundo que o mais importante para as estratégias de relacionamento com Clientes é que a empresa proporcione sucesso para eles.

A associação define que *Customer Success Management* tem a missão emergente de solucionar os principais problemas de desenvolvimento, retenção e expansão do portfólio de Clientes. *Customer Success Management* integra atividades de marketing, vendas, serviços, treinamento e suporte e é considerada uma profissão emergente nos EUA.

Aproveito para apresentar minha definição de Customer Success:

> *Customer Success (CS), também chamado de Customer Success Management (CSM), é um conjunto de estratégias, competências e práticas realizadas por uma equipe estruturada que integra diversas funções na companhia, como marketing, vendas e serviços ao Cliente, com grande foco na extensão de negócios e na renovação de assinaturas, por meio da profunda compreensão dos gols dos Clientes, acompanhamento e colaboração para o atingimento desses gols.*

O Índice de Foco no *Customer Experience* (IFCX)

Como medir se as empresas têm o verdadeiro foco na experiência do Cliente e se realmente se consideram *Customer Oriented Organizations*?

Quando atuo para reestruturar uma organização ou para otimizá-la visando o aumento dos resultados de negócios concomitantemente à elevação do engajamento dos Clientes, um dos primeiros passos é aplicar uma ferramenta diagnóstica a fim de apurar qual a situação atual em que ela se encontra.

Foi pensando nisso que desenvolvi o **Índice de Foco no *Customer Experience* (IFCX)** para auxiliar as empresas a entenderem em que estágio se encontram e, assim, a definirem melhor a situação desejada e as estratégias para chegarem lá.

O instrumento é bem simples e qualquer pessoa poderá avaliar a própria empresa ou outra que desejar, desde que tenha conhecimento suficiente das condições internas, a fim de identificar em que ponto da escala ela está.

CAPÍTULO 7

Centenas de pessoas e dezenas de empresas já fazem parte dessa grande pesquisa, por isso, o IFCX se tornou um padrão para se descobrir o estágio de maturidade de *Customer Experience* nas empresas.

As questões são divididas em seis dimensões:

1. Experiência do Cliente.
2. Cultura de Foco "no" e "do" Cliente.
3. Governança e prevenção de crises.
4. Processos e comunicação com o Cliente.
5. Indicadores e tecnologia de relacionamento.
6. Segmentação de mercado e diferenciação.

Sugiro que você faça a avaliação Índice de Foco no *Customer Experience* (IFCX) no meu *site* para se ambientar com a metodologia. É bem simples e esclarecedora. Basta seguir a instrução de preenchimento e depois realizar o somatório de pontos. Se preferir, faça no próprio livro.

> Faça a avaliação IFCX da empresa em que você trabalha ou trabalhou, apontando a câmera do seu *smartphone* para este QR Code:
>
> Fonte: https://conquist.com.br/labs/avaliacoes-testes/o-indice-de-foco-no-customer-experience-ifcx/. Acesso em: 07 abr. 2021.

A seguir, você poderá fazer a avaliação também no próprio livro.

Instruções para preenchimento

Concentre-se nas questões a seguir e responda de maneira transparente. Quanto à empresa que você está avaliando, marque um **X** na coluna referente à alternativa de resposta que melhor representa a sua opinião sobre as afirmações a seguir.

	Discordo totalmente	Discordo	Não discordo/ nem concordo	Concordo	Concordo plenamente
1. Experiência do Cliente					
A empresa realiza medições diariamente e em tempo real da experiência do Cliente de forma a entender como agem em relação aos canais de contato.					
O impacto no Cliente quanto à qualidade dos produtos e serviços é medido e tratado em tempo real e começa desde o lançamento deles.					
Os Clientes se sentem engajados pela empresa e atuam como defensores da marca.					
O atendimento prestado pela empresa transmite ao Cliente prontidão, confiabilidade, segurança e rapidez.					
A empresa realiza com método moderno e participativo o mapeamento constante da Jornada do Cliente para identificar falhas e oportunidades.					
Os resultados do Mapeamento da Jornada do Cliente são utilizados consistentemente para otimizar produtos, serviços e a comunicação com ele.					
A grande maioria das solicitações dos Clientes é resolvida no primeiro contato com os canais de atendimento presencial e remoto.					
2. Cultura de Foco "no" e "do" Cliente					
Há esforços individuais e coletivos diários para o Cliente ser o centro das atenções e ter verdadeiramente suas necessidades atendidas pela empresa.					
Os colaboradores são incentivados constantemente e acreditam valer a pena fazer esforços excepcionais para engajamento dos Clientes.					

continua...

CAPÍTULO 7

	Discordo totalmente	Discordo	Não discordo/ nem concordo	Concordo	Concordo plenamente
2. Cultura de Foco "no" e "do" Cliente					
Os Clientes e os colaboradores percebem que o atendimento nos canais presenciais e remotos é um dos maiores diferenciais da empresa.					
A empresa realiza esforços constantes para nivelar a visão de toda a organização quanto ao valor que o Cliente possui para o negócio.					
Os colaboradores que se relacionam com o Cliente são capacitados constantemente e com metodologia moderna de vendas e atendimento.					
Os colaboradores que NÃO atendem diretamente o Cliente são ágeis na execução das tarefas que o impactam e lhe agregam valor.					
Os colaboradores da linha de frente estão sempre em prontidão para o atendimento de forma a acolher o Cliente sem filas e de forma produtiva.					
3. Governança e prevenção de crises					
Os projetos desenvolvidos por Marketing, Negócios, Logística e TI levam em consideração o Foco no Cliente da sua concepção à implantação.					
A voz do Cliente faz parte da agenda da diretoria que houve e lê constantemente exemplos de problemas dos consumidores e toma decisão.					
O direcionamento dos altos executivos quanto à prioridade que o Cliente deve ter é reforçado por decisões e investimentos coerentes vindos deles.					
A área de relacionamento fornece às áreas de negócios informações em tempo real sobre a *performance* de campanhas, produtos e serviços.					
Os processos da empresa contam com mecanismos ágeis para alertar os gestores antes que um problema com o Cliente vire uma crise.					

continua…

Cultura de Foco no Cliente, o Valor do Cliente e *Lifetime Value*

	Discordo totalmente	Discordo	Não discordo/ nem concordo	Concordo	Concordo plenamente
3. Governança e prevenção de crises					
As soluções de reclamações dos Clientes são armazenadas inteligentemente e utilizadas como exemplo para que casos parecidos não mais ocorram.					
Os *feedbacks* dos Clientes são coletados em tempo real, priorizados e processados rapidamente e influenciam a estratégia da empresa.					
4. Processos e comunicação com o Cliente					
Os processos e procedimentos de relacionamento são estruturados e constantemente redesenhados como otimização e inovação.					
Os atendentes e vendedores têm fácil acesso e encontram com agilidade as informações para responder com assertividade aos Clientes.					
As regras de negócios que impactam o Cliente são sempre otimizadas de forma a permitir fácil entendimento por ele e autonomia do atendente.					
A comunicação com o Cliente, seja em que canal for, é armazenada no seu histórico, permitindo prontidão do atendimento e medição de indicadores.					
A comunicação entre a área de relacionamento e as áreas internas da empresa é eficaz e promove a excelência na experiência do Cliente.					
A empresa realiza diariamente monitoria de qualidade externa e isenta para identificar e tratar problemas de atendimento e vendas.					
Os roteiros e fraseologias para atendimento humano, automático e *web* são elaborados com excelência e revistos constantemente.					

continua...

CAPÍTULO 7

	Discordo totalmente	Discordo	Não discordo/ nem concordo	Concordo	Concordo plenamente
5. Indicadores e tecnologia de relacionamento					
Os colaboradores de áreas internas da empresa são informados constantemente quanto aos indicadores de Gestão do Relacionamento.					
Os indicadores de relacionamento com Clientes influenciam a avaliação de desempenho e o bônus dos executivos da empresa.					
A empresa mensura em tempo real índices de Satisfação do Cliente, *First Call Resolution* (FCR), *Net Promoter Score* (NPS) e *churn*.					
A análise desses indicadores é ágil e proporciona a criação de ações e transformações no curto, médio e longo prazo em prol do Cliente.					
A tecnologia atual proporciona que a empresa seja *Omnichannel*, integrando com agilidade e resolutividade todos os canais de contato.					
A tecnologia proporciona que todos os indicadores de Gestão do Relacionamento sejam medidos com segurança e em tempo real.					
Os sistemas e processos existentes são modernos e contribuem para a excelência no relacionamento e experiência dos Clientes.					
6. Segmentação de mercado e diferenciação					
A segmentação de mercado proporciona agilidade, resolutividade e diferenciação no atendimento e vendas ao Cliente.					
No ato de o Cliente ser atendido, remota ou presencialmente, ele é identificado quanto ao seu potencial e histórico, utilizando-se tecnologia.					
Os Clientes com maior histórico de problemas são identificados no ato do atendimento para a empresa prestar-lhes um serviço diferenciado.					

continua...

Cultura de Foco no Cliente, o Valor do Cliente e *Lifetime Value*

6. Segmentação de mercado e diferenciação	Discordo totalmente	Discordo	Não discordo/ nem concordo	Concordo	Concordo plenamente
A customização e a personalização da experiência do Cliente são favorecidas pela segmentação de mercado durante o atendimento dele.					
A gestão do conteúdo (*content management*) favorece a personalização e customização da comunicação escrita e falada para o Cliente.					
Os Clientes mais longevos são reconhecidos e recompensados por este comportamento de fidelidade.					
Durante o atendimento humano ou automático há a identificação imediata do Cliente e roteamento para o canal mais adequado.					

Faça o seguinte somatório de pontos.

	Discordo totalmente	Discordo	Não discordo/ nem concordo	Concordo	Concordo plenamente
Somatório de pontos de cada coluna	....	....	....	....	....
Multiplique o resultado pelo fator de multiplicação	1	2	3	4	5
Total de pontos	....	....	....	....	....

Concluindo, compare o resultado na escala e veja a classificação da empresa.

Ausente	Ausência de Foco no *Customer Experience*	Menor que 84 pontos
Indefinida	Baixo Foco no *Customer Experience*	Entre 84 e 126 pontos
Direcionada	Bom Foco no *Customer Experience*	Maior que 126 e menor que 168 pontos
Intensiva	Foco intensivo no *Customer Experience*	Maior que 168 pontos

CAPÍTULO 7

Análises do Índice de Foco no *Customer Experience* (IFCX)

Além de enxergarmos o IFCX pela pontuação total, conforme apresentei no tópico anterior, podemos analisá-lo nas suas seis dimensões: 1. Experiência do Cliente; 2. Cultura de Foco "no" e "do" Cliente; 3. Governança e prevenção de crises; 4. Processos e comunicação com o Cliente; 5. Indicadores e tecnologia de relacionamento; e 6. Segmentação de mercado e diferenciação.

Veja na Figura 7.3 uma empresa que alcançou a avaliação total de 79 pontos, o que a classificou como **Ausente de Foco no *Customer Experience***. Ao analisarmos a pontuação obtida nas seis dimensões, veremos que, com exceção dos **processos e comunicação com os Clientes**, as demais estão seriamente comprometidas.

Figura 7.3 O Índice de Foco no *Customer Experience* (IFCX) mensurado em uma empresa com ausência de foco no tema pode ser visualizado nas suas seis dimensões.

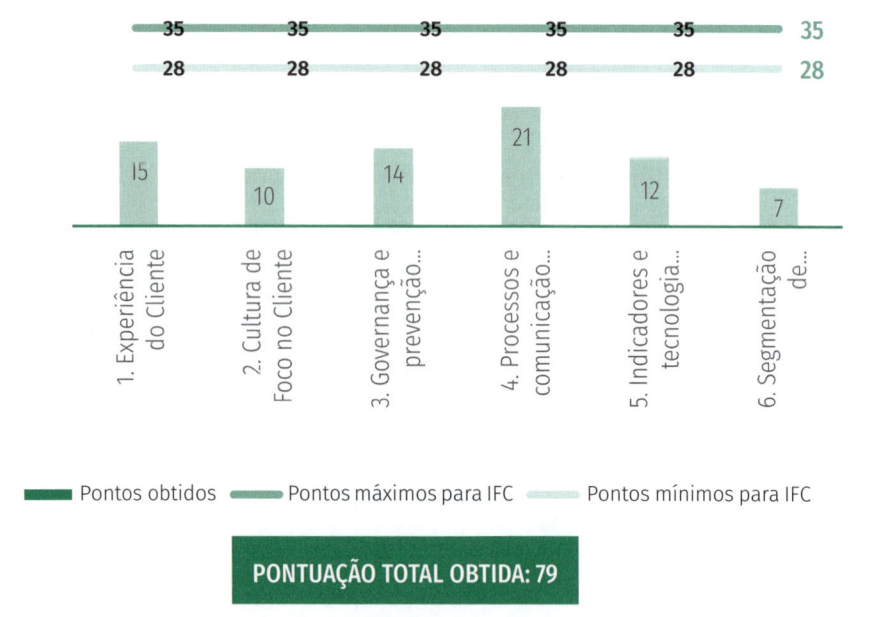

(Gráfico de barras mostrando as seis dimensões com os seguintes pontos obtidos: 1. Experiência do Cliente: 15; 2. Cultura de Foco no Cliente: 10; 3. Governança e prevenção: 14; 4. Processos e comunicação: 21; 5. Indicadores e tecnologia: 12; 6. Segmentação de...: 7. Pontos máximos para IFC: 35 em todas. Pontos mínimos para IFC: 28 em todas.)

PONTUAÇÃO TOTAL OBTIDA: 79

Fonte: Desenvolvida pelo autor.

Se olharmos com mais atenção, perceberemos que a segunda dimensão menos bem avaliada é uma das mais estratégicas (Cultura de Foco "no" e "do" Cliente), que está aos frangalhos. Percebe-se nitidamente que a alta cúpula da companhia não está priorizando o Foco na Experiência do Cliente, apesar de a operação estar tentando construir isoladamente esse foco. Haverá muita perda de energia e de dinheiro, caso as outras dimensões não sejam trabalhadas na empresa.

Já a empresa da Figura 7.4 alcançou 155 pontos no IFCX, sendo classificada, portanto, como **Direcionada ao *Customer Experience***. Perceba a diferença nas dimensões.

Figura 7.4 Empresa com alto IFCX alto sendo classificada como Direcionada ao *Customer Experience*.

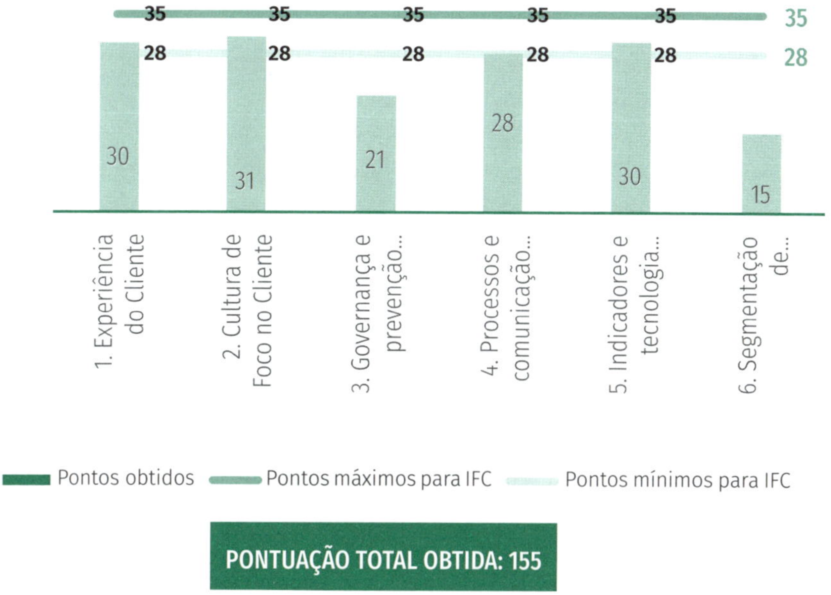

```
     35         35         35         35         35         35
     28         28         28         28         28         28
                                      28
     30                    21                    30
                31                                           15

1. Experiência  2. Cultura de  3. Governança e  4. Processos e  5. Indicadores e  6. Segmentação
   do Cliente     Foco no        prevenção...    comunicação...   tecnologia...    de...
                  Cliente
```

▬ Pontos obtidos   ▬ Pontos máximos para IFC   ▬ Pontos mínimos para IFC

PONTUAÇÃO TOTAL OBTIDA: 155

Fonte: Desenvolvida pelo autor.

Outra metodologia avançada que usamos em projetos de *Customer Experience* e *Customer Success* é Valor do Cliente (*Customer Value*), que vou apresentar em profundidade a seguir.

Customer Value

O valor de que vou tratar aqui não é sinônimo de dinheiro. Ele é um elemento indispensável para a Gestão do Relacionamento, em que a habilidade da empresa de prover valores superiores para seus Clientes é considerada uma das mais bem-sucedidas estratégias competitivas.

Os valores são fundamentais para a definição da cultura organizacional *Customer Oriented*.

Reconhecer o Valor do Cliente significa mudar o foco sobre os processos empresariais de modo a desemperrá-los e torná-los aderentes à Jornada do Cliente.

Existem duas formas de considerarmos o Valor do Cliente: uma do ponto de vista empresarial e outra do ponto de vista do próprio Cliente.

Do lado **empresarial**, as áreas internas não apenas desenvolvem produtos e serviços para o consumidor, como principalmente produzem e entregam de valor para eles, pois na base de tudo o que fazem está o Foco no Cliente.

Já do **ponto de vista do Cliente**, valor é aquilo que ele ou ela "estampa no peito e na mente" durante o contato com a empresa e que influencia completamente a experiência que vai advir dessa interação.

CAPÍTULO 7

Perdão pela redundância, mas valor para o Cliente é aquilo que realmente ele valoriza durante as trocas com a empresa. Apresento na Figura 7.5 a complementaridade dos dois pontos de vista.

Figura 7.5 A complementaridade do Valor do Cliente do ponto de vista da empresa e do ponto de vista do próprio Cliente.

Empresa
As equipes não apenas desenvolvem produtos e serviços, pois estão mobilizadas pelo comprometimento interno para a produção e entrega de valor para os Clientes durante sua jornada

VALOR

Cliente
Os Clientes, por meio da aquisição de produtos, serviços e experiências, esperam suprir seus valores pessoais como confiança, segurança, conforto e agilidade

Fonte: Desenvolvida pelo autor.

Os valores estão intimamente ligados aos benefícios gerados pelo processo de relacionamento com o consumidor, desde que conduzidos com seriedade por profissionais que dominem *Customer Experience*. O efeito das estratégias de adição de valor no relacionamento de longo prazo pode trazer lucros adicionais para o fornecedor e aumento da satisfação do comprador.

Defino valor como:

> O valor é um processo contínuo entre empresa e Cliente, no qual este faz parte da etapa de criação, por meio de mecanismos de coprodução fornecidos pela companhia. Os valores são providos individualmente, isto é, para cada um dos Clientes. Eles também são compartilhados pelas organizações em que as equipes os desenvolvem, mobilizadas pelo comprometimento interno, foco no valor da interação, respeito, segurança e confiança junto a parceiros e Clientes. O valor é a combinação dinâmica de cinco elementos: qualidade, desempenho, preço, benefícios e experiências glorificantes.

Empresas com foco na Experiência do Cliente, ao contrário do que ocorre no foco no produto, criam a possibilidade de os indivíduos participarem da geração de valor, por meio da interatividade com a linha de frente da empresa.

Morgan e Hunt, em seu célebre artigo *The commitment-trust theory of relationship marketing*, foram precursores desse conceito ligado ao Marketing de Relacionamento, afirmando que os valores compartilhados são fundamentais para gerar confiança e comprometimento junto dos Clientes. É quase senso comum que eles servem para avaliar, julgar programas, orientar discussões e guiar as ações das pessoas nas organizações.

Os valores não estão ligados exclusivamente ao objeto de troca (produto ou serviço). Ao contrário: eles também são associados ao relacionamento entre Clientes, empresas, fornecedores ou qualquer tipo de parceiro, geralmente baseados em expressões como confiança, colaboração, comprometimento, honestidade e segurança.

No Quadro 7.1, exemplifico e comparo as principais diferenças entre as empresas com foco em si mesmas e as empresas com foco no valor e na experiência do Cliente. Veja como são bem diferentes.

Quadro 7.1 Diferença entre a empresa com foco em si mesma e empresa com Foco no Valor do Cliente.

Foco em si mesma	Foco no valor do Cliente
Crença na eficiência da produção, na redução de custos e no produto	Identificação e monitoramento dos valores que são importantes no relacionamento
Busca resolver questões de estoque excedente por meio de promoções agressivas	Utiliza ferramentas com os Clientes para prever eficientemente a demanda
Os produtos são projetados e comercializados sem a participação do Cliente	O Cliente é envolvido em diversas etapas do produto: da concepção à customização
O relacionamento com o Cliente é visto como mero contato do produto com o Cliente	O relacionamento é priorizado como um grande diferencial competitivo juntamente com a criação de valores compartilhados
A recompra a curto prazo é a maior garantia de que a estratégia foi bem-sucedida	O engajamento e a longevidade do relacionamento indicam o sucesso das estratégias

Fonte: Desenvolvida pelo autor.

A seguir, vou mostrar os benefícios aferidos por empresas *Customer Oriented*, que focam no Valor do Cliente.

Focar no valor traz benefícios para todos

As empresas sabem, pelo menos teoricamente, o que agrada seus Clientes. Na prática, contudo, a maioria não consegue entregar isso.

De maneira geral, as organizações conhecem o que é importante para atender às necessidades dos seus consumidores. Por que muitas não conseguem engajá-los?

É senso comum que os Clientes repugnam filas de espera, apreciam produtos de qualidade, gostam de regras simples, adoram mimos e valorizam serem tratados com atenção. Esses são valores praticamente universais do indivíduo que consome pelo mundo afora.

Essas expectativas parecem básicas, mas nem sempre são respeitadas. Teoricamente, as empresas geralmente conhecem mais sobre as principais necessidades dos Clientes, até mesmo porque os empresários também são consumidores.

No entanto, na prática, nem sempre é fácil implementar o reconhecimento dessas necessidades, principalmente naquelas companhias que ainda vivem na era do foco no produto, nas quais se valorizam mais os processos de fabricação, envio e expedição do que o *Customer Experience*.

O Foco no Valor do Cliente traz benefícios mútuos para as partes, isto é, vale a estratégia ganha-ganha, na qual ocorrem a diminuição de ocorrências desagradáveis e o aumento de situações desejáveis, como é o caso do incremento da propaganda boca a boca.

No Quadro 7.2, apresento uma série de benefícios que podem ser contabilizados como aumento de algo positivo para as partes e, de outro lado, como diminuição de fatos desagradáveis para elas.

Quadro 7.2 O Foco no Valor do Cliente resulta em benefícios para ele e para a empresa, aumentando situações desejáveis e diminuindo ocorrências desagradáveis.

	Benefícios para as empresas	Benefícios para os Clientes
Aumento de...	Retenção dos Clientes Resultados de vendas Produtividade dos canais Rentabilidade proveniente dos Clientes Envolvimento das equipes Indicações de novos Clientes	Engajamento Experiências positivas e surpreendentes Satisfação com produtos e serviços Sentimento de participação Economia de tempo Economia de dinheiro
Diminuição de...	Tomada de decisão incorreta Eliminação de custos de não conformidade Atendimentos desnecessários Aquisições de baixa prioridade Litígios com Clientes Insatisfação de funcionários	Conflitos com a empresa Reclamações Tempo de espera Contatos desnecessários Esforço Rejeição de ofertas

Fonte: Desenvolvida pelo autor.

LTV ou CLV: como calcular o Valor do Cliente

A palavra valor não é simples de absorver pelas empresas, pois pode ser confundida com **preço**. Entretanto, ela é mais estratégica do que parece e pode causar verdadeiras transformações empresariais.

Vamos a um exemplo. Se um diretor formar em sua mente determinada percepção de valor a respeito do Cliente, importando-se genuinamente com o relacionamento de longo prazo, enquanto o pessoal de vendas focar o ganho de comissão a curto prazo, provavelmente haverá um choque. A consequência será o aumento de dificuldades para integrar os esforços estratégicos, táticos e operacionais da empresa. Sabe quem perde? Todos!

Para evitar choques como esse, vou apresentar uma forma desafiadora de convergir o Valor do Cliente, independentemente do departamento. Pensar no Cliente como alguém que pode adicionar valor à empresa e que, em troca, estará exigindo valores, como confiança e segurança em vez de um simples produto, é algo muito moderno e emergente. Então, como podemos tangibilizar melhor o Valor do Cliente? O **Lifetime Value** (LTV) ou **valor vitalício** é uma representação, ao longo do tempo, da lucratividade que um Cliente pode fornecer à empresa mediante de trocas constantes.

CAPÍTULO 7

Costumo nomear o LTV como CLV, isto é, **Customer Lifetime Value** (**CLV**), o que é preferível em termos de conceito, pois a palavra **Cliente** foi inserida no termo. Acredito que seja uma tendência no mercado.

Amy Gallo, em seu artigo *How Valuable Are Your Customers?*, publicado pela *Harvard Business Review*, apresenta que o CLV pode ser definido pela quantidade de lucro que sua empresa pode gerar de um Cliente, pelo tempo de permanência (por exemplo, número de anos). CLV é o valor presente de todos os fluxos futuros de lucros que um Cliente individual gera ao longo da vida de seus negócios com a empresa.

Um bom presente para as pessoas que se interessam em medir o CLV é a calculadora que a autora implantou no *site*, que é bem fácil de operar. Os índices utilizados para medir o CVL são: média da quantidade de compras anuais, margem média, custos diretos de marketing e vendas por ano, taxa média de desconto, valor da compra média, taxa de resposta de aquisição e média de taxa de retenção de Clientes.

A Figura 7.6 é uma simulação a respeito do valor de um Cliente a partir do *input* dos dados apresentados no modelo da *Harvard Business Review*.

Figura 7.6 Resultado do uso da calculadora para medição do CLV com respectivas variáveis.

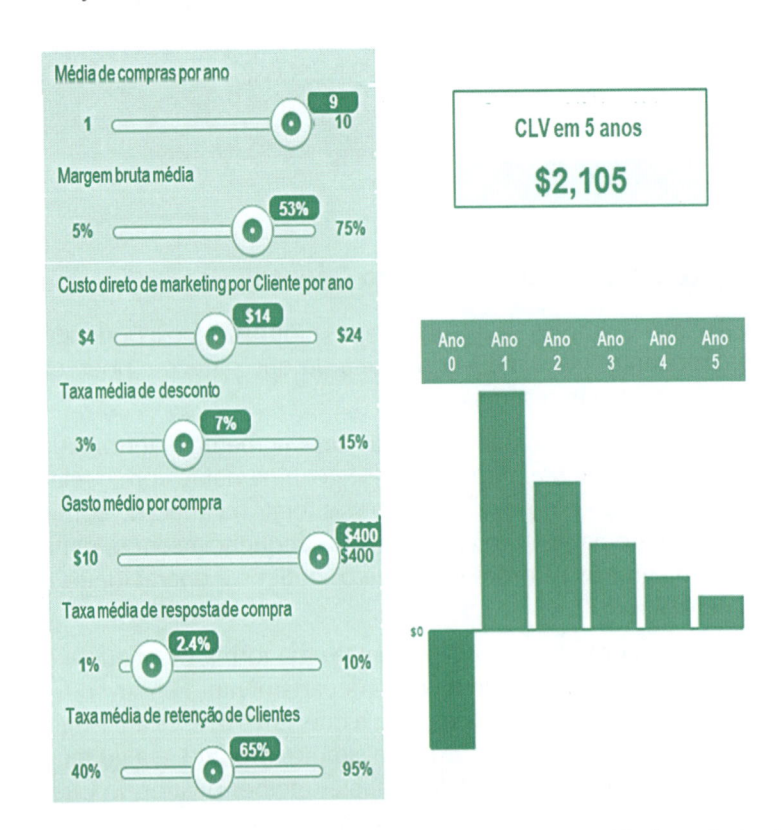

Média de compras por ano: 9 (1–10)
Margem bruta média: 53% (5%–75%)
Custo direto de marketing por Cliente por ano: $14 ($4–$24)
Taxa média de desconto: 7% (3%–15%)
Gasto médio por compra: $400 ($10–$400)
Taxa média de resposta de compra: 2,4% (1%–10%)
Taxa média de retenção de Clientes: 65% (40%–95%)

CLV em 5 anos: **$2,105**

Fonte: Adaptado de GALLO, Amy. How Valuable Are Your Customers? *Harvard Business Review*, 2014. Disponível em: https://hbr.org/2014/07/how-valuable-are-your-customers. Acesso em: 1º mar. 2021.

Cultura de Foco no Cliente, o Valor do Cliente e *Lifetime Value*

O período de permanência do Cliente *versus* a lucratividade esperada, o tempo e planejamento da empresa *versus* seus esforços para reter os consumidores e a frequência de compra dos Clientes são indicadores imprescindíveis para o cálculo do CLV.

Diversas contribuições para o cálculo do Valor do Cliente foram dadas por consultores célebres. O efeito da administração de estratégias para o aumento desse índice foi brilhantemente descrito por Frederick Reichheld em seu livro *Princípios da lealdade*, contudo, de uma forma diferente pois, para o autor, os lucros por Cliente podem aumentar ano a ano. Frederick demonstra que é possível aferir os seguintes lucros com a fidelização de Clientes:

» Lucro por melhor preço.
» Lucro por indicações.
» Lucro por redução de custos (aprendizado).
» Lucro por aumento de compras (*cross* e *upsell*).
» Lucro original do produto/serviço.

Figura 7.7 O efeito da administração de estratégias para aumento de CLV pode gerar cinco tipos de lucro.

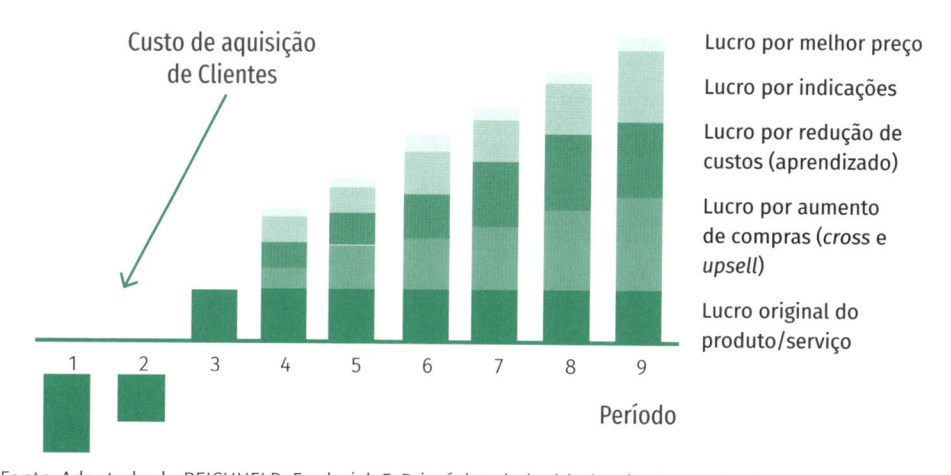

Fonte: Adaptada de REICHHELD, Frederick F. *Princípios da lealdade.* Rio de Janeiro: Campus, 2002.

Como visto, aumentar o tempo de relacionamento entre Clientes e organizações, desde que este seja saudável, é um dos maiores compromissos da atualidade dos profissionais de Gestão do Relacionamento, Marketing e *Customer Experience*.

A seguir, vou apresentar oito dicas importantes para aumentar o CLV.

CAPÍTULO 7

Como construir e aumentar o CLV

O modelo de LTV ou CLV, como preferimos chamar, se tornou uma sigla largamente utilizada por profissionais de *Customer Experience*, pois quanto maior o tempo de um Cliente lucrativo na organização maior será a lucratividade total aferida no período.

No entanto, nem sempre essa afirmação é verdadeira. O benefício somente ocorrerá se o tempo de permanência for repleto de significados e técnicas para que o relacionamento seja convertido em engajamento.

Costumo apresentar em palestras que não adianta saber apenas o que compõe o CLV e como calculá-lo. O mais importante é construir a longevidade no relacionamento por meio de estratégias para aumentar o CLV. Apresento a seguir oito exemplos.

> **8 estratégias para aumentar o CLV**
>
> 1. Aprendendo com os Clientes
> 2. Revisando o portfólio de produtos e serviços
> 3. Identificando o valor estratégico dos Clientes
> 4. Empresa entendendo Clientes e vice-versa
> 5. Modificando a cultura da empresa
> 6. Cumprindo promessas
> 7. Controlando o CLV
> 8. Vendendo mais e melhor

A seguir, vou comentar cada estratégia.

1. Aprendendo com os Clientes

A pesquisa de prateleira tradicional, que se adquire com facilidade, nem sempre produz aprendizado sobre os consumidores e, por isso, não ajuda muito na construção do CLV.

Quando se conhece pouco sobre eles, a melhor coisa a fazer é estruturar as perguntas certas, pois, na nossa experiência, mais de 70% das pessoas vão respondê-las e, desse montante, 50% vão passar dados ainda mais completos se forem bem estimuladas.

Técnicas simples e/ou métodos sofisticados podem e devem ser utilizados para conhecer o comprador, contudo, o ponto de partida é fazer as perguntas certas para as pessoas certas.

2. Revisando o portfólio de produtos e serviços

Uma vez que você identificou as preferências dos Clientes, os erros e acertos da empresa, será importante que os produtos e serviços sejam otimizados.

Rever o portfólio da empresa a todo momento, e até mesmo manter alguns deficitários por algum período, pode aumentar o CLV, desde que o público-alvo seja potencial para adquirir novas opções.

Revisar constantemente o portfólio de produtos e serviços requer uma dose de coragem, pensamento estratégico, pesquisa na concorrência e muito diálogo com o público, seja presencial ou remotamente.

3. Identificando o valor estratégico dos Clientes

Falar em consumidor estratégico é trazer para a realidade a participação atual dele dentro do negócio e o desmembramento do seu relacionamento de longo prazo, respondendo às seguintes perguntas: Qual o nível de rentabilidade atual proporcionado por este Cliente e quanto pode representar se a empresa aplicar as estratégias certas? Qual o potencial de ele indicar outros consumidores? Que parceiros ele possui que poderão render negócios integrados e futuros, com o seu aval?

4. Empresa entendendo Clientes e vice-versa

Como o consumidor realiza a sua jornada na empresa? Como funciona seu processo de compra? Quais os atributos que o público-alvo utiliza para tomada de decisão de compra individualmente e em grupos? Como os Clientes utilizam as redes sociais? O que motiva uma pessoa a descartar um produto e outra a adorá-lo?

A empresa, quando aprende com seus contratantes, pode desenvolver uma comunicação mais próxima, possibilitando-lhes também aprender com a empresa e, por isso, reduzir o número de reclamações e pedidos de informação, por exemplo.

5. Modificando a cultura da empresa

Desencadear mudanças organizacionais de modo que o organograma da companhia seja menos rígido, para que possa ser adaptado às necessidades e ao desenvolvimento de valor para o consumidor é um imperativo estratégico tão grande quanto investir em áreas críticas que tangenciam os valores fundamentais do Cliente.

Por exemplo, na área de serviços, o ponto crítico é o momento do contato, como o próprio processo de venda, que precisa estar calibrado de forma que a equipe realmente prospecte as necessidades do comprador para ofertar soluções de valor. Criar a cultura de Foco na Experiência do Cliente nos dias atuais é um dos maiores facilitadores do aumento da longevidade do relacionamento e, naturalmente, nos resultados do negócio.

6. Cumprindo promessas

Cumprir as promessas feitas durante um contato é o mínimo que uma empresa pode fazer para aumentar o CLV.

Diferentemente da política, na qual os eleitos permanecem por um período de quatro anos ou mais e dificilmente são trocados nesse tempo (embora seja possível), as empresas são eleitas pelos seus consumidores num processo de seleção dinâmico. Dessa forma, as empresas não têm um "mandato" para garantir a permanência dos consumidores, por isso, cumprir promessas feitas durante a etapa de conquista é um ponto de partida para aumentar o CLV.

7. Controlando o CLV

Criar e administrar indicadores de desempenho para aumentar o CLV se tornaram passos obrigatórios para as empresas que querem sair do papel e implementar ações duradouras ligadas ao tema.

Uma vez que a organização decidiu-se por reorientar seus negócios, baseando-se nas necessidades dos consumidores e na administração de esforços para retê-los, terá de criar, implementar e controlar indicadores provenientes da Gestão do Relacionamento com os Clientes.

Na atualidade, é possível aferir CLV individual com o *big data* combinado com o *dashboard*.

8. Vendendo mais e melhor

A venda cruzada, também conhecida como *cross-selling*, é uma forma inteligente de fazer com que, ao longo do tempo, o Cliente adquira novos produtos ou serviços que sejam correlatos. Assim, um comprador que adquire um carro poderá facilmente comprar novos acessórios ou fazer as revisões programadas no revendedor que o atender melhor.

Pode-se realizar também o *upselling* para que o Cliente faça *upgrade* no seu veículo, adquirindo um novo modelo com o passar do tempo. Desenvolver metodologia de vendas e treinar a equipe com instrutores experientes é uma ótima forma de aumentar o CLV.

O valor, segundo o Cliente

Nas seções anteriores, dei maior ênfase ao valor na visão empresarial, isto é, estratégias e ações táticas empreendidas pelas empresas para fidelizar seus consumidores e, consequentemente, aferir maiores lucros. Além disso, apresentei como as empresas podem desenvolver formas de se preparar para obter efetivamente o maior tempo possível de longevidade junto de seus Clientes aumentando o CLV. Agora, falarei a respeito do valor segundo o Cliente.

Trata-se de uma visão diferente, no que chamamos "de fora para dentro". Defino **valor**, **segundo o Cliente**, como:

> *O valor, segundo o Cliente, é o que ele espera não só da aquisição de um produto ou serviço, mas também da experiência que terá com a marca, com o relacionamento com as pessoas, com os processos e com a tecnologia da empresa. Assim, um Cliente, quando adquire uma motocicleta, busca muito mais do que simplesmente chapas de aço dobradas em cima de dois eixos e com um motor. Ele espera que essa aquisição traga valor para sua vida, como conforto, agilidade e comodidade. O Cliente espera ser mais feliz com a compra e com os momentos que virão depois e conta com a empresa para que suas experiências sejam positivas.*

Mas o Valor do Cliente é só isso? A resposta é não!

O consumidor também espera que a sua convivência com a empresa fornecedora não lhe traga problemas e ainda proporcione algo a mais. Ele exige, por exemplo, atitudes proativas por parte da companhia, sua prontidão para agir em caso de erros, tratamento diferenciado, reconhecimento por ser um bom Cliente e oferta de comodidade. Esses são exemplos de valores que os consumidores trazem dentro de si.

Veja a Figura 7.8, que trata de valor, segundo o Cliente.

Figura 7.8   O valor, segundo o Cliente.

> Valor não é só o quanto a gente vale para as empresas!

> Valor é o que nós trazemos dentro da gente e que as empresas deveriam prestar mais atenção!

Fonte: Desenvolvida pelo autor.

O valor, segundo o Cliente, obedece a certas premissas que foram aprendidas por nós nos últimos anos, em função da observação de nossos próprios Clientes de consultoria e educação corporativa, e também da experiência que tivemos na implementação de projetos de CX, vendas, atendimento e CRM.

CAPÍTULO 7

Se você pretende entender melhor como funcionam seus Clientes para tornar o seu departamento mais próximo deles e aumentar o CLV, identifique quais dessas premissas podem ser aproveitadas por sua equipe:

> **Premissas para o Valor do Cliente**
> » O Valor do Cliente é sempre dinâmico.
> » Alguns valores são coletivos, mas a maioria não.
> » O valor é entregue quando satisfaz às necessidades.
> » A expectativa é necessária para uma boa venda.
> » As pessoas sempre buscam atingir seus objetivos.
> » Cada Cliente é único, singular na sua existência.
> » O preço nem sempre é o mais importante.
> » O serviço é tão ou até mais importante.
> » Qualidade aliada ao serviço e preço.

» **O Valor do Cliente é sempre dinâmico**. Hoje, um Cliente pode priorizar o preço na escolha de um serviço odontológico; amanhã, poderá ser a localização do consultório. Não é correto afirmar que os valores são fixos, e sim que são dinâmicos, na medida em que o consumidor evolui e a sociedade se apresenta de forma diferente. Posso dizer, ainda, que o Valor do Cliente é completamente influenciado pela cultura que o tangencia, além da situação econômica que o cerca.

» **Alguns valores são coletivos, mas a maioria não**. Embora o processo de compra seja parecido entre os indivíduos, a variação, a intensidade, a experiência e as influências são completamente diferentes entre eles. Se um casal pretende decidir o melhor colégio para o filho, nem sempre ambos terão a mesma opinião, pois cada parte teve a sua experiência de vida. Um pode valorizar a disciplina na educação, enquanto o outro pode estimar a educação voltada para a liberdade.

» **O valor é entregue quando satisfaz às necessidades**. Exemplifico citando o caso de uma senhora que tentava adquirir seus óculos. Para ela, o valor desses óculos não era apenas enxergar melhor durante seu momento de leitura, mas também estar esteticamente agradável com uma armação leve e que combinasse com a cor dos seus olhos. Contudo, um vendedor que não sabe decodificar essa necessidade pode convencê-la do contrário. Temporariamente, a consumidora experimentará uma sensação de satisfação de sua necessidade. Instantes depois, porém, a sua insatisfação virará devolução da mercadoria. Vendas desse tipo trazem prejuízo, pois geram dois custos: o da devolução e o de uma nova aquisição (se for o caso).

» **A expectativa é necessária para uma boa venda**. É muito comum o Cliente, antes de adquirir um pacote turístico, se imaginar na nova situação, pois o consumo é fortemente baseado nas expectativas não só durante a compra, mas também antes e depois. No mercado de serviços isso é muito observado. Um atendente de uma agência de viagens mal selecionado e sem treinamento jamais vai compreender o valor que as férias do consumidor têm para ele, oferecendo apenas o pacote básico, de modo a não correr riscos.

» **As pessoas sempre buscam atingir seus objetivos**. Um ciclista compra uma bicicleta ergométrica para treinar na residência durante os dias de chuva se baseia em fatores racionais. No entanto, se esse equipamento não conseguir substituir o seu pedal, se não puder proporcionar as mesmas sensações, haverá um desconforto emocional que o impulsionará a adquirir uma bicicleta comum, atingindo seu objetivo.

» **Cada Cliente é único, singular na sua existência**. Ao observarmos as pessoas na rua, veremos que são bem diferentes e que, normalmente, se vestem de maneiras distintas. Faça esse exercício de observar pessoas durante uma reunião. Você verá o quanto elas são singulares, apesar de seguirem certos padrões. Atender às necessidades individuais transformou-se no novo desafio dos profissionais que trabalham para proporcionar experiências agradáveis para os Clientes.

» **O preço nem sempre é o mais importante**. Na definição de valor, segundo o Cliente, se o preço fosse de fato o item mais importante para todos eles, uma loja de eletrodomésticos venderia no verão somente ventiladores, jamais aparelhos de ar-condicionado. Se o consumidor visasse sempre ao preço, jamais compraria um *sundae*; preferiria sorvete de palito, que é mais barato.

» **O serviço é tão ou até mais importante**. Pensar que os compradores sempre preferem apenas produtos ou somente serviços é se fechar para um leque de oportunidade de negócios. Cada vez mais, os consumidores querem aumentar a sua experiência de consumo. Então, combinar a experiência de o Cliente poder sentir em suas mãos um produto com a intangibilidade do serviço aumenta a sua percepção de valor.

» **Qualidade aliada ao serviço e preço**. Consumidores vêm exigindo qualidade das organizações. Qualidade? O que significa qualidade, para eles? Certamente, esse conceito seria diferente para cada pessoa. Contudo, quando perguntamos a cada indivíduo o que seria, percebemos que cada um descreve com seus próprios parâmetros, influenciados por suas histórias de vida, experiências e seus valores.

Para sair do lugar-comum, os profissionais de Gestão do Relacionamento com Clientes e *Customer Experience* precisam investir mais tempo investigando o que está por trás do desejo pela qualidade, conhecendo as principais necessidades dos consumidores. Dessa forma, poderemos empreender estratégias mais aderentes e rentáveis, além de ampliar o diálogo com eles.

Agora que descrevi as principais premissas para auxiliar a empresa a gerar valor para os Clientes, precisaremos entrar neste assunto com um pouco mais de profundidade. Vou apresentar os **40 VOCs**, isto é, Valores pela Ótica dos Clientes.

40 VOCs – Valores pela Ótica dos Clientes

Quando escrevi o livro *Guia de implementação de marketing de relacionamento e CRM*, já havia apresentado para os leitores que as empresas precisariam entrar na era do respeito aos valores dos Clientes. Aliás, uma das formas mais assertivas na atualidade para se respeitar de verdade um consumidor é "valorizar o seu valor".

Contudo, com a sofisticação do mercado brasileiro muito impulsionado pela grande interação entre Clientes nas redes sociais, os consumidores apresentam cada vez mais valores para serem apreciados pelas organizações, o que dificulta que estas acompanhem essa tendência.

A partir de pesquisa que realizamos por mais de 10 anos, por meio de milhares de observações feitas pela técnica de Cliente oculto, presencial, telefônico e em redes sociais, combinada com o método de monitoria de qualidade de atendimento baseada em *Customer Experience*, concluímos que os consumidores apresentam, durante o relacionamento com suas empresas fornecedoras, determinados valores que, somados, podem chegar a 40.

Por isso, criei os 40 VOCs – Valores pela Ótica dos Clientes – e os dividi em dois grupos: emocionais e racionais. O primeiro está ligado a aspectos mais intangíveis e o segundo a estímulos mais objetivos.

20 valores emocionais:

1. Amizade e companheirismo.
2. Autorrealização com a aquisição.
3. Baixo esforço em relação às experiências.
4. Boas emoções durante as experiências com a empresa.
5. Comunicação pertinente e sem excessos.
6. Confiança na empresa e nos funcionários.
7. Conforto antes, durante e após a compra.
8. Cumprimento de promessas.
9. *Design* do produto ou do PDV.
10. Facilidade de uso dos produtos e serviços.
11. Personalização nas experiências.
12. Privacidade quanto às suas informações.
13. Redução de riscos com a aquisição.
14. Segurança ao consumir.
15. Simplicidade do atendimento.
16. Socialização a partir da aquisição.
17. *Status* com a aquisição.
18. Tratamento com atenção.
19. Tratamento com importância.
20. *Status* da marca.

20 valores racionais:

21. Acesso facilitado, a qualquer hora e lugar.
22. Agilidade.
23. Alta tecnologia e inovação.
24. Condições de pagamento.
25. Conhecimento técnico pelo vendedor/atendente.
26. Conveniência.
27. Desempenho do produto ou serviço.
28. Direito a suporte a qualquer instante.
29. Economia e preço justo.
30. Facilidade de encontrar o produto.
31. Garantia de frequência de abastecimento do produto que adquiriu.
32. Localização do PDV.
33. Potência do produto ou serviço.
34. Prontidão para resolução.
35. Durabilidade do produto ou do serviço.
36. Suporte e estrutura adequados.
37. Quantidade e tamanho.
38. Uso imediato – pronta entrega.
39. Variedade e sortimento.
40. Velocidade de solução de problemas.

A grande vantagem do conhecimento dos 40 valores é de identificar o que certos grupos de consumidores mais valorizam durante a sua jornada, ajudando a organização a identificar *gaps* entre o que ela produz e o que os Clientes querem.

Veja o exemplo **dos VOCs** para identificar, por meio de preenchimento de questionário, os principais valores de Clientes. Note que estes apresentam mais valores emocionais ao se relacionarem com os canais de contato desta empresa (veja o Quadro 7.3).

Quadro 7.3 Mapa VOC como exemplo do mapeamento de valores de Clientes.

	1	2	3	4	5	6	7	8	9	10
VALORES EMOCIONAIS										
1. Amizade e companheirismo									X	
2. Autorrealização com a aquisição							X			
3. Baixo esforço em relação às experiências com a empresa					X					
4. Boas emoções durante as experiências com empresa					X					
5. Comunicação verbal e não verbal pertinente e sem excessos								X		
6. Confiança na empresa e nas pessoas								X		
7. Conforto antes, durante e após a compra										
8. Cumprimento de promessas feita pela empresa									X	
9. *Design*				X						
10. Facilidade de uso dos produtos e serviços								X		
11. Persnoalização nas experiências							X			
12. Privacidade quanto às suas informações							X			
13. Redução de riscos com a aquisição					X					
14. Segurança ao consumir						X	X			
15. Simplicidade								X		
16. Socialização a partir da aquisição						X				
17. *Status* com a aquisição							X			
18. Tratamento com atenção						X		X		
19. Tratamento com importância								X		
20. *Status* da marca			X							
VALORES RACIONAIS										
21. Acesso facilitado, a qualquer hora e qualquer lugar		X								
22. Agilidade			X							
23. Alta tecnologia e inovação				X						
24. Condições de pagamento				X						
25. Conhecimento técnico pelo vendedor/atendente			X							
26. Conveniência					X					
27. Desempenho do produto ou serviço				X						
28. Direito a suporte a qualquer instante			X							
29. Economia e preço justo		X								
30. Facilidade de encontrar o produto ou servico				X						
31. Garantia de frequência de abastecimento do que adquiriu				X						
32. Localização do PDV				X						
33. Potência			X							
34. Prontidão da empresa para resolução de seus problemas				X						
35. Durabilidade do produto ou serviço				X						
36. Suporte e estrutura adequados				X						
37. Quantidade e tamanho	X			X						
38. Uso imediato – pronta entrega			X							
39. Variedade e sortimento	X									
40. Velocidade de solução de problemas			X							

Fonte: Desenvolvido pelo autor.

A partir do conhecimento do que o Cliente valoriza, segundo a sua ótica (e não a ótica da empresa), as organizações poderão criar estratégias aderentes a esses valores e, assim, fidelizar naturalmente o seu público.

Em seguida à pesquisa de valores, os cinco principais, isto é, os cinco mais bem pontuados, devem ser selecionados para que a empresa possa corresponder a eles com suas estratégias. Veja o exemplo na Tabela 7.1.

Tabela 7.1 Os principais valores apresentados pelo Cliente na pesquisa podem ser correspondidos por estratégias de gestão do relacionamento, visando aumento do CLV.

Valor do Cliente	Estratégia da empresa
Amizade e companheirismo	Estratégia de colaboração
Cumprir as promessas feitas	Estratégia de engajamento
Tratamento com importância	Estratégia de parceria
Segurança ao consumir	Estratégia de garantia
Confiança na empresa e nas pessoas	Estratégia de personalização

Fonte: Desenvolvida pelo autor.

A seguir, vou apresentar com mais detalhes exemplos das estratégias vistas na coluna direita da tabela.

Estratégias empresariais para a criação de valor junto dos Clientes

Ao mesmo tempo que os Clientes apresentam algumas similaridades em sua forma de consumir, é importante que as empresas desenvolvam estratégias para que sejam captadas as necessidades reais dos consumidores e, em seguida, produzidos os valores para atendê-los.

Mais do que isso, aplicando estratégias de relacionamento em tempo real, será possível surpreendê-los ou mesmo se antecipar a futuras zonas de atrito. Veja exemplos de estratégias empresariais que atendem aos valores dos Clientes:

» **Estratégia de sucesso do Cliente.** Uma das estratégias mais importantes da atualidade para se criar e entregar valor para o Cliente é criar uma cultura de *Customer Success* integrando diversas funções na companhia, como vendas, marketing e serviços ao Cliente, com foco total na ampliação de negócios com o Cliente, a partir da correta e profunda compreensão dos gols dos Clientes. Os profissionais de *Customer Success* devem criar meios para mapeamento desses gols e fazer uma atuação proativa para o atingimento desses objetivos pelos Clientes.

- » **Estratégia de colaboração.** A empresa coloca-se numa posição de igualdade junto de seus consumidores, no sentido de gerar formas de coprodução, em que haja efetivamente esforço contínuo e colaborativo para que os Clientes recebam valor. Porém, há uma diferença: o consumidor ou grupo focal participa da geração desse valor por meio de muitas formas, como pesquisas, ideias e sugestões. Ao capturar seus dados transacionais e relacionais por meio dos canais de contato, é possível identificar, por exemplo, de que forma ele prefere receber sua mercadoria.
- » **Estratégia de parceria.** Outra estratégia é definirmos uma forma de parceria junto de outras empresas, sejam de pequeno, médio ou grande porte, para que o Cliente se sinta "abraçado" por uma solução múltipla de negócios. Por uma questão de estratégia, uma organização busca terceirizar parte de seu atendimento para que a mercadoria chegue no melhor prazo, com o menor custo e dentro da expectativa do consumidor. Se a empresa não é especializada em entrega, ela vai procurar um parceiro que seja. Esse tipo de terceirização com especialização é considerado uma forma de parceirização, isto é, a terceirização com alto grau de comprometimento das partes, cujo resultado final é fruto de todos.
- » **Estratégia de personalização.** Utilizada para garantir que os valores sejam percebidos e alcançados por todos da empresa. Essa é uma estratégia que se dá por meio do treinamento dos funcionários, para que eles percebam continuamente os sinais dados pelos Clientes. Ao mesmo tempo, os canais de relacionamento precisam estar preparados para coletar informações. Identificar valores significa implementar canais de relacionamento integrados na visão *Omnichannel*, com tecnologia e processos para que as informações coletadas virem inteligência para as demais áreas da empresa.
- » **Estratégia de garantia.** Outro aspecto que permitirá ao Cliente alcançar os valores almejados é a estruturação por parte da empresa de seus produtos, serviços, sistemas e processos para que o consumidor se sinta seguro durante a sua jornada. Isso vale para todos os "momentos da verdade". Em um mundo no qual a insegurança se apresenta diariamente, a empresa que demonstrar segurança para os seus Clientes diariamente estará criando um fator de fidelização.
- » **Estratégia de mudança de foco.** Outra maneira para se alcançar o valor almejado pelo Cliente é semear, dentro da organização, um novo foco voltado não apenas para a produção e venda, mas também para o valor da interação. Quando essa estratégia é alcançada com sucesso, o consumidor percebe e aumenta seu nível de relacionamento. A longevidade do relacionamento deve ser difundida dentro da corporação diariamente.
- » **Cumprir promessas feitas.** Outra estratégia é cumprir o que foi garantido. Isso significa dizer que a empresa deve realizar todas as promessas feitas ao consumidor. O não cumprimento leva o Cliente a quebrar sua expectativa com a empresa, por mais que esta tenha sido até então positiva. Quando um atendente mal preparado pede "um minutinho" e demora a retornar,

está quebrando a promessa feita de que seria mais rápido. Sem falar que esperar 1 minuto é um tempo elevado para nossos padrões. Faça um teste: experimente ficar de olhos fechados por 1 minuto. Vão lhe parecer mais de 5!

» **Estratégia de engajamento**. Visa ao comprometimento e à valorização dos funcionários durante o relacionamento junto ao consumidor. Tal comprometimento é conseguido arduamente e envolve incentivá-los constantemente. Um dos passos mais importantes nesse processo é a participação dos colaboradores para que prestem serviços superiores, fazendo com que os Clientes gostem e, dessa forma, voltem a comprar, o que, provavelmente, influenciará e ajudará a empresa a obter lucros adicionais. Comprometer-se com o relacionamento com o consumidor é criar valores extraordinariamente percebidos por eles.

Aumentar o comprometimento dos funcionários quanto à geração de valor para os Clientes somente é possível se a organização desenvolver a cultura de Cliente interno. Pensar estrategicamente na geração de valor a partir do envolvimento de todos os departamentos é pensar no Cliente final e, consequentemente, no maior resultado para todos. É sobre isso que falarei a seguir.

O Cliente interno cria valor para o Cliente externo

A cultura de Cliente interno, quando implantada, tende a criar valor para o Cliente externo também.

Ao contrário do que alguns executivos dizem, o Cliente interno não deve ser entendido como funcionário ou subordinado. O conceito de **Cliente interno** é mais valioso do que parece. O funcionário ou colaborador é aquele que se reporta diretamente a alguém, desenvolve seu trabalho baseado em pontos previamente acordados. Já o Cliente interno tem um compromisso adicional.

Quando as pessoas não se comportam como Clientes e fornecedores internos, todos saem perdendo na organização, principalmente o consumidor final. Veja este exemplo de algo que foi descoberto para melhorar a vida dele. O funcionário estruturou a ideia, submeteu-a à chefia, que o autorizou a divulgar para a empresa. O resultado foi a rejeição de uma ótima descoberta e, consequentemente, frustração. Veja a Figura 7.9.

Figura 7.9 Como uma descoberta para ajudar Clientes se transforma num fracasso.

Alguém descobre algo → Estrutura a ideia → Submete à chefia → Divulga para a empresa → A ideia não "pega"

Fonte: Desenvolvida pelo autor.

Por outro lado, assumir o papel de Cliente e de fornecedor interno é algo mais profissional e exitoso na empresa, fazendo com que os colaboradores trabalhem em forma de time com as outras áreas e não dependam do seu líder para autorizar as boas ideias e, assim, sigam em frente para serem amadurecidas com autonomia.

Veja na Figura 7.10 o exemplo que preparei correlato ao anterior, contudo, com uma grande diferença: o colaborador que descobriu algo surpreendente que ajudará o Cliente final, após estruturar sua ideia, terá conversas com as demais áreas com a finalidade de construir alianças e, assim, implantar o projeto.

Figura 7.10 Como uma descoberta para ajudar Clientes se transforma num sucesso a partir do entrosamento profissional com outras áreas.

Alguém descobre algo → Estrutura a ideia → Realiza conversas → Constrói alianças → A ideia "pega"

Fonte: Desenvolvida pelo autor.

Por que isso nem sempre ocorre? Por que motivos ideias sensacionais muitas vezes são jogadas na lata de lixo em vez de se tornarem projetos?

Uma das razões é que, por vezes, as pessoas não assumem o papel de Cliente/ fornecedor interno, preferindo realizar as coisas de "cima para baixo" dentro do modelo hierárquico tradicional. Contudo, quando se trata da melhoria da Jornada do Cliente isso não funciona.

Essa posição reativa constantemente é adotada por receio de represálias ou por prevalecer na empresa a cultura não meritocrática. Muitas vezes as pessoas deixam de cobrar prazos e qualidade de outras, e quem sai perdendo com isso é o Cliente final.

Por exemplo, a área de suprimento de uma empresa fornece cabos de energia para o pessoal da área de engenharia, ou seja, a compra ideal no prazo adequado. Dessa forma, a área de engenharia foi um Cliente interno da área de suprimentos, que teve o papel de fornecedora de cabos para engenharia.

Ao mesmo tempo, a área de suprimentos dessa empresa pode ser Cliente também de outra área, a de recursos humanos, que selecionou o profissional e treinou-o para a função de comprador. Por sua vez, a engenharia fornece para a área de serviços a instalação de cabos elétricos de tal maneira que os técnicos consigam implementar instalações residenciais. Então, podemos afirmar que a área de serviços foi Cliente da área de engenharia, que foi Cliente da área de suprimentos, e por aí vai o processo de atendimento interno na empresa.

O problema é que muitas vezes a empresa não tem uma cultura de Cliente interno, o que afeta sobremaneira os padrões de qualidade refletidos na experiência do Cliente.

Veja a Figura 7.11. No esquema apresentado, quando o processo de Cliente interno e de inter-relacionamento produtivo entre as áreas é levado a sério, entregas de valor são feitas para as áreas de vendas e de atendimento, que, por sua vez, terão maiores condições de proporcionar ótimas experiências para o Cliente.

Figura 7.11 Entregas de valor de outras áreas feitas para a área de vendas e de atendimento resultarão em experiências mais positivas com os Clientes externos.

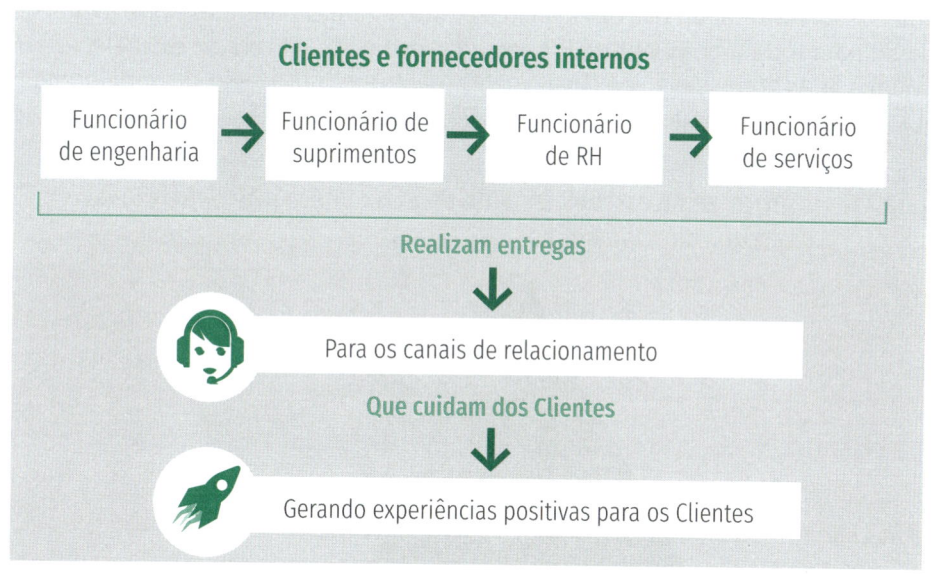

Clientes e fornecedores internos

Funcionário de engenharia → Funcionário de suprimentos → Funcionário de RH → Funcionário de serviços

Realizam entregas ↓

Para os canais de relacionamento

Que cuidam dos Clientes ↓

Gerando experiências positivas para os Clientes

Fonte: Desenvolvida pelo autor.

Se a cultura do Cliente interno interfere drasticamente na satisfação do consumidor externo, como desenvolvê-la? Não é impossível, mas é necessário que se inicie na cúpula da organização e que algumas diretrizes sejam estabelecidas. Uma delas é o estabelecimento de acordos de nível de serviço (*Service Level Agrements* – SLA) entre as diversas áreas da companhia.

Criar SLA interno é imperativo

Em primeiro lugar, é importante que se defina claramente o papel de cada ator nesse processo. Ainda dentro do exemplo do tópico anterior, qual o SLA da área de finanças para com a área de atendimento? Que tipo de recursos a área de suprimentos vai contratar? Em quais prazos a área de marketing deverá responder requerimentos internos feitos pela área de atendimento a Clientes?

Todos esses parâmetros precisam ser ajustados e compartilhados entre as áreas para que o Cliente externo não seja afetado negativamente.

Um dos pontos cruciais para a criação de **cultura do Cliente interno** é o estabelecimento do nível de serviço para cumprimento de acordos, pois um dos benefícios de adotar essa prática é diminuir as queixas dos consumidores.

CAPÍTULO 7

Existem *Service Level Agreements* externos estabelecidos com empresas fornecedoras e SLA internos, realizados entre áreas de uma empresa ou mesmo dentro de uma mesma área, contudo, estabelecidos entre seus componentes.

O SLA interno seguramente é um dos maiores desafios da atualidade, pois a cultura do brasileiro, por ser menos analítica e mais relacional, acaba por não revelar as falhas de outras áreas em vez de exigir que cumpram suas promessas com qualidade e bom desempenho.

Quando sou convidado para atuar nessa mudança de cultura empresarial, um dos primeiros passos é acordar com a alta diretoria algumas diretrizes norteadoras que valerão para toda a companhia. Em seguida, cada área deverá se estabelecer com os outros SLA, com suas respectivas metas, para que o processo de trabalho tenha um sentido de prioridade e acuracidade. Veja a Figura 7.12.

Figura 7.12 O processo de estabelecimento do SLA começa pela definição de diretrizes direcionadoras.

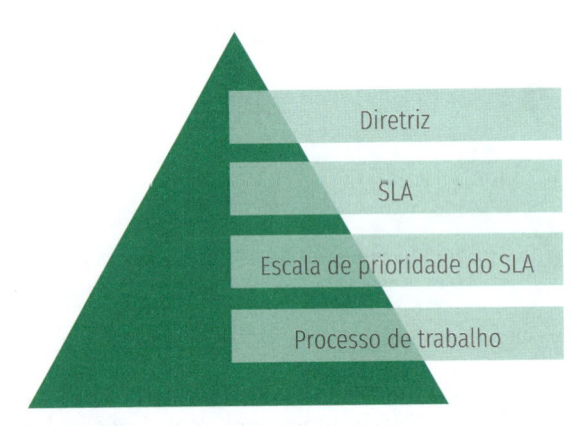

Fonte: Desenvolvida pelo autor.

Veja alguns exemplos de SLA que recomendo para serem estabelecidos entre a área de atendimento a Clientes e as diversas áreas da empresa que muitas vezes "represam" as soluções para os consumidores:

» Nível de serviço para atendimento de questões complexas perguntadas pelos Clientes.
» Prazo máximo de reparo de plataformas de TI que servem aos Clientes externos.
» Taxa de disponibilidade de pessoas das áreas internas para responder a requerimentos mais complexos de Clientes.
» Tempo máximo de resposta de áreas internas que estão tratando da solução definitiva para o Cliente.

Cultura de Foco no Cliente, o Valor do Cliente e *Lifetime Value*

Quanto à meta de cada SLA, será importante definir uma escala de prioridade. Assim, cada SLA poderá ter mais de uma meta a depender da criticidade. Vejamos o exemplo do SLA apresentado na Tabela 7.2.

Tabela 7.2 Quatro metas diferentes para o SLA, prazo máximo para reparo de plataformas de TI que servem aos Clientes externos.

Prazo máximo para reparo de plataformas de TI que servem aos Clientes externos		
Criticidade	Tipo de SLA	Meta do SLA
Muito alta	Situações potenciais que podem acarretar em crises e litígios no atendimento ao Cliente externo.	01 hora
Alta	Problemas sérios, contudo, que não geram crises no atendimento.	06 horas
Média	Situações que causam desconforto no Cliente, mas que não comprometem sua fidelidade.	24 horas
Baixa	Situações que não causam desconforto, mas que impedem a criação de diferenciais competitivos.	48 horas

Fonte: Desenvolvida pelo autor.

Para êxito do cumprimento dos SLAs, é importante que a partir da implementação da visão de Cliente e fornecedor internos a empresa construa um ambiente para que as pessoas elogiem umas às outras e realmente disseminem as melhores práticas e os melhores atendimentos que receberam.

Estabelecer SLA internos e externos contribui muito para a criação da cultura de Foco no Cliente, e, consequentemente, para o aumento do *Customer Lifetime Value*.

Como finalizamos o Capítulo 7, apresento a seguir questões pertinentes a ele como uma forma de contribuir para reflexão e prática em grupo, ou individual dos meus leitores.

Vamos refletir e praticar?

1. Para o autor, uma empresa abandonar a antiga forma de privilegiar os próprios produtos e serviços e adotar, de verdade, o Cliente em seu coração, são necessários dois projetos de renovação: criação de uma nova cultura e a revisão do seu posicionamento perante o mercado. Disserte sobre os dois projetos.

2. Muitas empresas ostentam que alcançaram o Foco no Cliente – ou o Foco "do" Cliente – sem, no entanto, aprimorar a cultura organizacional para tal alcance. Diante disso, o autor descreveu os principais focos enfatizados pelas empresas no Brasil desde a década de 1970. Procure exemplificar essa linha do tempo (*timeline*).

3. Quando Madruga reestrutura uma organização visando o aumento dos resultados, um dos primeiros passos é aplicar uma ferramenta diagnóstica a fim de apurar qual a situação atual em que ela se encontra. O autor desenvolveu, por isso, o Índice de Foco no *Customer Experience* (IFCX). Disserte sobre a importância desse índice para as empresas no Brasil.

4. Quais são as 6 dimensões do Índice de Foco no *Customer Experience* (IFCX)?

5. O valor é um elemento indispensável para a Gestão do Relacionamento. Para o autor, existem duas formas de considerarmos o Valor do Cliente: uma do ponto de vista empresarial e outra do ponto de vista do próprio Cliente. Em relação a este, apresente o que são os VOCs, segundo o autor, fornecendo exemplos.

6. O *Lifetime Value* (LTV) e o *Customer Lifetime Value* (CLV) resultam na mesma forma de se calcular o Valor do Cliente. Como construir e aumentar o LTV ou CLV?

7. O Cliente interno cria valor para o Cliente externo, segundo o autor. O Cliente interno não deve ser entendido como funcionário ou subordinado, pois possui um contexto maior. Explique como a cultura de Cliente interno tende a criar valor para o Cliente externo.

CAPÍTULO 8

Tendências tecnológicas de *Customer Experience* e Gestão do Relacionamento

Acesse e assista ao vídeo
https://uqr.to/ru29

> "É certo que o ato de conquistar e fidelizar Clientes vêm sendo impulsionado pelo aprimoramento de tecnologias, as quais estão angariando adeptos em todo o mundo por permitirem a implantação de estratégias proativas mais robustas, como tornar a empresa Omnichannel, desenvolver o Customer Experience, adotar a verdadeira personalização no relacionamento, instituir o mobile first e otimizar o Customer Journey."

O extraordinário desenvolvimento de tecnologias voltadas para a Gestão do Relacionamento com Clientes está levando diretores de empresas e especialistas em *Customer Experience* a buscarem entender o cenário que os cerca.

Somente dessa forma será possível refletir melhor sobre as evoluções tecnológicas do mercado e tomar melhores decisões para tornar a experiência do Cliente verdadeiramente personalizada, atenciosa e resolutiva nas empresas.

Se você deseja conhecer mais sobre as múltiplas possibilidades das tecnologias que favorecem enormemente a Gestão do Relacionamento com Clientes, não deixe de ler este capítulo. Além de pesquisar a fundo tais tendências, tenho a oportunidade de conhecê-las de perto por causa dos projetos em que atuo.

Afirmo com todo o vigor que as principais soluções tecnológicas disponíveis no mundo e no Brasil estão modificando profundamente as estratégias de relacionamento com Clientes e o *Customer Experience*. Não perca este capítulo!

A gestão proativa da experiência e a convergência de tecnologias

É certo que os atos de conquistar e fidelizar Clientes vêm sendo impulsionado pelo aprimoramento de tecnologias, as quais estão angariando adeptos em todo o

CAPÍTULO 8

mundo por permitirem a implantação de estratégias proativas mais robustas, como tornar a empresa *Omnichannel*, desenvolver o *Customer Experience*, adotar a verdadeira personalização no relacionamento, instituir o *mobile first* e otimizar o *Customer Journey*.

Esses compromissos estratégicos somente poderão ser assumidos e cumpridos pelos executivos, em conjunto com especialistas, se houver nas empresas a adoção de tecnologias de ponta inteligentemente diagnosticadas e implantadas.

Na Figura 8.1, mostro que a convergência dessas tecnologias está fortemente comprometida com a gestão proativa da experiência do Cliente e com a necessidade de as empresas se tornarem *Omnichannel* para que isso seja possível.

Figura 8.1 A convergência de tecnologias facilitando a gestão proativa da experiência do Cliente.

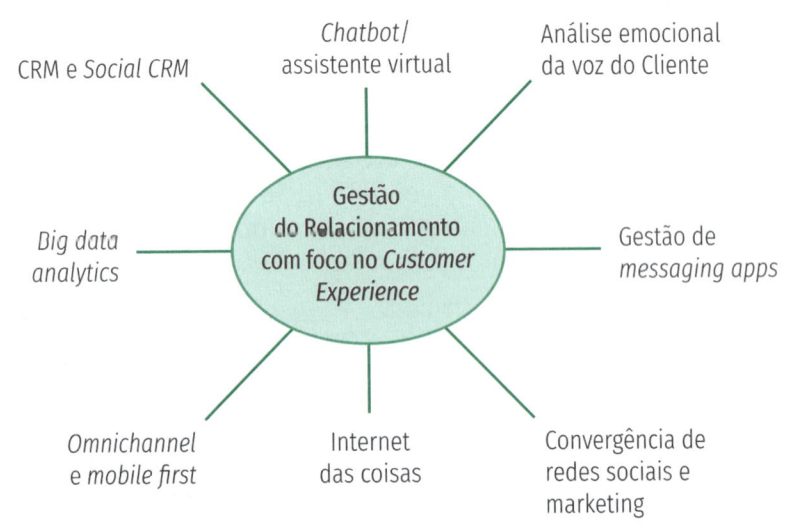

Gestão do Relacionamento com foco no *Customer Experience*:
- CRM e *Social CRM*
- Chatbot/assistente virtual
- Análise emocional da voz do Cliente
- Big data analytics
- Gestão de *messaging apps*
- Omnichannel e *mobile first*
- Internet das coisas
- Convergência de redes sociais e marketing

Fonte: Desenvolvida pelo autor.

A Gestão do Relacionamento não é mais a mesma depois que diversas tecnologias foram criadas para tornar possível a gestão ativa de Clientes. Na atualidade, em vez de o gestor esperar o final do mês para identificar resultados, ele consegue, em tempo real, analisar situações e tomar decisões antes que simples falhas se tornem grandes crises.

É por isso que recomendo aos gestores apostar na fórmula:

> Gestão do Relacionamento + *Customer Experience* + *Omnichannel* = **gestão proativa**

Para se realizar a **gestão proativa**, os compromissos de *Customer Experience* e de tornar a empresa *Omnichannel* podem (e devem) ser auxiliados pela adoção de tecnologias, como os atuais CRM de mercado, *Social CRM*, *Internet das Coisas*, *big data analytics*, convergência das mídias sociais com marketing e gestão de *messaging apps*. Estes últimos são responsáveis pela conexão de mais de 3 bilhões de pessoas em todo o mundo, que utilizam aplicativos de mensagens.

O estudo *The conversational commerce report: chatbots' impact on the payments ecosystem and how merchants can capitalize on them*, elaborado por Jaime Toplin para a publicação *Business Insider*, mostra que as aplicações de bate-papo são a próxima fronteira para o comércio digital, mas, sem funcionalidade de pagamentos, a oportunidade atual é extremamente limitada.

Consumidores podem solicitar suporte das empresas por meio de *chat apps*; fazer compras, tirar dúvidas e procurar muitas opções de serviços por meio dos aplicativos de bate-papo. Contudo, na hora do pagamento, a coisa complica, pois essa operação exige o acoplamento de outras tecnologias, resultando em que os usuários tenham que mudar para outro aplicativo, dificultando por parte das empresas controlar suas taxas de conversão.

Definitivamente, as empresas não querem ficar de fora dos *chat apps* que abastecem essa gigante rede de contatos!

Confirmando essa grande convergência de tecnologias que está revolucionando a Gestão do Relacionamento com Clientes, o artigo de Brian Solis apresenta estatísticas promissoras sobre *Customer Experience* como o fator que mais interfere nas mudanças digitais.

Com base em informações e dados coletados de mais de 500 estrategistas e executivos digitais entrevistados, o relatório descobriu que as empresas ainda enfrentam desafios significativos para operar em uma economia digital.

O relatório apresenta números sobre os principais *drivers*, desafios e melhores práticas das empresas, que estão passando por uma grande transformação digital. Os números chamam a atenção:

- » 55% das mudanças digitais priorizam a avaliação de comportamentos e preferências dos consumidores.
- » 71% dos executivos declaram que entender os comportamentos dos novos consumidores é seu maior desafio.
- » Apenas 54% dos respondentes conseguiram mapear a jornada do consumidor.
- » 41% dos respondentes testemunham que há uma mudança de *market share* graças às transformações digitais.
- » 37% acreditam que os colaboradores são impactados positivamente pelas mudanças digitais.
- » 34% das mudanças digitais partem da vontade dos gerentes de marketing, enquanto 19% partem dos chefes de Tecnologia e Informática (TI).

CAPÍTULO 8

» 81% das companhias colocam inovações digitais como uma das prioridades.

» 46% dos colaboradores admitem que sua companhia criou recentemente, de maneira formal, um centro de inovações.

Como visto, a Gestão do Relacionamento com Clientes é composta de experiências presenciais e digitais destes com os canais da empresa.

A análise emocional dos Clientes em centrais de atendimento

Uma robusta tecnologia que vem chamando a atenção dos profissionais de CX é a análise emocional dos Clientes, que pode ser realizada pela área de monitoria de qualidade de atendimento das empresas. Esse setor possui condições perfeitas de identificar claramente quando há problemas durante o diálogo do Cliente com o atendente. A boa notícia é que esse processo vem ganhando forte aliada.

A análise emocional dos Clientes em centrais de atendimento já é possível. Como fazem contato direto com Clientes, os centros de atendimento enfrentam uma questão desde seu surgimento: Como identificar o estado emocional do Cliente e adaptar o atendimento a ele?

Embora esse movimento possa parecer muito natural, certas emoções e características se escondem na voz e, se não forem bem analisadas, podem levar a um afastamento do consumidor em relação à empresa.

Existem cinco emoções básicas que todos nós, seres humanos, temos e expressamos conforme a situação em que nos encontramos: alegria, afeto, raiva, tristeza e medo. E são exatamente essas emoções que os Clientes demonstram quando estão dialogando com alguém da central de atendimento ou dos canais presenciais, como lojas, serviços e força de vendas externa.

O estudo *Customer Emotions (Joy, Anger, Sadness, and Fear) Affect Contact Center Interactions*, feito pela *Customer Experience Matters* a partir de aplicação de modelos analíticos em chamadas telefônicas pela Mattersight, totalizou mais de 118 mil chamadas em 11 grandes marcas.

Os analistas fizeram o levantamento isolando a ocorrência de quatro emoções específicas: alegria, raiva, tristeza e medo. A conclusão foi que a alegria leva a melhores chamadas, aumentando o NPS. As chamadas que continham alegria foram um pouco mais longas do que a média (embora bem menos do que as outras três emoções). O clima amigável entre o Cliente e o agente naturalmente afetou esse tempo.

Já o medo levou a chamadas maiores e mais caras, significando 87% mais de tempo do que a média da empresa. Nessas chamadas, foi identificado que um Cliente foi transferido mais de 3,5 vezes, fazendo o NPS cair abaixo da média.

Quando os Clientes experimentam raiva, eles pontuam o NPS mais baixo (19% abaixo da média da empresa). As chamadas também são 40% maiores do que a média. Já a tristeza também leva ao baixo NPS, embora ligeiramente acima do NPS que eles dão quando estão com raiva (18% abaixo da média da empresa). A Figura 8.2 apresenta em detalhes as conclusões.

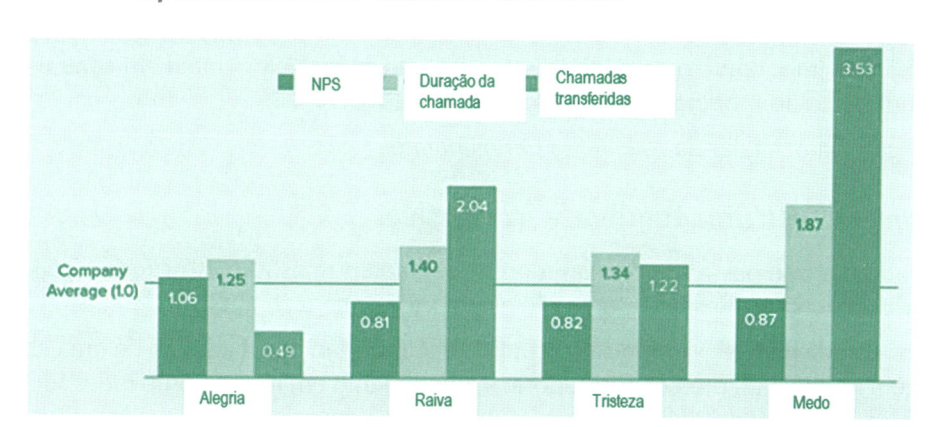

Figura 8.2 NPS, tempo e transferências baseadas nas emoções que os Clientes experimentaram nas chamadas telefônicas.

Fonte: MATTERSIGHT. *How Emotion Influences Conversation Outcomes*: the latest data science reveals a direct link between the feelings a customer has during a contact center interaction, and the metrics used to measure that call's success. Disponível em: http://www.mattersight.com/wp-content/uploads/2016/09/How-Emotion-Influences-Conversation-Outcomes.pdf. Acesso em: 1º mar. 2021.

Esse levantamento confirmou o que nós já sabíamos, mas não tínhamos condições de provar: a emoção, verdadeiramente, influencia o NPS resultante do contato entre o Cliente e o agente. Diversas pesquisas estão sendo feitas sobre como as pessoas interagem com as empresas, revelando que há um vínculo direto entre os sentimentos que um Cliente tem durante um contato e as métricas de engajamento.

A pesquisa identificou que a emoção pode levar à lealdade ou ao contrário, ao afastamento dos consumidores. No entanto, apesar do seu impacto significativo na fidelidade, atualmente as organizações não se concentram muito na emoção do Cliente.

Não tenha dúvida de que essa é a "bola da vez" na área de *Customer Experience*: monitorar as **emoções dos Clientes** para poder ajudá-los na sua jornada em busca do sucesso.

Esse tema foi também muito bem explorado por Lauren Horwitz em seu artigo *Beyond Verbal takes on emotions analytics in call centers and beyond*. Essa inovação promete dar melhores condições de atuação para os atendentes e para o grupo que monitora a qualidade de atendimento.

O *software Beyond Verbal*, também disponível como aplicativo para celular, tem a ousada proposta de reconhecer nos tons de fala em inglês, em tempo real, as emoções das pessoas.

Sabendo de seu potencial para ser utilizado no atendimento a Clientes, o aplicativo permite que tanto as emoções do Cliente quanto as do atendente sejam registradas durante as ligações e acompanhadas remotamente por supervisores, abrindo um imenso leque de possibilidades.

Horwitz reforça que as mais notáveis mudanças que aplicativos com tais funcionalidades podem trazer são as melhorias no atendimento e personalização na experiência para o consumidor, além de permitirem uma intervenção assertiva se o supervisor observar que o atendente e o consumidor não estão na mesma sintonia emocional. Assim, além do *Beyond Verbal*, outros aplicativos da mesma natureza, como Affectiva, BehaviorMatrix, CallMiner, NICE Systems, nVisio, surgem para conquistar seus espaços.

Um ponto importante para o leitor é acoplar esta análise emocional em centrais de atendimento ao modelo **MERC**, visto no Capítulo 2.

A seguir, vamos falar da revolução *Omnichannel*.

Omnichannel: uma tendência irreversível

A cada dia que passa, os consumidores comandam mais e mais as tendências do mercado, e não necessariamente são as empresas que fazem isso.

Após grande parte das empresas reconhecer a importância da adoção de uma abordagem multicanal, oferecendo suporte e atendimento em meios como redes sociais e aplicativos *mobile*, além do físico, a inclinação agora aponta para outra direção.

A abordagem *Omnichannel* foca em apresentar uma experiência única por meio de diversos canais de forma integrada, utilizando informação para gerar qualidade de atendimento. Do momento da propaganda à pós-compra, passando pelo produto e pelo serviço, essa tendência volta-se a intensificar o *status* emocional dos Clientes, trazendo sentimentos de valorização e conhecimento.

A estratégia *Omnichannel* cada vez mais está integrada com CRM, *Customer Experience* e com o acompanhamento da Jornada do Cliente, conforme a Figura 8.3.

Figura 8.3 A estratégia *Omnichannel* integrada ao CRM e *Customer Experience* voltados para entender e pavimentar a Jornada do Cliente.

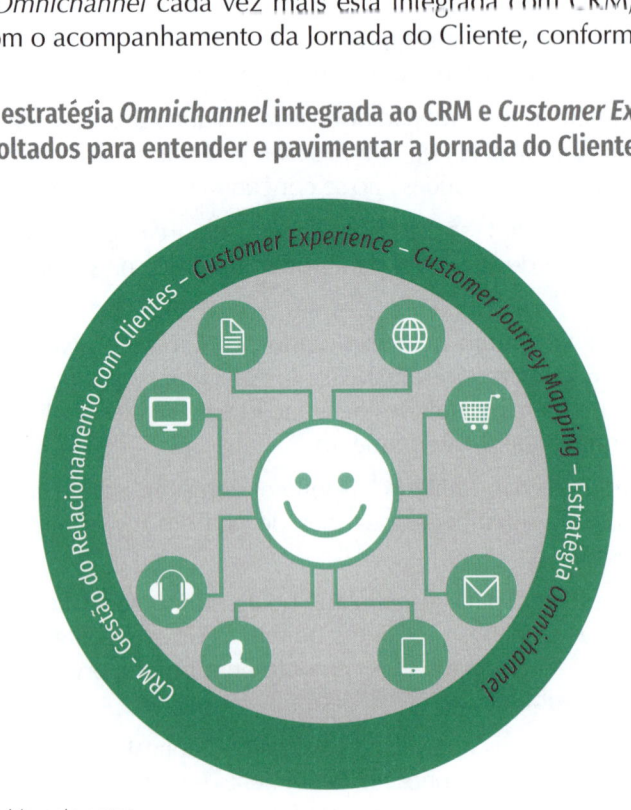

Fonte: Desenvolvida pelo autor.

O artigo *Omnichannel: the new normal for retail banks*, publicado pela BankingTech, demonstra que um dos mercados nos quais essa mudança deverá ser mais aceita, sem dúvidas, é o de *on-line banking*. A estratégia de *Omnichannel* pretende preparar os funcionários da organização para incorporarem e utilizarem todos os dados disponíveis sobre o indivíduo quando se relacionam com ele.

Naturalmente, bancos são instituições com alta variedade de dados. Contudo, eles podem ser mais bem aproveitados para trazer um sentimento de valorização do Cliente se colocados sob a prioridade do *Omnichannel*. Analisando sistematicamente em tempo real as informações que são levantadas, essas organizações financeiras podem traçar um perfil de gastos, quanto investem por mês e quais serviços utilizam mais.

A publicação da *Harvard Business Review*, *How to Make the Most of Omnichannel Retailing*, apresenta o caso de Xueming Luo, professor chinês da Temple University, que trabalhou em conjunto com uma loja de departamentos para entender melhor como incentivar consumidores – exclusivamente físicos e exclusivamente *on-line* – a adotarem outros meios de compra que poderiam impactar nos resultados da empresa. Os resultados foram, no mínimo, surpreendentes.

Inicialmente, os consumidores foram separados entre os que moravam a até 5 km de distância de uma loja e os que passavam dessa distância. Foram observados os que compravam apenas por meios virtuais e os que realmente frequentavam os estabelecimentos físicos.

Enquanto gerar cupons de desconto para os que moravam perto só surtia efeito quando essa dedução era exclusivamente *on-line* e para pessoas que consumiam apenas por esse meio, ao fornecer os mesmos abatimentos para indivíduos que moravam longe e compravam somente nas lojas ocasionava uma redução nos gastos dessa parcela em 51%.

Inicialmente, o número pode ser assustador, contudo, o bom vendedor saberá entender além das estatísticas que, apesar da importância de uma estratégia *Omnichannel*, os consumidores devem também ser incentivados a frequentar as lojas físicas, ambientes onde ocorre maior entrega emocional a eles.

Como imantar os consumidores para esses estabelecimentos? Além de dispor as lojas em locais movimentados, de fácil acesso e fornecer estacionamento, as questões vão além da infraestrutura.

O artigo demonstra ainda que, por meio de cupons de desconto, promoções e exclusividades – como frete grátis caso um produto comprado *on-line* seja retirado em uma das lojas –, as organizações podem atrair esses indivíduos. Assim, estarão incluindo esses Clientes num ambiente onde o emocional aflora e as compras são mais suscetíveis mediante o tato e o contato com os produtos.

Recentemente, mesmo as empresas que nasceram exclusivamente na *web*, como a Amazon, têm focado nessa tendência, provando sua eficiência e seu potencial.

CAPÍTULO 8

Para entender melhor a Jornada do Consumidor, é necessário identificar os canais de comunicação utilizados pelos usuários. Cada um deles apresenta uma forma, momento e um porquê diferentes para serem acessados, e saber distinguir esses fatores prepara melhor o conteúdo a ser direcionado para os Clientes.

A Tabela 8.1 busca sintetizar as funcionalidades, vantagens e contextos de utilização de cada dispositivo. Embora outros possam ser considerados, estes são os mais presentes nos diferentes cotidianos.

Tabela 8.1 Diferenciais dos canais para melhor aproveitamento do *Omnichannel*.

Dispositivo	Canais comuns	Diferenciais	Contexto
Desktop	• Web • E-mail • Mídias sociais • Chat	• Tela grande • Poder de processamento • Dispositivos auxiliares (*mouse*, teclado etc.)	• Tarefas complexas ou multitarefas • Casa ou trabalho
Tablet	• Web • E-mail • Mídias sociais • Chat • Aplicativos	• Tela média • Portátil • Câmera • Localizador • Touch e gestos	• Consumo de conteúdo • Ambientes inapropriados para um *mouse* e teclado • Casa
Smartphone	• Web • E-mail • Mídias sociais • Chat • Aplicativos • Telefonia • Mensagens de texto	• Altamente portátil • Câmera • Localizador • Touch e gestos	• Sempre ao alcance • Microtarefas • Entretenimento • Fora de casa

Fonte: FLAHERTY, K. Optimizing for Context in the Omnichannel User Experience. *Nielsen Norman Group*, 26/02/2017. Disponível em: https://www.nngroup.com/articles/context-specific-cross-channel/. Acesso em: 1º mar. 2021.

O importante é a empresa saber explorar os diferenciais de cada canal e seu contexto. Um bom exemplo é priorizar o *mobile* para o contato com os consumidores.

Mobile first e o gerenciamento ativo da experiência

Kate Leggett, em seu artigo *Top Trends For CRM In 2017 – It's All About Differentiated (Digital) Experiences*, apresenta duas tendências que já estão acontecendo com frequência nas empresas que investiram na elevação da experiência do seu Cliente.

A primeira diz que as organizações estão apoiando cada vez mais a jornada digital dos Clientes, buscando automatizar a configuração do produto, recomendações de produtos personalizados, negociações de preços e pedidos.

Para o suporte pós-compra, a oferta de acompanhamento e agendamento de problemas *on-line* para técnicos de serviço é algo viável e atual. Os agentes virtuais também chegaram para ficar e prometem melhorar a vida dos Clientes.

A segunda tendência revela que os processos de **Customer Success** aumentam a retenção dos consumidores. As empresas começaram a gerenciar ativamente seus Clientes após a venda inicial para garantir sua adequada atualização e contínua satisfação. A gestão ativa de relacionamentos de Clientes vem aumentando o valor da vida útil do consumidor junto das empresas.

Cara Wood, em seu artigo *The 5 CRM Trends to Watch in 2017*, apresenta visões interessantes sobre tendências tecnológicas. Uma delas é de que o *mobile CRM* chegou para ficar. À medida que as empresas reconhecem que seus vendedores "querem levar seu CRM com eles" em todos os lugares, vamos começar a ver as empresas concentrando-se primeiro em dispositivos móveis.

Outro ponto de Wood é que as empresas precisam se preocupar mais com a potencial invasão de privacidade de seus Clientes. As organizações, na atualidade, têm uma quantidade insana de informações sobre os Clientes que, na teoria, podem ser usadas para realmente invadir sua privacidade. Os governos de todo o mundo estão começando a prestar atenção e se interessar por proteger seus cidadãos dos interesses das empresas. Essa questão será cada vez mais discutida.

O celular substituindo nossa carteira

A incorporação de diversos serviços pela internet para aumentar a experiência do Cliente tem se intensificado nos últimos anos. Não poderia ser diferente com as transações financeiras.

Se no passado nos deparamos com os primeiros cartões de crédito e caixas automáticos, que facilitaram nossas vidas e abriram um novo leque de opções, o futuro aponta para um cenário onde todas essas funcionalidades estarão em nossos bolsos.

The Mobile Payments Report: Market forecasts, consumer trends, and the barriers and benefits that will influence adoption é uma excelente fonte de informação para entendermos a repercussão no mercado, tendências de consumo e barreiras e benefícios que vão influenciar a adoção de práticas de negócios.

Atualmente, as carteiras *mobile* têm enfrentado um desinteresse da população, pois ainda não há uma estrutura presente e atuante em larga escala para justificar a transição. Assim, o ramo precisa primeiro ganhar a confiança do público.

Isso não quer dizer, contudo, que o movimento já não tenha começado. Ao contrário. A *Business Insider* levantou os dados referentes à utilização e gastos das carteiras *mobile* e o cenário é, de fato, animador. A Figura 8.4 indica as prospecções de transações feitas dessa forma, em bilhões de dólares.

CAPÍTULO 8

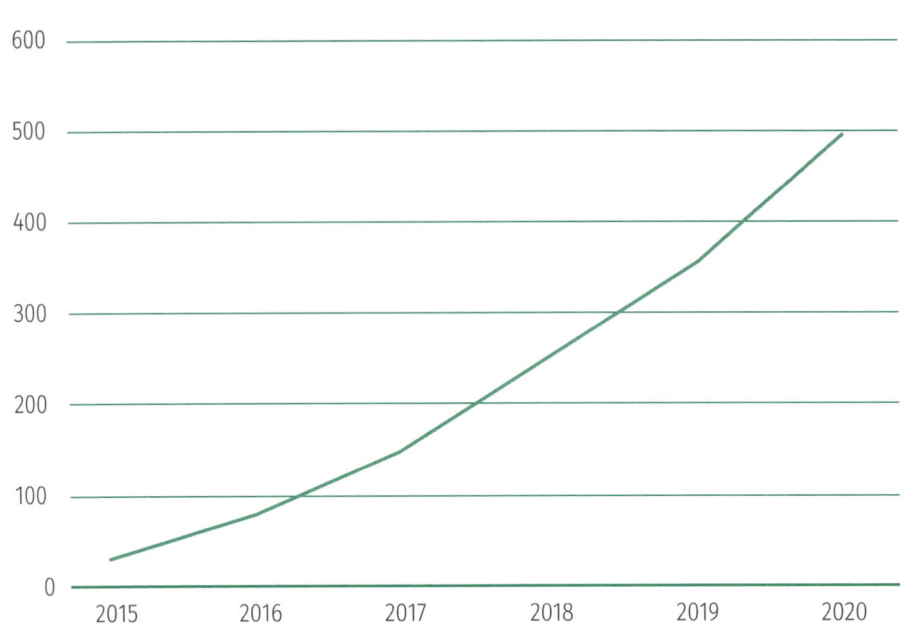

Figura 8.4 Transações *mobile* em bilhões de dólares substituindo os tradicionais cartões de crédito.

Fonte: Adaptada de BUSINESS INSIDER. *The Mobile Payments Report*: market forecasts, consumer trends, and the barriers and benefits that will influence adoption. Disponível em: http://www.businessinsider.com/the-mobile-payments-report-market-forecasts-consumer-trends-and-the-barriers-and-benefits-that-will-influence-adoption-2016-5?IR=T. Acesso em: 1º mar. 2021.

A expectativa de mais de 150 milhões de usuários até o fim de 2020 é explicada pelas facilidades que esses aplicativos podem trazer. Prezando a segurança, agilidade de pagamento e se integrando a Programas de Fidelidade de diversas marcas, a tendência é que cada vez mais pessoas mudem seus hábitos transacionais.

Preparar-se para tecnologias que estarão estabilizadas no futuro é uma ótima forma de economizar tempo e investimento. Com um aumento estimado na utilização de 80% ao ano entre 2015 e 2020, as carteiras *mobile* certamente são um importante fator a ser considerado pelos Clientes mais exigentes ao buscarem comércios que facilitem a *Customer Journey*.

Não é à toa que a estratégia *mobile first* deve ser prioridade nas empresas.

A Internet das Coisas chegou para ficar

O termo **Internet of Things (IoT)**, traduzido no Brasil como **Internet das Coisas**, vem ganhando notoriedade pela expansão de seu uso. Com os aumentos nos investimentos bilionários na área, que prometem perdurar por anos, a IoT é um segmento próspero, inovador e, principalmente, com grande potencial de valorização.

A IoT já está sendo utilizada não apenas para conectar dispositivos, como também para proporcionar experiências agradáveis aos Clientes.

Bill Crowley, em *Internet de las Cosas en las empresas, ¿qué debemos esperar?*, aposta na tendência de as empresas desenvolverem mais dispositivos e funcionalidades que usem como fonte a internet em diversos aparelhos. Sinais de trânsito conectados às câmeras, eletrodomésticos e equipamentos nos ambientes de trabalho são alguns exemplos de ferramentas que tendem a evoluir com a adoção da IoT.

Por ser uma tecnologia ainda a ser ampliada, os limites para a IoT são inimagináveis. Porém, os avanços que tomam conta das atuais pesquisas expressam um futuro promissor. Os desdobramentos que ela já causa, como consultoria (buscando um direcionamento para as empresas sobre os benefícios de sua adoção), serviços de implementação (a integração da empresa com a tecnologia) e de gestão (manter o funcionamento e a qualidade esperada pela empresa) já são realidade.

Portanto, é interessante que as empresas busquem cada vez mais investir na área de Internet das Coisas e na formação de equipes para pensar em quais inovações podem surgir da área e facilitar o funcionamento da companhia. Com o objetivo de tornar as residências, redes e cidades mais inteligentes, a IoT é um passo em direção ao incremento da integração e eficiência dos dispositivos no ambiente de trabalho.

A Internet das Coisas chegou para ficar, a prova disso é o aumento exponencial da quantidade de dispositivos que estão conectados à grande rede, desde celulares até máquinas de lavar e geladeiras. Veja a Figura 8.5, criada a partir de um importante estudo chamado *Internet of Things: the complete IoT guide – benefits, risks, examples, trends*.

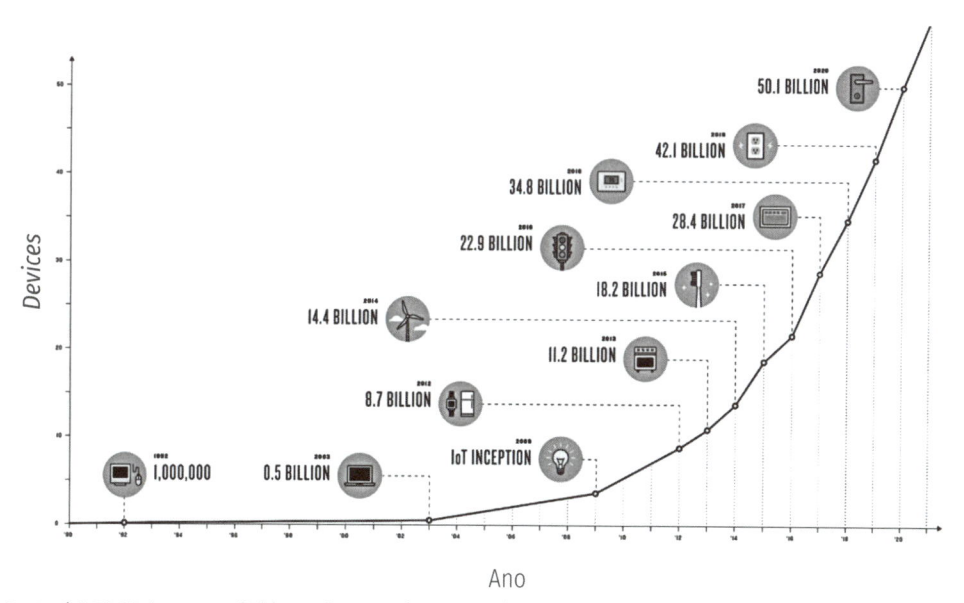

Figura 8.5 O crescimento exponencial de *devices* conectados à *web*.

Fonte: i-SCOOP. *Internet of Things*: the complete IoT guide – benefits, risks, examples, trends. The Connectivist based on Cisco data. Disponível em: https://www.i-scoop.eu/internet-of-things-guide/#IoT_for_consumers_the_Consumer_Internet_of_Things_CIoT. Acesso em: 1º mar. 2021.

O mesmo estudo conclui as características mais importantes da IoT que podem beneficiar empresas e indivíduos:

- » **Conectividade**. Dispositivos e sensores precisam estar continuamente conectados.
- » **Coisas**. Qualquer coisa que possa ser marcada ou conectada como tal, como ela foi projetada para ser conectada. De sensores e eletrodomésticos para gado etiquetado.
- » **Dados**. *Data* é a "cola" da Internet das Coisas, o primeiro passo para a ação e a inteligência.
- » **Comunicação**. Os dispositivos se conectam para que eles possam comunicar dados, e esses dados podem ser analisados.
- » **Inteligência**. O aspecto da inteligência como nas capacidades de detecção nos dispositivos IoT e a inteligência obtida a partir da análise de dados (também inteligência artificial).
- » **Ação**. A consequência da inteligência. Pode ser uma ação manual, ação baseada em debates sobre fenômenos (por exemplo, nas decisões sobre mudanças climáticas) e automação.
- » **Ecossistema**. O lugar da Internet das Coisas de uma perspectiva de outras tecnologias, comunidades, objetivos e a imagem em que a IoT se encaixa.

Em minha opinião, a Internet das Coisas poderá contribuir para o aumento da experiência e satisfação do Cliente de várias formas.

Por exemplo, as empresas estarão acumulando sem precedentes informações valiosas dos consumidores em relação à utilização de seus produtos e serviços. Outro fato é que os consumidores serão avisados pelas "coisas".

Um automóvel avisa a seu proprietário, por celular, que as pastilhas dos freios estão gastas, necessitando de troca. Essa informação cria uma vigorosa conexão entre o Cliente e o fornecedor, que poderá fazer ofertas proativas de autopeças e assessórios.

Por outro lado, os consumidores que estão cada vez mais fortalecidos com as opiniões e as manifestações nas redes sociais estarão ainda mais poderosos, pois a Internet das Coisas favorecerá que ele tenha maior poder de *feedback* em tempo real para as empresas, e estas terão mais trabalho para gerenciar seu processo *Omnichannel*.

Nancy Johnson Sanquist, no artigo *The #4 Reason to Implement IWMS – integrated workplace management system: The Internet of Things*, apresentou os seis princípios norteadores da internet das coisas, todos eles com a palavra **any**. Veja a Figura 8.6.

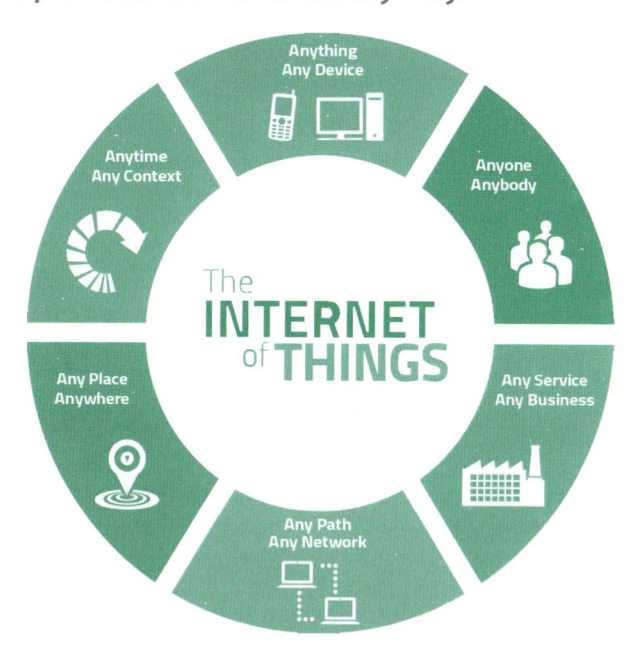

Figura 8.6   Pincípios da Internet das Coisas: *any* × *any*.

[Figura: The Internet of Things — Anything/Any Device; Anyone/Anybody; Any Service/Any Business; Any Path/Any Network; Any Place/Anywhere; Anytime/Any Context]

Fonte: SANQUIST, Nancy Johnson. The #4 Reason to Implement IWMS – integrated workplace management system in 2015: The Internet of Things. Disponível em: http://www.manhattansoftware.us/resources-emea/blog/133-technology/338-top-10-reasons-iwms-2015-4.html. Acesso em: 28 fev. 2018.

Os impactos na satisfação dos Clientes com a IoT já são percebidos e poderão aumentar tanto para o bom quanto para o mau atendimento. Por exemplo, os centros de serviços ao Cliente ficarão mais complexos, por tratarem de problemas em tempo real.

Antigamente, os consumidores ligavam no dia seguinte para reclamar com a assistência técnica sobre a avaria da máquina de lavar. Na atualidade, é possível o consumidor verificar o mal funcionamento e, em tempo real, acionar o "botão de manutenção" da lavadora, reportando o problema imediatamente para a área de atendimento a Clientes.

Um recado para as empresas: preparem-se!

Comando de voz pelos *chatbots* (assistentes pessoais)

A proliferação massiva dos *chatbots* nas redes sociais aponta para um futuro não muito distante, no qual o principal contato entre humanos e tecnologias se dará por meio da voz. Para que teclado, se a cada dia vemos os dispositivos transcreverem mensagens que ditamos ou fazerem o processo inverso?

A revista *Exame* relatou, na matéria *Comandos de voz serão predominantes nas relações com máquinas*, que logo será possível dar comando por voz para geladeiras, aspiradores de pó e outros utensílios domésticos.

Após o fenômeno dos aplicativos nos meios móveis, como *tablets* e *smartphones*, o futuro aponta para um cenário no qual todos os dispositivos que nos rodeiam estarão conectados à internet e serão capazes de utilizar dados para oralizar sugestões.

CAPÍTULO 8

Essa ação já vem sendo implementada nos *chatbots*, *softwares* capazes de responder a perguntas e realizar ações *on-line* após uma ordem oral ou por escrito. Essa característica é mais um fator para garantir que tais programas terão utilização não apenas para a vida profissional, mas também pessoal.

A utilização desses serviços tem como diferencial a inexistente curva de aprendizagem, afinal, basta utilizar a fala para ser prontamente atendido.

O avanço no setor tem levado cada dia a um atendimento mais ágil e informativo. Contudo, não podemos perder o foco de que a experiência do Cliente deve ser positiva e resolutiva. Por isso, incluí num projeto de *chatbot* que estamos conduzindo diversas fraseologias baseadas em Programação Neurolinguística.

O *chatbot* é projetado para aceitar os *inputs* dos consumidores, como solicitações de SAC e pedidos de compra, sejam estes feitos por voz ou por texto na *web*. Em seguida, a tecnologia movida à inteligência artificial realiza o processamento dessas entradas, analisa o contexto a que pertencem, toma a decisão mais adequada, cria a resposta e a disponibiliza para o público demandante. A Figura 8.7 apresenta o funcionamento do *chatbot*.

Figura 8.7 O funcionamento do *chatbot* movido por voz ou por texto.

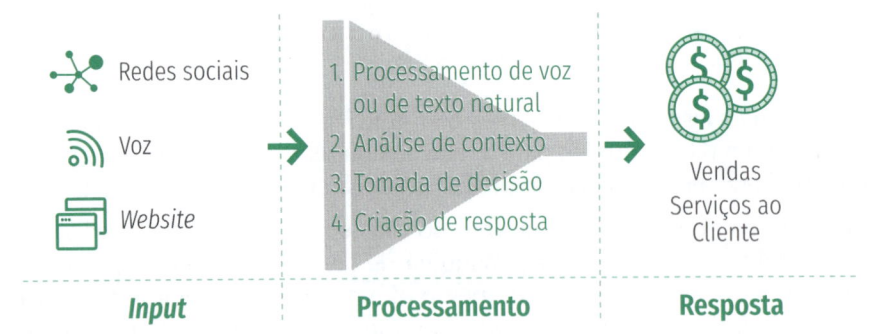

Input
- Redes sociais
- Voz
- Website

Processamento
1. Processamento de voz ou de texto natural
2. Análise de contexto
3. Tomada de decisão
4. Criação de resposta

Resposta
- Vendas
- Serviços ao Cliente

Fonte: Desenvolvida pelo autor.

O atendimento humano está fadado ao fim? A resposta é obviamente não!

A prospecção otimista sobre a utilização em grande escala do *chatbot* aponta para o fato de que, na Jornada do Cliente, sempre haverá um ponto em que um representante humano poderá entrar no jogo para ganhar a partida. Ele será ainda mais responsável pela criação de um vínculo emocional e humano, levando a uma completa satisfação do Cliente e contando com o apoio dos *chatbots*.

A seguir, veremos que o custo com o atendimento pode ser reduzido com o uso de *chatbots* eficazes.

Redução de custos e de tempo com *chatbots*

Norte-americanos, europeus e asiáticos utilizam o *chatbot* cotidianamente, assim como os brasileiros aderiram a essa facilitadora forma de contato com as empresas.

Tendências tecnológicas de *Customer Experience* e Gestão do Relacionamento

De acordo com a pesquisa da Aspect Software Research publicada pela *Business Insider* no artigo *44% of US consumers want chatbots over humans for customer relations*, com mais de 1.000 consumidores dos EUA de 18 a 65 anos, 44% deles afirmam que, se uma empresa pudesse ter a experiência certa, preferiria usar um *chatbot* para resolver seus requerimentos. Conclui-se que a preferência por contato digital vem aumentando. Estariam os Clientes aumentando sua satisfação com esse tipo de interação?

Com interface de usuário simples, inserção de dados de diferentes formatos, boas ferramentas de visualização e correlações de informações, os *chatbots* tendem a absorver os atendimentos de menor complexidade, que, em verdade, são a maioria nas empresas.

Esse fenômeno ocorreu com as URAs no Brasil no início dos anos 2000, transformando as solicitações mais simples dos Clientes na prestação de serviços completos sem a necessidade de participação de pessoas, fazendo os custos com contato despencarem.

A pesquisa publicada pela *Business Insider* ainda mostrou que a utilização massiva dos chatbots pelos Clientes tende a reduzir significativamente os custos com o atendimento humano. Embora a automação completa da força de trabalho do serviço ao Cliente não seja viável, o *chatbot* pode resultar em economias consideráveis.

Por exemplo, 29% das posições de atendimento ao Cliente nos EUA podem ser automatizadas por meio de *chatbots* nos próximos anos. Veja na Figura 8.8 mais dados da pesquisa demonstrando o potencial de economia em relação aos custos salariais nos EUA, motivado pela adoção de *chatbots*.

Figura 8.8 Potencial de economia em relação aos gastos salariais anuais nos EUA, motivado pela adoção de *chatbots*. Dados em bilhões de dólares.

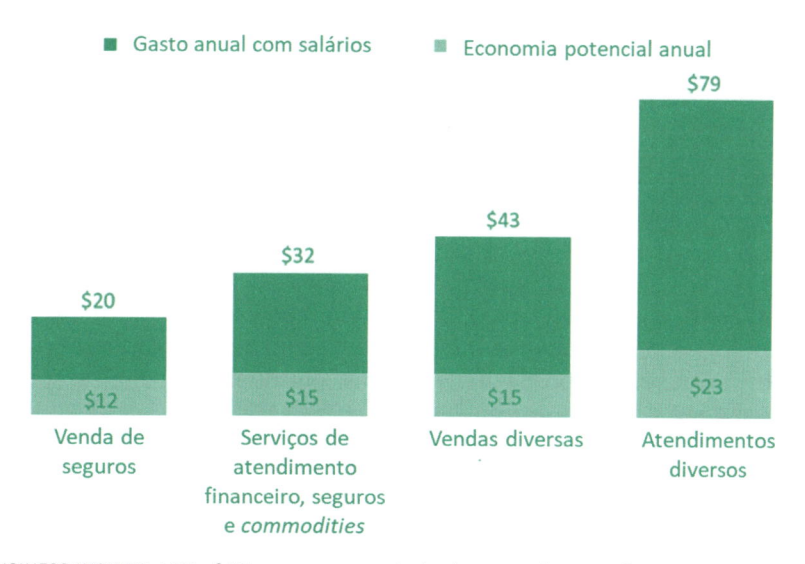

Categoria	Gasto anual com salários	Economia potencial anual
Venda de seguros	$20	$12
Serviços de atendimento financeiro, seguros e *commodities*	$32	$15
Vendas diversas	$43	$15
Atendimentos diversos	$79	$23

Fonte: BUSINESS INSIDER. *44% of US consumers want chatbots over humans for customer relations*. dez. 2016. Disponível em: http://www.businessinsider.com/chatbots-vs-humans-for-customer-relations-2016-12. Acesso em: 1º mar. 2021.

CAPÍTULO 8

A pesquisa ainda demonstra que a inteligência artificial alcançou um estágio no qual os *chatbots* podem ter conversas cada vez mais assertivas e humanizadas e que os custos tendem a cair, permitindo envolver mais e mais consumidores com essa tecnologia.

Além disso, os *chatbots* são particularmente adequados para dispositivos móveis e o seu ecossistema já é robusto, englobando vários chats diferentes. Os *chatbots* podem ser lucrativos para aplicativos de mensagens e os desenvolvedores já se atentaram para isso.

O correto uso do *chatbot* pelas organizações pode trazer outras economias de tempo e dinheiro também para o consumidor. Veja o estudo *Chatbots for customer service will help businesses save $8 billion per year*, publicado pela IBM.

Figura 8.9 Economia de custos e de tempo pelo uso de *chatbots* em bancos e setor de saúde na Inglaterra.

4 minutos
Média de tempo economizado com cada pesquisa feita por *chatbot* comparada com o tradicional *call center*

Taxa de sucesso de *chatbots* de bancos
2017 — 12%
2022 — 90%

US$ 0,70
Média de custos economizados por interação feitas por *bots* em bancos

Fonte: *Juniper Research Chatbots Infographic – Key Statistics 2017*. Disponível em: www.juniperresearch.com/resources/infographics/chatbots-infographic-key-statistics-2017>. apud REDDY, Trips. *Chatbots for customer service will help businesses save $8 billion per year*, IBM, MAIO 2017. Disponível em: <https://www.ibm.com/blogs/watson/2017/05/chatbots-customer-service-will-help-businesses-save-8-billion-per-year/. Acesso em: 1º mar. 2021.

O relatório alerta que os serviços de atendimento ao Cliente devem investir nessas novas tecnologias conversacionais se quiserem se manter competitivos para ajudar os Clientes a obterem respostas mais rápidas, em qualquer canal, dispositivo ou plataforma 24 × 7.

O relatório, assim, estima que os *chatbots* ajudarão as empresas a economizar mais de US $ 8 bilhões por ano até 2022, e prevê que a taxa de sucesso das interações de bots no setor de saúde aumentará dos atuais 12% para mais de 75% em 2022, e no setor bancário para 90%, também em 2022.

Siri, Alexa ou Watson? Quem ganha a corrida?

Microsoft, IBM, Apple, Google e a Amazon investem pesado em dispositivos controlados por voz. Esses *bots* funcionam como verdadeiros assistentes pessoais, facilitando a obtenção de informações e organização de atividades cotidianas por meio de ferramentas como despertador, rádio, conexão com canais de notícias e clima etc.

Scott Robinson, em *IBM Watson content analytics makes strides but gives off bad vibes*, demonstrou seu ponto de vista de que cada aplicativo apresenta suas diferentes ferramentas, sendo mais propensos para determinados objetivos. O Watson, da IBM, aposta na praticidade e no custo-benefício com preços mais competitivos em relação aos rivais.

Entretanto, é necessário pensar de forma aprofundada os efeitos que determinadas facilidades podem ter sobre os profissionais da área. Saber construir bancos de dados e centros comerciais, e identificar quais metodologias de análise são mais proveitosas para interpretar os resultados para integrar aos processos são ações que devem ser claras para determinados colaboradores.

Essas funções têm chamado cada vez mais a atenção de redes de hotelaria por conta dos confortos que tais dispositivos oferecem. Ligar, desligar ou mesmo controlar a intensidade de luz, fechar cortinas, controlar a temperatura do quarto, programar despertadores, requisitar serviço de quarto, previsões do tempo ou mesmo pedir um Uber – as possibilidades são incontáveis.

Hui-Yong Yu, em seu artigo *Siri and Alexa Are Fighting to Be Your Hotel Butleri*, exemplifica que a rede Hilton, em sua unidade na Califórnia, já possui algo similar, porém, controlado por meio da digitação. É inegável que as barreiras orais são menores e é questão de tempo para que esses dispositivos sejam consenso no mundo todo. Atualmente, diversas redes, como Marriot, Wynn Resorts e Four Seasons, estão em fase de testes ou implementação do Alexa, da Amazon, ou Siri, da Apple.

Integrar dispositivos móveis com estruturas inteligentes é uma tendência para todas as áreas que lidam direta ou indiretamente com tecnologia. Prometendo economia para quem oferta e conforto para quem recebe, esse movimento abrange desde a construção de casas inteligentes à automação de determinados serviços no trabalho ou lazer, passando pelo transporte. Marcas como Ford e BMW buscam parceria com assistentes controlados por voz, demonstrando a confiança da indústria nessa tendência.

"Chatbots vão dominar seu smartphone" – com esse título, a matéria de Ana Laura Prado para a revista *Exame* apresentou uma forte e irreversível tendência das empresas que se engajam nas redes sociais: a utilização de *chatbots* para fazer desde compras até pedir uma pizza. Os chatbots serão cada vez mais aliados na hora de realizar uma transação ou simplesmente pedir uma informação.

Sua eficiência é tanta que alguns especialistas acreditam que substituirão os aplicativos em um breve espaço de tempo. Atendendo a funções muito específicas, como previsão do tempo ou trânsito, os robôs apresentam maior agilidade em relação aos demais programas.

Um diferencial dos robôs é o aprendizado que conseguem ao serem utilizados. Quanto mais Clientes atendidos, melhor o programa entenderá gírias, sotaques e outras particularidades da linguagem. Poderá até mesmo angariar novas informações, tudo por conta do *machine learning*.

Com mais de 11 mil chatbots somente no Facebook, o fenômeno tem chamado a atenção tanto de companhias quanto dos Clientes. Afinal, quando empregada como primeiro nível de contato em *call center*, a solução apresenta índice de resolução de 70 a 90%. E, embora não haja perspectiva de que os robôs incorporem emoções, sentimentos e a criatividade humana, o poder de aprendizado dos *chatbots* está sendo utilizado para o desenvolvimento de dispositivos mais complexos.

Integração dos canais com o CRM

O ponto central dos investimentos em *chatbots* ou qualquer outra tecnologia de relacionamento com Clientes é que todas devem ser integradas, preferencialmente com um único CRM. Esse investimento visa permitir que os profissionais de *Customer Experience* possam verdadeiramente gerenciar a Jornada dos Clientes, suprindo-os de produtos, serviços e experiências no melhor prazo e qualidade possível.

A Figura 8.10 exemplifica que o CRM é o ponto central dessa integração.

Figura 8.10 O CRM deve ser a tecnologia que concentrará dados estratégicos dos Clientes em todos os canais.

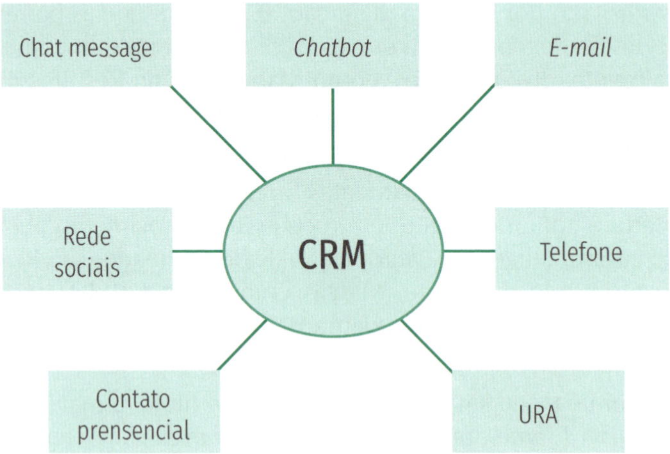

Fonte: Desenvolvida pelo autor.

Assim, toda e qualquer informação transacional e relacional advinda do relacionamento com o público deve ser facilmente armazenada, pesquisada e apresentada para os canais de relacionamento, favorecendo o atendimento rápido de demandas. Em vez de as empresas, por exemplo, terem seu *inbox* em aplicativos de redes sociais, deverão integrá-lo ao CRM, para que o atendente ou o *chatbot* possam contar com a gestão desse canal de contato. Lembremos que as centrais de atendimento receberão cada vez menos chamadas e cada vez mais contatos por redes sociais, *e-mails* e portal *web*.

Social media selling com CRM

Com o crescimento vertiginoso das redes sociais, acendem oportunidades de as empresas fazerem negócios dentro delas e de maneira estruturada, integrando as redes com o CRM.

Companhias de todos os ramos e escalas estão atentas às oportunidades que as redes sociais abrem para os negócios. Desde anunciar seus produtos e serviços em espaços dedicados nesses *sites*, atraindo a atenção de consumidores potenciais, à efetivação da compra.

Prospectar uma oportunidade e ampliá-la, utilizando os profissionais corretos da organização para tomar as melhores decisões, é um dos processos facilitados por um ambiente que sabe usar as redes sociais. A figura do representante de vendas que sabe o Cliente exato que deve ser comunicado e o momento mais propício para esse contato nasce nesse espaço rico e amplo.

Figura 8.11 O CRM, com suas funcionalidades de mercado, se uniu às funcionalidades das redes sociais para gerenciar melhor o relacionamento com Clientes.

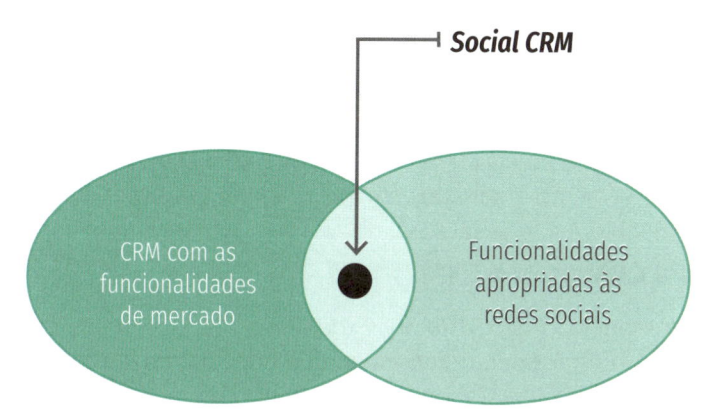

Social CRM

CRM com as funcionalidades de mercado

Funcionalidades apropriadas às redes sociais

Fonte: Desenvolvida pelo autor.

Um grande exemplo desse cenário são os frutos gerados para as empresas. De acordo com uma pesquisa feita pela Sales for Life, 63% dos representantes de vendas reportaram um acréscimo no lucro nas empresas que adotaram as transações via redes sociais. O mesmo estudo, porém, levantou um dado negativo. Apenas 8,5% dessas companhias adotaram um sistema integrado para gerir suas atividades nessas comunidades.

O LinkedIn, utilizado por 84% desses representantes, apresenta uma solução para impulsionar a integração das atividades de marketing digital. O *Sales Navigator*, programa em questão, incorpora a cada ano novas funcionalidades que enriquecem as possibilidades ofertadas e a gestão das ações *on-line*.

Esse é um exemplo da concepção do CRM social.

Implantar o CRM horizontal ou vertical?

Quando se trata da adoção de CRM, muitas empresas podem imaginar que investir nos aplicativos e sistemas de maior custo é o mais apropriado para obter uma implementação tranquila e eficaz. Porém, o que os executivos podem não atentar no momento dessa decisão é que o contexto da companhia deve ser colocado acima de tudo para buscar o melhor custo-benefício. Então, o que levar em conta para escolher a plataforma de CRM?

Hildreth, em seu estudo *Horizontal CRM vs Vertical CRM: what do you really need*, apresenta que, em primeiro lugar, o responsável pela escolha deve ter em mente as diferenças entre os modelos de CRM horizontal e vertical. O primeiro é pouco aprofundado, oferecendo apenas as ferramentas básicas necessárias para implementação, mas é um *template* pronto para ser utilizado. Já o modelo vertical possui maiores funcionalidades e integração e, por isso, maior preço.

Além disso, os modelos verticais podem ser aprofundados ou leves, sendo os primeiros aqueles que contam com integração com as legislações do setor para o qual foram desenvolvidos, e os segundos os que buscam uma utilização mais geral. Nenhum dos dois, porém, será eficaz em todos os casos, pois, mesmo dentro de determinados setores alguns negócios, eles terão necessidades diferentes e não poderão contar com sistemas desenvolvidos para concorrentes.

Portanto, quando for escolher entre aplicativos de modelo vertical ou horizontal, é fundamental que o executivo mapeie os requisitos e processos empresariais, a natureza dos dados que precisam ser levantados e se o setor realmente possui desdobramentos que só serão abarcados em um modelo aprofundado.

Turbinando o CRM para o CXM

A correta implementação do *Customer Experience Management* pressupõe que o CRM deve primeiro estar operando com grande eficácia, trazendo importantes benefícios para a empresa e para a Jornada do Cliente.

Além disso, o caminho para o *Omnichannel* também deverá ser decidido pela empresa, integrando *e-commerce*, ligações telefônicas, *e-mails*, *chats*, redes sociais e *chatbots*.

Diversas empresas de tecnologia estão preparadas para essa tarefa. Por exemplo, a Oracle adicionou funções em seu sistema de CRM para intensificar cada vez mais a qualidade de resultados que podem ser obtidos pelos seus usuários.

A Figura 8.12 explica como o engajamento do consumidor é conseguido por meio de equipes de *insights*, de gerenciamento de conteúdo e de gerenciamento da experiência dos Clientes.

Figura 8.12 Componentes essenciais do CX em nuvem.

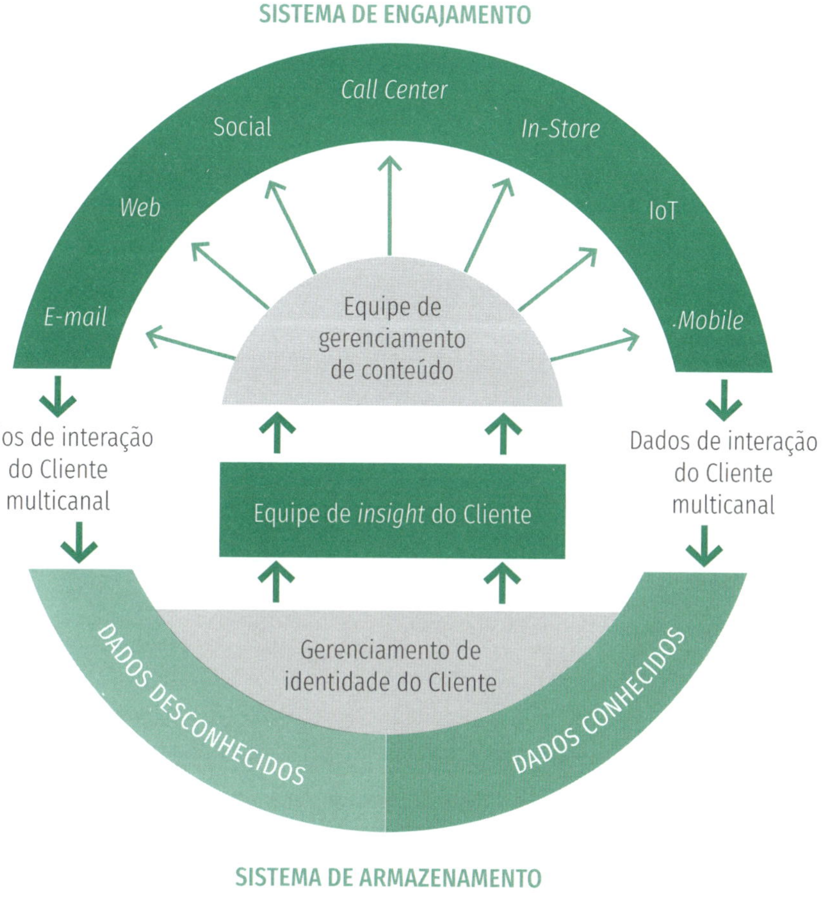

SISTEMA DE ENGAJAMENTO

- Call Center
- Social
- In-Store
- Web
- IoT
- E-mail
- Mobile

Equipe de gerenciamento de conteúdo

Dados de interação do Cliente multicanal

Equipe de *insight* do Cliente

Dados de interação do Cliente multicanal

DADOS DESCONHECIDOS

DADOS CONHECIDOS

Gerenciamento de identidade do Cliente

SISTEMA DE ARMAZENAMENTO

Fonte: Adaptada de AKHTAR, Omar. Oracle Marketing Cloud Updates. *Prophet*. Disponível em: https://www.prophet.com/thinking/2015/10/oracle-marketing-cloud-new-updates-help-unify-business-units-and-disparate-customer-data/. Acesso em: 28 fev. 2018.

O que é crítico para os CIOs – Diretores de TI

As práticas voltadas para o *Customer Experience* têm se tornado tão vitais que servem de índice para uma classificação conhecida como *Ranking Forrester's of Customer Experience*. Analisando oito mercados globais e mais de 900 marcas, a lista traz importantes lições para as empresas que pretendem adotar medidas que visem a satisfação do Cliente mediante a criação de uma experiência única.

A mais importante delas é observar como a área de Tecnologia da Informação (TI) pode ser forte aliada para quem deseja trilhar esse caminho. Superar a visão de profissionais extremamente técnicos é essencial para encontrar um cenário onde práticas envolvendo meios virtuais e *mobile* sejam referências para um molde exemplar de *Customer Experience*. A Tabela 8.2 aponta algumas prioridades para os *Chief Information Officer* (CIOs), ou, como conhecemos, Diretores de TI.

Tabela 8.2 CIOs e o *Customer Experience*.

O que o CIO deseja	O que deve ser feito
Medir a experiência do Cliente	• *Customer Effort Score* • *Net Promoter Score* (NPS) • Lealdade
Adotar tecnologias e profissionais de gestão	• Moldar para o ambiente externo • Desenhar os processos para as interações com o Cliente • Analistas de dados (estruturados ou não) • Estrategistas de mercado analisando concorrentes
Formar equipes voltadas para os Clientes	• De negócios e tecnologia da informação multifuncionais • Experientes em *Customer Experience*
Criar uma cultura impactante para o Cliente	• Motivação e engajamento para grupos específicos • Identificar lacunas
Focar no global	• Desenvolver determinadas capacidades (*design* para *Customer Experience*, análise de dados etc.) • Garantir estrutura mínima essencial para focar em outros recursos

Fonte: Adaptado de A Computer Weekly's Buyer to Customer Experience Management. *Computer Weekly*. Disponível em: http://docs.media.bitpipe.com/io_12x/io_124602/item_1164026/CWE_BG_0615_Customer-experience-management.pdf. Acesso em: 1º mar. 2021.

A importância do direcionamento do TI para o *Customer Experience* ocorre por conta das oportunidades e agilidade que esse elo traz. Com o uso de NPS, por exemplo, é possível mensurar aspectos como engajamento e lealdade por meio de questionários no *site* da empresa.

Preparar a equipe de tecnologia da informação para uma cultura de CX, tanto interna quanto externa, requer algumas alterações em suas funções. *Designers* de processos, especialistas em dados e arquitetos devem trabalhar voltados para criar meios de obter *feedback* de forma inovadora dos Clientes e colaboradores.

Concluindo o capítulo, *Omnichannel*, CRM, *CRM Social*, análise emocional do Cliente, *Chatbots*, convergência de redes sociais e marketing, *mobile first* e tantas outras soluções tecnológicas podem e devem ser implantadas na área de Gestão do Relacionamento com Clientes e *Customer Experience*, se forem estrategicamente pensadas e viabilizadas por meio da escolha correta das funcionalidades tecnológicas da solução.

Esse é um trabalho muito importante para quem atua na área de *Customer Experience*: entender os requisitos de negócios e especificar as funcionalidades certas para que as tecnologias possam se adaptar aos processos de negócios, e não o contrário. Por isso, o **Capítulo 9** será dedicado a como desenvolver um projeto de CRM com foco em *Customer Experience*.

Apresento a seguir sete questões pertinentes a este capítulo como uma forma de contribuir para reflexão e prática em grupo ou individual dos meus leitores.

Vamos refletir e praticar?

1. Explique como a convergência de tecnologias pode facilitar a gestão proativa da experiência do Cliente.

2. A cada dia, os consumidores comandam mais e mais as tendências do mercado. Uma delas é a abordagem *Omnichannel* pelas empresas, que foca em apresentar uma experiência única por meio de diversos canais de forma integrada. Disserte sobre a estratégia *Omnichannel*.

3. A Internet das Coisas vem ganhando notoriedade pela expansão de seu uso. Como poderá contribuir para o aumento da experiência e satisfação do Cliente?

4. A proliferação dos chatbots aponta para um futuro não muito distante, no qual contatos simples entre clientes e atendentes poderão ser resolvidos por esta tecnologia. Explique como ela funciona.

5. Para Madruga, o CRM deve ser a tecnologia que concentra dados transacionais e relacionais dos Clientes em todos os canais. Assim, todo e qualquer contato realizado com o público deve ser facilmente armazenado, pesquisado e apresentado para os canais de relacionamento. Disserte sobre essa afirmativa do autor.

6. O autor comenta que, com o crescimento vertiginoso das redes sociais, as oportunidades de as empresas fazerem negócios dentro delas e de maneira estruturada, integrando as redes com o CRM, é uma realidade. Apresente um exemplo de como isso pode ser feito.

7. Para conseguir "turbinar" o CRM é preciso contar com equipes de gerenciamento de conteúdo e de gerenciamento da experiência dos Clientes. Apresente esquematicamente como isso pode ser feito.

CAPÍTULO 9

As etapas e os segredos para implementar o CRM com foco em CX

> *"Para que a implementação do CRM com foco na experiência do Cliente seja bem-sucedida, logo em seguida ao estabelecimento da governança, o projeto deverá ser iniciado com desmembramento em etapas, antes da aquisição de tecnologia. Empresas que no passado optaram por adquirir prematuramente tecnologia de CRM e CX pagaram um preço muito alto pela precipitação, sendo que algumas companhias tiveram que literalmente recomeçar do zero o projeto.*
>
> *É por isso que recomendo o Método das 5 etapas da implementação de CRM com foco em CX."*

CRM não é uma solução tecnológica acabada, como um aplicativo que se instala no Windows ou no Mac. Também não é uma solução mágica que já vem de fábrica, customizada para servir às empresas. Para implementar CRM, são necessárias diversas competências e investimentos em várias etapas do projeto.

A implementação de CRM para modificar a experiência do Cliente com a companhia é complexa, pode levar de seis meses a anos, e requer diversas providências por parte das empresas que desejam sucesso nesse projeto tão estruturante e tão benéfico para a conquista e fidelização de consumidores.

Enquanto o Marketing de Relacionamento originou-se da fusão de várias correntes acadêmicas de conhecimento, o CRM foi originado por executivos da indústria de *software*, que mesclaram proficiência tecnológica com sua grande habilidade em entender e tentar viabilizar em seus sistemas as estratégias e táticas de Gestão do Relacionamento. Esse grupo muito bem preparado alterou definitivamente a rota do marketing para uma visão mais próxima dos consumidores.

CAPÍTULO 9

Muito se fala sobre os benefícios do CRM, mas poucos livros se arriscam a trazer dicas concretas sobre como implementar o CRM com foco no *Customer Experience*. Por essa razão, este capítulo trará para o leitor o resultado de nossas experiências práticas e pesquisas desses temas, a fim de desmistificar esse projeto tão sensível e complexo.

Vou começar o capítulo pela evolução do CRM.

A evolução do CRM até os dias atuais

O CRM não é mais o mesmo. Essa robusta solução tecnológica tornou-se ainda mais o centro de atenção de empresas em todo o mundo por incluir em seu escopo diversas novidades tecnológicas e capacidade para estar à frente do processo *Omnichannel*.

O CRM é comercializado no mercado como uma tecnologia para as empresas administrarem a conquista e fidelização de Clientes. Contudo, com o passar do tempo, foi se tornando responsável pela combinação dinâmica de soluções tecnológicas, estratégias de Marketing de Relacionamento e processos de negócios, sempre com foco na experiência dos Clientes. O escopo do CRM atualmente é mais extenso.

Por isso, defino o CRM assim:

> *O CRM, inicialmente, foi uma solução tecnológica construída para viabilizar as estratégias de Marketing de Relacionamento e de atendimento a Clientes. Com o passar dos anos se integrou aos esforços empresariais de automação da força de vendas, otimização das centrais de atendimento, integração com Marketing Digital e com todos os pontos de contato com o Cliente. Na atualidade, o CRM aumentou sua importância, pois é constituído pela combinação dinâmica de soluções tecnológicas, estratégias e processos de negócios voltados para a viabilização da Jornada do Cliente e para a intensificação do Customer Experience.*

A Figura 9.1 ilustra a mudança de posicionamento do CRM desde o seu lançamento, quando era distante dos princípios do Marketing de Relacionamento. Com o passar do tempo, não apenas se integrou a este como também aumentou sua promessa de apoiar a criação de experiências positivas para os Clientes em todos os pontos de contato com a empresa.

As etapas e os segredos para implementar o CRM com foco em CX

Figura 9.1 Mudança de posicionamento do CRM desde o seu aparecimento. Com o passar do tempo, se integrou ao Marketing de Relacionamento e tornou possível o CX.

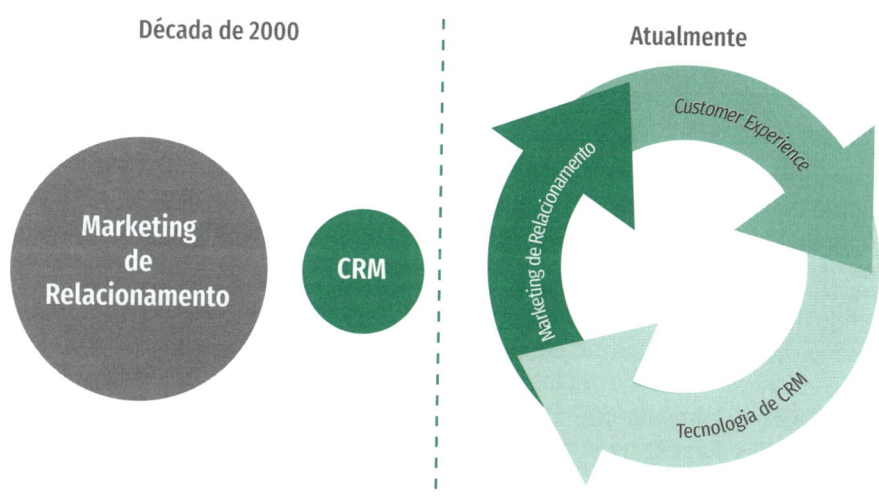

Década de 2000 — Marketing de Relacionamento | CRM

Atualmente — Customer Experience / Marketing de Relacionamento / Tecnologia de CRM

Fonte: Desenvolvida pelo autor.

Alguns executivos, na atualidade, estão creditando à tecnologia a capacidade de modificar a forma da empresa de fazer negócios, como se a própria tecnologia fosse um fim, e não um meio. O emprego de tecnologia não se deve sobrepor às necessidades da área de negócios!

Na minha visão, as pessoas (em primeiro lugar), os processos, a tecnologia, os produtos e os serviços são todos elementos vitais para a obtenção de relacionamentos superiores com os Clientes, a fim de gerar valor para eles e obter benefícios para todos.

As empresas que estão prospectando a compra de um CRM ou o seu *upgrade*, frequentemente, julgam que o sistema é limitado ao processo de atendimento. Isso é um grande erro. Esse fato deve-se à origem do CRM, que, inicialmente, era vocacionado para automatizar o atendimento a Clientes e não para integrar toda a organização com a Jornada do Cliente.

Na atualidade, as aplicações do CRM cresceram.

O CRM é uma solução tecnológica ampla que pode ser direcionada a todos os canais de relacionamento, como venda presencial, *web*, *chatbot*, *e-mail*, telefone e redes sociais.

O CRM é aplicado, portanto, em qualquer canal de contato, seja presencial ou remoto. Além disso, possui módulos de inteligência de informação, como é o caso do *Analytics*, favorecendo não apenas a operação como também as áreas centrais da empresa.

A ferramenta analítica permite que os Clientes sejam segmentados, fazendo com que as campanhas sejam mais focadas em suas necessidades. Permite também a análise, em tempo real, do desempenho da venda e do atendimento de produtos, serviços e canais.

A história do CRM, da origem ao CXM

Embora o significado de CRM tenha se estendido nos últimos anos, é importante que os profissionais de Gestão do Relacionamento e *Customer Experience* conheçam a origem dessa tecnologia.

Costumo atribuir duas **origens para o CRM**. A primeira diz respeito à evolução das ferramentas tecnológicas para auxiliar os departamentos de marketing e de atendimento na interface com o mercado consumidor, mediante a integração das diversas funções da organização.

A segunda ascendência decorre da evolução da tecnologia de gestão empresarial, que se desenvolveu para integrar as áreas internas da empresa com finalidade diferente: controlar estoques, custos e rentabilidade. São os sistemas de *Enterprise Resource Planning* (ERP), igualmente difundidos entre empresários do mundo inteiro. Veja na Figura 9.2 os dois diferentes motivadores que levaram ao desenvolvimento do CRM.

Figura 9.2   As duas origens do CRM.

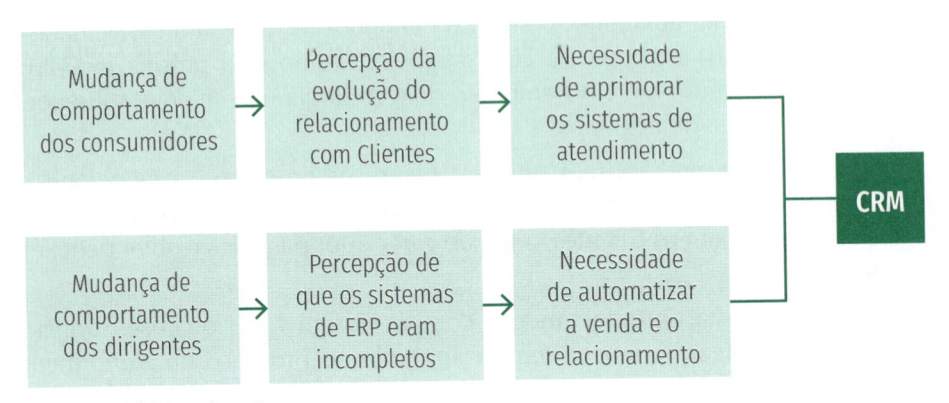

```
Mudança de              Percepção da            Necessidade
comportamento    →      evolução do       →     de aprimorar
dos consumidores        relacionamento          os sistemas de
                        com Clientes            atendimento
                                                                        ┐
                                                                        ├──  CRM
                                                                        ┘
Mudança de              Percepção de            Necessidade
comportamento    →      que os sistemas   →     de automatizar
dos dirigentes          de ERP eram             a venda e o
                        incompletos             relacionamento
```

Fonte: Desenvolvida pelo autor.

Do ponto de vista da tecnologia voltada para marketing, vendas e atendimento, o CRM pode ser compreendido como o aprimoramento de diversas outras ferramentas que evoluíram nas últimas décadas.

O sucesso da disseminação do CRM está associado à origem da empresa Siebel, fundada em 1993 por Thomas Siebel. Inicialmente como homem de vendas da Oracle, Thomas se destacou ganhando prêmios por metas superadas de vendas.

Com o passar do tempo, percebeu que as empresas que atendia necessitavam automatizar sua força de vendas e conhecer mais os Clientes rentáveis e os produtos e serviços que consumiam. Inconformado com as soluções da época, ele abriu a sua própria empresa, fundando a Siebel Systems, em San Mateo, Califórnia.

Thomas Siebel, com o passar do tempo, foi considerado um dos melhores diretores do mundo pela *Industryweek* e é autor de publicações de CRM e *eBusiness*, entre as quais *Virtual selling, Cyber rules* e *Taking care of eBusiness*.

Embora as primeiras iniciativas de profissionalizar o relacionamento com Clientes no Brasil datem do final da década de 1980, o CRM, em seu conceito mais amplo, foi introduzido por aqui em 1995. Empresas revendedoras de soluções de CRM encontraram um mercado potencial e executivos ávidos pela incorporação de novas tecnologias.

Assim, o Brasil rapidamente passou a ser um dos maiores mercados do mundo para investimento em tecnologia. Com o passar do tempo, o pacote de aplicativos de CRM – orientado para a integração de diversos departamentos com vista às estratégias relacionais – ganhou novas funções, integrando-se às redes sociais e ao Marketing Digital, ampliando o número de canais de relacionamento com os Clientes.

Na abordagem da evolução dos sistemas de gestão empresarial, os ERP foram criados, inicialmente, para a gestão interna das organizações, privilegiando as questões de custos e receitas. No final dos anos 1980 e início dos anos 1990, as empresas estavam mergulhadas em suas estruturas de custos para equacionar problemas da margem de lucro. Uma forma de reduzir os custos de produção foi a implementação de tecnologias, como o ERP.

O CRM possui algumas semelhanças com o ERP, porém os dois são bem diferentes. Enquanto o ERP integra a retaguarda da empresa (*back office*), o CRM integra a linha de frente (*front office*). O ERP pode ser implantado sem o CRM, porém, o CRM frequentemente precisa acessar dados da retaguarda que são disponibilizados pelo ERP ou por outros sistemas que fazem esse papel.

Outro argumento é de que o ERP, voltado para o âmbito interno das organizações, não satisfaz à necessidade de um "olhar para fora", como a proposta do CRM.

Mesmo sendo de difícil implementação, os sistemas de ERP provaram ser bons recursos para reduzir os custos das companhias que estavam vivendo situações de hipercompetição. Assim, o ERP proliferou nas empresas norte-americanas e, quase simultaneamente, por todo o mundo.

Contudo, como os recursos desse sistema foram progressivamente explorados, perceberam-se lacunas em seu funcionamento como, por exemplo, o atendimento às necessidades dos consumidores. Novas tecnologias seriam necessárias para suprir essa emergente demanda.

A respeito do tipo de tecnologia que originou o CRM, fica evidenciado o fato de que sua procedência está nas empresas de alta tecnologia e de que a sigla CRM vem sendo usada para designar também aspectos não tecnológicos.

A seguir, abordarei o passo a passo desde o planejamento até a implementação do CRM. Essa é uma boa forma de dividir com o leitor os "bastidores" de um projeto tão estruturante para as organizações.

CAPÍTULO 9

Governança para implementação do CRM e *Customer Experience*

Há muitos anos estamos realizando projetos para a implementação de CRM e, por isso, chegamos à conclusão sobre as etapas necessárias, respectivas metodologias e entregas que devem ser feitas para que o projeto tenha êxito. Um dos segredos está em pensar e planejar razoavelmente antes de começar o projeto.

É imprescindível – antes mesmo do início do projeto – o estabelecimento da governança e da organização das pessoas que atuarão, definindo suas funções e processos de trabalho. Tenho utilizado esse recurso também para reduzir custos, tempo de aprovação e atritos durante os projetos.

A implementação de CRM é algo que mobilizará muitos recursos e tempo da organização, por isso, será importante instituir uma forma de governança para a iniciativa. Para êxito no projeto, é necessário que a governança seja formada pelo trabalho harmônico e produtivo de três partes, conforme mostra a Figura 9.3.

Figura 9.3 A governança do projeto de CRM formada pelo trabalho colaborativo e produtivo entre o *Steering Committee*, a consultoria contratada e a equipe de implementação do Cliente.

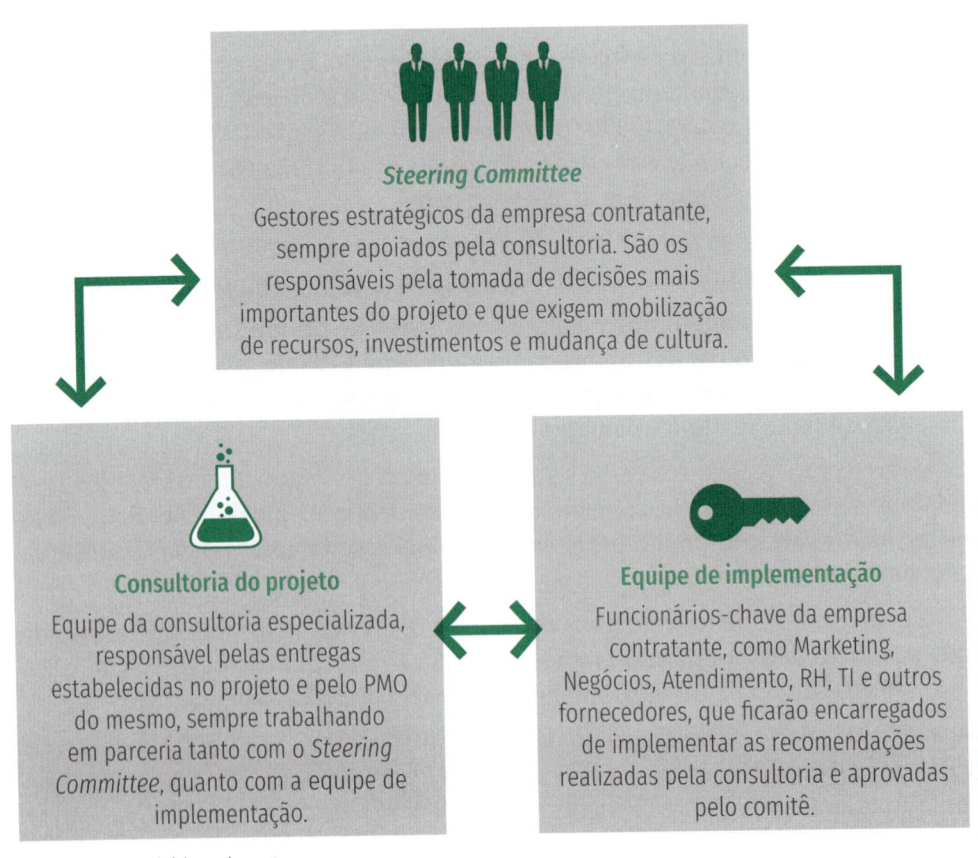

Steering Committee
Gestores estratégicos da empresa contratante, sempre apoiados pela consultoria. São os responsáveis pela tomada de decisões mais importantes do projeto e que exigem mobilização de recursos, investimentos e mudança de cultura.

Consultoria do projeto
Equipe da consultoria especializada, responsável pelas entregas estabelecidas no projeto e pelo PMO do mesmo, sempre trabalhando em parceria tanto com o *Steering Committee*, quanto com a equipe de implementação.

Equipe de implementação
Funcionários-chave da empresa contratante, como Marketing, Negócios, Atendimento, RH, TI e outros fornecedores, que ficarão encarregados de implementar as recomendações realizadas pela consultoria e aprovadas pelo comitê.

Fonte: Desenvolvida pelo autor.

- » O *Steering Committee* formando por diretores e gerentes de primeira linha com poder de decisão será responsável por decidir as situações mais impactantes do projeto e que exijam mobilização de recursos, investimentos e mudanças na cultura organizacional. O *Steering Committee* deverá se reunir com as demais partes ao menos uma vez ao mês numa reunião máxima de três horas de duração.
- » A **Equipe de implementação** é formada por funcionários da empresa contratante que tenham autonomia para fazer acontecer as especificações e recomendações feitas ao longo do projeto pela consultoria. Essa equipe deve aliar-se à consultoria, formando com a contratada um time para trabalhar lado a lado, pois o projeto é complexo, técnico e implica vários riscos.
- » A **Consultoria do projeto** é composta por consultores com diferentes *expertises*, como elaboração de estratégias de relacionamento, *Customer Experience, Gestão do Conhecimento, Customer Jouney Mapping, change management*, mapeamento de processos, mapeamento de requisitos funcionais e tecnologia. A seguir, apresento as 5 etapas da implementação do CRM.

O método das 5 etapas para implementação de CRM com foco em CX

Para que a implementação do CRM com foco no *Customer Experience* seja bem-sucedida, logo em seguida ao estabelecimento da governança (demonstrada no tópico anterior), o projeto deverá ser iniciado com desmembramento em etapas, antes da aquisição de tecnologia. Empresas que no passado optaram por adquirir prematuramente tecnologia de CRM e CX pagaram um preço muito alto pela precipitação, sendo que algumas companhias tiveram que literalmente recomeçar do zero o projeto. É por isso que recomendo o **Método das 5 etapas da implementação de CRM com foco em CX**.

As etapas que utilizo em projetos dessa natureza, independentemente do porte da organização, são cinco:

1. Planejamento do projeto, diagnóstico e estabelecimento da visão única sobre o relacionamento com Clientes e CX.
2. Criação das diretrizes norteadoras e descrição dos requisitos funcionais.
3. Criação das novas regras de negócios e otimização dos processos de relacionamento.
4. Apoio na aquisição de tecnologia e definição de recursos.
5. Controle da implementação, *quality assurance* e capacitação do Cliente.

A Figura 9.4 apresenta o sequenciamento das 5 etapas.

Figura 9.4   As 5 etapas para implementação de CRM com foco em CX.

1. Diagnóstico e criação da visão única sobre CRM e *CX*

2. Criação das diretrizes norteadoras e descrição dos requisitos

3. Criação das regras de negócios e dos processos

4. Definição de recursos e apoio na aquisição de tecnologia

5. Controle da implementação, *quality assurance* e capacitiação

Fonte: Desenvolvida pelo autor.

A seguir, vou apresentar em detalhes cada uma das etapas de implementação.

1ª etapa: Planejamento do projeto, diagnóstico e estabelecimento da visão única sobre o relacionamento com Clientes e CX

A primeira etapa do projeto tem como objetivo planejá-lo, realizar o diagnóstico da situação atual e desejada e proporcionar uma visão única perante os líderes da companhia sobre temas que geralmente apresentam entendimentos diferentes, como *Customer Oriented Organization*, Gestão do Relacionamento, *Customer Experience* e CRM.

O diagnóstico começa por identificar profundamente os problemas e gargalos que impedem a empresa de obter excelência nesses temas, levantar necessidades dos gestores e da operação, quantificar recursos necessários e entender os benefícios esperados com o projeto. São traçados assim os *gaps* do projeto, isto é, a diferença entre a situação atual e a situação desejada, para que sejam escolhidas as estratégias para chegar lá, conforme a Figura 9.5.

Figura 9.5 *Gaps* originados da situação atual × desejada que precisarão de estratégias para serem vencidos.

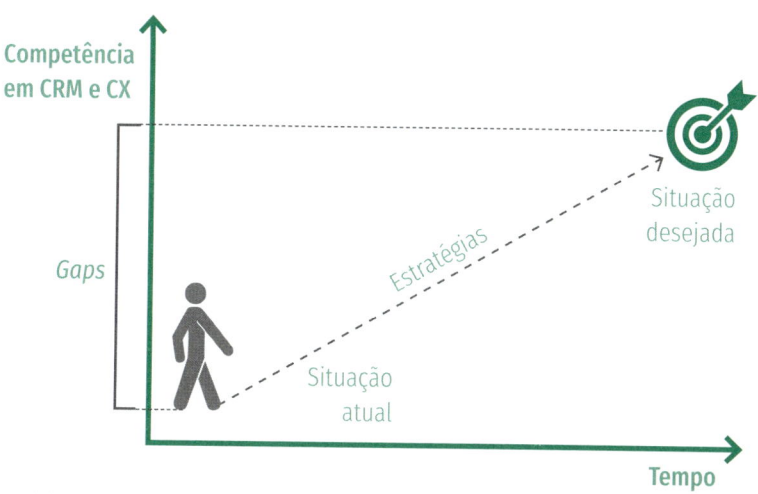

[Figura: gráfico mostrando Competência em CRM e CX (eixo vertical) × Tempo (eixo horizontal), com Situação atual na base, Situação desejada no alto, Gaps e Estratégias indicados.]

Fonte: Desenvolvida pelo autor.

No diagnóstico serão também elaboradas as macrorrecomendações necessárias para levar a empresa a decidir corretamente o escopo do CRM e as mudanças que serão necessárias. No Quadro 9.1, apresento o que é realizado nessa etapa e as respectivas entregas.

Quadro 9.1 Entregas da primeira etapa da implementação de CRM com foco em *Customer Experience*.

O que é realizado e entregas
Quanto ao planejamento do projeto: • Elaboração do plano geral do projeto – *Project Charter*. • Revisão de expectativas, objetivos, escopo do projeto, riscos e fatores críticos de sucesso. • Definição das responsabilidades das equipes do projeto, das áreas envolvidas, dos usuários-chave (*key users*) e elaboração da matriz de responsabilidades. • Identificação da base documental de subsídio ao projeto. • Planejamento e condução do *Kick-off* do projeto. **Levantamento da situação atual e desejada:** • Identificação do público-alvo interno para o projeto de CRM e CX e suas necessidades. • Reuniões e entrevistas para avaliação da situação atual e desejada.

continua...

CAPÍTULO 9

O que é realizado e entregas
- Levantamento de indicadores de relacionamento com Clientes, ofensores e riscos do projeto.
- Entendimento dos objetivos e estratégias atuais de relacionamento com Clientes e alinhamento de expectativas com o projeto.
- Definição do cenário futuro da Gestão do Relacionamento e CX, englobando os canais de relacionamento presenciais e remotos.
- Dimensionamento de pessoas e sugestão de organograma da área de Gestão do Relacionamento.
- Proposição de uma visão única sobre Gestão do Relacionamento com Clientes, por meio da sugestão de um modelo conceitual de relacionamento apresentado em forma de *workshop*.

Fonte: Desenvolvida pelo autor.

A entrega final da etapa **Planejamento do projeto, diagnóstico e criação de visão única sobre o Relacionamento com Clientes** será um relatório trazendo a análise das informações levantadas mais um conjunto de recomendações em forma de um *workshop* interativo com o *Steering Committee* e com a equipe de implementação, a fim de apresentar os resultados do diagnóstico, discutir e sensibilizar as pessoas envolvidas com o projeto.

Uma vez aprovada essa etapa, parte-se para a próxima.

2ª etapa: Criação das diretrizes norteadoras e descrição dos requisitos funcionais

A partir da aprovação das recomendações na etapa anterior, a consultoria cuidará, em primeiro lugar, da elaboração de diretrizes norteadoras de relacionamento com Clientes que deliberarão a forma como todos os colaboradores, processos e sistemas da organização deverão agir perante o seu público externo.

Defino **diretriz de relacionamento** como uma espécie de "mantra" com tudo aquilo que deve ser feito e o que não deve feito quanto ao relacionamento com Clientes e CX. Esse tipo de direcionamento é construído pela consultoria, validado pela diretoria e passa a nortear todas as ações do projeto e também a cultura organizacional.

Nessa etapa haverá também a elaboração dos requisitos funcionais necessários para implementação do CRM. Lembrando que os requisitos funcionais são aqueles ligados ao processo de negócios. A Figura 9.6 apresenta, dentro do pontilhado, os entregáveis dessa fase.

Figura 9.6 Elaboração de diretrizes norteadoras de relacionamento e descrição dos requisitos e funcionalidades do CRM são a segunda fase do projeto de implementação de CRM e CX.

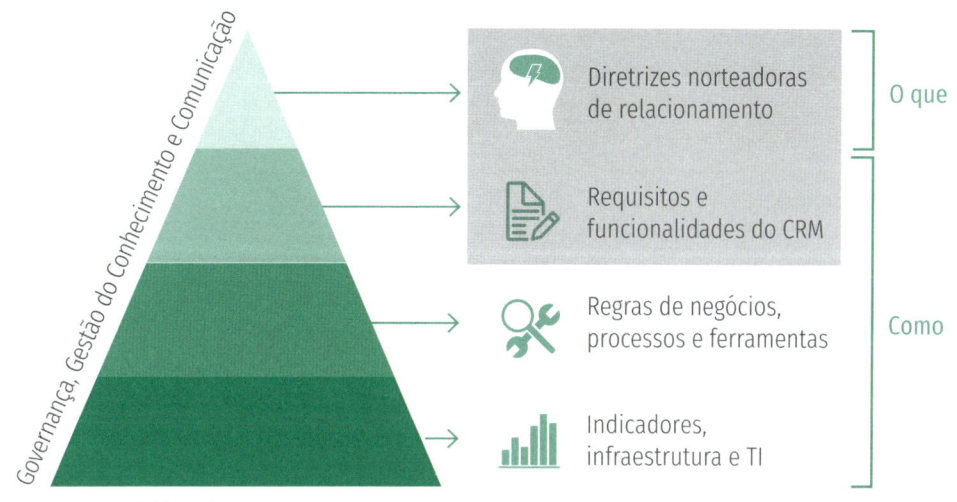

Pirâmide (de cima para baixo):
- Diretrizes norteadoras de relacionamento — O que
- Requisitos e funcionalidades do CRM — O que
- Regras de negócios, processos e ferramentas — Como
- Indicadores, infraestrutura e TI — Como

Lateral: Governança, Gestão do Conhecimento e Comunicação

Fonte: Desenvolvida pelo autor.

A identificação e a descrição dos requisitos funcionais têm como objetivo mapear as necessidades de negócios requeridas para a implementação do CRM, alinhando-as à proposição de um modelo de Gestão do Relacionamento com Clientes.

Nessa fase do projeto ocorre também a especificação de funcionalidades e dos componentes para o CRM. Além das funcionalidades, alguns componentes mínimos precisam também ser especificados para que o projeto de CRM alcance êxito, como estrutura organizacional e o macroprocesso de relacionamento. Na sequência, apresento no Quadro 9.2 o que é realizado e as respectivas entregas nessa fase.

Quadro 9.2 Entregas da segunda etapa da implementação de CRM com foco em *Customer Experience*.

O que é realizado e entregas
• Criação das diretrizes norteadoras direcionadoras de Gestão do Relacionamento com Clientes e CX.
• Realização de *workshop* interno para apresentação e validação das diretrizes norteadoras. A Diretoria deverá adotar e divulgar as diretrizes tão logo sejam aprovadas.
• Especificação dos requisitos de negócios (funcionais) para tratamento das seguintes ocorrências demandadas pelo público-alvo externo da organização: solicitação de informações, reclamações e aquisição de produtos ou serviços. Estão incluídas as áreas de *front office* e *back office* de atendimento.

continua...

> **O que é realizado e entregas**
>
> - Elaboração da arquitetura em alto nível para que a organização tenha condições de fazer o correto mapeamento das necessidades de integração entre o CRM e os demais sistemas internos.
> - Uma tabela contendo a priorização das funcionalidades do CRM que devem ser implantadas com a finalidade de apoiar a organização na escolha delas de acordo com requisitos funcionais levantados.

Fonte: Desenvolvido pelo autor.

As entregas descritas serão realizadas ao longo da **segunda etapa**, podendo ocorrer um ou mais *workshops* presenciais interativos mediados por consultores experientes com a finalidade de apresentar tais entregas, sensibilizar os gestores estratégicos, integrar opiniões, comunicar as mudanças necessárias e pavimentar a próxima etapa do projeto, que será a elaboração de regras de negócios e mapeamento de processos. Nessa etapa, serão necessárias reuniões com a área de TI do contratante para receberem os requisitos funcionais (de negócios) e darem início à produção dos requisitos de TI.

3ª etapa: Criação das novas regras de negócios e otimização dos processos de relacionamento

Após a elaboração da etapa anterior e aprovação com o comitê será necessário, em seguida, realizar o mapeamento dos macroprocessos de Gestão do Relacionamento com Clientes, prevendo-se otimizações e inovações para que a organização cumpra as políticas direcionadoras traçadas; porém, antes disso, devem ser elaboradas as regras de negócios que vão influenciar os processos.

Esta etapa é dedicada ao mapeamento tanto dos processos que dizem respeito ao relacionamento *inbound* quanto ao relacionamento proativo com o Cliente, bem como às respectivas regras de negócios. Deverão ser priorizados os canais de contato que vão receber o CRM.

Já as regras e réguas de atendimento são importantes instrumentos para tangibilizar as diretrizes de forma que haja a melhor Jornada do Cliente possível durante e após o atendimento. Já o mapeamento dos processos possui o objetivo de instrumentalização da operação, criação de FAQs e também disponibilização de atendimento automático para o Cliente no portal, *chatbot* ou URA, sempre visando a autonomia e a resolutividade dos canais de contato.

Mapear quem é indispensável ao projeto, definir o escopo e levantar os macroprocessos de negócios são ações típicas dessa fase. Por exemplo, na área comercial pode-se descobrir se um vendedor atua em um certo território, que critérios formam um território de vendas e que tipos de alertas podem ser disparados caso uma visita a um Cliente importante não seja cumprida.

A seguir, apresento no Quadro 9.3 o que é realizado nesta etapa e as respectivas entregas planejadas.

Quadro 9.3 Entregas da terceira etapa da implementação de CRM com foco em *Customer Experience*.

O que é realizado e entregas
• Proposição de regras de negócios que subsidiem as réguas de relacionamento e redesenho dos processos.
• Sugestão de réguas de relacionamento, prevendo-se, ao longo de um ano, em que momentos e por que tipo de comunicação o público preferencial será contatado pela área de relacionamento.
• Os Clientes e *prospects*, por meio de vários canais receptivos, podem entrar em contato com a organização solicitando algo, assim como esta pode, proativamente, contatá-los a todo momento também de várias formas.
• A equipe do projeto deverá mapear esses processos, apontando *gaps* e inovações de tal maneira que essa fonte de conhecimento seja incorporada na nova forma de funcionamento da área.
• Por meio de metodologia participativa, deverá ser elaborado um conjunto de fluxogramas em nível macro AS-IS (situação atual) *versus* TO-BE (situação sugerida).
• Em forma de reuniões ou *workshops* a equipe do projeto deverá validar com a organização tais fluxogramas, criando em seguida um *book* com a finalidade de dotar a área de memória, padronização e excelência.
• Adicionalmente, serão revisados ou criados indicadores de desempenho para tais processos de forma que a organização possa criar mecanismos de controle sobre a Gestão do Relacionamento com Clientes.

Fonte: Desenvolvido pelo autor.

Deverá ser ministrado pelo recurso responsável pelo mapeamento de processos um treinamento presencial específico para capacitar os multiplicadores da organização nas mudanças dos processos. Durante a capacitação serão discutidas recomendações de como os treinandos poderão implementar aquilo que foi especificado.

A seguir, apresento a quarta etapa.

4ª etapa: Apoio na aquisição da tecnologia e definição de recursos

Esta etapa ocorre quando a organização finalizou as especificações realizadas nas etapas anteriores necessárias. Já há condições suficientes para convidar empresas fornecedoras de licenças de CRM e de integração de sistemas para apresentarem propostas e demonstração da solução.

A consultoria do projeto, nesta etapa, atua como recurso estratégico para ajudar a organização na escolha, evitando desperdício de tempo e de verbas.

A elaboração da RFP e do processo de escolha da solução de CRM é composta dos seguintes itens: infraestrutura necessária, tecnologia necessária, dimensionamento de canais de contato, indicadores de desempenho planejados, penalidades previstas ou bônus de acordo com o atingimento da meta, forma de remuneração proposta, módulos e integrações necessárias.

Os indicadores e a infraestrutura devem proporcionar que as novas metas sejam cumpridas e que haja medição em tempo real de KPIs e SLAs para rápida tomada de decisão pelos gestores.

Na sequência, apresento no Quadro 9.4 o que deverá ser realizado nessa etapa e as respectivas entregas.

Quadro 9.4 Entregas da quarta etapa da implementação de CRM com foco em *Customer Experience*.

O que é realizado e entregas
• Caso a organização já tenha optado por uma solução tecnológica de CRM existente no mercado, essa etapa do projeto será destinada a apoiar esta empresa na busca de fornecedores que farão a customização do CRM e a integração com os sistemas legados. • Caso a organização não tenha optado ainda, além do tipo de empresas mencionado, será necessário identificar no mercado as empresas com soluções e licenças de CRM mais adequadas aos requisitos especificados para o projeto. • Nos dois casos haverá a necessidade dos seguintes serviços: (a) Elaboração de *Request for Proposal* (RFP) ou termo de referência para que os fornecedores de tecnologia de CRM possam criar suas propostas dentro de um determinado padrão; (b) Dimensionamento do número de pessoas que irão ser beneficiadas com o CRM, licenças e acessos ao CRM; (c) Identificação no mercado dos fornecedores mais adequados à realidade do Cliente contratante e elaboração de convite para eles apresentarem suas propostas; (d) Alinhamento das propostas técnicas recebidas, facilitando o processo de escolha pelo Cliente contratante; (e) Montagem de matriz de decisão para facilitar a escolha do Cliente; (f) Revisão do plano de trabalho (*roadmap*) para a implementação do CRM. • Como esse é um processo de escolha técnica do fornecedor de TI, somente a proposta técnica é avaliada pela equipe do projeto. Por isso, a proposta comercial com preços e condições deverá ser analisada pela área de aquisições do Cliente contratante.

Fonte: Desenvolvido pelo autor.

De posse da especificação feita nesta fase do projeto, a área de compras do Cliente contratante estará em ótimas condições para enviar ao mercado a RFP e, assim, escolher seus fornecedores tecnológicos tanto para o sistema de CRM quanto para as integrações necessárias com os sistemas legados. Dessa forma, o projeto deverá seguir adiante para a quinta e última etapa.

5ª etapa: Controle da implementação, *quality assurance* e capacitação do Cliente

Nesta etapa, o *roadmap* de implementação do software selecionado é redesenhado e o treinamento das equipes é priorizado em termos de competências necessárias para o sucesso do projeto.

Ainda nesta etapa a equipe do projeto deverá identificar *gaps* entre o que foi solicitado pela organização e o que está sendo implementado pelo fornecedor de tecnologia e de integração. Haverá também apoio para os testes das funcionalidades implantadas no CRM.

O serviço de *quality assurance* em CRM, também designado de Gestão da Qualidade da Implementação, é uma modalidade de consultoria que visa assegurar que as atividades das empresas de TI contratadas para implantação e integração do CRM satisfaçam os requisitos do Cliente contratante e que tais tarefas sejam realizadas dentro do escopo e prazos planejados. Essa etapa também conta com a capacitação da organização contratante, como já visto.

No Quadro 9.5 apresento o que é ser realizado e entregue pela equipe do projeto nesta etapa.

Quadro 9.5 Entregas da quinta etapa da implementação de CRM com foco em *Customer Experience*.

O que é realizado e entregas
• Acompanhamento das etapas de implantação da ferramenta tecnológica de CRM, incluindo acompanhamento de testes e homologação.
• Disparo de alarmes para o Cliente contratante em caso de previsão de atrasos no projeto. Reporte de progressos, falhas ou gargalos encontrados.
• Participação em reuniões com o Cliente e com fornecedores, atuando como aconselhador.
• Avaliação da quantidade de recursos de TI alocados pelos fornecedores *versus* a previsão de entrega.
• Sugestão de revisão de datas de implantação para as ações de alta prioridade.
• Verificação se os requisitos e processos definidos pela organização estão sendo levados em consideração pelo fornecedor de TI.
• Acompanhamento dos acordos de nível de serviço entre o Cliente contratante e as empresas de tecnologia por ele trazidas para implantar o CRM.
• Participação como observador dos testes e geração de alertas em caso de não conformidade e, da mesma forma, acompanhamento do desempenho da solução.
• Solicitar esclarecimentos ao integrador em casos de falha no sistema de CRM.
• Treinamento presencial dos colaboradores do Cliente contratante nos temas excelência no atendimento, negociação, vendas e Foco no Cliente.

Fonte: Desenvolvido pelo autor.

Apresentei neste capítulo as cinco etapas para implementação do CRM e elevação do *Customer Experience*.

Em relação à primeira etapa apresentada, no próximo tópico darei ênfase à criação da visão única sobre o Relacionamento com Clientes e CX. Percebi que uma das formas de propiciar que a governança do CRM seja exitosa é a realização de um *workshop* de *Customer Journey Mapping* com a finalidade de realizar pactos e obter uma unificada visão sobre CRM e CX, por meio do modelo que chamo de DDI.

Modelo DDI: realizando pactos e unificando a visão sobre CRM e CX

Um dos maiores riscos de qualquer projeto de implementação de CRM ocorre já na sua fase inicial, isto é, na etapa de **planejamento do projeto, diagnóstico e criação de visão única sobre o Relacionamento com Clientes** e *Customer Experience*, porque geralmente, dentro da empresa, há várias versões sobre esse tema. Frequentemente, percebemos que há conflitos entre as áreas que desejam coisas diferentes e disputam poder sobre essa matéria tão nobre.

É comum que cada departamento tenha uma expectativa diferente com o projeto e que cada pessoa tenha uma ideia particular sobre os avanços que a empresa precisa fazer rumo à excelência na Gestão do Relacionamento com Clientes.

Desenvolvi uma forma para nivelar na organização a visão de CRM e de *Customer Experience*, a qual chamo de **Metodologia de DDI** (Discutir, Descartar e Integrar).

Utilizo o DDI em *workshops* e consultorias nas empresas que querem conquistar e fidelizar seus mercados, por meio da visão integrada de todos os envolvidos.

A criação dessa visão geralmente é um ponto crucial nessas empresas, demandando uma análise completa dos processos de negócios e uma nova atitude entre os principais executivos.

Diversas são as competências organizacionais necessárias à implementação de CRM e operacionalização de estratégias de Relacionamento com Clientes, indicando uma determinada complexidade de adaptação por parte das empresas. Contudo, pactuar uma visão única de CRM e *Customer Experience* pode conduzir a empresa a obter diferenciais competitivos rapidamente.

Dessa forma, adoto um modelo que é a combinação de duas especialidades: diagnóstico das condições internas antes de implementar CRM e **workshops de *Customer Jouney Mapping*** com a Diretoria e Gerência para auxiliá-los a discutir as melhores práticas de *Customer Experience* e CRM.

Apelidei o modelo de **DDI** pois é fácil de memorizar. Veja os detalhes desse modelo na Figura 9.7.

Figura 9.7 Modelo DDI para auxiliar empresas a adquirirem uma nova visão sobre CRM e *Customer Experience*.

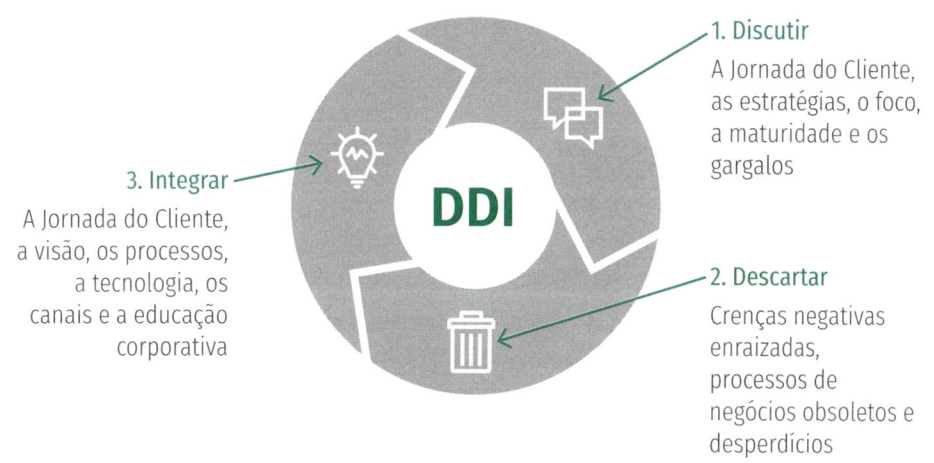

1. Discutir
A Jornada do Cliente, as estratégias, o foco, a maturidade e os gargalos

3. Integrar
A Jornada do Cliente, a visão, os processos, a tecnologia, os canais e a educação corporativa

2. Descartar
Crenças negativas enraizadas, processos de negócios obsoletos e desperdícios

Fonte: Desenvolvida pelo autor.

Vamos agora ao conteúdo do DDI.

Discutir

» Mapear a Jornada do Cliente e discuti-la, visando incrementá-la.
» O planejamento estratégico para ser tornar uma empresa orientada ao CX.
» A estrutura organizacional da área de Relacionamento com Clientes.
» As estratégias e as regras de negócios para estarem alinhados.
» O foco da organização e a relação com Clientes e fornecedores.
» Qual é o nível de maturidade que a empresa deseja chegar com o projeto.
» Os problemas e gargalos atuais para que a empresa possa adotar uma nova visão.

Descartar

» Crenças enraizadas que colocam o Cliente como o "mal necessário".
» Atitudes gerenciais que levam o subordinado à dependência e falta de autonomia.
» A ideia de que uma boa propaganda resolve todos os problemas de relacionamento e satisfação dos Clientes.
» A crença de que *Customer Experience* é sinônimo somente de criatividade e inimigo de controles internos e externos que beneficiam os consumidores.
» Descartar processos, procedimentos e regras internas obsoletos que somente oneram a empresa e trazem experiências negativas para o público.
» Descartar atitudes que levam à construção de feudos entre as áreas.

CAPÍTULO 9

Integrar

- » Os canais de contato, transformando a empresa em *Omnichannel*.
- » A visão da Diretoria em relação à visão das demais áreas quanto ao futuro da Gestão do Relacionamento com Clientes.
- » Os processos e interface que influenciam de alguma maneira os consumidores.
- » A educação corporativa para criar diferenciais competitivos que possam ser percebidos pelo público externo.
- » A capacitação das pessoas com a nova visão para que ajam favoravelmente às mudanças.

Em relação à quarta etapa, **apoio na aquisição da tecnologia e definição de recursos**, será importante a equipe de implementação e a área de compras dominarem o processo de contratação de uma solução tecnológica de CRM. Este tópico vale para as demais tecnologias ligadas à Gestão do Relacionamento. É o que apresentarei em detalhes a seguir.

Os segredos para contratar uma solução tecnológica

Neste capítulo, vimos que será importante integrar diversas tecnologias ao CRM. Vimos também que uma boa metodologia pode trazer diversos benefícios, como redução de tempo e esforço da empresa, além de identificar a melhor solução para determinado tipo de negócio e ramo de atividade.

Como a implementação do CRM e demais sistemas de relacionamento com Clientes é complexa, independentemente do porte da empresa, recomendo uma ação estruturada, envolvendo tarefas como: confecção e envio de documentos entre as partes do projeto, reuniões com diversas áreas, levantamento de necessidades de negócios etc. São necessárias cinco providências sequenciais bem organizadas pelo responsável da área de aquisição e compras, conforme a Figura 9.8.

Figura 9.8 Cinco providências sequenciais e organizadas para a aquisição de tecnologia de CRM e de CX.

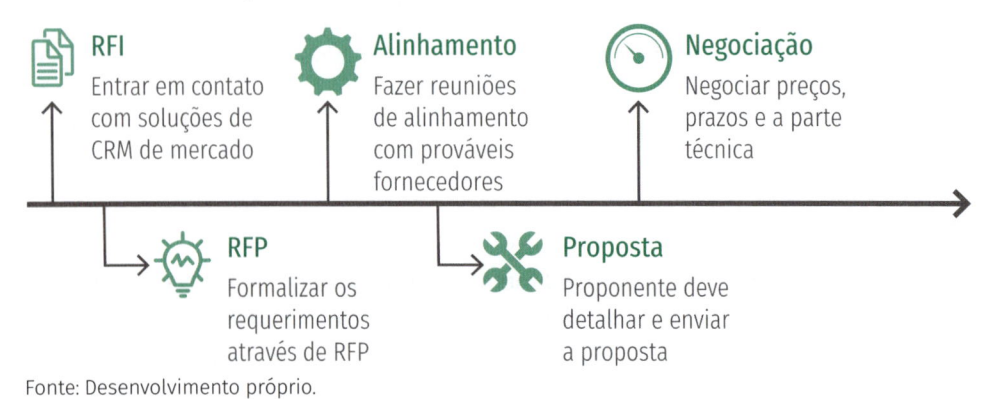

RFI — Entrar em contato com soluções de CRM de mercado

Alinhamento — Fazer reuniões de alinhamento com prováveis fornecedores

Negociação — Negociar preços, prazos e a parte técnica

RFP — Formalizar os requerimentos através de RFP

Proposta — Proponente deve detalhar e enviar a proposta

Fonte: Desenvolvimento próprio.

Independentemente do tamanho do projeto, a contratação de uma solução CRM e CX deve ser cuidadosa e apoiada por especialistas com forte conhecimento do mercado. Vou definir melhor as cinco providências vistas na Figura 9.8.

RFI – *Request for Information*

Ocorre quando o adquirente do CRM percebe a necessidade de tecnologia para Relacionamento com Clientes e decide sondar o mercado, visitando e recebendo empresas fornecedoras para demonstração da solução. É comum o convite a palestrantes para falarem a respeito das novidades, sucesso e cuidados com o CRM e CX, de modo a auxiliar o processo de busca de fornecedores.

Para que esse procedimento seja seguro, recomendo que a empresa confeccione, com ajuda do pessoal especializado, uma *Request for Information* (RFI), que é a formalização do pedido de esclarecimentos para os prováveis parceiros.

RFP – *Request for Proposal*

A empresa contratante formaliza o seu convite para desenvolvedores de CRM ou revendedores, por meio da requisição de proposta que poderá ser completa, trazendo todos os requisitos das áreas de negócios, vendas, atendimento, marketing e serviços da empresa de forma estruturada. Ela precisa ser cuidadosamente elaborada de forma que os requerimentos e a situação desejada do Relacionamento com Clientes sejam considerados. É uma das etapas mais importantes, pois se a RFP for frágil haverá danos na implementação futura.

Alinhamento de proposta

A equipe de pré-vendas do revendedor analisa internamente a RFP, geralmente solicita uma reunião de alinhamento com o futuro Cliente a fim de verificar o nível de integração com seus sistemas, o tempo necessário para a realização do projeto e que módulos podem ser implementados. São levantados os requerimentos em nível macro do futuro Cliente. O alinhamento pode ser feito presencialmente, por telefone ou *e-mail*.

Proposta

Esta é a providência destinada aos prováveis fornecedores que precisarão detalhar e enviar a proposta para a empresa contratante.

A resposta à RFP é enviada diretamente dos fornecedores para a empresa adquirente de maneira formal e geralmente é validada pelo diretor comercial e técnico. A proposta é claramente dividida em comercial e técnica, que inclui a aderência ao pacote de necessidades, módulos que podem ser customizados, funcionalidades do sistema, cronograma macro do projeto, número de pessoas que serão necessárias, descrição do serviço de pós-implementação e metodologia usada.

A proposta técnica inclui também a especificação do fornecedor quanto aos aspectos mais detalhados da solução, como, por exemplo, tipo de base de dados, descrição do fornecedor, sua situação financeira, tipo de suporte durante a implementação e demais serviços necessários para implantação do sistema de CRM e CX.

A parte comercial da proposta compreende o valor de licenciamento ou do serviço, valor de customização e programação, valor de manutenção anual, valor para *upgrade* e custos com treinamento na ferramenta.

Negociação

A negociação de preços, prazos e parte técnica pode durar um pouco mais, dependendo do tamanho do projeto e das pessoas que participarão da decisão. Tradicionalmente, empresas contratantes que incluem muitos executivos na decisão acabam tendo prejuízo de prazo e delimitação do projeto.

A principal área usuária, juntamente com TI, devem ter a palavra final sobre a adequação do fornecedor às exigências de negócios.

Partindo-se do princípio que a empresa escolheu e contratou adequadamente a empresa fornecedora de CRM, chegou a hora de iniciar a implementação da tecnologia.

O passo a passo para implantar a tecnologia de CRM

Você já deve ter percebido que o CRM precisa de cuidados para que a empresa consiga tirar proveito dele. Gostaria de deixar bem claro que essas dicas que descrevo se aplicam a grandes, médios e pequenos projetos, que também necessitam de metodologia para implementação segura.

Os maiores benefícios de se trabalhar assim são a redução de tempo de implementação, a redução de custos com o projeto e o maior engajamento do usuário. A seguir, descrevo cada passo.

Apresentei as **5 etapas da implementação de CRM com foco em CX**. A quinta etapa desse método é aquela em que ocorre a configuração da tecnologia por parte da empresa especializada em programação de TI e da empresa fornecedora do *software* do CRM escolhido.

Por isso, o mercado recomenda que a consultoria especializada em CRM e *Customer Experience* que concebeu o projeto exerça o controle das etapas dele e faça alinhamentos constantes com a TI e com os desenvolvedores. Essa é uma forma de garantir que a implementação por TI das tecnologias necessárias estará de acordo com as especificações realizadas pela consultoria. Assim, todos ganham com isso.

Na Figura 9.9 apresento o passo a passo que a TI poderá seguir durante a implementação das soluções tecnológicas, trazendo maior segurança para o Cliente contratante.

Figura 9.9 O passo a passo do planejamento à implementação da solução tecnológica de CRM.

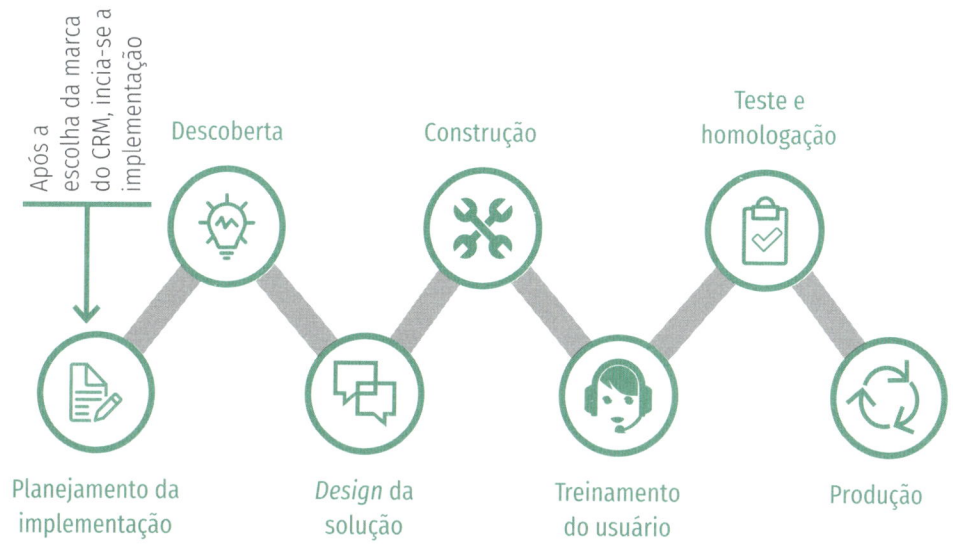

Após a escolha da marca do CRM, inicia-se a implementação

- Planejamento da implementação
- Descoberta
- *Design* da solução
- Construção
- Treinamento do usuário
- Teste e homologação
- Produção

Fonte: Desenvolvida pelo autor.

Planejamento da implementação

Quando a contratação da solução for concretizada, o planejamento para implementação precisa ocorrer imediatamente, fazendo com que o responsável pelo projeto cuide da previsão de aspectos básicos que não podem faltar, como é o caso dos recursos de infraestrutura. Isso envolve definir o ambiente de desenvolvimento do *software*.

Ainda na fase inicial de planejamento, para a capacitação dos funcionários da empresa que pretende implantar o CRM será necessário realizar *workshops* vivenciais sobre Gestão do Relacionamento com Clientes e *Customer Experience*. A finalidade é nivelar a empresa quanto aos benefícios, escopo e potencialidades do projeto.

Descoberta

Assim como um *designer* de joias precisa projetar fielmente o seu produto para que sua realização final fique dentro do que foi planejado, a etapa de *design* e análise da solução tecnológica de CRM trata de lapidar os requisitos.

Nessa etapa, ocorrem reuniões com o usuário final, definição de detalhes, definição de telas de trabalho, criação de processos e fluxos de informação (*workflow*), carga de dados no sistema, definição dos relatórios e dimensionamento de rede. É a fase de descoberta, em que objetivos, benefícios e estratégias que não estavam evidentes no início do projeto aparecem com mais vigor.

CAPÍTULO 9

Design da solução

Na fase de *design* e análise da solução, os processos desenhados anteriormente são revistos e a base de dados projetada. Por exemplo, durante a implementação em uma empresa de serviços, se faz necessário investigar os serviços que serão oferecidos aos Clientes a curto, médio e longo prazo, as chaves primárias de acesso ao banco de dados e a estrutura de tabelas de dados – modelagem – que serão necessárias para possibilitar tais serviços.

Construção

Em função do que foi aprovado com o usuário, a solução começa a ser customizada quanto às telas usadas por vendedores e atendentes, relatórios gerenciais, novos campos de qualificação do contato, rotinas de retaguarda operacional (*back office*), fraseologias para conversação (*scripts*) e programação de atividades.

A construção da solução requer que diversas tarefas sejam realizadas pela equipe do projeto, como: customização do *workflow* interno do CRM e designação automática, isto é, roteamento da informação certa para o colaborador certo. Por exemplo, quando uma chamada de assistência técnica ou de oportunidade de vendas entra na central, o atendente mais qualificado será "procurado" pelo CRM de modo a atender ao Cliente com o maior grau possível de habilidade. Na fase de configuração, é realizada a carga de dados no CRM, bem como a definição dos campos de dados necessários para o Relacionamento com Clientes.

Treinamento do usuário final

Chegou a hora do treinamento do usuário final, que precisará de maior carga horária, pois, até então, ele apenas participou dos testes iniciais do CRM e não tem uma ideia clara de como será o seu trabalho com o novo sistema.

O treinamento reflete tudo o que está aprovado e ocorre normalmente com dedicação total. O treinamento no sistema é uma tarefa técnica que demandará salas de aula preparadas e instrutores profundamente conhecedores do CRM.

Teste e homologação

Durante os processos de teste e homologação do que foi construído, a área de TI trabalha em três ambientes diferentes: desenvolvimento, homologação e produção. O ambiente de desenvolvimento é o local onde os programadores constroem os códigos dos programas e compartilham informações.

Tudo que foi desenvolvido e pré-aprovado nesse ambiente migra para o ambiente de homologação, onde a solução é testada. O ambiente de produção permite que a solução definitiva seja utilizada pelos usuários finais durante "o grande dia" ou "a hora da verdade", como é chamado pela área de TI.

O principal objetivo da fase de teste e homologação é validar com o usuário se as entregas estão de acordo com o projeto, isto é, se as especificações realizadas na fase inicial da proposta foram cumpridas. Os fornecedores de sistemas de CRM recomendam que a validação ocorra muito antes do final do projeto, pois pequenas aprovações ao longo dele podem economizar tempo e recursos.

Produção

A empresa contratante da solução de CRM começa a operar o CRM na etapa de produção. Rotinas de *backup* são realizadas para garantir a segurança dos dados, e rotinas de sobreaviso para contingências são criadas.

Nessa fase, há o desenvolvimento de usuários-chave para verificar se algo foi esquecido, se algum dado foi perdido e se os acessos aos usuários comuns estão liberados. Para conclusão do projeto, será necessário o acompanhamento da produção e do relatório final. Nesse procedimento, ocorrem ajustes da *performance* do sistema quanto ao tempo de resposta, verificação das tabelas de dados quanto à consistência e verificação da capacidade de acesso e de suportar a pressão das transações diárias.

As fases do projeto são documentadas de forma a registrar o ocorrido. Os pontos de melhoria e os cuidados necessários para o funcionamento correto do CRM são condensados com o usuário. Nessa fase, a equipe de suporte pós-implementação já está operando e seu trabalho é intenso, pois os usuários apresentam muitas dúvidas. O relatório final tem como objetivo a melhoria contínua da aplicação de CRM.

Como selecionar os melhores fornecedores de tecnologia de CRM

Muitos me perguntam: Qual o melhor fornecedor de solução tecnológica de CRM do mercado? Costumo responder que, na atualidade, as principais empresas fornecedoras alcançam excelência em suas soluções. A questão não é o fornecimento, mas sim a capacitação das empresas contratantes para lidar com um projeto tão complexo quanto o CRM.

Existem diversos fornecedores no mundo e todos eles com histórias de sucesso no Brasil. Sua adequação às necessidades de negócios da empresa adquirente de CRM influencia o tempo de implementação e a possibilidade de utilização de novas funcionalidades do sistema.

Os melhores não são aqueles mais caros ou mais baratos – aliás, o preço não deve ser o principal fator de decisão.

Uma escolha difícil: qual o melhor CRM para cada empresa?

Essa é uma das primeiras perguntas feitas por executivos que resolvem rever suas tecnologias de Gestão do Relacionamento com Clientes. Parece uma questão fácil de ser respondida, mas definitivamente não é.

Atualmente, existem diversos *softwares* de CRM, cada um com suas funcionalidades, ferramentas e especificidades. Na hora de incorporar um desses programas na empresa, alguns quesitos devem ser levados em conta, sendo o maior deles o custo-benefício. Com esse objetivo em vista, Brent Leary fez para a TechTarget uma análise das vantagens e desvantagens de algumas soluções de CRM no artigo *Determining the best CRM software for your organization*.

CAPÍTULO 9

Primeiramente, é necessário avaliar o porte da operação. Qual o tamanho da empresa? Quais seus objetivos com a adoção do CRM? Quanto se pode gastar nessa implementação? Todas essas questões devem gerar respostas que indiquem mais do que um *software* recomendável, mas sim qual relação será a mais proveitosa.

Essas perguntas devem gerar uma análise robusta das soluções tecnológicas que devem se adequar à empresa em vez de a empresa se adequar ao sistema. Adquirir ou substituir o CRM é, acima de tudo, estabelecer uma relação com seus desenvolvedores e fornecedores.

Para empresas de grande porte, o artigo recomenda uma escolha entre as plataformas da Microsoft, Oracle, Salesforce e SAP, além das funcionalidades esperadas, como automação de marketing, atendimento ao Cliente, redes sociais, integração em diferentes meios de comunicação e análise profunda de toda estrutura de trabalho. Essas soluções são robustas de líderes de mercado.

Cada sistema possui, atualmente, particularidades que devem ser analisadas.

Caso, porém, a organização seja de médio ou pequeno porte, o cenário muda totalmente. A principal preocupação nesse caso será ter um programa que atenda às expectativas, ao mesmo tempo que não estoure o orçamento. Para operações estritamente nesse porte, o autor recomenda o uso do Zoho's CRM.

Existe ainda um terceiro cenário, o dos programas voltados para casos e necessidades específicas. Por exemplo, o Adobe Marketing Cloud é um programa com integração com a Creative Clouds (Photoshop, Premiere, Illustrator, InDesign etc.).

Já o HubSpot's é a recomendação para quem busca uma automação de seu marketing virtual. Contando com ferramenta de análise demográfica e de comportamento, o programa oferece ainda integração com outras ferramentas como o Google AdWords.

Se o objetivo for angariar mais funcionalidades voltadas para venda, o SugarCRM é focado na criação de *Customer Experience* no processo de vendas e possui um bom custo-benefício para empresas de médio porte.

O Zendesk é uma opção para prestação de serviços ao fornecer suporte por meio de diversos canais, como *e-mail*, mídias sociais, aplicativo e *chat*, além de integração com o Facebook.

O Vtiger é uma solução de CRM disponível na versão *open source* ou na versão paga *on demand* criado para pequenas empresas. Na sua versão *open source* o seu custo de licença é zero, isto é, trata-se de uma plataforma verdadeiramente gratuita desenvolvida por grandes mestres da programação na Índia.

Independentemente do porte da solução tecnológica de CRM, os módulos de CRM a seguir são os mais comentados nas empresas.

- » Automação de ações de marketing.
- » Automação de força de vendas.
- » Calendário de eventos.
- » Controle de estoque.

- » Gestão de produtos.
- » Controle de segurança.
- » Controle de suporte técnico.
- » Gerenciamento de inventário.
- » Gestão de atividades e calendário.
- » Relatórios gerenciais.
- » Gráficos de desempenho.
- » Automação com o *site* e formulário via *web*.
- » Automação de propostas comerciais.
- » Automação de pedidos de vendas.
- » Integração com *e-mail*, PABX e SMS.

Outra forma de escolher tecnologia de *Customer Experience* é identificar empresas com a Avaya que é uma das líderes globais no fornecimento de experiências de comunicação. A Avaya fornece um portfólio completo de TI e de serviços para proporcionar experiências para os consumidores.

Independentemente da marca da plataforma tecnológica a ser escolhida, qualquer empresa que almeja rever o seu CRM atual, otimizá-lo ou implantar um novo deverá contar com uma visão externa especializada em negócios, portanto, isenta em relação à TI, para atuar desde o diagnóstico, especificação de requisitos, mudança de cultura organizacional e apoio na aquisição de tecnologia.

Contudo, qualquer trabalho em equipe pressupõe que a governança a respeito do Relacionamento com Clientes apresentada no começo deste capítulo esteja funcionando a pleno valor e com cadência.

Bom, finalizamos o **Capítulo 9**. Apresento a seguir sete questões pertinentes a este capítulo como uma forma de contribuir para reflexão e prática em grupo ou individual dos meus leitores.

Vamos refletir e praticar?

1. A implementação de CRM para modificar a experiência do Cliente é complexa, pode levar de seis meses a anos, e requer diversas providências por parte das empresas que desejam sucesso nesse projeto tão estruturante. Cite exemplos dessas providências.

2. Madruga define no livro o seu conceito de CRM baseado na sua experiência, mostrando que o CRM, inicialmente, foi uma solução tecnológica construída para viabilizar as estratégias de Marketing de Relacionamento e de atendimento a Clientes. Contudo, na atualidade, seu conceito expandiu. Disserte sobre esse tema.

CAPÍTULO 9

3. Quais são as duas origens do CRM, segundo Madruga?
4. É imprescindível – antes mesmo do início do projeto de implantação de CRM – o estabelecimento da governança e da organização das pessoas que atuarão, definindo suas funções e processos de trabalho. Quais as vantagens de se fazer isso?
5. Madruga apresentou seu método das 5 etapas para implementação de CRM com foco em CX. Apresente as etapas e exemplos sobre elas.
6. O autor apresenta que é recomendado pelo mercado que uma consultoria isenta e especializada em Gestão do Relacionamento e *Customer Experience* controle e exerça *quality assurance* sobre a implementação da solução tecnológica de CRM, mesmo que essa seja feita por uma empresa de TI. Justifique tal contexto.
7. Madruga comenta no capítulo que muitos *players* de CRM são realmente competentes; contudo, não existe a melhor marca da solução tecnológica e sim aquela que melhor atende às necessidades da empresa contratante. Comente sobre o tema.

CAPÍTULO 10
Projetando o CRM com foco em *Customer Experience*

"Empresas que reúnem condições pobres para implementar CRM podem levar anos para se beneficiar das principais funcionalidades. Uma forma de evitar isso é contar com dois parceiros externos: a consultoria de negócios especializada em CRM e CX e a empresa integradora de TI especializada na tecnologia de CRM. Ambas são complementares e formam junto com a área de negócios e de TI do Cliente um forte grupo de trabalho."

Estamos na era em que os Clientes desejam muito mais do que adquirir produtos e serviços. Eles desejam experiências emocionais positivas com as empresas em troca da fidelidade e recompra. Por isso, O CRM se espalhou por todo planeta e está sendo integrado com *chatbots*, redes sociais e novos canais de relacionamento.

Na atualidade, os profissionais de Marketing de Relacionamento, de Gestão do Relacionamento e os de *Customer Experience* já perceberam a urgência de estratégias de proximidade com seus consumidores e o imperativo para a utilização de ferramentas tecnológicas que podem trazer benefícios para o relacionamento. Benefícios no relacionamento podem significar empresas com maior estabilidade e Clientes mais próximos de suas aspirações.

Num mundo onde mercados se modificam a todo instante, as empresas vêm empreendendo – ou pelo menos tentando – mudanças na forma de se relacionar com seus Clientes. Várias são as razões pelas quais as empresas estão buscando novas tecnologias de relacionamento com seus Clientes, muitas vezes descuidando-se do processo que antecede a escolha da ferramenta e também do próprio processo de implementação, que é sensível e complexo.

Vou começar o capítulo discutindo como incrementar o *Customer Experience*.

CAPÍTULO 10

15 passos para incremento do *Customer Experience*

De nada adianta adquirir e implementar alta tecnologia se a empresa estiver mergulhada em si mesma e não se preocupar em proporcionar experiências gratificantes para o seu público.

Já foi o tempo em que satisfazer os Clientes garantia que eles seriam fiéis por toda a vida. A realidade mudou, e é por isso que temos que traçar e ajustar continuamente as estratégias *Omnichannel* e de *Customer Experience*.

Proporcionar uma ótima experiência para o Cliente durante a sua jornada com a empresa é o principal desafio das áreas que trabalham para gerar mais vendas e fidelidade dos seus consumidores.

Karolina Kiwak, em seu artigo *How to improve the Customer experience in 15 steps*, apresenta dicas importantes que podem ser praticadas por qualquer empresa que tenha esse objetivo:

1. **Tenha um corpo fiel e feliz de colaboradores:** os funcionários providenciam o contato entre os Clientes e a empresa, por isso, desenvolver colaboradores leais, alinhados e satisfeitos é essencial para o negócio.

2. **Promova transparência e inclusão:** consumidores tendem a valorizar e confiar mais em companhias com mente aberta, inclusivas e que sejam abertas quando o assunto são seus processos.

3. **Seja consistente ao longo do contato:** quando todas as áreas e equipes que interagem com o Cliente estão alinhadas e atualizadas, ele não precisa repetir constantemente dados e necessidades.

4. **Treine para interação física:** inicie os colaboradores nos princípios do *Customer Experience*, como o conceito de entregar, acima de transações, momentos memoráveis.

5. **Forneça uma experiência personalizada:** os dados que a empresa possui sobre o Cliente dizem muito sobre ele e como tratá-lo. Fornecer um atendimento único e direcionado atrai a fidelidade dos consumidores.

6. **Exponha informações de forma automatizada:** informativos, *sites*, FAQ e *checklists* para que os consumidores possam resolver dúvidas e ter mais conhecimento sobre os processos da empresa resultam em maior satisfação.

7. **Valorize o suporte por meio de mídias sociais:** ter contato com *feedback* e experiências dos consumidores por meio de mídias e redes sociais é uma importante atividade dos responsáveis pela comunicação na empresa.

8. **Dê algo:** identifique produtos que sejam de interesse do consumidor e ceda, de graça, para garantir a construção de fortes elos significativos e que tragam satisfação.

9. **Rememore o Cliente:** fornecer um atendimento presencial ou virtual que se adeque à frequência de visitações do Cliente ajuda a personalizar a experiência dele.
10. **Analise as sensações do Cliente:** medir e entender as emoções dos Clientes é muito importante. Porém, a melhor forma de fazer isso é em tempo real, compreendendo o perfil e a personalidade do Cliente durante o contato.
11. **Trabalhe o *feedback*:** é importante comunicar a todos os membros da companhia as opiniões dos Clientes e lacunas identificadas por meio de *feedback*. Porém, mais importante ainda é efetivamente trabalhar em soluções.
12. **Veja pelos olhos do Cliente:** configurar determinadas práticas na empresa de acordo com a maneira como os consumidores acreditam que elas deveriam ocorrer é uma ótima forma de garantir uma aproximação.
13. **Identifique possíveis problemas:** consertar defeitos antes que eles atinjam o Cliente ou ter soluções programadas para quando afetá-los trazem uma imagem de responsabilidade e confiança para a empresa.
14. **Tenha uma equipe qualificada para *Customer Experience*:** reunir pessoas capacitadas de diferentes áreas para moldar os programas de *Customer Experience* traz confiabilidade, satisfação e agilidade para essas ações.
15. **Construa a experiência:** é necessário planejar e construir constantemente programas de satisfação por meio da experiência para os consumidores. Essas ações só surgem com equipes voltadas para essa tarefa, jamais de forma inata.

O tempo necessário para se implementar o CRM e os pontos críticos

A complexidade apresentada pelo CRM indica um tempo maior de projeto do que de sistemas comerciais específicos. O tempo de execução pode ser afetado por várias causas, como: integração com sistemas próprios (legados) da empresa adquirente da solução, número de módulos comprados, nível de aprovação necessário para os testes e porte da empresa contratada.

Um projeto que necessite de integração com os sistemas legados do Cliente é mais complexo, pois os especialistas em TI da empresa contratada precisam estudar suas funcionalidades, programação e seus riscos, de modo que sejam evitadas perdas de dados ou mesmo perda de funcionalidades. Esta última é mais vulnerável de ser reclamada pelos funcionários da empresa adquirente, quando existem pessoas "saudosistas" dos antigos sistemas que controlavam com facilidade.

Figura 10.1 Fatores que influenciam o tempo para implementar o CRM.

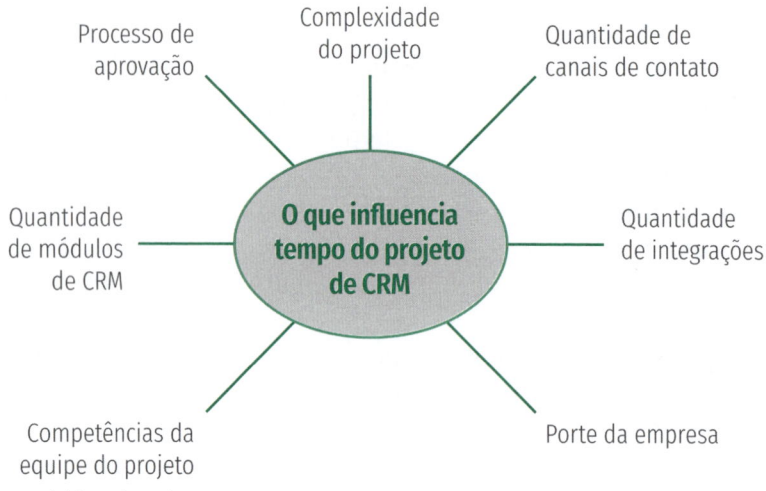

- Processo de aprovação
- Complexidade do projeto
- Quantidade de canais de contato
- Quantidade de módulos de CRM
- **O que influencia tempo do projeto de CRM**
- Quantidade de integrações
- Competências da equipe do projeto
- Porte da empresa

Fonte: Desenvolvida pelo autor.

A implementação de vários módulos de CRM também influencia diretamente o cronograma. É muito mais complexo implantar CRM simultaneamente no *contact center* e na força de vendas do que implantar sequencialmente nas mesmas áreas.

O **cronograma de implantação**, da mesma forma, pode ser afetado pelo nível de aprovação dos testes realizados, pois algumas empresas formam uma hierarquia rígida desnecessária para aprovação, na qual, separadamente, muitos membros precisam aprovar as entregas, multiplicando assim o tempo despendido.

O porte da empresa também influencia na implementação. Num extremo, empresas grandes e, em outro extremo, empresas pequenas. As primeiras apresentam processos mais interdependentes e decisões de negócios delicadas. As outras constantemente não dispõem de recursos suficientes.

Empresas que reúnem condições pobres para implementar CRM podem levar anos para se beneficiar das principais funcionalidades.

Uma forma de evitar isso é contar com dois tipos de parceiros externos: a consultoria de negócios especializada em CRM e CX e a empresa integradora de TI especializada na tecnologia de CRM. Ambas são complementares e formam junto com a área de negócios e de TI do Cliente um forte grupo de trabalho.

Para implementar CRM numa empresa de porte médio, são necessários um gerente de projeto e pelo menos dois consultores especializados em CRM e CX.

A negociação de venda de um sistema de CRM pode girar em torno de dois meses. Já a implementação pode levar de cinco meses a mais de um ano, dependendo da complexidade e do nível de integração com os sistemas proprietários da empresa que adquiriu a solução.

O processo de aprendizado com as falhas do CRM ocorre ao longo dos meses, após a conclusão da implementação. As experiências demonstram que pode levar но mínimo 8 meses para a empresa adquirente desenvolver maturidade suficiente para compreender os erros estratégicos cometidos no relacionamento com Clientes e corrigi-los.

Empresas e equipes que participam da implementação

A necessidade de parcerias para implementação de CRM aproxima várias empresas tanto na fase de planejamento quanto na fase de execução. Na maioria dos projetos, a empresa adquirente contrata não só o fornecedor de CRM, como também uma empresa integradora responsável pela customização do software e uma consultoria especializada em CRM e CX.

Geralmente, a integradora é uma empresa especializada em tecnologia da informação. Nos projetos, principalmente os de grande porte, o próprio fabricante de CRM sugere ao Cliente a contratação da empresa integradora. Em outros, a empresa fabricante contrata diretamente a empresa integradora para compor a equipe do projeto.

Figura 10.2 Equipe que trabalha na implementação de CRM e CX.

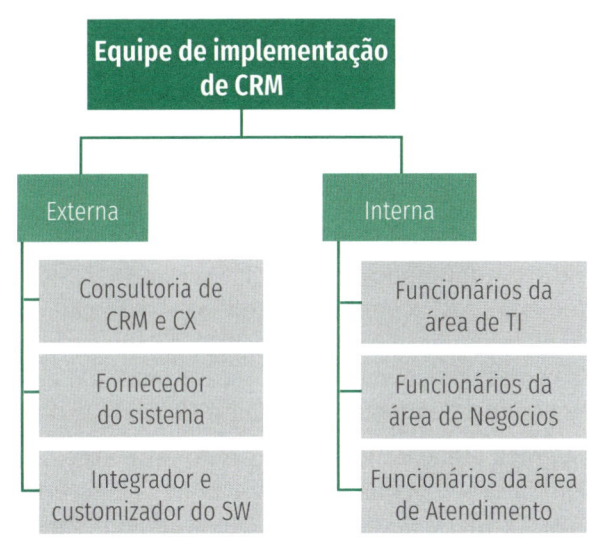

```
                Equipe de implementação
                      de CRM
                    /           \
                Externa        Interna
                  |               |
        Consultoria de      Funcionários da
          CRM e CX             área de TI
                  |               |
          Fornecedor        Funcionários da
          do sistema        área de Negócios
                  |               |
          Integrador e      Funcionários da área
        customizador do SW   de Atendimento
```

Fonte: Desenvolvida pelo autor.

Uma empresa integradora pode ser contratada para atuar dentro do espaço do Cliente ou na própria sede, desde que seja montada uma célula especializada. O escopo de contratação é variável, pois depende de algumas decisões. A primeira refere-se à continuidade do projeto, que é opcional. A empresa integradora poderá ser contratada ou não para serviços pós-implementação.

A segunda decisão da empresa contratante é sobre o tipo de remuneração que pode ser fixado por homem/hora ou por projeto fechado. Nessa modalidade, o plano de trabalho e o detalhamento dos serviços a serem entregues são validados em conjunto, evitando o desencontro de expectativas e o aumento de custos por se refazer tarefas. Em ambas as decisões, seja por valores fixos ou variáveis, ocorre o ressarcimento de despesas de viagens e de deslocamento da empresa contratada, além do contrato formal.

Quando essa empresa deseja implementar CRM, na maioria das vezes precisará contratar uma consultoria trazendo *expertise* no desenvolvimento de estratégias e diretrizes de relacionamento, na preparação dos canais de contato, na capacitação da força operacional e em *Customer Experience*.

A consultoria deverá trabalhar lado a lado com a equipe interna do Cliente, que é composta por TI, área de Negócios e área de Atendimento.

Prevenindo-se contra atrasos no projeto

O CRM não é uma solução milagrosa, que transformará a empresa de uma hora para outra. Ele contribui para que se compreendam necessidades e se gerencie o Relacionamento com Clientes. Além disso, ajuda a identificar necessidades ainda não reveladas.

Arquitetura técnica com diferentes sistemas pode gerar atrasos na implementação. Algumas empresas, que já praticam há algum tempo o Marketing de Relacionamento, construíram sistemas próprios de relacionamento com o Cliente. Esses sistemas, muitas vezes, são numerosos e apresentam uma linguagem fechada. Com a adoção de um novo CRM, é preciso disponibilizar tempo na compreensão de cada sistema, suas limitações, tabelas e formatos de dados. Uma nova visão da área de tecnologia será necessária para que o CRM seja "incorporado" pela empresa em vez de ser "adicionado" aos sistemas da casa.

A negociação comercial de um pacote de CRM, quando envolve visões diferentes entre a empresa que está adquirindo e a que está vendendo, pode ser demorada. Do lado da empresa que está prospectando fornecedores, em alguns casos, a percepção de custo – e não de investimento – torna o processo de aquisição mais complicado. Do outro lado, as empresas desenvolvedoras buscam ampliar a visão dos executivos da empresa Cliente em relação ao potencial da escalabilidade do projeto.

Outro ponto que merece atenção na prevenção de desperdício de tempo é saber em que estágio a empresa se encontra. Se ela tiver mais foco nos produtos do que em relacionamentos, a base de dados interna possivelmente será pobre.

Se a empresa contratante cumprir rigorosamente as etapas de implementação do CRM poderá, ao longo do tempo, evoluir para o *Customer Experience Management* (CXM).

Pré-requisitos de plataformas tecnológicas

Como viabilizar as estratégias de *Customer Experience*? Por meio de um conjunto robusto de metodologia, processos de negócios, mudança de cultura e implantação de tecnologia de ponta. Essas devem oferecer condições para qualificar a Jornada do Cliente por meio dos momentos de contato com ele.

Projetando o CRM com foco em *Customer Experience*

Na publicação *Not all Customer Experience Platforms are Created Equal*, a empresa Genesys listou as cinco capacidades que as empresas devem buscar em suas plataformas para favorecer o *Customer Experience*:

1. Um líder experiente em *Customer Experience*: não existe melhor forma de facilitar a implementação de uma cultura voltada ao *Customer Experience* do que contar com o suporte de uma pessoa que é líder experiente no assunto. Buscar parceiros com histórico positivo de mudanças no sentido que a empresa busca reduz significativamente as possíveis barreiras do processo.
2. Plataforma centralizada de distribuição e otimização do trabalho: centralizar a gestão da força de trabalho, independentemente de sua natureza, numa plataforma única, permite uma otimização de cada ponta dessa malha. Esse posicionamento expõe todas as informações necessárias para direcionar treinamento, identificar lacunas, assessorar os colaboradores e, principalmente, assegurar a qualidade.
3. Gestão integrada para *Customer Experience*: orquestrar as jornadas que o Cliente possui na empresa, seja um processo de compra, de resolução de problemas ou renovação de contratos, é fundamental para garantir uma ótima experiência para ele. Ao integrar a gestão e escolher plataformas que permitam uma customização de cada ponto de contato com os consumidores, mediante a análise de seus dados e interações anteriores, a empresa dá um passo importante nessa direção.
4. Alinhar a entrega de qualidade: singularizar a "fila de atendimento" em todos os canais de comunicação e garantir que os diferentes meios de contato, como telefone, *on-line* e presencial, tenham os mesmos processos e níveis de qualidade é essencial para construção do *Customer Experience*. A padronização do discurso, ou seja, um alinhamento entre os colaboradores e a cultura de tratamento ao consumidor, é uma das chaves para garantir sua satisfação e evitar o desencontro de informações.
5. Suporte a atendimento com infraestrutura, em nuvem e híbrido: diversos canais surgem quando for necessária uma comunicação com o Cliente para gerir melhor sua experiência. Atualmente, modelos diversificados têm preenchido o mercado, cada qual contando com suas plataformas, mas é importante que a empresa valorize a experiência do consumidor e seja flexível para adotar um atendimento que se baseie na infraestrutura, em um sistema de nuvem e um terceiro que seja híbrido desses dois.

Conheceremos agora os tipos de aplicação de CRM.

Tipos de aplicação de CRM

Como tirar melhor proveito do CRM? A resposta está em conhecer os tipos de aplicação e as funcionalidades do pacote.

O pacote tecnológico de CRM não pode ser visto como uma solução única e sem flexibilidade.

O projeto deve começar por toda empresa ou deve mirar em um departamento inicialmente?

Qual departamento da empresa deve operar o CRM em primeiro lugar?

Essas perguntas não são de fácil resposta, por isso, a minha estratégia será apresentar a visão de que o CRM pode ser implementado de acordo com aplicações distintas que estejam em sintonia com a empresa, contando com uma variedade de recursos para o profissional de *Customer Experience*, marketing, vendas e relações com o Cliente. As quatro formas de aplicação de CRM mais comuns são:

» **Aplicação por finalidade estratégica:** pode ser dividida em quatro momentos de implementação: CRM analítico, CRM operacional, CRM social e CRM colaborativo. Vamos detalhar cada um deles mais adiante.

» **Aplicação por áreas da organização:** também chamada de **horizontais de CRM**, destina-se a qualquer empresa, possibilitando a implementação em uma ou mais áreas prioritárias, como é o caso de se começar o projeto pela automação da força de vendas.

» **Aplicação de CRM por processos:** quando olhamos a organização através de processos, desenvolvemos a vantagem competitiva de integrar mais pessoas com tarefas complementares, contribuindo para que os "muros" existentes entre as áreas sejam demolidos. Aplicar o CRM de acordo com o processo empresarial permite que o foco seja dado nas tarefas que mais agregam valor, dependendo do momento em que a empresa estiver.

» **Aplicação por tipo de indústria que atende:** também denominada **verticais de CRM**, leva em consideração as necessidades do banco de dados de certos segmentos da economia, como telecomunicações, varejo, energia, entretenimento, aviação, indústria financeira, entre outros. A solução de CRM possibilita a implementação de funcionalidades especializadas no tipo de mercado, auxiliando a tomada de decisão com mais informação e experiências de decisões passadas.

A seguir, darei um foco na primeira aplicação mencionada (por finalidade estratégica).

Aplicação do CRM por finalidade estratégica

A aplicação por finalidade pode dar-se em quatro momentos de implementação, que geralmente ocorrem em fases distintas: CRM operacional, CRM analítico, CRM social e CRM colaborativo.

» **O CRM operacional** automatiza o relacionamento com Clientes nas centrais de atendimento, redes sociais, *chatbots* e força de vendas, por exemplo, que fazem interface direta com o mercado. Possui diversas funcionalidades, como: acesso a qualquer hora e de qualquer lugar, integração com atendimento automático, acompanhamento de serviços, suporte a canais de relacionamento (multicanais), histórico de contatos, busca avançada, *scripts* inteligentes, agendamentos, entre outras.

» **O CRM analítico** administra campanhas de marketing e vendas, segmentação de mercado, estudo do comportamento do consumidor e predições sobre compras futuras, entre outras atividades. O CRM analítico auxilia, em tempo real, os usuários na captura de informações a respeito dos relacionamentos, reclamações e requerimentos provenientes de todos os canais de contato com o Cliente. Essa informação é processada pela ferramenta analítica, permitindo que os profissionais de CX sejam informados a respeito das necessidades do Cliente, seu comportamento de compras e seus valores.

As principais funcionalidades servidas pelo CRM analítico são: análise da venda, análise dos serviços prestados, configurador de produto, campanha e informação para força de vendas, campanhas, ferramenta analítica, ferramenta de relatórios, gerenciamento de campanhas, gerenciamento de territórios, qualidade de dados, qualidade do serviço, segmentação de mercado, entre outras.

» **O CRM colaborativo** integra todas as funcionalidades da empresa voltadas ao relacionamento, inclusive com parceiros, sempre visando a colaboração para o sucesso do consumidor final. Nessa aplicação de CRM, o fornecedor pode ter acesso à base de dados da companhia Cliente, visualizando suas atividades atribuídas e realizando contatos por meio do sistema. Além disso, ele possibilita que os funcionários da empresa Cliente e da empresa parceira trabalhem em forma de rede de relacionamento para resolver problemas complexos provenientes do atendimento.

» **CRM Social**. O SCRM – *Social CRM* – permite que ela faça diversas interações com seus Clientes a partir das suas plataformas sociais. As interações por meio de redes sociais apresentam um crescimento sem precedentes na história da humanidade, o que tem levado empresas de todo o mundo a criar estratégias de aquisição e retenção de Clientes aproveitando que os consumidores são mais facilmente identificados nas redes. Outro ponto que chama a atenção é a possibilidade de se acompanhar as reclamações do Cliente nas redes sociais, antes que se tornem grandes crises de insatisfação.

Vamos agora falar das aplicações do CRM, conforme o desenho organizacional.

Aplicação do CRM por áreas da organização (horizontais de CRM)

Quanto à aplicação horizontal de CRM por áreas da organização, destaco a existência de soluções de automação de acordo com as principais áreas da empresa, que influenciam diretamente a Gestão do Relacionamento com Clientes. Divide-se a aplicação em marketing, força de vendas, serviços ao Cliente, parcerias e força de trabalho interna.

- » **Marketing e Negócios.** Envolve gestão de campanhas, lançamento de produtos, gestão do orçamento de marketing (*budget*), gestão dos anúncios e sua localização, gestão da resposta do Cliente, monitoração do tráfego no *site*, análises estatísticas, segmentação e análises demográficas mais complexas. As ferramentas integradas de CRM são projetadas para automatizar tarefas de marketing, habilitando a área a aplicar outras práticas mercadológicas, como análise, personalização de ofertas, gestão de listas, gestão e integração de dados do Cliente, retorno sobre o investimento e eficácia da campanha.
- » **Força de vendas.** Além do *e-commerce*, realiza gerenciamento dos contatos e deslocamentos dos vendedores, gestão da fonte de informação, centralização e gestão de contratos e formação de grupos para colaboração. O CRM auxilia na gestão de oportunidades da força de vendas, cotações, preços, configuração de solução, previsões de vendas, análise do estágio da venda, configuração de propostas e reuniões, incentivo à força de vendas, gestão de território de vendas, automação de propostas, automação de envio de mensagens para os Clientes e *workflow* do processo da venda.
- » **Serviço ao Cliente.** Cria mecanismos de contato por redes sociais, *e-mail*, *chatbots*, chamadas telefônicas, integração com o *contact center* conectados com a cadeia de suprimentos e sistemas financeiros. As áreas de serviços a Clientes, principalmente a central de relacionamento, técnicos de campo e *back office*, podem gerenciar, sincronizar e coordenar as interações por meio dos pontos de contato com o Cliente, seja no campo, telefone ou na internet. As principais funcionalidades disponíveis são: vendas e serviços combinados, gestão de solicitação de serviços, solução de problemas, gestão de atribuições, criação de *scripts* inteligentes, enfileiramento de solicitações de serviços, *Computer Telephone Integration* (CTI), colaboração, *workflow*, serviços de campo e respostas por *e-mail*, *short messages*.
- » **Gestão de parcerias.** Permite maior colaboração com objetivo de aumentar a receita, a produtividade e a satisfação do Cliente, enquanto atua na redução dos custos. Suas principais funcionalidades são: recrutamento e treinamento, elaboração de perfis e planejamento, *e-commerce* colaborativo, estatísticas de parceiros e gestão do desempenho dos parceiros.
- » **Força de trabalho interna.** Suporta processos, como recrutamento e contratação, planejamento de objetivos, acesso a informações e recursos, treinamento, retenção do funcionário e gestão do seu desempenho.

Na Tabela 10.1, exemplifico alguns dos módulos do CRM.

Tabela 10.1 Exemplos dos principais módulos de CRM.

Social	Marketing e Negócios	Vendas	Serviços a Clientes
Sincronização com várias redes sociais Dashboard de interações nas redes sociais Visualizar e acessar feeds do Twitter Plugins populares de e-mail e calendário para o Outlook e Google Reuniões com sistemas de conferência	E-commerce Análise e segmentação de mercado Gestão de campanhas e de produtos Personalização de ofertas por Clientes individualmente Gestão de listas Gestão e integração de dados Eficácia da campanha	Gestão de oportunidades de vendas Cotações, preços e configuração Previsões de vendas Análise do estágio da venda Automação de propostas Configuração de propostas e apresentações Gestão de território Metodologia de vendas	Atendimento em vários canais Gestão de solicitações de serviços Solução de problemas Gestão de atribuições Criação de scripts inteligentes Colaboração e workflow Serviços de campo

Fonte: Desenvolvida pelo autor.

Embora essa classificação seja bastante difundida, devemos ter em mente que a Gestão do Relacionamento com o Cliente não deve ser departamentalizada, ou seja, a gestão de eficácia de campanha não deve ser restrita a uma única área.

Outros departamentos, como atendimento a Clientes e força de vendas, devem conhecer e monitorar os resultados de campanha. Eles são tão interessados quanto a área de negócios, pois são áreas sujeitas à remuneração variável por resultados e comprometidas com a excelência.

Exatamente por esse fato, podemos considerar também a forma de visualizar a aplicação de CRM de acordo com os processos da empresa. Assim, é possível criar oportunidades de aplicar estratégias de intensificação do Relacionamento com Clientes e vendas de acordo com a jornada do Cliente. Exemplos: processo de conquista de novos Clientes, processo de pesquisa pós-venda, processo de atendimento a reclamações etc.

Funcionalidades tecnológicas do CRM

Cada vez mais, observo que os profissionais de Gestão do Relacionamento e *Customer Experience* estão tão assoberbados em seus serviços que não dedicam muito tempo para compreender as tecnologias e as funcionalidades que se podem extrair delas em prol da excelência no contato com os Clientes.

Por isso, vou apresentar, com detalhes, as funcionalidades tecnológicas de Gestão do Relacionamento com Clientes, que são um conjunto de possibilidades oferecidas, desde que implementadas de forma consistente, como já comentei.

Figura 10.3 As funcionalidades do CRM são resultantes dos módulos.

Tipo de aplicação → Módulo do CRM → Funcionalidade do CRM

- Analítica e gestão de campanhas
- Jornada do Cliente e gestão da informação
- Aprimoramento da qualidade
- Gestão da informação
- Gerenciamento da linha de frente

Fonte: Desenvolvida pelo autor.

Outro aspecto é que as funcionalidades devem ser implementadas na organização de maneira integrada, pois há interdependência entra elas. Como o CRM é uma solução extensa, divido as funcionalidades oferecidas em 6 grupos: gestão de campanhas, Jornada do Cliente, aprimoramento da qualidade, gestão da informação, gerenciamento da linha de frente e colaboração.

O pacote tecnológico de CRM apresenta muitos recursos para que os gestores e o pessoal operacional pratiquem conscientemente a Gestão do Relacionamento com o Cliente e o *Customer Success*.

Vou apresentar as principais funcionalidades de recursos tecnológicos que, se implementados e utilizados pelas empresas, podem contribuir para gerar grandes diferenciais competitivos, ampliar o tempo de permanência dos Clientes e, consequentemente, criar valor para eles. O primeiro será a análise de portfólio e gestão de campanhas.

Funcionalidades analíticas e gestão de campanhas

Os recursos analíticos e para gestão de campanhas são destinados a auxiliar, em tempo real, os usuários na captura de informação a respeito das necessidades do Cliente e do seu comportamento de compras.

Possibilitam a segmentação do portfólio de Clientes, adequam melhores ofertas e até preveem futuros comportamentos. Por meio da segmentação da base de Clientes fornecida pelo CRM, é possível proporcionar maior assertividade para criar diferentes visões de grupos de consumidores e realizar ações sob medida e com verba predefinida. A funcionalidade do gerenciamento de campanhas automatiza o processo de desenvolvimento e a carga de listas de Clientes e não Clientes.

Para os profissionais que pretendem ingressar na área de CRM, é fundamental entender cada um dos recursos a seguir para que possam utilizá-los de forma plena, alcançando os benefícios esperados. Quando ministro palestras, sempre lembro aos participantes que o compromisso com o *Customer Experience* demandará deles um conhecimento mais técnico e focado de recursos para o relacionamento com o consumidor.

Os novos profissionais de CRM serão cobrados para serem menos empíricos e mais assertivos. Uma boa maneira de alcançar esse objetivo é compreender o benefício proveniente da utilização das diversas ferramentas de análise. Vamos, então, ver os recursos analíticos e de gestão de campanhas do CRM.

Analytics

A funcionalidade analítica permite que sejam feitas investigações a respeito dos Clientes mais rentáveis, Clientes potenciais, Clientes em declínio de compras e Clientes com propensão a queda de atividade. Avisos em forma de e-mail e *short message* são disparados para pessoas-chave do processo. A ferramenta analítica também auxilia, em tempo real, os usuários na captura de informações a respeito dos relacionamentos, reclamações e requerimentos provenientes de todos os canais de contato.

Por meio de gráficos, a ferramenta analítica pode identificar os consumidores mais valiosos, estudando o seu valor vitalício. Por meio da técnica denominada predição, essa ferramenta pode calcular comportamentos futuros dos Clientes e os resultados esperados com um certo grau de probabilidade.

Segmentação inteligente de mercado

O recurso de segmentação inclui a avaliação constante da carteira de Clientes, baseada na análise do *Customer Lifetime Value*. Os segmentos de mercado são formados por grupos de Clientes, ou futuros Clientes, que são selecionados no banco de dados por critérios como: área geográfica, estágio de relacionamento com a empresa, características financeiras, hábitos de compra, produtos consumidos, características socioculturais, potencial de compras, nível de satisfação com a empresa etc. A segmentação fornecida pelo CRM proporciona maior assertividade aos gerentes e diferentes visões a respeito de grupos de consumidores.

Gerenciamento de campanhas

O CRM suporta a geração de campanhas, seu controle e seu cruzamento entre os resultados esperados, obtidos e custos envolvidos. Ele pode acompanhar a entrega do produto ou serviço e o seu faturamento para o Cliente, caso esteja integrado com o sistema de ERP. Contudo, essa integração é imprescindível apesar da complexidade desse sistema. Outros sistemas empresariais, como o de faturamento, também podem ser integrados ao CRM para aumento de produtividade de outras áreas, incluindo serviços ao Cliente.

CAPÍTULO 10

A funcionalidade de gerenciamento de campanhas permite à área de negócios desenvolver mercados específicos mediante ações sob medida e com verba predefinida. Também automatiza o processo de desenvolvimento e carga de listas provenientes de fontes internas e externas, com base em critérios de segmentação da base de dados de Clientes ou futuros Clientes.

As ações podem ser realizadas por múltiplos canais, como *e-mail*, *web* ou telefone, permitindo ofertas customizadas como, por exemplo, o *site* ser personalizado por Cliente.

Outra possibilidade é o *download* de brochuras sobre os produtos e pesquisas de satisfação, que podem ser realizadas simultaneamente com o oferecimento de descontos. Ao final das ações, as campanhas podem ser mensuradas quanto aos resultados obtidos, pois é possível gerenciá-las simultaneamente por diversos segmentos e sob diversos estágios de relacionamento. As respostas dos Clientes podem ser armazenadas para aprimoramento de ações futuras, relançamento ou extinção de campanhas de marketing.

Por meio do processo de elaboração de campanhas, é possível monitorar o que se está passando com as atividades de negócios, como, por exemplo, o retorno de ações comerciais.

Produtos e serviços customizados

Esse recurso cria um determinado número de combinações de produtos para serem disponibilizadas ao Cliente, auxiliando no processo de customização de produtos e serviços.

Entre várias situações, esse recurso pode avisar ao Cliente caso a configuração de um produto não seja possível e auxiliar vendedores durante o processo de negociação com o Cliente a efetuar vendas adicionais e emitir um aviso na tela do sistema indicando que aquele Cliente é potencial para um certo produto.

Funcionalidades do CRM para a Jornada do Cliente e gestão da informação

O momento de contato com o Cliente talvez seja o mais crítico de toda a organização. Costumo dizer que, se a fabricação de um produto falhar, ações corretivas podem ser implementadas na linha de produção, e, em última análise, a empresa poderá identificar a falha antes de o produto ir para o mercado. Esse é um compromisso da competência de *quality assurance*.

Contudo, diferentemente do produto, o relacionamento com o Cliente é perecível e cada contato é único e repleto de detalhes. Uma reclamação do Cliente precisa ser atendida naquele instante com nível de serviço e solução adequados, não sendo possível armazená-la ou adiá-la. O lema de CX é: um contato, uma solução!

Os recursos do CRM para suportar o *Customer Journey* permitem o gerenciamento simultâneo de diversos canais de contato, por exemplo, e-commerce, venda direta, telefone, *e-mail*, formulário *web*, redes sociais e pesquisas. Esses recursos fornecem informações suficientes para os gestores tomarem decisões estratégicas em tempo real sobre a Jornada do Cliente pelos canais de contato.

Diversos são os recursos do CRM para suportar a Jornada do Cliente. Vamos apresentar os principais a seguir.

Histórico de contatos

Esse recurso permite que toda e qualquer informação, durante o relacionamento com o Cliente, possa ser armazenada na base de dados, cronologicamente, favorecendo novos atendimentos e vendas adicionais. Tempo de atendimento, tipo de solicitação do Cliente, código do canal de contato, ID do Cliente, tipo de transação efetuada, problemas relatados, produtos negociados e razões para o abandono da oferta são exemplos de dados que podem ser coletados por agentes, vendedores ou pelo atendimento automático em *chatbots* e URA.

Um agente, ao se conectar pela primeira vez com determinado Cliente, por exemplo, pode dispor de uma gama de informações detalhadas a respeito de transações passadas, causando a impressão de conhecê-lo há muito tempo. Esse recurso tem sido explorado para motivar a aproximação entre Cliente e empresa, além de contribuir para que o problema do Cliente seja relatado uma única vez.

Computer-Telephone Integration (CTI)

A integração entre telefonia e TI tem condições de identificar o Cliente que realiza uma demanda para fornecer suas informações previamente para o canal que vai resolver. O número chamador apurado pelo CTI captura, no banco de dados da empresa, o histórico dos contatos passados, informações sobre transações efetuadas e características do Cliente. Além do número chamador, o Cliente pode ser identificado por diversas outras chaves, como *e-mail*, CPF, número de cartão de crédito, senha, código do Cliente, em conjunto ou isoladamente.

A funcionalidade pode localizar informações das transações do Cliente em diversas bases de dados da empresa e repassá-las para os canais, no ato da demanda. Esse processo é instantâneo, com duração inferior a um segundo. O resultado esperado é a sensação de maior proximidade pelo Cliente e redução de fila de espera.

A funcionalidade de CTI exige que as informações sejam reunidas numa base de dados central, contribuindo para tornar as decisões mais inteligentes. Nesse caso, quanto mais centralizadas forem as informações, maior a possibilidade de descentralização das decisões, pois o conhecimento a respeito do relacionamento com o Cliente fica democratizado na companhia.

Scripts inteligentes

O recurso de *script* inteligente suporta agentes de atendimento, guiando-os durante o contato com o Cliente, reduzindo o seu tempo de treinamento e erros na entrada dos dados. Um benefício adicional é o incremento da qualidade da conversação entre Clientes e agentes, já que estes têm mais informações a seu respeito.

Os *scripts* são projetados pela equipe de qualidade, levando em consideração o fluxo e o desdobramento do contato com o Cliente. A exemplo do que é realizado na funcionalidade de pesquisas, o *script* inteligente possibilita que, para cada tipo de pergunta feita pelo Cliente, haja uma resposta lógica fornecida pelo sistema.

É recomendável que a própria funcionalidade sugira perguntas adicionais durante o contato. Assim, quando o Cliente responde que está interessado em receber uma oferta, o *script* inteligente gera automaticamente a próxima pergunta sobre o meio preferido para recebê-la.

Gerenciamento de mensagens

A partir da aplicação do recurso analítico, pode-se identificar determinado segmento de Clientes para direcionar mensagens customizadas por *e-mail*, notificações nos *apps* ou *chat message*.

O recurso de gerenciamento de mensagens facilita o atendimento a maior número de solicitações no menor tempo. Bibliotecas de respostas automáticas podem ser construídas sobre serviços, produtos, faturamento, contratos, recomendações, difusão de informações, solução de problemas e pesquisas.

O roteamento dessas mensagens pode ser realizado mediante certas configurações, utilizando até mesmo a funcionalidade de designação, isto é, permitindo que seja configurado o responsável pelas várias ações junto do Cliente. Respostas automáticas podem ser programadas pesquisando-se palavras-chave nas requisições dos Clientes.

Interação

Quanto às estratégias de retenção, o projeto de CRM sofre o reflexo do tratamento que a empresa dá para o seu Cliente e funcionário, que é uma das peças mais importantes no quebra-cabeça do relacionamento. Todos os dias acontecem problemas que são de difícil solução e que exigem cooperação de várias áreas de empresa para serem resolvidos.

O CRM possui o recurso de interação para ajudar na comunicação entre as áreas e para aumentar a satisfação e a retenção dos Clientes.

A interação fornece recursos ao Cliente durante o contato com a empresa, fornecendo-lhe, em tempo real, instruções ou informações do atendente, por meio de conversa no teclado (*chat*) e voz. O agente pode visualizar, mudar, sublinhar ou mesmo escrever na página de internet do Cliente, facilitando a comunicação entre as partes e a localização de informações no *site* da empresa.

Permissão

O recurso de permissão de marketing ocorre quando o Cliente faz uma opção para não receber ofertas da empresa. Essa informação é armazenada pelo CRM e disponibilizada nos canais de relacionamento simultaneamente, evitando equívocos. Esses dados auxiliam os profissionais de marketing a alcançar futuros Clientes – baseados nas suas preferências de interação – e a controlar informações que não podem ser repassadas sem a autorização deles. Essa medida atua na manutenção da privacidade e reduz litígios.

FAQs, manuais e apresentações

O acesso de vendedores, área de serviços e atendentes a informações sobre produtos, concorrentes e melhores práticas é facilitado por esse recurso. As informações podem ser acessadas por categorias ou tipos de dúvidas, e as experiências de resoluções de problemas anteriores podem ser armazenadas e democratizadas no CRM. Uma vez que essa base de informação é construída, ela pode também auxiliar os vendedores na pré-venda, facilitando o envio, por *e-mail*, de informações completas e categorizadas para os Clientes.

As *Frequently Asked Questions* **(FAQs)** são importantes elementos de comunicação para elevar a experiência do Cliente, principalmente nos canais remotos, como autosserviço na *web*, *chatbots* e *contact center*, fornecendo de forma integrada respostas às principais dúvidas levantadas. O próprio assessor comercial também ganha muito com isso.

Funcionalidades do CRM para aprimoramento da qualidade

O CRM possui facilidades para ajudar organizações no aprimoramento da qualidade de seus produtos, procedimentos operacionais, serviços e atendimento a Clientes.

Atualmente, um dos maiores problemas das pesquisas de satisfação é a demora para os resultados chegarem às mãos dos decisores. Com o recurso de pesquisas em tempo real, por exemplo, o gerente responsável pode tomar medidas para evitar a perda de Clientes e, ao mesmo tempo, investigar as razões que levaram à não conformidade. Vamos apresentar agora os recursos para controle e aprimoramento da qualidade.

Pesquisas em tempo real

O CRM suporta a realização de pesquisas em tempo real, nas quais as perguntas e respostas podem ser customizadas por tipo de Cliente, momento do seu relacionamento com a empresa, estratégia de marketing ou campanha de vendas. Diversos indicadores relacionados com o Cliente podem ser coletados e disponibilizados em tempo real com o suporte do CRM, como, por exemplo: tempo de atendimento ao Cliente, qualidade de atendimento, nível de resolução, satisfação e NPS.

O índice de satisfação pode ser por grupo de Clientes ou individual, permitindo o relato instantâneo para superiores.

A funcionalidade de *script* inteligente permite construir qualquer tipo de pesquisa com ramificações por tipo de resposta do Cliente. O mesmo acontece com a fraseologia dos atendentes, que pode ser customizada quanto ao questionário, campanhas de marketing e processo de árvore de decisão, adequando novas perguntas às respostas recebidas.

As pesquisas *on-line* proporcionam a coleta de respostas em tempo real a respeito da satisfação e necessidades dos Clientes, fornecendo simultaneamente recomendações para eles. As pesquisas interativas podem ser desenhadas baseadas numa árvore lógica que adapta a sequência de perguntas às respostas fornecidas pelos Clientes, fazendo com que eles economizem tempo e com que a empresa possa direcionar as respostas.

Um bom exemplo é a aplicação no NPS, vista em detalhes no **Capítulo 6**.

Dessa forma, o CRM pode contribuir com o aumento do engajamento dos Clientes e descobertas inusitadas.

Gestão e qualidade de serviços

Possibilita em tempo real a gestão das diversas fases da prestação do serviço ao Cliente, subsidiando a tomada de decisão quanto a eventos críticos.

Os serviços podem ser acompanhados pelos gerentes, que têm condições de identificar as anomalias cometidas. O CRM atua também na otimização de serviços ao Cliente, gerenciando o grau de satisfação, *status* da requisição de serviços e tempo de resolução de requerimentos.

Contribui também para o ajuste da qualidade de produtos, uma vez que o CRM indica quais foram os produtos que mais necessitaram de reparo, o seu custo e o tipo de reparo mais frequente.

Produtos problemáticos, por exemplo, podem sair de linha com essa informação. Esse recurso é capaz de monitorar os defeitos produzidos. O pessoal de serviços pode trabalhar conectado para categorizar, priorizar e despachar os produtos defeituosos para reparos baseados nos dados provenientes das áreas de contato com Clientes.

Recurso de manutenção preventiva

Presente no CRM, essa funcionalidade pode criar um plano de prevenção de falhas nos produtos em uso, baseado em informações como tempo de desgaste de peças, contribuindo para a segurança do Cliente. O recurso de manutenção preventiva avisa aos gestores de serviços o momento certo para abordagem junto do Cliente, ao mesmo tempo que sinaliza o marketing sobre a oportunidade de renovação do produto.

Qualidade de dados

O CRM suporta, em tempo real ou em rotinas programadas, a correção da base de dados e a eliminação de duplicidade (de duplicação), identificando nomes, endereços e contatos em duplicidade na base de dados. O CRM contribui para que a base de dados corporativa de atendimento, produtos e serviços seja examinada pela visão do Cliente, e não pela visão do produto.

Funcionalidades para o gerenciamento da linha de frente

Certamente, você já deve ter ligado para uma central de atendimento para solicitar uma informação e o atendente demonstrou conhecer pouco sobre a resolução do seu problema e se comportou de maneira insegura. É realmente isso que acontece todos os dias no mundo inteiro, e grande parte do problema é que poucas empresas implementaram recursos eficazes para informação, envolvimento e gerenciamento dos colaboradores.

Em muitos casos, o atendente sequer é informado adequadamente dos produtos, serviços e promoções da empresa.

Os recursos para envolvimento e gerenciamento do colaborador são utilizados por gestores para maximizar a produtividade, autonomia e confiança dos colaboradores. Nos dias atuais, ter uma linha de frente de funcionários com autonomia pode trazer significativa redução de custos para a organização e eliminar a insatisfação de Clientes.

Designar agentes com maior domínio sobre um serviço e determinar nível de responsabilidade e posição na cadeia decisória da organização para cada funcionário são alguns dos recursos fundamentais para proporcionar o envolvimento e o gerenciamento do colaborador. Vamos conhecer os principais recursos dessa família.

Gerenciamento do perfil de acesso

Quanto aos funcionários, é possível que cada um consulte uma parte do sistema de acordo com seu perfil, que pode ser customizado, considerando sua posição hierárquica, nível de responsabilidade e posição na cadeia decisória da organização.

Os perfis podem ser divididos em operacional, gestão e aprovação. O CRM disponibiliza funcionalidades para que os funcionários trabalhem de maneira integrada e em rede, fornecendo-lhes meios de controle da autonomia e nível de acesso às informações contidas na rede.

Por exemplo, caso um funcionário tenha uma sugestão para melhorar um processo de trabalho, os superiores precisam ser consultados para que o sistema seja então modificado. Uma vez que o processo é controlado pelo CRM, qualquer alteração precisa ser construída e listada antes de ir para o ambiente de produção.

Colaboração e gestão de parceiros

Esse recurso auxilia os parceiros, por meio de ferramenta colaborativa, a se tornarem membros virtuais da organização principal. Por meio de regras configuráveis de negócios, pode-se atuar no roteamento de oportunidades de visitas a Clientes e requerimento de serviços para esses parceiros, por exemplo.

O CRM proporciona condições para que a empresa administre a *performance* deles sobre os itens designados. A facilidade de gestão de parceiros, incorporada às últimas versões do CRM, oferece o gerenciamento dos contatos, compartilhamento de informações, redirecionamento de atividades, como um processo de retirada de produtos com defeito por uma empresa terceirizada.

Esse módulo permite o armazenamento de informações de certificação de parceiros, qualidade dos serviços prestados ou insumos entregues. É possível, por exemplo, estabelecer um *ranking* dos fornecedores que realizam suas entregas no melhor prazo.

Designação da pessoa certa

O CRM pode conferir mais transparência ao processo do relacionamento com Clientes, contribuindo para agilidade e confiabilidade das transações, por meio de programações específicas. O recurso de designação atua na escolha do melhor profissional disponível para certas tarefas requeridas pela empresa, como, por exemplo, escolher um vendedor com maior domínio sobre um serviço requisitado para converter uma oportunidade em uma venda. A funcionalidade de designação permite a escolha de um técnico com maior experiência para atender a serviços mais complexos.

A partir do cadastro prévio no nível de habilidade de cada funcionário, o CRM pode designar tarefas das mais simples às mais complexas para o colaborador mais apto.

Visibilidade e responsabilidade

O CRM propicia a gestão da informação interna, que, com os conceitos de visibilidade e responsabilidade, torna a informação mais democratizada e disseminada na organização.

No entanto, visibilidade e responsabilidade são diferentes. Um exemplo da primeira é a visualização, por um gerente de vendas, do andamento do trabalho de sua equipe ou de cada vendedor pelo sistema. Contudo, ele não pode alterar seus dados, já que são de responsabilidade dos subordinados. A visibilidade pode ser restrita ou ampla, assim como as permissões de acesso.

Workflow

Esse é um recurso poderoso do CRM que facilita a ação dos funcionários sobre um chamado crítico, disparando alarmes caso o nível de serviço ao Cliente não permaneça satisfatório. O CRM proporciona maior controle das tarefas, colaborando para o aumento de responsabilidade, que, concomitantemente com a participação do funcionário, pode atuar no seu maior comprometimento interno.

O processo do trânsito das informações que precisam de uma decisão é chamado de *workflow* interno e é parametrizável pelo perfil de cada usuário.

O CRM fornece a visibilidade de serviços em atraso, dispara *e-mails* em forma de alarme para os responsáveis dos processos e gera um ou mais indicadores sobre o desempenho das respostas fornecidas.

É possível identificar cada funcionário e o seu nível de serviço correspondente à organização. O *workflow* equivale à gestão do processo, seja de negócios, atendimento ou serviços.

Reconhecimento e recompensa

Esse recurso contribui para a geração de valor e inclui a criação de campanhas de incentivo para o público interno, estabelecimento de métricas de desempenho, avaliação de *performance*, cálculo da recompensa, comunicação dos resultados e administração do pagamento das comissões.

Sua base pode ser integrada ao banco de dados central, sobre vendas efetuadas, buscando os resultados obtidos na fonte original.

A funcionalidade de incentivo e compensação auxilia as empresas a praticarem o endomarketing. Embora o reconhecimento e recompensa sejam velhos conhecidos da área de vendas e atendimento, a novidade é que o CRM pode automatizar esses processos e conferir maior credibilidade e assertividade, fazendo com que os colaboradores confiem no programa motivacional.

E-learning

O recurso de treinamento a distância atua como um portal para a criação, armazenamento e gestão de treinamentos para funcionários, parceiros ou mesmo Clientes. Inclui sistemas de cursos a distância e de catálogos, escolha de cursos, teste para determinar a habilidade do treinando e sistema de certificação. É possível disponibilizar uma variedade de treinamentos.

Para um produto recém-lançado são geradas perguntas mais frequentes e suas respostas para que o Cliente ou funcionário busque por si mesmo sanar alguma dificuldade encontrada, seja com a empresa, com o produto ou serviço adquirido.

Ao escrever sobre os recursos de CRM tive vontade de detalhar ainda mais, porém, o livro ficaria muito extenso, pois as soluções de CRM estão ficando cada vez mais robustas.

Com os recursos apresentados neste capítulo, espero ter demonstrado a potencialidade da utilização de CRM.

Lembro também que, para suportar as estratégias de *Customer Experience* é imprescindível que se realize uma gestão aprimorada de captura e aproveitamento da informação, que se definam estratégias claras e que os recursos humanos responsáveis pelo projeto, operação e programação do sistema sejam altamente qualificados.

Para finalizar este capítulo, gostaria de contar mais alguns segredos para o meu leitor. Vamos conhecer as principais ameaças para a implementação de CRM.

20 ameaças para implementação de CRM

Nem sempre os projetos de CRM e *Customer Experience* são bem-sucedidos. Você deve estar imaginando que a ameaça está mais na tecnologia, porém, o maior potencial de risco está nas competências das pessoas da empresa contratante do projeto. Isso mesmo. A palavra-chave é **gente**.

CAPÍTULO 10

A maioria das falhas ocorridas em implementações de CRM e CX origina-se na empresa contratante, que, às vezes, decide-se pelo projeto sem estratégia definida, sem contratar uma consultoria especializada e sem capacitar adequadamente seus funcionários.

Algumas empresas partem para a aquisição de um pacote tecnológico de CRM, porém, conservam a antiga forma de atender a Clientes e fazer negócios. Consequentemente, um projeto que já se inicia assim será detentor de muitos conflitos.

Dessa forma, vou listar 20 ameaças que, se não resolvidas, trazem prejuízos à implementação de CRM, à prática da Gestão do Relacionamento e do *Customer Experience*. Ao final de cada uma, incluí uma espécie de antídoto para contorná-la.

1. **Baixo envolvimento da alta cúpula da organização com o projeto**. Para evitar essa ameaça, o próprio presidente deve comunicar-se com os funcionários desde o início do projeto, sobre a importância, a urgência e os ganhos que o CRM pode trazer.

O presidente, por ser o maior patrocinador interno, deve envolver as pessoas com o tema não apenas por meio de reuniões, mas também durante o convencimento das partes a respeito de processos de trabalho definidos e valorização da utilização do CRM. Em seguida, o presidente dedica o tempo dos seus diretores para liderança e acompanhamento do projeto, criando bônus de incentivo para o sucesso do projeto.

Um bom antídoto: criação do **Steering Committee**, conforme apresentado no **Capítulo 9**.

2. **Baixa participação dos funcionários operacionais**. Não é suficiente que o presidente lidere o processo de implementação. É necessário que as áreas estejam envolvidas e engajadas, pois serão os futuros usuários.

Um bom antídoto: minha experiência mostra que a participação engajada nos projetos reduz os riscos de implementação. Além disso, é importante rever a estrutura organizacional e as responsabilidades da área de gestão do relacionamento, conforme sugerido no **Capítulo 2**.

3. **Sobrevalorização da tecnologia**. Para realizar-se a Gestão do Relacionamento, a adoção de tecnologia é obrigatória a depender do porte da companhia. Contudo, a tecnologia jamais deve sobrepujar a capacidade de resolução de problemas, e sim auxiliar nessa missão.

Um bom antídoto: formar uma equipe multifuncional do projeto de implementação de CRM e CX composta por áreas internas e empresas externas, conforme apresentado no início deste capítulo.

4. **Falta de autonomia da equipe operacional.** Embora o CRM possibilite que as organizações sejam proativas na abordagem com Clientes, usuários desqualificados e desagregados podem reduzir a utilização do CRM a um simples instrumento de informação passiva.

Um bom antídoto: para a empresa adquirente atingir o grau de proatividade, é preciso que haja uma reorganização de cargos, salários, redesenho de processos voltados ao Cliente, estabelecimento de parcerias, capacitação e empenho para o pessoal de operação conquistar *empowerment* e ter alçadas para resolver situações de atendimento.

5. **Centralização excessiva das informações pelas áreas de negócios e TI.** Em alguns casos, a cultura arraigada de que a área de marketing ou TI são as áreas que detêm o conhecimento e as decisões sobre o Cliente pode fazer com que a área operacional – que faz interface com Clientes – não tenha visibilidade sobre as estratégias empresariais ou fique desprovida de autonomia para resolver situações mais complexas de atendimento.

Um bom antídoto: as áreas de negócios e de TI devem se envolver mais com a área de CX e convidar seus membros para reformulação de produtos e sistemas. Mesmo que a área de CX não seja convidada, essa poderá desempenhar o papel proativo de *quality assurance* junto das áreas de negócios, auxiliando-a a reduzir erros de comunicação e defeitos de produtos e serviços.

6. **Organização focada no produto.** A orientação excessiva ao produto pode consolidar a visão unilateral do relacionamento, em que o Cliente, durante o processo de comunicação, atua mais como "receptor" de produtos do que a entidade principal do relacionamento. Com essa visão, a estrutura da empresa volta-se prioritariamente para ações comerciais, e não para relacionamentos, reduzindo a participação dos Clientes.

Um bom antídoto: no **Capítulo 1**, forneci muitas dicas de como transformar essa situação. Também no **Capítulo 7**, abordei diversas estratégias para a mudança de foco das empresas para a cultura *Customer Oriented Organization*.

7. **Não saber o que realmente se precisa.** Não conhecer as necessidades internas pode fazer com que a escolha da solução seja imprecisa e onerosa para a empresa. Em alguns casos, há o risco de adquirir mais módulos de CRM e tecnologias do que o necessário.

Um bom antídoto: a escolha do módulo correto é importante para que a empresa tenha condições de operar e aproveitar as suas funcionalidades. Portanto, mapear antes os requisitos funcionais para implementar o CRM, conforme apresentado anteriormente neste capítulo, será fundamental para o êxito do projeto.

8. **Não planejar o futuro, pelo menos uma parte dele**. Uma visão essencialmente de curto prazo, fato não muito raro nas empresas adquirentes, afeta o projeto de CRM e CX, pois alguns módulos podem ser adquiridos desnecessariamente ou, ao contrário, alguns podem ser negligenciados na implantação.

Um bom antídoto: aonde se quer chegar com a aquisição do CRM e com a estruturação do CX? Essa é uma pergunta que precisa ser respondida pelo comitê da Diretoria durante a fase diagnóstica.

9. **Escolha incorreta da empresa que fará a especificação e treinará os canais de relacionamento**. A consultoria escolhida deve ser experiente, saber recomendar ao seu Cliente durante o projeto, opinar nos seus negócios, pois, muitas vezes, não há uma visão clara sobre as estratégias de relacionamento a serem adotadas.

A escolha incorreta pode elevar os custos do projeto e, além disso, toda atenção deve ser dada ao treinamento em técnicas e atitudes em atendimento a Clientes.

Um bom antídoto: refinar o processo decisório da empresa de consultoria e contratá-la bem antes de modificações nos processos, regras e tecnologias existentes.

10. **Falta de visão da equipe de implementação**. A equipe deve ser coesa e trabalhar em parceria com Cliente e fabricante. O clima agradável é almejado por meio de relacionamentos pessoais, porém, os principais recursos para conquistar um bom clima são um projeto bem definido com o seu escopo previamente acordado e *workshops* de integração. Do contrário, a equipe pode perder fins de semana trabalhando ou mesmo se desgastar com estresse.

Um bom antídoto: neste capítulo, expliquei que a equipe de implementação deve ser multifuncional e abranger pessoas de dentro da companhia e de fora do mercado. Essa mescla é fundamental para o êxito do projeto.

11. **Falta de incentivo ao usuário**. Funcionários pouco informados e reativos podem não se importar com o projeto e não dispor das horas necessárias para o treinamento. Usuários incentivados e participativos fazem a diferença na hora da implementação.

Um bom antídoto: a empresa, durante o projeto de CRM, deve criar um plano de endomarketing robusto e, se possível, este deve ser acompanhado de ações de incentivo para as pessoas facilitarem o trabalho colaborativo. Além disso, um plano de treinamento deve ser traçado e as capacitações devem ser realizadas ao longo do projeto, e não apenas ao final.

12. **Engessamento**. A hierarquia de aprovação dos testes durante o projeto, se exagerada, pode atuar contra o cronograma. Na fase inicial, um grupo de trabalho é formado e suas atribuições, condensadas. Em vez do modelo hierárquico tradicional de aprovação de projetos, deve ser adotado um modelo de delegação, no qual funcionários previamente preparados e autorizados pela Diretoria são responsáveis por certas decisões.

Um bom antídoto: esse processo deve ter a capacidade de eliminar o vaivém de certas aprovações em que alguns executivos fazem questão de opinar sobre quase tudo, porém, muitas vezes estão indisponíveis.

13. **Paradoxo da participação no projeto**. Em uma pesquisa que conduzi sobre a implementação de tecnologia CRM, verifiquei que algumas áreas que o adquiriram poderiam ser mais efetivas, no entanto, sua participação foi percebida como conflitante.

Em alguns casos ocorre um desequilíbrio entre o alto grau de desejo demonstrado pelo CRM e CX e a tímida presença e utilização do sistema na implementação.

Da mesma forma, existe um dilema semelhante na área de vendas de muitas empresas, que, ao mesmo tempo que reivindicam automação do processo da venda, não demonstram tanta participação na prática.

Um bom antídoto: aumentar a autonomia da área de Gestão do Relacionamento, de modo que ela envolva as áreas de negócios e comercial na medida certa, sem jamais ocupá-las em excesso. A área de CX não pode ser acusada de atrapalhar as vendas!

14. **Entusiasmo passageiro**. Algumas áreas importantes para o projeto de CRM e CX apresentam pouco conhecimento das estratégias, das táticas de relacionamento e pouco envolvimento com treinamentos e com a área de atendimento.

Dessa maneira, diversas oportunidades podem estar sendo perdidas por essas áreas. Pelo prazo extenso do projeto e por sua natureza estruturante, o entusiasmo com o projeto deve vir do início ao final do projeto.

Um bom antídoto: contra o entusiasmo passageiro pelo projeto, a melhor receita é a prevenção e a realização de encontros mensais de *report* do projeto com a diretoria, no que chamamos de *Steering Committee*. Além disso, deve ser estruturado pela consultoria um consistente *Project Management Office (PMO)*, responsável por acompanhar e manter os padrões de gerenciamento do projeto de CRM e CX.

15. **Falta de comprometimento com a informação.** Tem sido detectado que muitos vendedores, apesar de estarem informatizados, não cadastram as informações dos Clientes no CRM, pois preferem métodos manuais para controlar a sua agenda e carteira de oportunidades.

Muitos deles se colocaram temerosos em abastecer o CRM de informações e deixá-las vazar para outros vendedores.

Um bom antídoto: essa cultura ultrapassada precisa ser demolida, pois com o CRM o Cliente é gerenciado pela organização, e não apenas pelo vendedor.

16. **Gestores analógicos e resistentes.** As melhores práticas vêm nos mostrando que não adianta fugir do avanço tecnológico. Por isso, os profissionais de Gestão do Relacionamento com Clientes precisam aliar-se às novas tecnologias, e não se opor a elas, liderando sua aquisição e experimentação.

Um bom antídoto: gestores de relacionamento analógicos, que negligenciam o bom uso da tecnologia e que vivem culpando as outras áreas por infortúnios, precisam ser avaliados, receber *feedback* ou mesmo serem substituídos para não serem o gargalo no projeto.

17. **Receio de ser medido.** O profissional da Gestão do Relacionamento que vivenciar o CRM experimentará uma nova forma de atuação, pois suas ações podem ser monitoradas pelo sistema. Além disso, a *performance* de cada campanha de marketing pode sofrer auditoria.

Parece que fatos como esses podem induzir esses profissionais a ter receio das novas tecnologias de CX, pois nem todos gostam de ser medidos.

Um bom antídoto: criar novos indicadores de CRM e *Customer Experience* e disponibilizá-los de forma transparente para a empresa conseguir medir e avaliar seus colaboradores sem paternalismo, mas sim por meio de instrumentos de meritocracia.

18. **Colocar a culpa nos fornecedores.** O mercado composto de fornecedores de sistemas de CRM e consultorias de inteligência na Gestão do Relacionamento e CX apresentou grande desenvolvimento de visão, soluções e metodologias nos últimos anos, como também aprimoramento de gestão de projetos. Em todos esses anos de implementação de CRM, verifiquei que a maioria das ameaças ao projeto está dentro da própria empresa que adquire o CRM, e não nas empresas fornecedoras.

Um bom antídoto: o principal gestor do projeto que pertence à empresa contratante e o *Steering Committee* precisam ser alertados constantemente dos riscos internos envolvidos e tomar decisões para superá-los.

19. **Estratégias difusas.** A centralização excessiva das informações pelas áreas de negócios e TI; a baixa valorização da área operacional de interface com o Cliente; estratégias de relacionamento pouco claras; baixo envolvimento da alta cúpula da organização com o projeto.

Quando somados esses fatores, percebe-se que a empresa pode até ter vontade de mudanças, mas fornece sinais invertidos sobre as estratégias para êxito do projeto. Também diretrizes difusas confundem as equipes e fazem a empresa perder muito dinheiro.

Um bom antídoto: logo após o diagnóstico, um modelo conceitual de relacionamento deverá ser desenvolvido e aprovado com o *Steering Committee*, tornando as estratégias claras para todos.

20. **Capacitação frágil de pessoas**. É comum nos depararmos nas empresas com usuários desqualificados para a adoção correta do CRM, levando à baixa qualidade de captação de informações do Cliente e, por isso, à baixa taxa de resolutividade durante o atendimento quando o Cliente necessita de ajuda da empresa.

A não existência de uma metodologia forte de vendas e atendimento quando somada à falta de investimento por parte da empresa contratante em treinamento em competências decisivas para o sucesso da Gestão do Relacionamento e CX, tais como negociação, excelência no atendimento, vendas consultivas e programação neurolinguística, pode levar o projeto de CRM a engatinhar por anos até atingir seu potencial.

Um bom antídoto: aprovar e executar, junto do RH, uma robusta trilha de desenvolvimento para toda equipe de Gestão do Relacionamento com Clientes, incluindo líderes e linha de frente. Implantar a metodologia de vendas e atendimento a Clientes (EDiRC), que é formada pelos passos: Empatizar, Diagnosticar, Resolver e Conquistar, apresentados no **Capítulo 6**.

Caro leitor, agora que finalizamos o **Capítulo 10**, apresento a seguir sete questões pertinentes a este capítulo como uma forma de contribuir para reflexão e prática em grupo ou individual dos meus leitores.

Desejo a você muito sucesso com o conhecimento adquirido e não se esqueça de me enviar o seu *feedback* sobre o que achou do livro.

Um grande abraço,

Roberto Madruga
roberto.madruga@conquist.com.br

CAPÍTULO 10

Vamos refletir e praticar?

1. Além do cuidado com o prazo do projeto do CRM, o mais importante é que a empresa contratante tenha consciência de que precisa ao menos de dois parceiros externos: a consultoria de negócios especializada em CRM e CX e a empresa integradora de TI especializada na tecnologia de CRM. Ambas são complementares e formam junto com a área de negócios e de TI do Cliente um forte grupo de trabalho. Disserte como deve ser esse trabalho colaborativo.

2. O CRM pode ser implementado de acordo com aplicações distintas que estejam em sintonia com a sua empresa, contando com uma variedade de recursos. Quais são as quatro formas de aplicação de CRM mais comuns?

3. Aplicar o CRM de acordo com o processo empresarial permite que o foco seja dado nas tarefas que mais agregam valor, dependendo do momento em que a empresa estiver. Defina como ocorre a aplicação de CRM por processos.

4. Os quatro principais módulos do CRM são: Social; Marketing e Negócios; Vendas; e Serviços a Clientes. Forneça exemplos de funcionalidades deles.

5. As funcionalidades analíticas de um CRM ajudam a área de marketing e negócios a conseguir diversas informações e cruzá-las para melhor interação com os Clientes. Cite exemplos de funcionalidades analíticas.

6. As *Frequently Asked Questions* (FAQs) são importantes elementos de comunicação para elevar a experiência do Cliente, principalmente nos canais remotos, como autosserviço na *web*, *chatbots* e *contact center*. Disserte melhor sobre essa funcionalidade do CRM e como conduzir um projeto de FAQs.

7. Nem sempre os projetos de CRM e *Customer Experience* são bem-sucedidos. Para Madruga, o maior potencial de risco está nas competências das pessoas da empresa contratante do projeto. O autor lista então 20 ameaças que, se não resolvidas, trazem prejuízos. Disserte sobre aquelas que mais chamaram a sua atenção.

Bibliografia

AAKER, D.; MARCUM, A. The Drivers of Brand Loyalty May Surprise You. *American Marketing Association*, 01/01/2017. Disponível em: https://www.ama.org/publications/MarketingNews/Pages/what-drives-brand-loyalists.aspx. Acesso em: 1º mar. 2021.

ACKERMAN, C. Focus on Uplift to Build Customer Relationships and Increase Sales. *American Marketing Association*, 18 Jan. 2017. Disponível em: https://www.ama.org/publications/eNewsletters/MarketingInsightsNewsletter/Pages/uplift-inspires-consumers.aspx. Acesso em: 1º mar. 2021.

A Computer Weekly's Buyer to Customer Experience Management. Computer Weekly. Disponível em: http://docs.media.bitpipe.com/io_12x/io_124602/item_1164026/CWE_BG_0615_Customer-experience-management.pdf. Acesso em: 1º mar. 2021.

AKHTAR, Omar. Oracle Marketing Cloud Updates. *Prophet*. Disponível em: https://www.prophet.com/thinking/2015/10/oracle-marketing-cloud-new-updates-help-unify-business-units-and-disparate-customer-data/. Acesso em: 1º mar. 2021.

Amazon Prime Air. Disponível em: https://www.amazon.com/. Acesso em: 28 fev. 2018.

BABICH, Nick. The Difference Between Customization and Personalization. *UX Planet,* 18 Apr. 2017. Disponível em: https://uxplanet.org/the-difference-between-customization-and-personalization-624ddd70b163. Acesso em: 1º mar. 2021.

BARBER, W.; BADRE, A. *Culturability*: The Merging of Culture and Usability. Graphics, Visualization & Usability Center/Georgia Institute of Technology, Atlanta, GA, 1998, EUA. Disponível em: http://zing.ncsl.nist.gov/hfweb/att4/proceedings/barber/. Acesso em: 28 fev. 2018.

BHARATH, Siddharth. How to Increase Conversions at Each Stage of the Customer Journey. *Content Marketing Institute*, 26 Feb. 2016. Disponível em: http://contentmarketinginstitute.com/2016/02/increase-conversions-journey/. Acesso em: 1º mar. 2021.

BUSINESS INSIDER. *The Mobile Payments Report*: market forecasts, consumer trends, and the barriers and benefits that will influence adoption. Disponível em: http://www.businessinsider.com/the-mobile-payments-report-market-forecasts-consumer-trends-and-the-barriers-and-benefits-that-will-influence-adoption-2016-5?IR=T. Acesso em: 1º mar. 2021.

BUSINESS INSIDER. *44% of US consumers want chatbots over humans for customer relations*. dez. 2016. Disponível em: http://www.businessinsider.com/chatbots-vs-humans-for-customer-relations-2016-12. Acesso em: 1º mar. 2021.

Cálculo Amostral. Disponível em: http://www.publicacoesdeturismo.com.br/calculoamostral/. Acesso em: 28 fev. 2018.

Chatbot technology raises ethical questions. Disponível em: http://searchcrm.techtarget.com/opinion/Chatbot-technology-raises-ethical-questions?utm_medium=EM&asrc=EM_NLN_75568565&utm_campaign=20170412_Chatbots%20in%20disguise%20--%20what%27s%20ethical?%20Also:%20Guide%20to%20Office%20365%20migration&utm_source=NLN&track=NL--1844&ad=913803&src=913803. Acesso em: 1º mar. 2021.

Customer Experience Management (CEM). Disponível em: http://www.gartner.com/it-glossary/customer-experience-management-cem/. Acesso em: 28 fev. 2018.

Customer Loyalty Programs. *SelfStartr*. Disponível em: https://selfstartr.com/customer-loyalty-programs/. Acesso em: 1º mar. 2021.

Customer Loyalty: the Ultimate Guide. *HubSpot*. Disponível em: https://blog.hubspot.com/blog/tabid/6307/bid/31990/7-Customer-Loyalty-Programs-That-Actually--Add-Value.aspx#sm.000ulv4t915bsd20w072nus7zcwkp. Acesso em: 1º mar. 2021.

DEASI, Gary. Why the Customer Journey is Your New Marketing Funnel. Tandemseven. [20-]. Disponível em: http://www.tandemseven.com/journey-mapping/customer-journey-new-marketing-funnel/. Acesso em: 28 fev. 2018.

DIMENSION DATA. *Global Contact Centre Benchmarking Report – digital needs a human touch*. EUA/UK: Dimension Data, 2016.

EFE. Comandos de voz serão predominantes nas relações com máquinas. *Exame*, Editora Abril, 19 abr. 2017. Disponível em: http://exame.abril.com.br/tecnologia/comandos-de-voz-serao-predominantes-nas-relacoes-com-maquinas/. Acesso em: 22 out. 2017.

Exceed your customers' expectations. Disponível em: https://www.avaya.com/en/solution/avaya-oceana-solution/. Acesso em: 1º mar. 2021.

FLAHERTY, K. Optimizing for Context in the Omnichannel User Experience. *Nielsen Norman Group*, 26 Feb. 2017. Disponível em: https://www.nngroup.com/articles/context-specific-cross-channel/. Acesso em: 1º mar. 2021.

GALLO, Amy. How Valuable Are Your Customers? *Harvard Business Review*, 2014. Disponível em: https://hbr.org/2014/07/how-valuable-are-your-customers. Acesso em: 1º mar. 2021.

GARTNER. *About Gartner*. Disponível em: http://www.gartner.com/technology/about.jsp. Acesso em: 1º mar. 2021.

GRÖNROOS, Christian. Relationship marketing: strategic and tactical implications. *Management Decision*, v. 34, n. 3, 1996.

GUMMESSON, Evert. Relationship marketing as a paradigm shift: some conclusions from 30R approach. *Management Decision*, v. 35, n. 4, 1997.

HILDRETH, S. *Horizontal CRM vs Vertical CRM*: what do you really need. SearchCRM in TechTarget. Disponível em: http://searchcrm.techtarget.com/feature/Horizontal-CRM-vs-vertical-CRM-What-do-you-really-need. Acesso em: 1º mar. 2021.

HOCHSTEIN, Bryan; CHAKER, Nawar N.; RANGARAJAN,Deva; NAGEL,Duane; HARTMANN, Nathaniel N. 2021. Proactive value co-creation via structural ambidexterity: customer success management and the modularization of frontline roles. *Journal of Service Research*, March 2021. Disponível em: https://doi.org/10.1177/1094670521997565. Acesso em: 14 set. 2021.

HOCHSTEIN, Bryan; RANGARAJAN, Deva; MEHTA, Nick; KOCHER, David. An industry/academic perspective on customer success management. *Journal of Service Research*, v. 23, n. 1, p. 3-7, 2020. Disponível em: https://doi.org/10.1177/1094670519896422. Acesso em: 14 set. 2021.

HORWITZ, Lauren. *Beyond Verbal takes on emotions analytics in call centers and beyond*. SearchCRM in TechTarget. Disponível em: http://searchcrm.techtarget.com/feature/Beyond-Verbal-takes-on-emotions-analytics-in-call-centers-and-beyond. Acesso em: 1º mar. 2021.

How to Make the Most of Omnichannel Retailing. *Harvard Business Review*, July/Aug. 2016. Disponível em: https://hbr.org/2016/07/how-to-make-the-most-of-omnichannel-retailing. Acesso em: 1º mar. 2021.

i-SCOOP. *Internet of Things*: the complete IoT guide – benefits, risks, examples, trends. The Connectivist based on Cisco data. Disponível em: https://www.i-scoop.eu/internet-of-things-guide/#IoT_for_consumers_the_Consumer_Internet_of_Things_CIoT. Acesso em: 1º mar. 2021.

iVend Retail. Disponível em: https://ivend.com/download-Omnichannel-research-report-2017-eu/?utm_source=Link-Promotion&utm_medium=Website&utm_campaign=EU-Research-Report-The-Omni-Progress. Acesso em: 1º mar. 2021.

IYENGAR, Sheena S.; LEPPER, Mark R. When Choice is Demotivating: Can One Desire Too Much of a Good Thing? *Journal of Personality and Social Psychology*, v. 79, n. 6, p. 995-1006, 2000.

JAMES, Kane. *The true indicators of a loyal customer are found in the experience, not the outcome, and in those touchpoints that are important to the customer, not the marketer*. Disponível em: https://www.ama.org/events-training/Conferences/Pages/secret-loyal-customers.aspx. Acesso em: 28 fev. 2018.

JOHNSON, Nikki. *The Top 15 Most Popular Social-Media Sites in 2016*. Disponível em: https://plugingroup.com/top-15-popular-social-media-sites-november-2016/. Acesso em: 28 fev. 2018.

JOHNSTON, Marcia Riefer. Adaptive Content: The Way to Your Customer's Heart. *Content Marketing Institute*, 11/02/2016. Disponível em: http://contentmarketinginstitute.com/2016/02/adaptive-content-customers/. Acesso em: 1º mar. 2021.

JOHNSTON, Marcia Riefer. Wonder What Content to Create? Try a Customer-Journey Map. *Content Marketing Institute*, 05/11/2015. Disponível em: http://contentmarketinginstitute.com/2015/11/customer-journey-map-template/. Acesso em: 1º mar. 2021

JONSON, Laura. How Color Influences User Experience. *Paul Olyslager*. Disponível em: https://www.paulolyslager.com/how-color-influences-user-experience/. Acesso em: 1º mar. 2021.

Journey Mapping to Understand Customer Needs. *Nielsen Norman Group*. Disponível em: https://www.nngroup.com/courses/journey-mapping/. Acesso em: 1º mar. 2021.

Juniper Research Chatbots Infographic – Key Statistics 2017. Disponível em: www.juniperresearch.com/resources/infographics/chatbots-infographic-key-statistics-2017. apud REDDY, Trips. *Chatbots for customer service will help businesses save $8 billion per year*, IBM, MAIO 2017. Disponível em: https://www.ibm.com/blogs/watson/2017/05/chatbots-customer-service-will-help-businesses-save-8-billion-per-year/. Acesso em: 1º mar. 2021.

KIWAK, Karolina. *How to improve the Customer experience in 15 steps*. Disponível em: http://searchcrm.techtarget.com/tip/How-to-improve-the-customer-experience-in-15-steps. Acesso em: 1º mar. 2021.

LAMKIN, Katie. 4 Keys to Designing New Customer Experiences. *Prophet*. Disponível em: https://www.prophet.com/thinking/2016/11/4-keys-to-designing-new-customer-experiences/. Acesso em: 1º mar. 2021.

LEARY, B. Determining the best CRM software for your organization. *SearchCRM in TechTarget*. Disponível em: http://searchcrm.techtarget.com/feature/Determining-the-best-CRM-software-for-your-organization. Acesso em: 1º mar. 2021.

LEGGETT, Kate. *Top Trends For CRM In 2017 – It's All About Differentiated (Digital) Experiences*. Forrester Group, 2017. Disponível em: https://go.forrester.com/blogs/top-trends-for-crm-in-2017-its-all-about-differentiated-digital-experiences/. Acesso em: 1º mar. 2021.

LIU, Cindy. *US Ad Spending*: eMarketer's Updated estimates and Forecast for 2015-2020. eMarketer, 2016.

LUND, Niels Frederik; HOLST-BECK, Peter; PINE, B. Joseph; LEASK, Anna. Hamlet Live: the 7 I's experiential strategy framework for heritage visitor attractions. *Journal of Heritage Tourism*, p. 1-17, 2021. Disponível em: https://doi.org/10.1080/1743873X.2021.1951277. Acesso em: 14 set. 2021.

MADRUGA, Roberto. *Call centers de alta performance*. São Paulo: Atlas, 2008.

MADRUGA, Roberto. *Customer Effort Score* – conquistando clientes através da economia de esforço. Disponível em: https://conquist.com.br/labs/e-books/customer-effort-score-conquistando-clientes-atraves-da-economia-de-esforco/. Acesso em: 1º mar. 2021.

MADRUGA, Roberto. *Gestão de pessoas, employee experience e cultura organizacional*. São Paulo: Atlas, 2021. (no prelo)

MADRUGA, Roberto. *Gestão moderna de call centers*. São Paulo: Atlas, 2007.

MADRUGA, Roberto. *Guia de implementação de marketing de relacionamento e CRM*. São Paulo: Atlas, 2004.

MADRUGA, Roberto. *Treinamento e desenvolvimento com foco em educação corporativa*. São Paulo: Saraiva, 2018.

MADRUGA, Roberto. *Triunfo da liderança*. São Paulo: Atlas, 2013.

MADRUGA, Roberto. et al. *Administração de marketing no mundo contemporâneo*. Rio de Janeiro: Editora FGV, 2010.

MAECHLER, Nicolas; NEHER, Kevin; PARK, Robert. *From touchpoints to journeys*: seeing the world as customers do. 2016. Disponível em: http://www.mckinsey.com/business-functions/marketing-and-sales/our-insights/from-touchpoints-to-journeys-seeing-the-world-as-customers-do. Acesso em: 1º mar. 2021.

MAGIDS, Scott; ZORFAS, Alan; LEEMON, Daniel. A nova ciência das emoções do cliente. *Harvard Business Review*, 2015. Disponível em: https://hbrbr.com.br/a-nova-ciencia-das-emocoes-do-cliente/. Acesso em: 1º mar. 2021.

MAILCHIMP. *Insights from MailChimp's Send Time Optimization System*. Disponível em: https://blog.mailchimp.com/insights-from-mailchimps-send-time-optimization-system/. Acesso em: 1º mar. 2021.

MALONE, Lindsay. Consumer Loyalty Requires Much More Than a Rewards Program. *Chicago AMA*. Disponível em: http://chicagoama.org/consumer-loyalty-requires-much-more-than-a-rewards-program/. Acesso em: 28 fev. 2018.

MANZATO, Antonio José; SANTOS, Adriana Barbosa. *A elaboração de questionários na pesquisa quantitativa*. Departamento de Ciência de Computação e Estatística – IBILCE – UNESP. Disponível em: http://guiadotcc.com.br/assets/uploads/arquivos/elaboracao_questionarios_pesquisa_quantitativa.pdf. Acesso em: 28 fev. 2018.

MARKELZ, Michelle. The Secret of Loyal Customers. *American Marketing Association*. Disponível em: https://www.ama.org/events-training/Conferences/Pages/secret-loyal-customers.aspx. Acesso em: 28 fev. 2018.

MARKEY, Rob; REICHHELD, Fred. Introducing the net promoter system loyalty insights. *Bain & Company*. Disponível em: http://www.bain.com/publications/articles/introducing-the-net-promoter-system-loyalty-insights.aspx. Acesso em: 1º mar. 2021.

MARKS, Gene. Alexa and Siri Are Invading Your Hotel Room… And Other Small Business Tech News This Week. *Forbes*, 2 Apr. 2017. Disponível em: https://www.forbes.com/sites/quickerbettertech/2017/04/02/alexa-and-siri-are-invading-your-hotel-room-and-other-small-business-tech-news-this-week/#21fd101b79df. Acesso em: 1º mar. 2021.

MATTERSIGHT. *How Emotion Influences Conversation Outcomes*: the latest data science reveals a direct link between the feelings a customer has during a contact center interaction, and the metrics used to measure that call's success. Disponível em: http://www.mattersight.com/wp-content/uploads/2016/09/How-Emotion-Influences-Conversation-Outcomes.pdf. Acesso em: 1º mar. 2021.

MCEACHERN, Alex. Loyalty Best Practices for a Successful 2017. *Sweet Tooth Rewards*. Disponível em: https://www.sweettoothrewards.com/blog/loyalty-best-practices-2017/. Acesso em: 28 fev. 2018.

MORAES, Vinícius de. *Antologia poética*. 2. ed. Rio de Janeiro: Editora do Autor, 1960.

MORGAN, M. Roberto; HUNT, Shelby, D. The commitment-trust theory of relationship marketing. *Journal of Marketing*, v. 58, jul. 1994.

NET PROMOTER SYSTEM. *Measuring your net promoter score*. Disponível em: http://www.netpromotersystem.com/about/measuring-your-net-promoter-score.aspx. Acesso em: 1º mar. 2021.

Not all Customer Experience Platforms are Created Equal. *Genesys*. Disponível em: http://www.genesys.com/about/resources/not-all-customer-experience-platforms-are-created-equal. Acesso em: 1º mar. 2021.

OLYSLAGER, Paul. *Call To Action Buttons and the Psychology of Color*. Disponível em: https://www.paulolyslager.com/call-to-action-buttons-psychology-color/. Acesso em: 1º mar. 2021.

Omnichannel: the new normal for retail banks. *BankingTech*. Disponível em: http://www.bankingtech.com/156062/Omnichannel-the-new-normal-for-retail-banks/. Acesso em: 1º mar. 2021.

PEMBERTON, C. The Next Step in Customer Experience. *Gartner*, 11/03/2016. Disponível em: http://www.gartner.com/smarterwithgartner/next-step-in-customer-experience/. Acesso em: 1º mar. 2021.

PETTEY, Christy. Five Innovation Tips to Improve the Customer Experience. *Gartner*, 28/07/2015. Disponível em: http://www.gartner.com/smarterwithgartner/five-innovation-tips-to-improve-the-customer-experience/. Acesso em: 1º mar. 2021.

PINE, B. Joseph. How B2B companies create economic value by designing experiences and transformations for their customers. *Strategy & Leadership*, v. 43, n. 3, p. 2-6, 2015. Disponível em: https://doi.org/10.1108/SL-03-2015-0018. Acesso em: 14 set. 2021.

PINE, B. Joseph; GILMORE, James H. Welcome to the experience economy. *Harvard Business Review*, July 1, 1998. Disponível em: https://hbr.org/1998/07/welcome-to-the-experience-economy. Acesso em: 14 set. 2021.

PORTER, Michael E. *Estratégia competitiva*. Rio de Janeiro: Campus, 1990.

PRADO, Ana Laura. Chatbots vão dominar seu smartphone. Entenda por quê. *Exame*, Editora Abril, 7 Out. 2016. Disponível em: http://exame.abril.com.br/tecnologia/o-que-sao-chatbots-os-robos-que-vao-invadir-seu-smartphone/. Acesso em: 28 fev. 2018.

RATCLIFF, C. What is Customer Experience management (CEM) and why should you be focusing on it? *Econsultancy*, 14 Jan. 2015. Disponível em: https://econsultancy.com/blog/65963-what-is-customer-experience-management-cem-and-why-should-you-be-focusing-on-it/. Acesso em: 9 fev. 2017.

REICHHELD, Frederick. *Princípios da lealdade*. Rio de Janeiro: Campus, 2002.

REICHHELD, Frederick. *A pergunta definitiva 2.0*. São Paulo: Elsevier, 2011.

RIBEIRO, Estevão. *Hector e Afonso*: os Passarinhos. Disponível em: http://www.ospassarinhos.com.br/tag/estevao-ribeiro/. Acesso em: 28 fev. 2018.

ROBINSON, Scott. IBM Watson content analytics makes strides but gives off bad vibes. *SearchBusinessAnalytics in TechTarget*. Disponível em: http://searchbusinessanalytics.techtarget.com/opinion/IBM-Watson-content-analytics-makes-strides--but-gives-off-bad-vibes. Acesso em: 1º mar. 2021.

ROUSE, Margaret. Customer Experience Management (CEM or CXM). *SearchSalesForce in TechTarget*. Disponível em: http://searchsalesforce.techtarget.com/definition/customer-experience-management-CEM. Acesso em: 1º mar. 2021.

ROUSE, Margaret. Sales Funnel. *SearchSalesForce in TechTarget*. Disponível em: http://searchsalesforce.techtarget.com/definition/sales-funnel. Acesso em: 1º mar. 2021.

SACHAN, Dinsa. Scientific Proof That Buying Things Can Actually Lead to Happiness. *Fast Company*, 6 July 2016. Disponível em: https://www.fastcompany.com/3061516/scientific-proof-that-buying-things-can-actually-buy-happiness-sometimes. Acesso em: 1º mar. 2021.

SALESFORCE. *Salesforce is Named a Leader for the Ninth Consecutive Year in the Gartner Magic Quadrant for the CRM Customer Engagement Center*. Disponível em: https://www.salesforce.com/blog/2017/05/salesforce-gartner-crm-customer--engagement.html. Acesso em: 1º mar. 2021.

SANQUIST, Nancy Johnson. *The #4 Reason to Implement IWMS – integrated workplace management system in 2015*: The Internet of Things. Disponível em: http://www.manhattansoftware.us/resources-emea/blog/133-technology/338-top-10-reasons-iwms-2015-4.html. Acesso em: 28 fev. 2018.

SCARDINA, Jesse. With growth of social networking comes social media selling. *SearchCRM in TechTarget*, 31/03/2017. Disponível em: http://searchcrm.techtarget.com/news/450416057/With-growth-of-social-networking-comes--social-media-selling?utm_medium=EM&asrc=EM_NLN_75230999&utm_campaign=20170405_Salesforce%20Einstein%20hits%20the%20Sales%20Cloud;%20selling%20via%20social%20media&utm_source=NLN&track=NL--1844&ad=913693&src=913693. Acesso em: 1º mar. 2021.

Social CRM. Disponível em: https://www.sugarcrm.com/feature/social-crm. Acesso em: 1º mar. 2021.

SOLIS, Brian. The 2016 State of Digital Transformation. *Prophet*. Disponível em: http://www2.prophet.com/The-2016-State-of-Digital-Transformation. Acesso em: 28 fev. 2018.

SurveyMonkey. *Customer Satisfaction Survey Template*. Disponível em: https://www.surveymonkey.com/mp/net-promoter-score/. Acesso em: 1º mar. 2021.

SurveyMonkey. *Customer Satisfaction Survey Template*. Disponível em: https://www.surveymonkey.com/mp/customer-satisfaction-survey-template/. Acesso em: 28 fev. 2018.

SurveyMonkey. *Customer Satisfaction Survey Template*. Disponível em: https://www.surveymonkey.com/mp/net-promoter-score-survey-template/. Acesso em: 1º mar. 2021.

SurveyMonkey. *Customer Satisfaction Survey Template*. Disponível em: https://www.surveymonkey.com/mp/nps-brand-loyalty-survey-template/. Acesso em: 1º mar. 2021.

SWIFT, Art. Americans' Trust in Mass Media Sinks to New Low. *Gallup*, 14 Sept. 2016. Disponível em: http://www.gallup.com/poll/195542/americans-trust-mass-media-sinks-new-low.aspx?g_source=TRUST+IN+MASS+MEDIA&g_medium=search&g_campaign=tiles. Acesso em: 1º mar. 2021.

TEMKIN GROUP. 2018 *Temkin Experience Ratings* U.S. Disponível em: https://www.qualtrics.com/xm-institute/2018-temkin-experience-ratings-u-s/. Acesso em: 1º mar. 2021.

The Loyalty Effect Overview. Disponível em: http://www.loyaltyrules.com/loyaltyrules/effect_overview.html. Acesso em: 1º mar. 2021.

The Loyalty Report 2017. Disponível em: https://goo.gl/yFYyma. Acesso em: 1º mar. 2021.

The Vanishing Mass Market. *Bloomberg*, 12 July 2004. Disponível em: https://www.bloomberg.com/news/articles/2004-07-11/the-vanishing-mass-market. Acesso em: 1º mar. 2021.

TOPLIN, Jaime. The conversational commerce report: chatbots' impact on the payments ecosystem and how merchants can capitalize on them. *Business Insider*, 2017. Disponível em: http://www.businessinsider.com/the-conversational-commerce-report-2017-7. Acesso em: 1º mar. 2021.

US Marketers Plan to Invest More in Loyalty Programs by 2017. *eMarketer*. Disponível em: https://www.emarketer.com/Article/US-Marketers-Plan-Invest-More-Loyalty-Programs-by-2017/1014081. Acesso em: 1º mar. 2021.

VAN BOVEN, Leaf; GILOVICH, Thomas. *To Do or to Have? That Is the Question*. Disponível em: http://psych.colorado.edu/~vanboven/research/publications/vb_gilo_2003.pdf. Acesso em: 28 fev. 2018.

WOOD, Cara. *The 5 CRM Trends to Watch in 2017*. Disponível em: https://blog.capterra.com/5-crm-trends-to-watch-in-2017/. Acesso em: 1º mar. 2021.

YU, Hui-Yong. Siri and Alexa Are Fighting to Be Your Hotel Butler. *Bloomberg Technology*, 22 Mar. 2017. Disponível em: https://www.bloomberg.com/news/articles/2017-03-22/amazon-s-alexa-takes-its-fight-with-siri-to-marriott-hotel-rooms. Acesso em: 1º mar. 2021.

Índice alfabético

Administração do atrito, 75
Análise de informações, 151
Analytics – qualidade e custos, 40
Atendimento
    migração para o Modelo de Relacionamento CX, 31
    tradicional *versus* Relacionamento CX, 32
Atrito – administração, 75
Atualização de dados, 165
Base de Clientes, 66
Base de conhecimento do Cliente, 158
Call-to-action, 166
Canais – integração com CRM, 226
Categorias de Clientes, 142
CEM – conceito, 6
Certificação em C*ustomer Experience*, 4
CES, 134, 152
Chatbots
    redução de custos, 222
    redução de tempo, 222
Chief Information Officer (CIO), 229
Churn negativo, 134
CIO – pontos críticos, 229
Cliente
    análise emocional, 212
    base de conhecimento, 158
    ciclo de vida, 52
    foco, 172
    na centralidade, 7
Clientes
    categorias, 141
    conexões emocionais, 46
    macroprocesso de relacionamento, 50
    motivadores emocionais, 46
    paradoxais, 72
    segmentação, 161

CLV
    aumento, 192
    conceito, 185
    construção, 192
Comando de voz, 221
Comunicação – revolução, 59
Conexões emocionais com Clientes, 46
Conhecimento do Cliente – construção da base, 158
Consumidores
    proximidade, 67
    revolução, 59
Conteúdo adaptativo, 164
Crescimento – *versus* precarização da experiência do Cliente, 65
Criação de valor – estratégias empresariais, 201
CRM
    ameaças para implementação, 279
    analítico, 267
    analytics, 271
    aplicação por finalidade estratégica, 266
    colaborativo, 267
    com foco em CX, 233
    cronograma de implementação, 262
    definição, 234
    e-learning, 279
    empresas e equipes de implementação, 263
    etapas, 233
    evolução, 234
    funcionalidades analíticas, 270
    funcionalidades tecnológicas, 269
    gerenciamento de campanhas, 271
    governança para implementação, 238
    história, 236
    horizontal ou vertical?, 228
    implementação com foco em CX, 252

implementação, 233
integração com canais, 226
método das 5 etapas, 239
operacional, 266
origens, 236
otimização para CXM, 228
passo a passo para implementação, 252
planejamento do projeto, 240
projetando com foco em *Customer Experience*, 259
qualidade de dados, 276
responsabilidade, 278
segmentação inteligente, 271
social, 267
tempo necessário para implementar, 261
tipos de aplicação, 265
visibilidade, 278
workflow, 278
Customer Effort Score (CES), 134, 152
Customer Emotions, 212
Customer Experience
   certificação, 4
   componentes essenciais em nuvem, 229
   conceito, 4
   e lealdade, 128
   Era, 4
   estratégias, 10
   governança para implementação, 238
   implantação com *Framework*, 9
   implantação, 1
   integração, 5
   novo modelo de relacionamento, 31
   passos para incremento, 260
   tendências tecnológicas, 209
Customer Experience Management (CXM), 5
Customer insights, 137
Customer Journey – novo funil de vendas, 7
Customer Journey Mapping
   7 passos + 6 camadas, 20
   implantação, 1
   método de 5 camadas, 17

origens, 13
princípios, 15
Customer Lifecycle, 52
Customer Lifetime Value (CLV), 185
Customer Oriented – governança, 42
Customer Succes – implantação com *Framework*, 10
Customer Success, 217
Customização, 163
CXM – conceito, 5
CXM – *Customer Experience Management*, 5
Dados – importância da atualização, 165
Database marketing, 88
DDI, 248
Demanda – represamento, 68
Discutir, Descartar, Integrar (DDI), 248
Diversidade, 73
EDiRC, 139
Efeito paradoxal, 72
Elaboração de pesquisa, 155
Elaboração de questionário, 148
Empresas – revolução, 59
Energização, 53
Era da diversidade, 73
Era do Customer Experience, 4
Estratégia
   de colaboração, 202
   de engajamento, 203
   de garantia, 202
   de mudança de foco, 202
   de parceria, 202
   de personalização, 202
   de sucesso do Cliente, 201
Estratégias empresariais – para criação de valor, 201
Excesso – e rejeição, 77
Experiência – gerenciamento ativo, 216
Experiência do Cliente
   foco, 174
   mapeamento, 137
   técnicas para mapear, 144
   transformação, 2

Índice alfabético

Famílias – mudanças, 64
Fidelidade – programas, 109, 117
Fidelização
   preço, 130
   qualidade, 130
   resolução de problemas, 130
Foco
   do Cliente, 5
   empresarial – tipos, 175
   Cliente – visão e cultura, 95
   no Cliente, 5, 171
   no valor, 188
Framework CS, 9
Gerenciamento ativo da experiência, 216
Gestão do relacionamento – história, 88
Gestão integrada do relacionamento com Clientes (GIRC), 86
Gestão proativa da experiência, 209
GIRC, 86
IFCX
   análises, 184
   conceito, 177
Índice de Foco no *Customer Experience* (IFCX), 177
Índice de retenção do consumidor, 134
Internet das Coisas, 218
Internet of Things, 218
IoT, 218
Jornada do Cliente
   6 camadas, 25
   versus batalha do Cliente, 11
Lealdade
   à empresa, 110
   como conquistar, 111
   eficácia dos programas, 133
   nova escala, 112
   segredos, 130
Lifetime Value (LTV), 171
Longevidade, 114
LTV, 171
Macroprocesso de relacionamento com Clientes, 50
Mapa da Jornada, 19
Mapa da Persona, 18
Mapa VOC, 200
Marcas
   extensões, 70
   variedade, 70
Marketing
   de aprisionamento, 101
   de massa, 91
Marketing de relacionamento
   ações táticas, 99
   benefícios, 100
   correntes de conhecimento, 83
   cuidados, 102
   definições, 85
   e marketing de massa, 91
   estratégias, 79, 97
   Framework, 93
   influências, 80
   objetivos, 79, 96
   origem acadêmica, 81
   origens, 79
   sete funções, 93
Marketing de serviços, 82
Marketing direto – ao *Customer Experience Management*, 88
Marketing industrial, 82
Meios de comunicação
   expansão, 61
   pulverização, 76
MERC, 214
   aplicação, 45
   conceito, 43
   objetivos, 44
Mercado – segmentação, 160
Metodologia
   7 passos + 6 camadas, 20
   DDI, 248
   de vendas EDiRC, 138
   EDiRC, 138
Mobile first, 216
Modelo
   DDI, 248
   de Relacionamento CX – completo, 34

de Relacionamento CX – simplificado, 33

de relacionamento *Omnichannel*, 49

Emocional de Relacionamento com Clientes (MERC), 43

MERC, 214

Motivadores emocionais, 46

Negociação, 252

NEL, 112

Net Promoter Score (NPS), 134

Nova escala da lealdade (NEL), 112

NPS, 134, 146, 213

Obsolescência de produtos, 68

Omnichannel
- Cliente na centralidade, 7
- experiências positivas, 8
- facilitando o *Customer Journey*, 36
- fragmentação da mídia, 60
- gestão proativa, 210
- integrado ao CRM, 214
- modelo de relacionamento, 49
- tendência irreversível, 214

Onboarding, 53

Personalização, 163

Pesquisa
- elaboração, 155
- estruturação, 156
- qualitativa, 156
- quantitativa, 156

Planejamento de pesquisa, 147

Processos vitais da empresa, 3

Produtos
- extensão de linha, 71
- facilidade para lançar, 69
- obsolescência, 68
- proliferação, 69

Programas
- "antifidelidade", 132
- de fidelidade, 117
- de lealdade – controle, 107
- de lealdade – criação, 107
- de lealdade – e os instintos humanos, 108

de lealdade – implementação, 107

de lealdade, 117

Proteção, 53

Pulverização dos meios de comunicação, 76

Recompensa – poder, 114

Reconhecimento – poder, 114

Reconquista, 54

Recuperação, 54

Redes sociais – expansão, 61

Régua de relacionamento, 54

Relacionamento com Clientes – aumento, 115

Relacionamento CX
- modelo completo, 34
- modelo simplificado, 33

Relacionamento por *timeline*, 54

Request for Information (RFI), 251

Request for Proposal (RFP), 251

Revolução dos consumidores, 59

Satisfação do Cliente – fim da era?, 47

Segmentação de Clientes, 161

Segmentação de mercado, 160

Service Level Agrements (SLA), 205

Sete funções do marketing de relacionamento, 93

SLA
- criação, 205
- estabelecimento, 206

Social media selling – com CRM, 227

Soluções tecnológicas, 250

Tabulação de dados, 150

Tecnologia – convergências, 210

Timeline – relacionamento, 54

Touch points – mapeamento, 14

Transformação da experiência do cliente, 2

User Experience – influência das cores, 167

Valor
- do Cliente, 171
- pela ótica do Cliente, 198
- segundo o Cliente, 195
- vitalício, 189

VOCs, 198